浙江省文物考古研究所学刊

第十二辑

浙江省文物考古研究所　编

文物出版社

图书在版编目(CIP)数据

浙江省文物考古研究所学刊. 第十二辑 / 浙江省文
物考古研究所编. -- 北京 : 文物出版社, 2022.10
　　ISBN 978-7-5010-7812-7

　　Ⅰ. ①浙… Ⅱ. ①浙… Ⅲ. ①考古学—丛刊 Ⅳ.
①K85-55

　　中国版本图书馆CIP数据核字(2022)第184496号

浙江省文物考古研究所学刊（第十二辑）

编　　　者：浙江省文物考古研究所

封面设计：秦　彧
责任编辑：秦　彧
责任印制：苏　林

出版发行：文物出版社
社　　址：北京市东城区东直门内北小街 2 号楼
邮　　编：100007
网　　址：http://www.wenwu.com
经　　销：新华书店
印　　刷：北京荣宝艺品印刷有限公司
开　　本：889mm×1194mm　1/16
印　　张：27.5　　插页：2
版　　次：2022 年 10 月第 1 版
印　　次：2022 年 10 月第 1 次印刷
书　　号：ISBN 978-7-5010-7812-7
定　　价：390.00 元

目 录

绍兴市越城区小亭山汉晋墓葬发掘简报

浙江省文物考古研究所、越城区文物保护所

小亭山汉晋墓群位于浙江省绍兴市越城区北海街道亭山区域（图一），地理坐标为北纬29°58′29″、东经120°33′15″。2020年为配合绍兴文理学院改扩建配套工程常禧路一、二期项目建设，浙江省文物考古研究所联合越城区文物保护所对施工涉及区域进行前置勘探调查发现了一定数量战国至唐宋墓葬。同年6月经国家文物局批准正式启动对小亭山墓葬群的考古发掘，至年底发掘基本结束，共清理45座古代墓葬，其中汉至两晋墓葬33座，余为战国及唐宋墓葬。现将小亭山汉至两晋墓葬发掘情况简报如下。

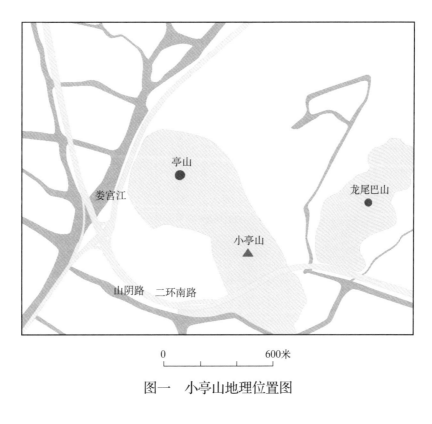

图一　小亭山地理位置图

一　遗址自然环境

小亭山位于绍兴古城西南侧，距古城直线距离约2.3千米，西至娄宫江，东至坡塘河，山体海拔约47.5米。据地方志史料记载，目前最早关于亭山的记录出自宋代《嘉泰会稽志》，"亭山，在（山阴）县西南一十二里，《旧经》云：晋司空何无忌为郡，置亭于山上。"县志图资料最早可见于明嘉靖三十年《山阴县志》。

二　墓葬形制

33 座汉晋墓按墓葬形制可分四类，即竖穴土坑墓、带甬道单室砖室墓、无甬道单室砖室墓、砖椁墓。

（一）竖穴土坑墓

该类墓有 M24、M31、M33～M35、M39、M42～M45，共计 10 座。10 座墓除 M33 被现代墓打破外，其余平面均为长方形，其中部分墓内设置有熟土二层台。随葬品组合均以壶、瓿、罐为基本组合，此外部分墓偶出铁剑、五铢钱、陶纺轮、玛瑙珠、铜镜等。以 M24、M33 为例介绍。

1. M24

长方形竖穴土坑墓，墓向 220°。墓圹长 3.6、宽 2.8、深 1.2 米，墓内设置熟土二层台，墓内填土灰黄色，土质致密，墓圹四壁平整，墓底平坦。该墓保存完好，随葬品 15 件，有壶、罐、瓿、玛瑙珠等（图二）。

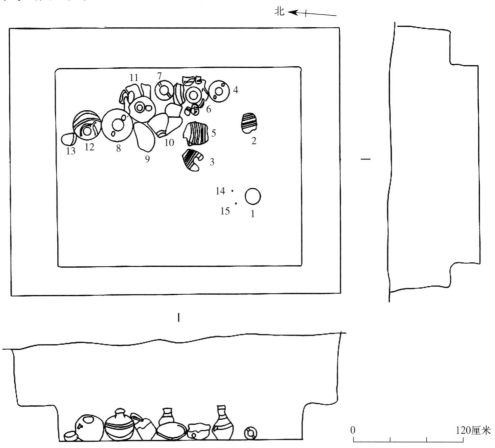

图二　M24 平、剖面图

1.铜镜　2～7.高温釉陶壶　8、13.高温釉陶罐　9～12.高温釉陶瓿　14、15.玛瑙珠

2. M33

该墓东面被现代墓打破，墓向135°。墓圹长2米，墓室残长1.92、宽1.3、深1.2米。墓内填土灰黄色，土质致密，墓圹四壁平整，墓底平坦。该墓随葬品共10件，有小壶、罐、罍、铁剑、铜镜等（图三）。

（二）带甬道单室砖室墓

仅2座，M9、M10，平面呈刀形。墓顶均为券顶，盗洞将部分券顶破坏。随葬品无存。以M9为例介绍。

M9

平面呈刀形。墓室由甬道及后室两部分组成，甬道前封门下有砖砌排水沟，墓向79°。M9总长5.7、宽1.88、高1.7米，墓室长4.7、宽1.7米，甬道长1、高1.5米。墓室壁砌砖一组六顺一丁，向上顺向平铺错缝叠砌14层砖后起券。甬道壁为一组六顺一丁，向上顺向平铺错缝叠砌6层砖后起券。墓底砖为纵横交错平铺。墓室前部券顶被盗洞破坏，墓内随葬品无存（图四）。

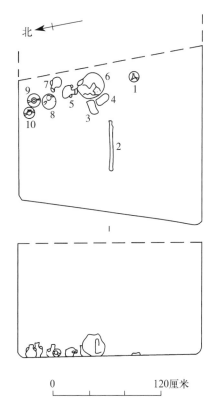

图三　M33平、剖面图

1.铜镜　2.铁剑　3、4.硬陶罍　6.高温釉陶罐
5、7～10.高温釉陶小壶

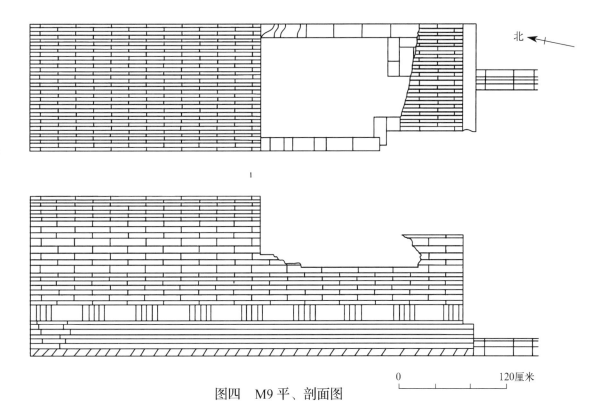

图四　M9平、剖面图

（三）无甬道单室砖室墓

该型墓数量最多，共20座，其中10座墓葬随葬品无存，分别是M1、M7、M13、M14、M19、M23、M29、M37、M38、M41，剩余10座仍有少量遗物，分别是M2、M3、M6、M8、M16、M17、M20、M22、M32、M40。其中M16、M17大小一致且互相紧靠，应为并穴合葬。下面以M16、M17为例介绍。

M16、M17

2座墓并排，平面均呈长方形，仅M17墓顶保留，墓向均为82°。M16与M17长3.7、宽0.84、残高0.92米。墓室壁为顺砖错缝平砌，向上平铺10层，墓顶叠涩做法，墓室底砖为横向平铺。2座墓均遭盗扰，随葬器物留存较少，仅存青瓷盘口壶2件及玉管1件和部分铜钱（图五）。

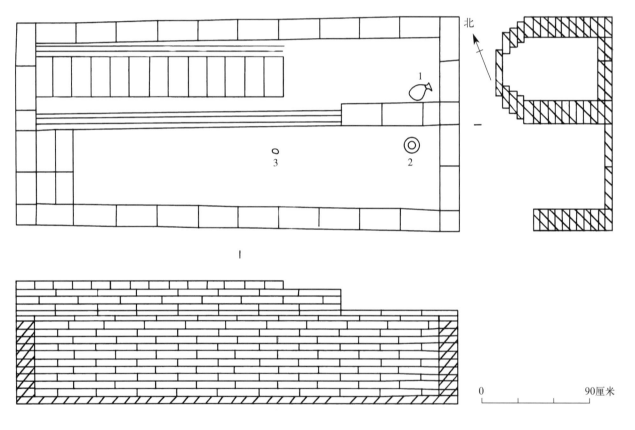

图五　M16、M17平、剖面图
1、2.青瓷壶　3.玉管

（四）砖椁墓

该型墓仅1座，为M18。

M18

墓室平面呈长方形，墓向4°。长3.56、宽2.56、残高1.18米。墓壁为四组二顺一丁，向上顺向平铺错缝叠砌五层砖，丁砖均残，墓底为两横两纵交错平铺，墓顶不存，无起券迹象，原墓顶可能为木盖板，即可能为一座木顶砖椁墓。随葬品仅存高温釉陶壶1件（图六）。

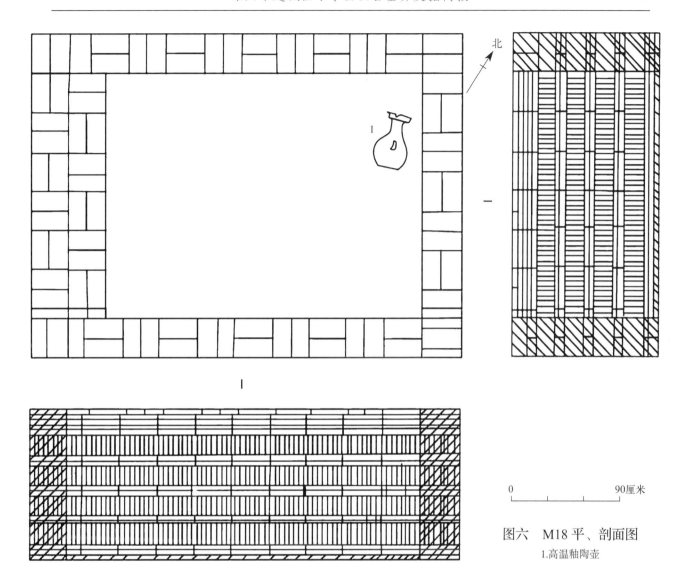

图六　M18 平、剖面图
1.高温釉陶壶

三　随葬器物

随葬品按质地分为陶瓷器、金属器、料器、玉石器四类。其中陶瓷器数量最多，有泥质陶、高温釉陶、青瓷器。铜器多为铜钱、铜镜。铁器多为铁剑、铁釜，但普遍锈蚀严重，已难辨器形。料器仅见琉璃料珠 2 件。玉石器仅见石黛板 1 件、玉璜 1 件、玉管 1 件及玛瑙珠 1 件。

（一）陶瓷器

小亭山汉晋墓葬出土陶瓷器共计 120 件，器形有壶、罐、瓿、罍、锺等。

壶除 3 件青瓷壶外均为高温釉陶壶，根据口部形状可分为敞口与盘口两型，此外还有一种小壶。一般认为盘口壶是由敞口壶演化而来[1]，但浙江地区大量实际工作中常常发现敞口壶与盘口壶共存的情况，本次小亭山发掘所见同样如此，因此在盘口壶取代敞口壶的过程中，敞口壶应继续沿

[1]　王睿：《三国两晋南北朝时期盘口壶的形制与功能》，《中国国家博物馆馆刊》2017年第8期，第76～84页。

用了一段时间[1]。

（1）高温釉陶敞口壶

根据口部、耳饰、底部及器物大小不同分三式。

Ⅰ式　喇叭口，宽平唇，束颈，溜肩，鼓腹，平底。

标本 M34：8，口沿外壁与颈口形成明显夹角，口下部饰一周凸弦纹。颈部较长，下颈部饰两道凹弦纹。上腹两侧贴饰两耳，双耳耳面刻对向叶脉纹，上腹饰三道凹弦纹，上腹以下有拉坯时留下的数道密集轮旋纹，直至器足。器身釉面均已不存，但仍可见施釉迹象，未施釉区域呈红褐色。内胎为灰色，质地坚硬。口径 13.6、底径 10.6、高 26.5 厘米（图七，1；彩版一，1）。

Ⅱ式　喇叭口，宽平唇，束颈，溜肩，鼓腹，圈足底。

标本 M39：1，口沿外壁与颈口形成明显夹角，与Ⅰ式壶相比，口下部纹饰复杂化，饰两道凹弦纹，并在凹弦纹中加饰阳刻波浪纹。上腹两侧贴饰两耳，耳面刻对向叶脉纹，上耳根部贴饰菱角堆纹，下耳根部贴饰衔环。中腹相较Ⅰ式壶加饰三道凸弦纹，中腹及以下不见Ⅰ式壶的密集轮旋纹，改为稀疏的刻划纹，直至器底，中腹及以下未施釉，呈红褐色。圈足较低。内胎为灰色，质地坚硬。口径 17.4、底径 16、高 44.8 厘米（图七，2；彩版一，2）。

Ⅲ式　侈口，宽平唇，束颈，溜肩，鼓腹，圈足底。器形上除圈足不发达外已接近锺。

标本 M45：22，口沿与颈部夹角不及Ⅰ式壶、Ⅱ式壶，口下部饰一道弦纹。颈部较长，颈部中、下各饰一周凹弦纹，三道弦纹间加饰两处阳刻波浪纹。上腹两侧贴饰两耳，耳面刻对向叶脉纹，上耳根部位贴饰堆纹，下耳根部贴饰衔环，上腹饰两道凹弦纹。中腹处加饰两道凹弦纹。中腹及以下未施釉，呈红褐色。圈足较低。内胎为灰色，质地坚硬。口径 15.5、底径 18.5、高 44 厘米（图七，3）。

（2）高温釉陶敞口小壶

一般 5 个一组出现于墓中。形制基本同Ⅰ式高温釉陶敞口壶。

标本 M39：12，侈口，口部较长，窄平唇，束颈较短，溜肩，鼓腹，最大腹径位于中部偏下，上腹两侧贴饰两耳，耳面素，平底较厚。器表饰数周凸弦纹，口沿及上腹有施釉痕迹，未施釉部分呈红褐色。内胎灰色，质地坚硬。口径 6、底径 7、高 12.8 厘米（图七，4）。

（3）高温釉陶盘口壶

根据口部不同分三式。

Ⅰ式　侈口，盘口较深，宽平唇，束颈较短，溜肩，鼓腹，平底略内凹。

标本 M40：1，口部与颈部夹角接近 90°，口下部饰两道弦纹。颈部较短，颈部下各饰一周凹弦纹，中间加饰阳刻波浪纹。上腹两侧贴饰两耳，耳面除刻对向叶脉纹外，于中心位置加刻一组十字菱形纹，上腹饰两道凹弦纹，中腹及以下有拉坯时留下的数道密集轮旋纹，直至器足。中腹及以下未施釉，呈红褐色。内胎灰色，质地坚硬。口径 13.5、底径 12.5、高 31 厘米（图七，5；彩版一，3）。

Ⅱ式　侈口，盘口较浅，宽平唇，束颈，溜肩，鼓腹，平底。

标本 M40：3，盘口下部饰一条细弦纹。下颈部饰两组凹弦纹，两组凹弦纹间饰一周波浪纹。

[1]　浙江省文物考古研究所、龙游县博物馆：《龙游仪冢山汉墓发掘简报》，《浙江汉六朝墓报告集》，科学出版社，2012年，第78～95页。

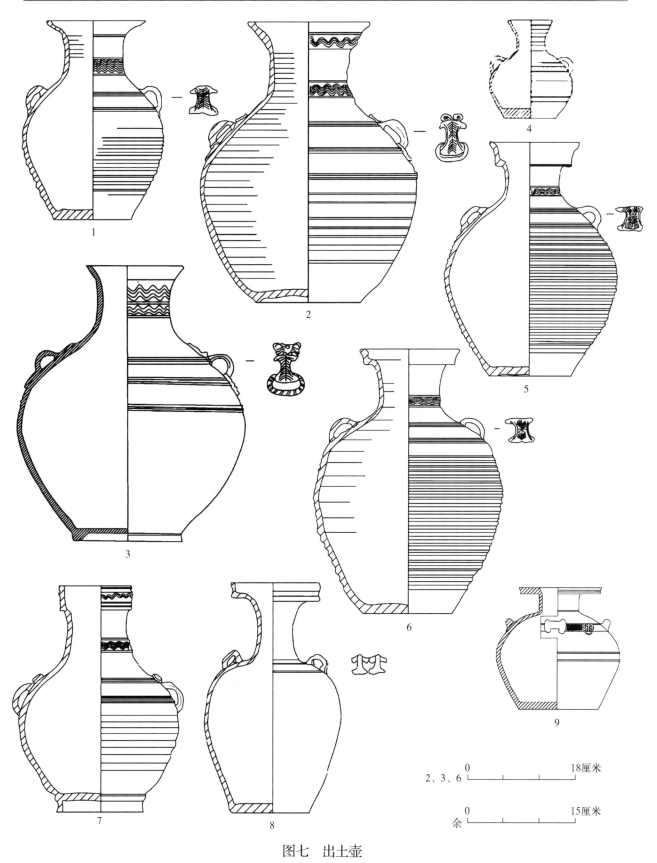

图七　出土壶

1. Ⅰ式高温釉陶敞口壶M34：8　2.Ⅱ式高温釉陶敞口壶M39：1　3.Ⅲ式高温釉陶敞口壶M45：22　4.高温釉陶敞口小壶M39：12　5.Ⅰ式高温
釉陶盘口壶M40：1　6.Ⅱ式高温釉陶盘口壶M40：3　7.Ⅲ式高温釉陶盘口壶M24：6　8.Ⅰ式青瓷盘口壶M16：1　9.Ⅱ式青瓷盘口壶M22：6

上腹两侧饰两耳，双耳耳面刻对向叶脉纹，上腹饰三道凹弦纹。中腹及以下未施釉，呈红褐色。内胎灰色，质地坚硬。口径 14.2、底径 10.2、高 42.1 厘米（图七，6）。

Ⅲ式　直口或近直口，盘口较深，宽平唇，束颈，溜肩，鼓腹，圈足底较发达。

标本 M24：6，盘口布满纹饰，自上而下饰五道凹弦纹，下部两道凹弦纹之间阳刻波浪纹。下颈部饰两组凹弦纹，两组凹弦纹间饰一周波浪纹。上腹两侧饰两耳，双耳耳面刻对向叶脉纹，上耳根处贴饰菱角堆纹，上腹数道凹弦纹。中腹及以下未施釉，呈红褐色。内胎灰色，质地坚硬。口径 10.5、底径 12、高 29.8 厘米（图七，7；彩版一，4）。

（4）青瓷盘口壶

盘口相较高温釉陶盘口壶更浅。根据器物系、纽状态不同分两式。

Ⅰ式　直口，盘口较浅，宽平唇，束颈，溜肩，鼓腹，平底。

标本 M16：1，浅盘口，颈部较长且细，肩部两侧各饰两系，系部上下根部与肩部连接处各饰一道凹弦纹。腹部素面。周身施釉，直至器底。口径 12、底径 10.8、高 30.4 厘米（图七，8；彩版二，1）。

Ⅱ式　侈口，宽平唇，束颈，溜肩，圆腹，平底。

标本 M22：6，浅盘口，口部饰一道凸弦纹。颈部较短，颈部与肩部交界处有一道凸弦纹。肩部有四系四纽，四系横置，纽面为兽首。肩部饰一道凸弦纹，中间加饰菱形点纹。中腹部分饰两周凸弦纹，上、下腹素面。周身施釉，直至器足。口径 11.3、底径 10.5、高 15.8 厘米（图七，9；彩版二，2）。

罐较为普遍，器形普遍偏小。分为高温釉陶罐和夹砂红陶罐两种。

（5）高温釉陶罐

在罐类占大宗，普遍有施釉痕迹，根据口沿不同分两式。

Ⅰ式　侈口，折唇，溜肩，鼓腹，平底。

标本 M33：6，肩部两侧贴饰两耳，耳面刻对向叶脉纹，耳上部贴饰菱角形堆纹。器物自肩部往下均饰数周凸弦纹，直至器足。原器身口沿及上腹有施釉迹象，无釉区呈红褐色。内胎灰色，质地坚硬。口径 14.1、底径 15.5、高 24 厘米（图八，1；彩版一，5）。

Ⅱ式　直口，平唇，溜肩，鼓腹，平底内凹。

标本 M45：11，肩部及上腹两侧贴饰两耳，耳面素，自上腹往下饰数周凸弦纹，直至器足。内胎灰色，质地坚硬。口径 10.5、底径 10.8、高 26 厘米（图八，2）。

（6）夹砂红陶罐

器形与Ⅰ式高温釉陶罐一致，但口径更大，耳面素面。

标本 M35：8，口径 18、底径 14、高 22 厘米（图八，3；彩版一，6）。

（7）高温釉陶瓿

敛口，溜肩，鼓腹，平底内凹。集中出土于 M24、M34、M35、M39，均为高温釉陶，器形基本一致。

标本 M24：9，肩部两侧贴饰两铺首，首面为人脸，呈笑脸状。腹部较深，上腹饰四周凹弦纹。中腹及以下素面。内胎灰色，质地坚硬。口径 8、底径 15.2、高 31 厘米（图九；彩版二，3）。

（8）罍

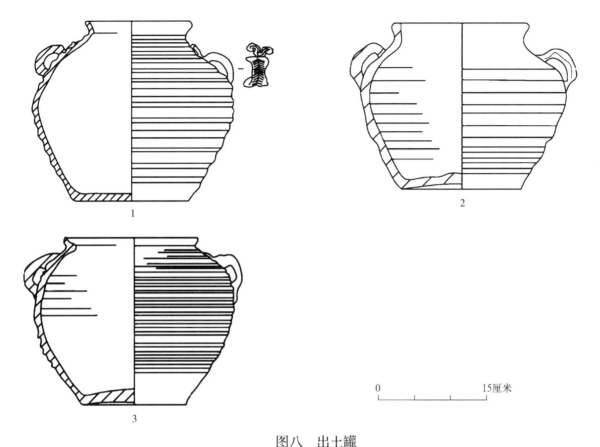

图八　出土罐

1. Ⅰ式高温釉陶罐M33：6　2. Ⅱ式高温釉陶罐M45：11　3.夹砂红陶罐M35：8

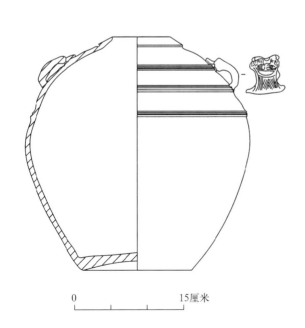

图九　高温釉陶瓿 M24：9

直口，宽平唇，斜颈，溜肩，鼓腹，平底内凹。仅见于M33，均为印纹硬陶，器形基本一致。

标本M33：7，颈部饰两条细弦纹。肩部饰两条细弦纹，中间加刻数条竖线纹。腹部较深，腹部周身饰梳纹，直至器足。口径15、底径14.4、高28.4厘米（图一〇；彩版二，4）。

（9）锺

侈口，假盘口，平唇，束颈，溜肩，鼓腹，高圈足。见于M3、M32、M45，器形基本一致。

标本M32：2，盘口处饰一道凹弦纹。最大腹径位于中部，上腹两侧贴饰两耳，耳面中心刻菱形纹，上下各刻数道竖线纹，上耳根部贴饰菱角堆纹，下耳根部贴饰一衔环，上腹饰两周凸弦纹，中间加饰阳刻波浪纹。下腹素面。口径13、底径18、高30.8厘米（图一一；彩版三，1）。

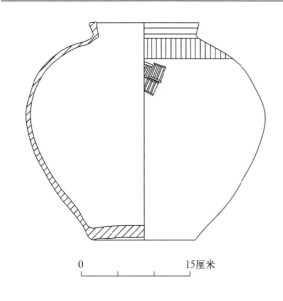

图一〇　硬陶罍 M33：7

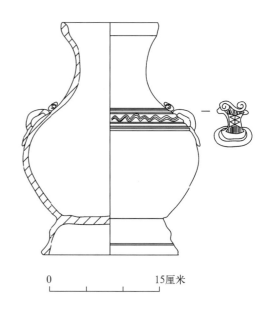

图一一　高温釉陶锺 M32：2

（二）铜器

铜器主要为铜镜、铜钱、铜印章等，共计 23 件。

（1）铜镜

完整铜镜共 6 枚，为半圆方枚神兽镜（图一二，1；彩版三，2）、博局禽兽纹镜（图一二，2；彩版三，3）、四乳四鸟纹镜（图一二，3；彩版三，4）、七乳禽兽纹镜（图一三，1；彩版三，5）、双圈铭文镜（图一三，2）、内连弧变形四叶镜（图一三，3；彩版三，6）各 1 枚。

（2）铜钱

铜钱多有腐蚀，能辨别出钱文的有五铢、大泉五十（彩版四，1）两类，其中五铢钱占绝大多数。

（3）铜印章

1 枚。

标本 M45：1，平面正方形，后部有一桥状纽，印面汉篆阴刻"王毋伤印"四字。应为 M45 墓主人姓名，毋伤是汉代常使用的名字。

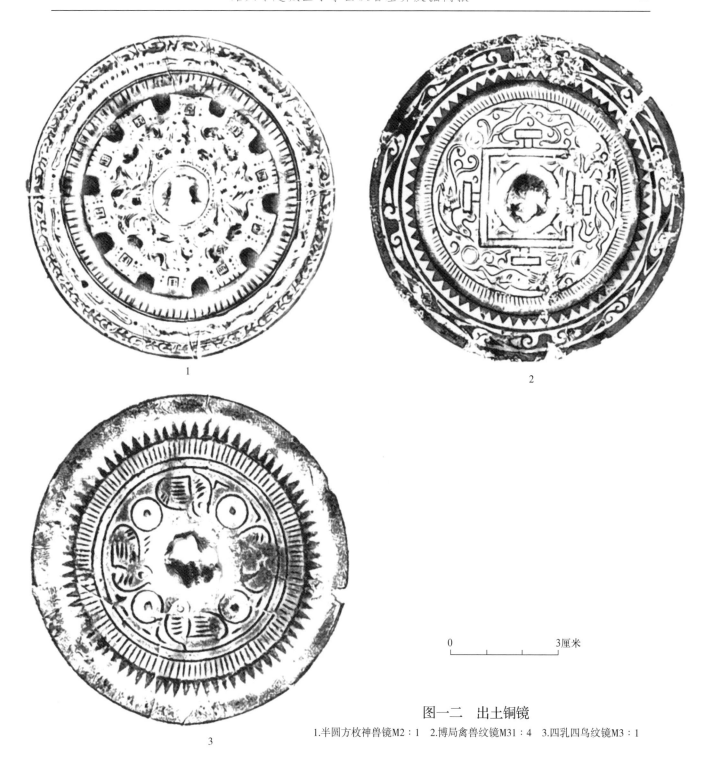

图一二　出土铜镜

1.半圆方枚神兽镜M2∶1　2.博局禽兽纹镜M31∶4　3.四乳四鸟纹镜M3∶1

（三）铁器

铁器以铁剑为主，此外还有 4 件配套陶灶模型的铁釜，但铁器均已腐蚀严重，无法辨别形制。

（四）料器

出土琉璃料珠 2 组（彩版四，2）。

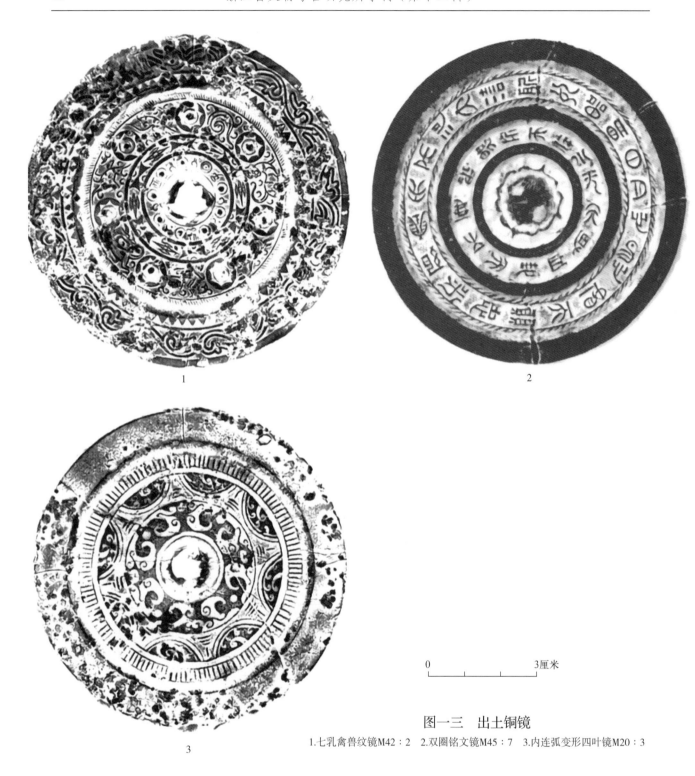

1

2

3

0　　　　　　　3厘米

图一三　出土铜镜

1.七乳禽兽纹镜M42：2　2.双圈铭文镜M45：7　3.内连弧变形四叶镜M20：3

（五）玉石器

　　玉石器共4件，为玉管1件（彩版四，3）、石黛板1件（彩版四，4）、红玛瑙珠1件（彩版四，5）、玉塞1件（彩版四，6）。玛瑙串珠中间保存的人工穿孔痕迹，应作为串珠使用。

四　文化因素分析及各墓年代问题

小亭山发掘的 33 座汉至两晋墓葬中有 21 座存有遗物，因此对 21 座墓葬进行年代分期。在文化因素分析基础上，依据墓葬形制及器物组合变化，参考周边地区的考古发掘资料，将 21 座墓葬分为四期。

第一期，包括 M24、M33 ～ M35、M39、M43 ～ M45，均为竖穴土坑墓，随葬品组合中不见西汉早、中期流行的鼎、盒为代表的仿铜陶礼器组合，仅保留壶、罐、瓿等器物组合，除 M24 外均不出盘口壶，代表着 M24 相对时间晚于另 5 座。另外 M45 包含的双圈铭文镜为西汉晚期受谶纬之说日盛影响而诞生的新类型[1]，M33、M39 中 5 件小陶壶成组的特殊组合不见于其他地区的报告中。通过进一步同绍兴狮子山西汉墓的陶罐[2]，嵊州剡山汉墓的 V 式瓿和 III 式壶[3]，萧山溪头黄汉墓 III 式喇叭口壶、II 式瓿、II 式罍[4]，湖州杨家埠二十八号墩汉墓的 I 式罐、罍[5] 等西汉晚期墓葬出土物比对，小亭山相应器物均相似，因此将上述墓葬年代定为西汉晚期。

第二期，包括 M6、M8、M18、M31、M40，均为长方形砖室墓，随葬品中多有铜镜及大泉五十铜钱，盘口壶开始取代敞口壶，为断代提供了一定依据，同时上述墓葬均存在所谓木顶砖室墓的情况，代表了一种从土坑墓向券顶砖室墓过渡的中间状态[6]。该期年代为王莽新朝至东汉早期。

第三期，包括 M2、M3、M20、M32、M42，均为长方形砖室墓，因多被盗，券顶多破损。此期有两个明显特征，其一是出现全新的祭器锺，可能是由盘口壶发展而来，两者不共出。其二是铜镜装饰开始出现浮雕技法，以 M2∶1 半圆方枚神兽镜为代表，代表了东汉中后期随葬品的新变化。该期年代为东汉中晚期。

第四期，包括 M16、M17、M22，为长方形券顶砖室墓。新出现叠涩顶做法及平面刀型墓室，墓葬内随葬品均为青瓷器，其中 M22∶6 矮胖型青瓷盘口壶是典型的孙吴、西晋时期青瓷盘口壶样式[7]。M16、M17 夫妻异穴合葬墓中出土 2 件瘦长型青瓷盘口壶，风格与前者截然不同，是典型的东晋盘口壶风格[8]。因此该期年代为孙吴两晋时期。

[1]　潘军：《"会稽镜"文字文体研究》，浙江大学人文学院，2008年。

[2]　董忠耿：《绍兴狮子山西汉墓》，《考古》1988年第9期，第853～855页。

[3]　张恒：《浙江嵊州市剡山汉墓》，《东南文化》2004年第2期，第49～59页。

[4]　杭州市文物考古研究所、萧山博物馆：《杭州萧山溪头黄汉墓发掘报告》，《考古学报》2018年第3期，第333～372页。

[5]　浙江省文物考古研究所：《湖州市杨家埠二十八号墩汉墓》，《浙江汉六朝墓报告集》，科学出版社，2012年，第10～49页。

[6]　黎毓馨：《浙江两汉墓葬的发展轨迹》，《东方博物》2003年第1期，第4～17页。

[7]　郑睿瑜：《浙江地区六朝墓葬的考古学研究》，西北大学文化遗产学院，2017年。

[8]　蒋赞初：《长江中游地区东汉六朝青瓷概论》，《江汉考古》1986年第3期，第71～75页。

五　结语

　　小亭山汉晋墓葬符合浙江范围内汉两晋墓葬的发展趋势，从西汉时期保留本地因素的土坑墓转变为东汉早期的木顶砖室墓，至东汉晚期及两晋时期券顶砖室墓成型并逐步发展出地域特色。但本次发掘的小亭山汉晋墓仍有自身特点，其中最主要的是西汉晚期随葬品不见浙江省内钱塘江以北地区同期多见的鼎、盒为主导的仿铜陶礼器组合，仅见壶、罐、瓿等的组合，表现出一定的小地域特色。此外，小亭山汉晋墓葬的壶型器类型丰富，在敞口壶向盘口壶过渡之余，显示出盘口壶在东汉中晚期向锺的过渡形态，且锺这类祭器并未流行至绍兴地区两晋墓葬。

　　附：本次考古发掘得到了越城区委宣传部、越城区文化广电旅游局、越城区建设投资有限公司等单位的大力支持与配合，在此表达感谢。

　　领队：徐新民
　　发掘：吴梦龙、张慧、方向东、张洋航、徐建亮、王欣、尹拓、徐新民
　　修复：柴蓓、黄小玲、方向东、徐建亮、王欣、李延、张文斌
　　绘图：高付杰、王欣、吴梦龙
　　拓片：柴蓓
　　摄影：林城、徐新民
　　执笔：吴梦龙、张慧、徐新民

绍兴市上虞区梁湖街道苦竹山墓地发掘简报

浙江省文物考古研究所、绍兴市文物考古研究所、上虞区文物管理服务中心

梁湖街道外梁湖村苦竹山位于浙江省绍兴市上虞区东南约8千米处，余姚江与曹娥江交汇处的东南（图一）。2018年浙江省重点水利项目，姚江西排工程计划建设的干渠一侧水坝将穿越上虞区梁湖街道外梁湖村苦竹山。为配合工程的顺利开展，浙江省文物考古研究所会同上虞博物馆在苦竹山及其周边区域做了前期考古调查工作，发现数座汉代土坑墓葬及若干三国至南朝的砖室墓，且已遭不同程度盗扰。经国家文物局批准（考执字〔2018〕第291号），2018年3～5月，浙江省文物考古研究所会同绍兴市文物考古研究所、上虞博物馆、上虞区文物管理服务中心（原上虞区文物管理所）在该区域开展考古发掘工作，共抢救清理墓葬6座，出土各类文物11件（组）。现将墓葬发掘结果介绍如下。

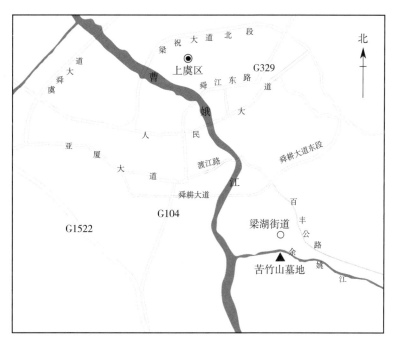

图一　苦竹山墓地位置示意图

一　墓葬概况

6座墓葬分为土坑木椁墓和砖室墓两类。土坑墓2座，位于苦竹山山顶，西北—东南向排列，相距约5米，山顶原地表植被为树木，发掘前山顶可见墓葬封土及盗洞。砖室墓4座，分布于苦

竹山西侧、东南侧山脚。

6座墓葬虽遭不同程度盗扰，仍出土了一批汉至南朝的陶瓷器、铜镜、铁器等，并采集了大量带纹饰和文字内容丰富的墓砖。

二　墓葬分述

（一）土坑墓

1. M1

有封土的土坑木椁墓，现存封土最高处高于山顶平面2米。墓葬平面呈圆形。直径约13米。封土从上到下可分4层，除表土层外，均较纯净，无包含物。第1层：厚0.1～0.4米，为黑色表土层，土质疏松；第2层：厚0.1～0.7米，浅黄褐色，土质疏松；第3层：厚0.1～0.3米，红褐色，土质较疏松；第4层：厚0.1～0.4米，黄褐色土，较为疏松，墓坑即开口于该层下，并打破生土和基岩（图二）。

墓坑开凿于基岩之上，平面呈长方形，方向187°，南北长5.8、东西宽5.2米。墓坑口至坑底深3米，墓坑四壁倾斜内收，纵剖面呈倒梯形，壁面粗糙，墓坑底较平坦，南北长4.4、东西宽3.6米。墓坑内填土为黄褐色花土，不分层，土质疏松，填土中有少量夹砂黑陶片，还发现石镞1件。

葬具及人骨已腐朽，墓坑底部有黑色板灰痕迹，平面呈正方形，边长约3.1米，东北角板灰痕迹被盗洞破坏，推测为外椁。该墓早年被盗扰，随葬品仅发现7件（组），其中一部分已不可复原。除罍和器盖位于北部椁室之外，其余器物排列于椁室内，由环首铁刀刀柄方向及铜镜位置判断，墓主头向朝南。

（1）硬陶罍

1件。

标本M1:1，敞口，窄平唇，圆弧肩，鼓腹，腹最大径位于中上部，平底内凹，通体拍印编织纹。砖红色胎。口径16.8、腹径36、底径14.2、高30.8厘米（图三，1）。

（2）青瓷器盖

1件。

标本M1:2，子口，弧面顶端为一圆形纽。盖面饰三周凹弦纹。盖面施青黄色釉，内壁无釉，釉面光滑细腻。直径16.2、子口口径9.4、高5.6厘米（图三，2）。

（3）铜镜

2枚。

标本M1:5、M1:6，腐蚀严重，无法提取。

（4）铜钱

5枚。

标本M1:7，腐蚀严重，无法提取。

另发现铜器残片4片，器形难以辨认。

（5）铁剑

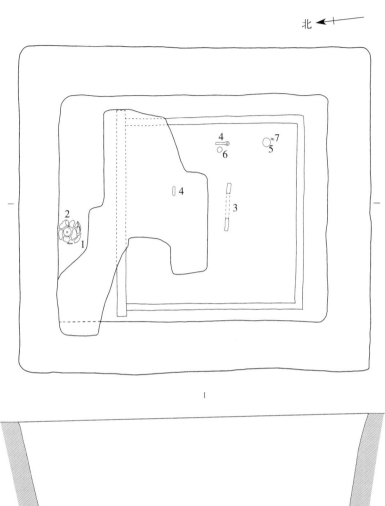

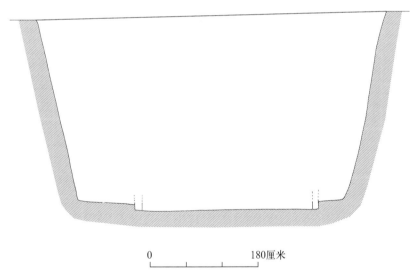

图二　M1 平、剖面图

1.硬陶罍　2.器盖　3.铁剑　4.环首铁刀　5、6.铜镜　7.铜钱

1件。

标本 M1：3，锈蚀严重，采集于盗洞填土中。剑首残，圆茎，无格，因锈蚀剑脊已不明显，横截面接近椭圆形。通长31、宽约1.4厘米（图三，3）。

（6）环首铁刀

1件。

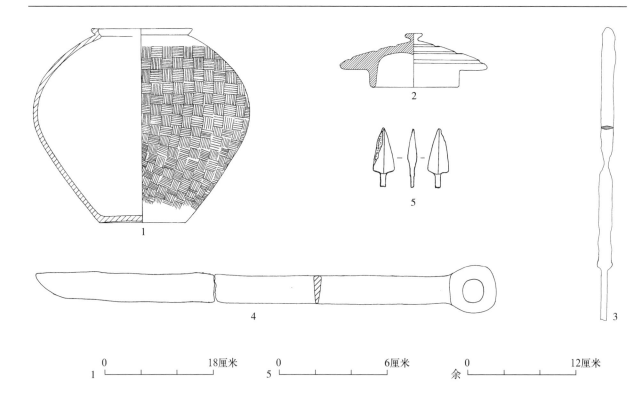

0 ————— 18厘米　　　　　0 ————— 6厘米　　　　　0 ————— 12厘米
1　　　　　　　　　　　　5　　　　　　　　　　　　余

图三　M1 出土器物

1.硬陶罍M1:1　2.青瓷器盖M1:2　3.铁剑M1:3　4.环首铁刀M1:4　5.石镞M1填土：1

标本 M1：4，无格，单面刃，被盗扰，断为两截。复原通长 51、宽 2.9 厘米（图三，4）。

（7）石镞

1 件。

标本 M1 填土：1，墓坑填土中采集。镞身近三角形，截面呈扁菱形，脊明显，两翼内收成铤，一翼残损，铤扁圆形。长 3.1、宽 1.2、厚 0.5 厘米（图三，5）。

2. M2

位于 M1 东南 5 米处，竖穴土坑墓，无明显封土。墓坑开口于表土层下，直接开凿于山顶的基岩之上，平面呈方形，头向不明。边长 4 米。墓坑口至底深 1.9 米，坑壁略内收，墓底较平，东西长 3.2、南北宽 3.1 米。墓坑内填土为黄褐色花土，不分层。葬具及人骨已腐朽，也不见板灰痕迹。早年被盗扰，陶、瓷器残片集中于墓坑西侧，可复原者仅 1 件（图四）。

壶

2 件。

标本 M2：1，硬陶小壶，深盘口，圆唇，细直颈，斜弧肩，扁鼓腹，平底。肩部附对称双耳，口、颈、肩部分别饰细凹弦纹，腹部饰凸弦纹。口径 5.6、腹径 12.6、底径 7.3、高 14 厘米（图五，1）。

标本 M2：2，高温釉陶，未能复原，口颈以上残缺，溜肩，鼓腹，平底，中心微凹。肩部附对称双耳，耳上端堆贴"∽"纹，耳面饰叶脉纹。肩部饰细弦纹、水波纹，腹部饰密集凸弦纹。肩部施青黄釉。腹径 22、底径 8.6、残高 25.6 厘米（图五，2）。

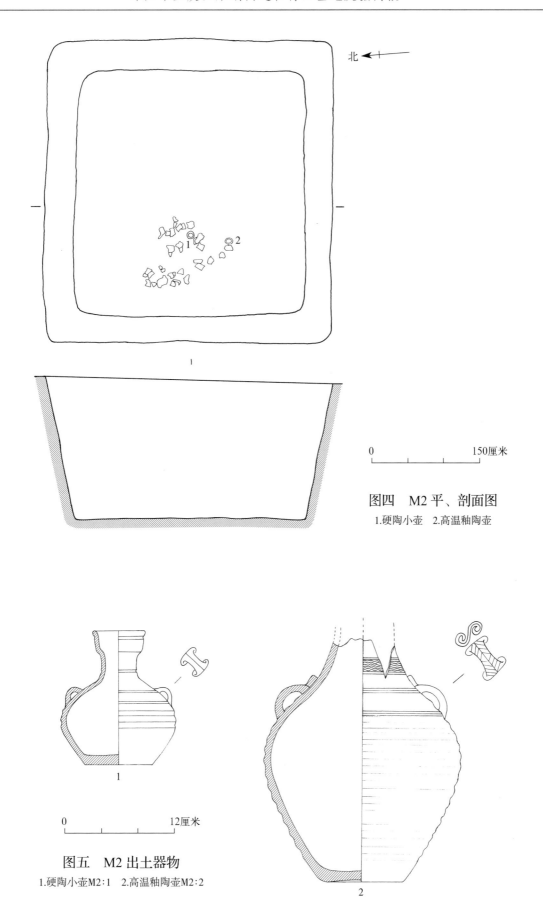

北

0   150厘米

图四 M2 平、剖面图
1.硬陶小壶   2.高温釉陶壶

0   12厘米

图五 M2 出土器物
1.硬陶小壶M2∶1   2.高温釉陶壶M2∶2

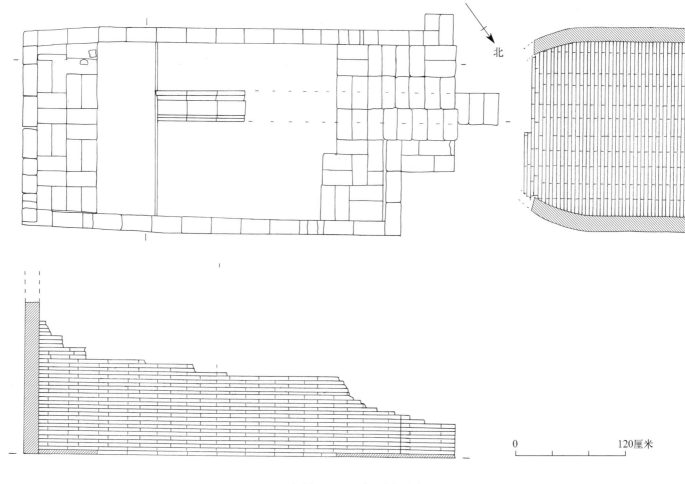

图六　M3 平、剖面图

（二）砖室墓

1. M3

前端甬道与墓室平面成单边刀把形，方向 308°。通长 4.76、宽 2.16、残高 1.95 米，其中甬道长 0.6、宽 1.5 米。墓内填土为黄褐色花土，含泥沙。墓壁为平砖错缝垒砌，不用竖向丁砖，至高 1.2 米处起拱，局部顺砖横砌，伸出的半块砖嵌入土层，形成"咬土砖"。铺底砖 1 层，纵横相间为主。自墓室中部起在底部铺设砖构排水沟，排水沟室内部分隐藏于墓室铺底砖下，排水沟底铺顺砖 1 层，两边各斜砌一丁砖，排水沟上宽下窄，剖面呈倒梯形，沟上口宽 32、下底宽 16、高 16 厘米，排水沟甬道外的部分转为明沟，其上覆盖一层平砖（图六）。遗物仅见器物残片，墓内采集的墓砖上模印有"天册元年八月卅日作姓徐"字样，可知此墓绝对纪年为 275 年，为三国东吴末帝孙皓晚期（图七）。

2. M4

墓葬残损严重，方向 101°。长 4.27、宽 2.16、残高 1.06 米。墓内填土为黄褐色花土。从仅存的一段墓壁可知，墓底铺 2 层砖，墓壁底部横砌顺砖 2 层，其上以四顺一丁方式叠砌（图八）。

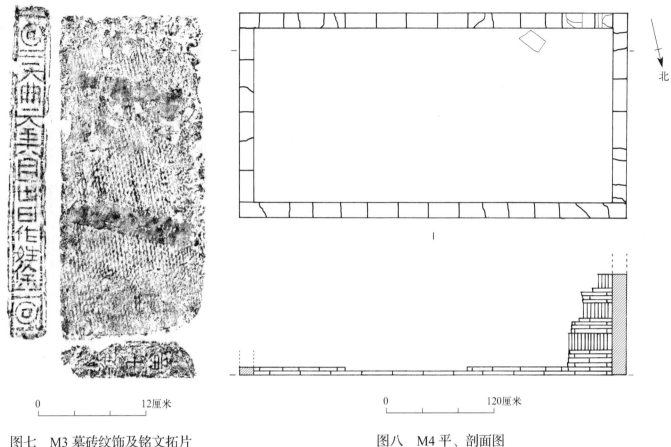

图七 M3 墓砖纹饰及铭文拓片   图八 M4 平、剖面图

3. M5

墓葬被多次破坏，方向46°。残长3.5、宽1.34、残高0.96米。墓内填土为黄褐色花土。墓壁以四顺一丁方式叠砌。墓底铺砖纵横相间为主，墓室前半部分铺底砖一层，后半部分增砌两层形成砖构棺台，将墓室自然划分为埋葬与祭祀前后两部分（图九）。未见随葬器物及残片，墓

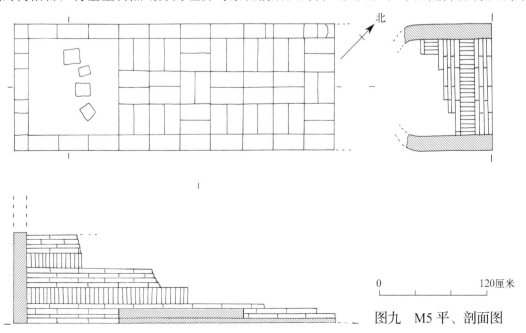

图九 M5 平、剖面图

砖上模印"晋咸和元年丙戌岁造"铭文，可知此墓绝对纪年为 326 年，为东晋成帝时期（图一〇）。

4. M6

墓葬残损严重，方向 20°。长 4.9、宽 2.16、残高 0.37 米。墓内填土为黄褐色花土。墓壁被挤压变形，向内倾斜，为顺砖错缝叠砌。墓底铺砖 1 层，纵横相间。随葬品经修复，为高温釉陶锺，颈部以上缺失。墓葬无明确纪年（图一一）。

高温釉陶锺

标本 M6 : 1，颈部以上残。斜弧肩，扁鼓腹，圈足较高，足跟外撇，足壁中部有折棱。肩部附对称双耳，耳面饰叶脉纹，肩部饰两组细弦纹，肩部施釉，釉色青黄。腹径 20.6、底径 16.4、圈足高 6.4、残高 25.4 厘米（图一二）。

0　　　　　　　　12厘米

图一〇　M5 墓砖纹饰及铭文拓片

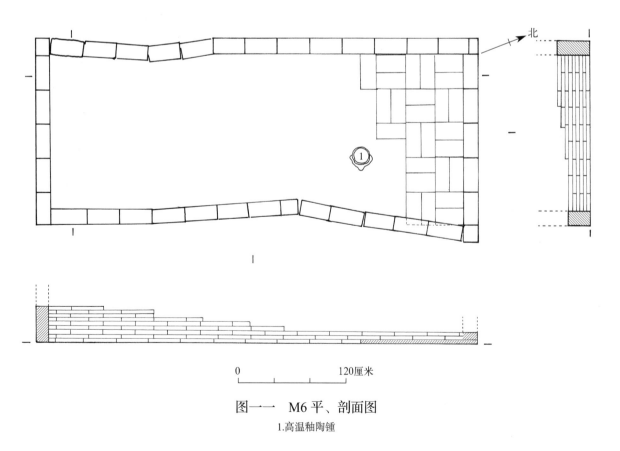

0　　　　　　　　120厘米

图一一　M6 平、剖面图

1.高温釉陶锺

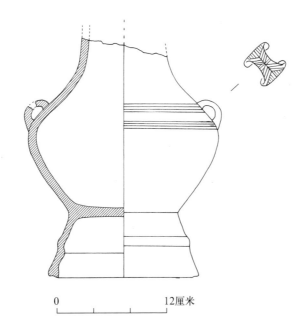

图一二　M6 出土高温釉陶锺 M6：1

三　结语

　　M1、M2 位于山顶正上方的选址习俗具有浓厚的地方特色，与浙北地区同时期的汉墓差别较大，而出土器物为浙江（即汉代会稽郡）区域内常见器形，时代特征明显，与上虞地区同类型汉墓共同为探讨汉代会稽郡核心区的社会经济、文化面貌及其与浙北地区的差异提供了丰富资料。

　　4 座砖室墓虽说随葬器物几乎破坏殆尽，但 2 座有明确纪年的墓葬为探讨这一时期的砖室墓提供了宝贵的纪年标尺。这批墓葬为认识其他未有明确纪年的同期墓葬，进而建立上虞地区汉墓的年代序列和断代标准提供了重要依据，同时为了解汉至南朝葬俗的演变提供了直观的窗口。

领队：李晖达
发掘：王坚梁、金辉、雷长胜、陈利平、邓瑞英、陈锡淋
绘图：陈利平、雷长胜
执笔：雷长胜、毛林林

杭州市余杭区塘山遗址卢村段 H1 发掘简报

浙江省文物考古研究所、杭州良渚遗址管理区管理委员会

一　遗址概况

卢村地属杭州市余杭区安溪村（图一），属于良渚古城外围水利系统塘山长堤的东端，相对周围农田高 1～2 米。

由于卢村村民建房，使遗址局部遭受破坏，2012 年 8 月 27 日至 10 月 25 日，经国家文物局批准，浙江省文物考古研究所联合杭州良渚遗址管理区管理委员会对该遗址区域进行抢救性发掘，在卢村台地东北角布设 25 米 ×4 米探沟 1 条（TG1），探沟 TG1 位于 N1C0 区 I 块，探沟未按正南部布设，呈北偏东 15°，从北向南纵贯 T2135、T2045、T1945 三个探方，发掘面积 100 平方米（图二）。TG1 周边建房涉及范围内均清理至良渚文化堆筑层表，并在 TG1 南端及附近清理汉代窑址废弃坑 1 个（H1）、唐代墓葬 5 座（M1～M5，其中 M4、M5 彻底被破坏）。TG1 范围内则发掘至生土，主体为良渚时期的堆筑土。其中 H1 比较特殊，单独简报如下。

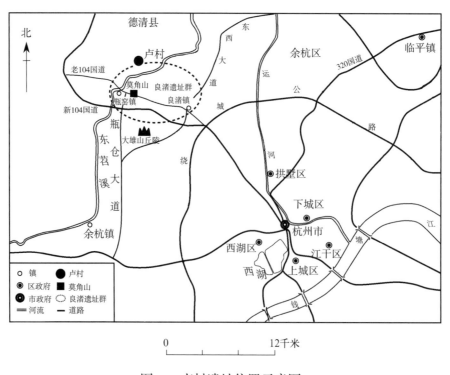

图一　卢村遗址位置示意图

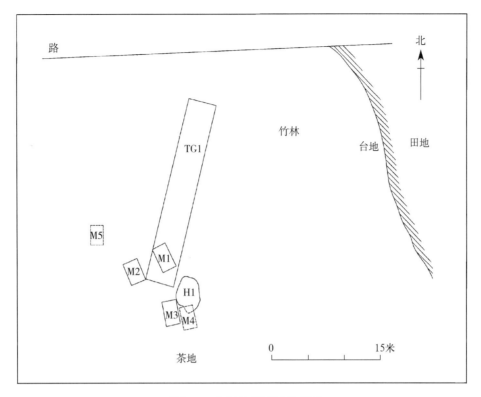

图二　卢村发掘总平面图

二　H1 形制

H1 开口于①层下，打破良渚文化堆筑土，平面近椭圆形，弧壁，圜底（图三）。长径 5.20、短径 3.56、深 1.04 米。填土分为三层。第一层为黄灰色土，土质较疏松，均匀铺设于坑口，厚约 0.1 米，应为坑填满废品和废渣后的铺垫层。第二层为块状的窑炉废渣层，板结状，填土较少，为灰色松土，夹杂较多陶器碎片，厚约 0.25 米。第三层包含大量残次品和废品，可辨器形有盘口壶、罐、坛、罍、纺轮、陶拍、垫柱等，填土较少，为灰色松土，最厚约 0.7 米。该坑可能为取土坑，废弃后成为堆填窑炉废弃堆积的场所。由此可见，窑应在距该坑不远处。

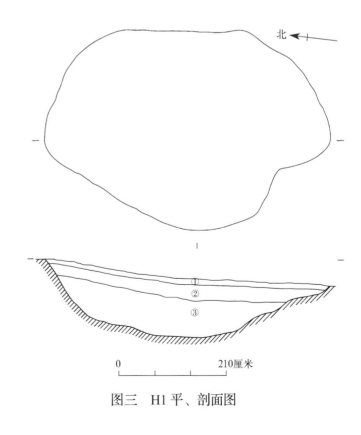

图三　H1 平、剖面图

三　出土遗物

坑内共出土标本61件，挑选47件典型器物按器形介绍如下。

（1）盘口壶

共27件。大部分颈部以上残缺，深盘口，盘壁略外斜，粗短颈下端内弧，斜弧肩上安双耳，圆鼓腹，腹最大径位于中部，平底内凹。高温釉陶，釉色青绿，无釉部分露胎呈灰色，胎质坚硬。均为轮制，部分器物烧制时变形，或粘有较多窑砂。

标本H1：23，盘口，侈口，圆唇，短颈，溜肩，肩部附叶脉纹半环形耳一对，鼓腹下斜收，平底。盘口和颈部底部有两道凹弦纹，肩、腹部饰细凸弦纹。盘口缺失处胎体呈红褐色。口径11.4、腹径20.4、底径9.6、高27.6厘米（图四，1）。

标本H1：48，盘口，口外侈，圆唇，短颈，溜肩，肩部附叶脉纹半环形耳一对，鼓腹，下腹缺失。肩、腹部饰细凸弦纹。盘口与断裂处胎体呈灰色。口径10.2、腹径18.6、残高19厘米（图四，2）。

标本H1：29，盘口，口外侈，圆唇，短颈，溜肩，肩部附叶脉纹半环形耳一对，下腹斜收，平底内凹。口沿内壁饰一道凹弦纹，盘口和颈部底部有两道凹弦纹，肩、腹部饰细凸弦纹。肩部以上呈黑灰色，肩部以下逐渐呈红褐色。盘口缺失处胎体呈黑灰色。口径12.6、腹径21、底径10.2、高27厘米（图四，3）。

标本H1：22，盘口，侈口，口沿内斜，平唇，短颈，溜肩，肩部附叶脉纹半环形耳一对，鼓腹下斜收，平底。盘口和颈部底部有两道凹弦纹，肩、腹部饰细凸弦纹。盘口缺失处胎体呈红褐色。口径8.4、腹径16.2、底径8.1、高20.8厘米（图四，4）。

标本H1：33，口残，短颈，溜肩，肩部附叶脉纹半环形耳一对，鼓腹下斜收，平底内凹。肩、下腹、底部均有些许变形。肩、腹部饰细凸弦纹。肩部与底部粘有窑砂，壶内有窑砂。颈部断裂处胎体呈灰色。腹径25.2、底径11.4、残高29厘米（图四，5）。

标本H1：24，壶，口残，短颈，溜肩，肩部附叶脉纹半环形耳一对，鼓腹下斜收，平底内凹。颈部下有两道凸弦纹，肩、腹部饰细凸弦纹。器身粘有小颗粒窑砂。盘口缺失处胎体呈红褐色。腹径15、底径7.8、残高15.4厘米（图四，6）。

标本H1：25，口残，短颈，溜肩，肩部附叶脉纹半环形耳一对，鼓腹下斜收，平底内凹。肩、腹部饰细凸弦纹。外施青黄釉，底部露胎处呈红褐色，颈部断裂处胎体呈灰色。腹径16.2、底径8.4、残高19厘米（图四，7）。

标本H1：32，口残，短颈，溜肩，肩部附叶脉纹半环形耳一对，鼓腹下斜收，平底内凹。肩、腹部饰细凸弦纹。肩部可见施青黄釉。颈部断裂处胎体呈灰白色。腹径19.8、底径11.2、残高24.9厘米（图四，8）。

标本H1：28，口残，短颈，溜肩，肩部附叶脉纹半环形耳一对，鼓腹下斜收，平底。颈、肩处各有两道凹弦纹，肩、腹部饰细凸弦纹。颈部断裂处胎体呈灰色。腹径18.6、底径9.6、残高22.6厘米（图四，9）。

标本H1：47，口沿缺失，溜肩，弧腹，平底内凹。通体饰密集弦纹。胎质较硬，断裂处露胎呈灰色。腹径15、底径7.8、残高14厘米（图四，10）。

标本H1：31，敞口，圆唇，颈部微束，短颈，溜肩，肩部附叶脉纹半环形耳一对，鼓腹，平

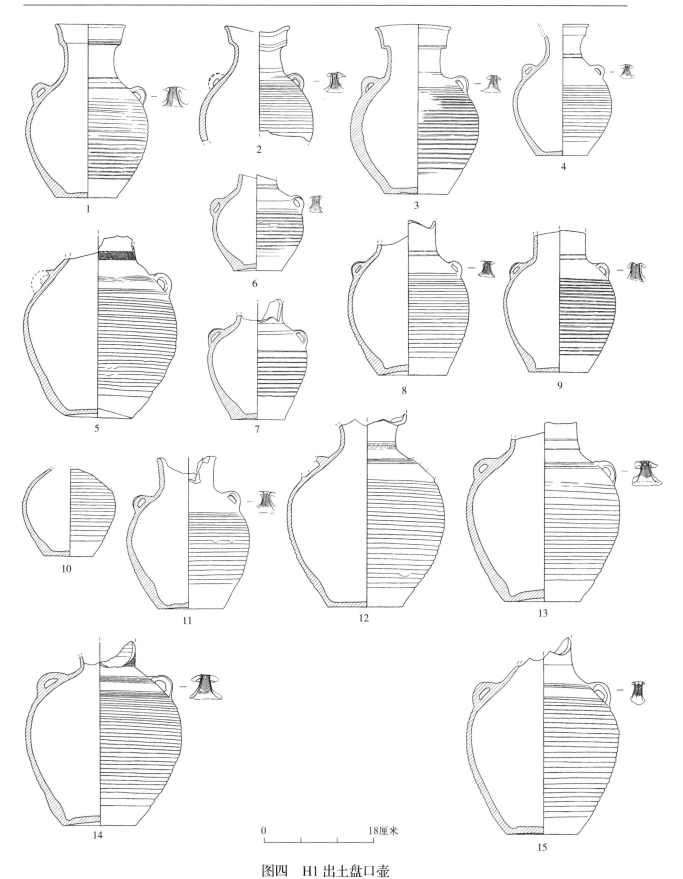

0　　　　　　　18厘米

图四　H1 出土盘口壶

1～15.H1：23、48、29、22、34、24、25、32、28、47、31、35～38

底内凹。颈部下端饰一道凹弦纹与一组水波纹。肩部两组凹弦纹及一组水波纹，腹部饰细凸弦纹。口颈断裂处胎体呈灰色。口径9.6、腹径19.8、底径10.8、高24.3厘米（图四，11）。

标本H1：35，盘口上部缺失，剩盘底与颈部相连小块，短颈，溜肩，肩部半环形耳一对已残，鼓腹下斜收，平底。颈部下端饰一道凹弦纹及一组水波纹，肩、腹部饰细凸弦纹，肩部以上呈黑灰色，肩部以下逐渐呈红褐色。腹径25.8、底径12.6、残高30.5厘米（图四，12）。

标本H1：36，口残，短颈，溜肩，肩部附叶脉纹半环形耳一对，鼓腹下斜收，平底内凹。颈部内壁有轮制痕，颈部下端饰一道凹弦纹及一组水波纹，肩、腹部饰细凸弦纹。外壁红褐色，颈部断裂处胎体呈灰白色。腹径25.2、底径12.6、残高28.5厘米（图四，13）。

标本H1：37，口残，短颈，溜肩，肩部附叶脉纹半环形耳一对，鼓腹下斜收，平底内凹。颈部下端饰一道凹弦纹及一组水波纹，肩、腹部饰细凸弦纹。肩和上腹部施釉，釉色青中泛黄。颈部内壁有轮制痕，颈部断裂处胎体呈灰白色。腹径25.8、底径12、残高29.5厘米（图四，14）。

标本H1：38，口残，短颈，溜肩，肩部附叶脉纹半环形耳一对，鼓腹下斜收，平底内凹。颈部下端饰一道凹弦纹及一组水波纹，肩、腹部饰细凸弦纹。颈部断裂处胎体呈灰白色。腹径25.2、底径11.4、残高31.6厘米（图四，15）。

标本H1：40，口残，短颈，溜肩，肩部附叶脉纹半环形耳一对，鼓腹下斜收，平底。颈部下端饰一道凹弦纹及一组水波纹，肩、腹部饰细凸弦纹，肩和腹上部施釉，釉色青中泛黄。颈部断裂处胎体呈灰白色。腹径27、底径13.2、残高31厘米（图五，1）。

标本H1：41，口残，短颈，溜肩，肩部附叶脉纹半环形耳一对，鼓腹下斜收，平底。颈部下端饰一道凹弦纹及一组水波纹。颈部断裂处露红褐色胎。腹径26.4、底径13.2、残高31厘米（图五，2）。

标本H1：42，口残，仅剩盘口与颈部连接处小块，短颈，溜肩，肩部附叶脉纹半环形耳一对，鼓腹下斜收，平底内凹。颈部下端饰一道凹弦纹及一组水波纹，肩、腹部饰细凸弦纹。颈部断裂处胎体呈灰色。腹径25.8、底径12、残高30.5厘米（图五，3）。

标本H1：43，口残，短颈，溜肩，肩部附叶脉纹半环形耳一对，鼓腹下斜收，平底。颈部下端饰一道凹弦纹及一组水波纹，肩、腹部饰细凸弦纹。颈部断裂处胎体呈灰色。腹径25.8、底径12、残高31厘米（图五，4）。

标本H1：26，盘口上部缺失，剩盘底与颈部相连小块，短颈，溜肩，肩部附叶脉纹半环形耳一对，鼓腹下斜收，平底内凹。肩、腹部饰细凸弦纹。器表呈黑灰色，断裂处呈红褐色胎。腹径21、底径10.8、残高23.3厘米（图五，5）。

标本H1：46，盘口上部缺失，只剩盘底与颈部相连小块，短颈，溜肩，肩部附叶脉纹半环形耳一对，鼓腹下斜收，平底内凹。颈部下端有一道凹弦纹及一组水波纹，肩、腹部饰细凸弦纹。盘口与断裂处胎体呈灰色。腹径24.6、底径12、残高31厘米（图五，6）。

标本H1：45，盘口上部缺失，只剩盘底与颈部相连小块，盘口，短颈，溜肩，肩部附叶脉纹半环形耳一对，鼓腹下斜收，平底内凹。颈部下端有一道凹弦纹及一组水波纹，肩、腹部饰细凸弦纹。肩、腹部均有窑砂，盘口与断裂处胎体呈灰色。腹径27、底径12、残高31厘米（图五，7）。

标本H1：44，口残，短颈，溜肩，肩部附叶脉纹半环形耳一对，鼓腹下斜收，平底内凹。颈部下端饰一道凹弦纹及一组水波纹，肩、腹部饰细凸弦纹。肩和腹上部施釉，釉色青中泛黄，腹

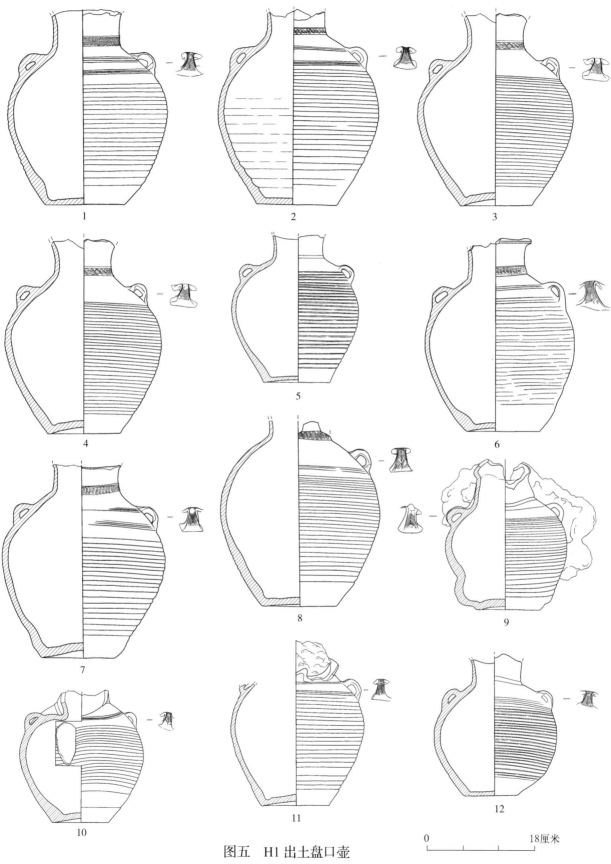

图五　H1 出土盘口壶

1～12.H1：40～43、26、46、45、44、39、27、34、30

下部可见刷釉痕迹。颈部断裂处胎体呈灰白色。腹径 26.4、底径 12、残高 29.3 厘米（图五，8）。

标本 H1∶39，盘口、颈、肩粘有窑砂并严重变形。方唇，短颈下凹，溜肩，肩部附叶脉纹半环形耳一对，鼓腹，下腹斜收内凹变形，平底内凹。盘口和颈部底部有两道凹弦纹，肩、腹部饰细凸弦纹。盘口缺失处胎体呈灰色。腹径 20.4、底径 10.8、高 24 厘米（图五，9）。

标本 H1∶27，口残，变形，短颈，溜肩，肩部附叶脉纹半环形耳一对，鼓腹下斜收，平底内凹。颈、肩处各有两道凹弦纹，肩、腹部饰细凸弦纹。外施青黄釉，剥釉。肩、腹部粘有一块近椭圆形其他物质。底部露胎处呈红褐色。腹径 20.4、底径 9.6、残高 21 厘米（图五，10）。

标本 H1∶34，盘口粘有窑砂并严重变形，短颈下凹，溜肩，肩部附叶脉纹半环形耳一对，鼓腹下斜收，平底内凹。肩、腹部饰细凸弦纹。盘口缺失处胎体呈灰色。腹径 22.2、底径 11.4、残高 26.3 厘米（图五，11）。

标本 H1∶30，口残，肩、腹部变形。短颈，溜肩，肩部附叶脉纹半环形耳一对，鼓腹下斜收，平底。肩、腹部饰细凸弦纹。肩、腹部粘有杂质。颈部断裂处胎体呈灰白色。腹径 20.4、底径 8.4、残高 22.5 厘米（图五，12）。

（2）双耳罐

5 件。其中泥质红陶罐 3 件、釉陶罐 1 件、硬陶罐 2 件。

标本 H1∶16，泥质红陶双耳罐。侈口，口沿内斜，尖圆唇，溜肩，肩部附叶脉纹半环形耳，残缺一只，弧腹，平底。通体饰密集弦纹。口径 11.9、腹径 17、底径 9、高 13.8 厘米（图六，1）。

标本 H1∶18，泥质红陶双耳罐。侈口，口沿内斜，平唇，溜肩，肩部附叶脉纹半环形耳一对，弧腹，平底。通体饰密集弦纹。口径 11.2、腹径 14.5、底径 7.9、高 10.8 厘米（图六，2）。

标本 H1∶19，泥质红陶双耳罐。侈口，方唇，溜肩，肩部附叶脉纹半环形耳一对，弧腹，平底。通体饰密集弦纹。口径 15.4、腹径 23、底径 11.5、高 20 厘米（图六，5）。

标本 H1∶15，硬陶罐。翻沿口，圆唇，溜肩，肩附半环形耳（耳已脱落），弧腹，平底内凹。通体饰密集弦纹。断裂处胎体呈灰色，胎质较硬。口径 10.6、腹径 14.1、底径 8、高 11.1 厘米（图六，3）。

标本 H1∶17，硬陶罐。翻沿口，圆唇，溜肩，肩部附叶脉纹半环形耳一对，弧腹，平底内凹。底部有窑砂。断裂处胎体呈红褐色，胎质较硬。通体饰密集弦纹。口径 8.7、腹径 12、底径 6.8、高 9.5 厘米（图六，4）。

（3）小罐

1 件。

标本 H1∶20，釉陶罐。侈口，圆唇，束颈，沿面内斜，折肩，直腹微折内收，平底内凹。颈、肩、上腹施酱色釉，釉色厚亮。下腹露红褐色胎。口径 9、腹径 13.5、底径 9、高 14 厘米（图六，6）。

（4）子母口罐

1 件。

标本 H1∶21，子母口，内直口，外口宽平，圆唇，溜肩，肩部附叶脉纹半环形耳一对，腹壁斜直收，平底。肩、腹部为轮旋纹。口径 12.5、腹径 23、底径 12、高 27 厘米（图六，7）。

（5）纺轮

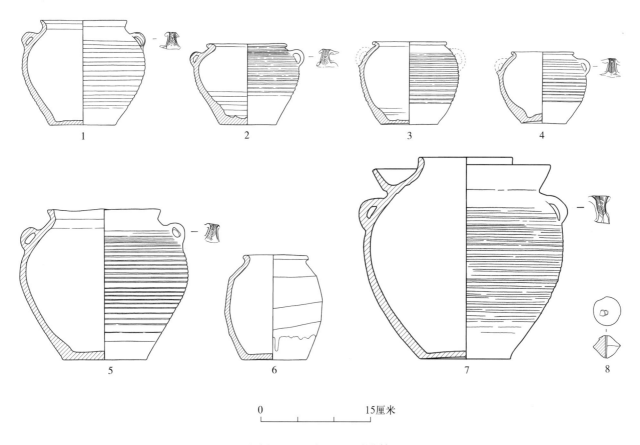

图六　H1 出土双耳罐等

1～5.双耳罐H1：16、18、15、17、19　6.小罐H1：20　7.子母口罐H1：21　8.纺轮H1：9

1 件。

标本 H1：9，泥质红陶。直径 3.9、孔径 0.45、厚 3 厘米（图六，8）。

（6）窑具

共 12 件。均为筒形窑柱。

标本 H1：1，器身呈筒状，两端外撇，柱顶为平面，柱身内凹，柱底呈撇足状。柱身上部有透气孔，柱身内壁可见泥条盘筑痕，柱身、柱底都粘有窑砂。外壁底有凹窝。胎质较粗糙，柱身满饰酱黑釉，局部呈暗黑红釉。口径 16.8、底径 13.5、高 33.5 厘米（图七，1）。

标本 H1：5，器身呈筒状，柱顶为平面，柱身内凹，柱底缺失。柱身上部有透气孔，柱身内壁可见泥条盘筑痕。胎质较粗糙，柱身满饰酱黑釉，夹青色泛黄釉。口径 14.5、残高 19.2 厘米（图七，2）。

标本 H1：11，器体呈筒状，柱顶为平面，柱身内凹，柱底呈撇足状，柱身上部有透气孔，柱身内、外壁可见泥条盘筑痕。胎质较粗糙，柱身呈红褐色。口径 16、底径 15、高 27.2 厘米（图七，3）。

标本 H1：6，器体呈筒状，两端外撇，柱顶为平面，柱身内凹，柱底呈撇足状。柱身上部有透气孔，柱身内壁可见泥条盘筑痕，柱底粘有少量窑砂。外壁底部有凹窝。胎质较粗糙，柱身满饰酱黑釉，局部呈暗黑红釉。口径 16.2、底径 19、高 24.9 厘米（图七，4）。

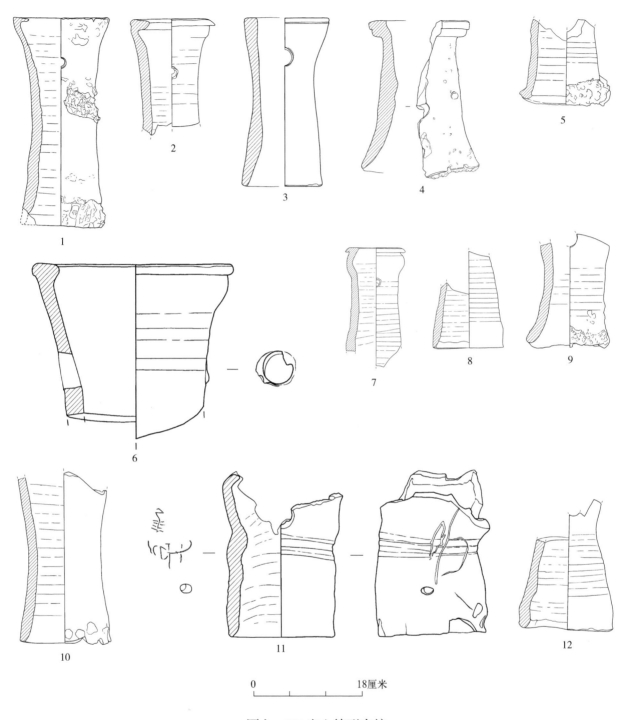

图七　H1 出土筒形窑柱

1～12.H1：1、5、11、6、14、4、12、13、7、3、8、10

标本 H1：14，器体呈筒状，柱底缺失，柱顶为平面，柱身内凹。柱身内、外壁可见泥条盘筑痕。胎质较粗糙，柱身呈红褐色。口径 16.5、残高 14 厘米（图七，5）。

标本 H1：4，器身呈筒状，柱底缺失，柱顶为平面，柱身内凹，柱身上部有透气孔，柱身内、外壁均可见泥条盘筑痕。柱身呈红褐色，带青色泛黄釉。口径 14.5、残高 28 厘米（图七，6）。

标本 H1：12，器体呈筒状，柱顶缺失，柱身内凹，柱底呈撇足状，柱身内、外壁可见泥条盘筑痕。

胎质较粗糙，柱身呈红褐色。底径 14.5、残高 19.2 厘米（图七，7）。

标本 H1：13，器体呈筒状，柱顶缺失，柱身内凹，柱底粘有窑砂。柱身内壁可见泥条盘筑痕。胎质较粗糙，柱身饰青泛黄釉。底径 17.7、残高 15.5 厘米（图七，8）。

标本 H1：7，器体呈筒状，柱顶缺失，柱身内凹，柱底粘有窑砂。柱身内壁可见泥条盘筑痕，胎质较粗糙，柱身饰青泛黄釉。口径 14.5、高 18 厘米（图七，9）。

标本 H1：3，器身呈筒状，柱顶缺失，柱身内凹，柱底呈撇足状。柱身上部有透气孔（残损），柱身内壁可见泥条盘筑痕，外壁底有凹窝。胎质较粗糙，柱身满饰酱黑釉。底径 15.2、残高 27.3 厘米（图七，10）。

标本 H1：8，器体呈筒状，柱身变形弯曲。柱身上、下部均有透气孔，柱身内壁可见泥条盘筑痕，柱身内部有窑砂，外壁底部有凹窝。胎质较粗糙，柱身呈红褐色。口径 18.5、底径 17.8、高 26.5 厘米（图七，11）。

标本 H1：10，器体呈筒状，柱顶缺失。柱身内、外壁可见泥条盘筑痕。胎质较粗糙，柱身呈红褐色。底径 14.2、残高 21 厘米（图七，12）。

四　结语

卢村段 H1 中东汉时期窑址废弃堆积是大遮山南麓的首次发现。根据盘口壶等器形可知其年代为东汉早期。2021 年卢村以北 800 米的黄泥坞遗址也发现了东汉时期的窑址废弃堆积。最近十余年在良渚古城周边进行全覆盖式勘探，以及以获取良渚时期遗存为目的的发掘中，曾在良渚遗址群范围内发现大量汉六朝时期的墓葬和窑址等遗迹，在许多良渚文化遗址中也见有汉六朝时期的地层堆积，显示良渚瓶窑一带汉六朝时期比较繁荣。以往德清、余杭一带发现的汉六朝时期窑址一般都归入"德清窑"，卢村、黄泥坞的新发现，对于探索德清窑的分布、汉六朝时期窑业发展与产品流通提供了重要线索。

附后记：简报撰写得到了同事李晖达、谢西营的指导，谨致谢忱。

领队：王宁远
发掘：范畴、陈欢乐、芦西燕、闫凯凯
绘图：张念哲、廖文艳、张依欣、张鑫
器物描述：廖文艳、范畴
执笔：范畴、张念哲、廖文艳、张依欣、陈明辉、王宁远

宁波奉化江口街道龙舌山墓地发掘简报

宁波市文化遗产管理研究院、复旦大学文物与博物馆学系、奉化区文物保护管理所

2021 年 5～6 月，为配合当地基本建设，宁波市文化遗产管理研究院联合奉化区文物保护管理所、复旦大学文物与博物馆学系对宁波市奉化区江口街道江口村四号地块的龙舌山墓地进行了考古发掘。此次发掘共清理汉六朝时期墓葬 11 座，唐代墓葬 1 座。由于这批墓葬均已被严重盗扰，现选择其中 4 座材料相对丰富的墓葬简要报告如下。

一 墓地概况

奉化区江口街道江口村四号地块当地名为龙舌山，位于江口村西北约 2 千米，毗邻龙舌山公墓园，中心地理坐标为北纬 29°44′35″、东经 121°23′47″，海拔 28 米。东北距宁波市区约 18、南距奉化城区约 9 千米（图一）。

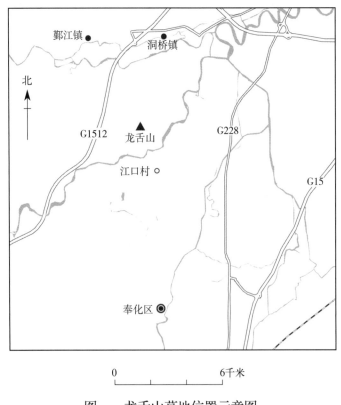

图一 龙舌山墓地位置示意图

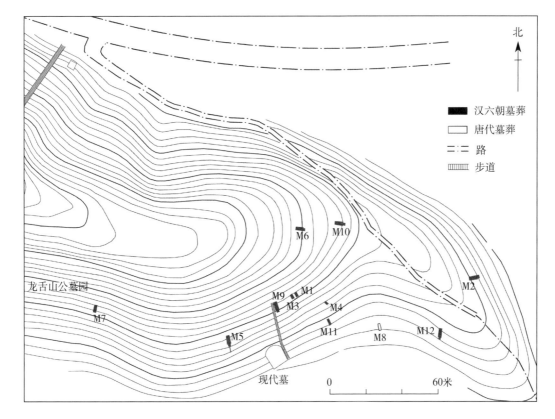

图二　墓地总平面图

　　墓地范围内地层堆积简单，表土下即为生土。墓葬均开口于表土层下，打破生土。本次发掘清理的 12 座墓葬主要分布在龙舌山南坡与东坡上（图二），位于海拔 16 ～ 30 米区间内。由于耕种、水土流失、历代盗掘等原因，这些墓葬均已遭严重破坏，未见封土，扰乱严重。墓中人骨、葬具无存，出土陶器、瓷器、铜器、铁器等各类器物 26 件。

二　墓葬分述

　　12 座墓葬均为土圹竖穴砖室墓，盗扰破坏严重，个别可见券顶和甬道。共采集器物 26 件，其中陶器 10 件、瓷器 10 件、铜器 3 件、铁器 3 件。根据墓葬形制和出土遗物判断：汉六朝墓葬 11 座，墓室均为长方形；唐代船形墓 1 座。其中 M2、M5、M6 和 M10 四座孙吴西晋时期墓葬材料相对较好。

（一）M2

　　土圹长方形，方向 89°。长 5.67、宽 2.02、残深 0.05 ～ 1.40 米。墓室长方形，内长 4.01、内宽 1.67、残高 0.63 ～ 1.33 米。甬道仅余一侧，长 1.36、残高 0 ～ 0.6 米。墓底砖为人字形平铺。墓室侧壁为单砖错缝平砌，后壁为单砖错缝平砌 7 层之后，四顺一丁砌筑；甬道残存部分为四顺一丁砌筑；封门、券顶无存。墓砖火候一般，侧面多模印钱纹、框线、弧线组成的纹饰，规格长 37、宽 16.5、厚 5 厘米（图三）。

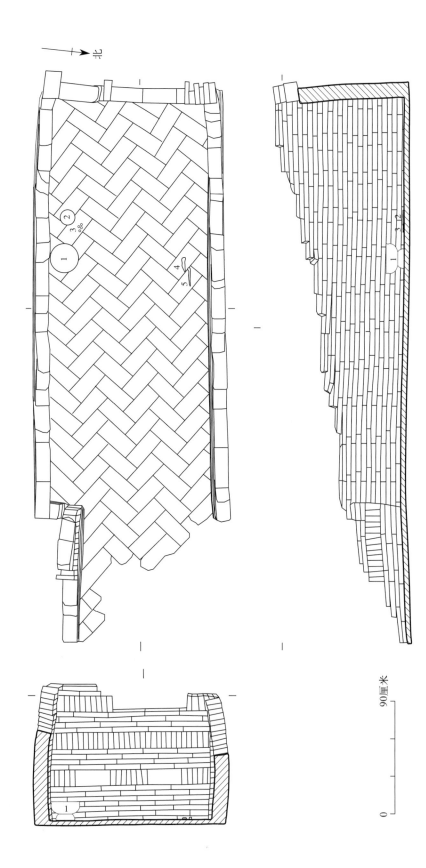

图三　M2 平、剖面图
1.青瓷盏　2.铜镜　3.五铢　4.铁刀　5.铁钉

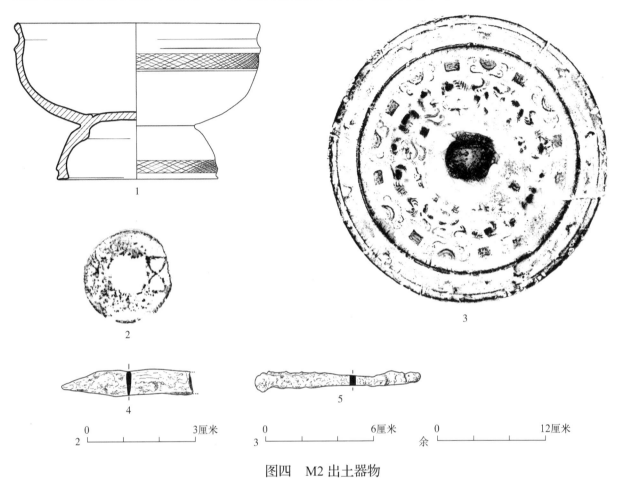

图四　M2 出土器物

1.青瓷簋M2∶1　2.铜钱M2∶3　3.铜镜M2∶2　4.铁刀M2∶4　5.铁钉M2∶5

M2扰乱严重，墓底出土随葬品瓷簋、铜镜、铁刀各1件、锈结的五铢钱数枚，以及铁钉1枚。

（1）青瓷簋

标本M2∶1，敞口，圆唇，弧腹，覆碗状高圈足。中腹部和圈足下部饰条带状网纹。口径26.4、底径17.6、高16.3厘米（图四，1；彩版五，1）。

（2）铜镜

标本M2∶2，表面锈蚀严重。圆形，乳状纽，内区四组羽人及四兽相间对置环绕，外区为半圆方枚带。直径14.6、纽径2.8厘米（图四，3；彩版五，2）。

（3）铜钱

标本M2∶3，锈蚀严重。圆形方孔，钱文多不清，个别方孔一侧钱文可见"五"字。直径2.4、孔径0.8厘米（图四，2）。

（4）铁刀

标本M2∶4，残断，锈蚀严重。直背，直刃，断面呈楔形。残长14.7、宽2.3厘米（图四，4）。

（5）铁钉

标本M2∶5，锈蚀严重。钉帽侧视呈梯形，钉身横截面长方形，向下渐细，尖部缺失。残长18.2、截面长1、宽0.6厘米（图四，5）。

（二）M5

凸字形砖室墓，方向178°。土圹长5.78、宽2.25、残深0～2.20米。墓室长方形，内长4.23、内宽1.91、残高0.80～2.12米，墓室高1米处开始起券；墓室内北半部为棺床，棺床长2.78、宽1.91、高0.20米。甬道位于墓室南端，长1.32、内宽1.00、残高0.60米。墓葬设有排水沟，从墓室前方修筑，截面呈"人"字形，残长4.46米，顶部宽0.08、高0.15、底部宽0.16米。墓底砖两横两竖平铺，呈席纹状。墓室东、西两壁及甬道壁均为单砖错缝平砌，墓室北壁为单砖错缝平砌33层之后，丁砌1层，其上再错缝平铺4层至券顶。封门位于甬道中部，封门砖为残半砖南北三排，东西平铺砌筑，厚0.63、残高0.40米。墓砖火候一般，正面多模印绳纹，侧面模印"X"形纹、弧线纹、钱纹与框直线纹组成的纹饰，规格长35、宽15.5、厚4.7厘米（图五；彩版五，3）。

M5扰乱严重，墓室底部南端两侧出土灶、釜、盏冥器组合1套，盏4件。扰土中出土盏、罐、盆残件。

（1）陶灶

标本M5：1，整体近船形，前端较平，灶壁斜直内收；灶壁前端设一灶门，灶门上部拱形，下部长方形；灶身中部宽，至尾部渐收成尖状；出烟孔设于灶台尾部，圆形斜直壁。素面。泥质灰褐陶。灶台有两个圆形灶眼，近灶门的灶眼上放置陶釜（M5：2）1件，近出烟孔的灶眼上放置陶盏（M5：3）1件。灶长26、中部宽17.4、高6.8～7、壁厚2.4厘米，近灶门灶眼直径8.4、近出烟孔灶眼直径9厘米，灶门高5.6、宽4.6厘米，出烟孔直径2厘米（图六，1）。

（2）陶盏

标本M5：3，直口，圆唇，弧腹，凹底。素面。泥质黄褐陶。口径10.9、底径5.8、高3.5厘米（图六，3）。

（3）陶釜

标本M5：2，直口，方唇，圆肩，下腹部斜收，底部略凹。素面。泥质灰褐陶。口径6.6、底径4.2、高4.9厘米（图六，2）。

（4）陶罐口沿

2件。

标本M5扰土：4，直口，圆唇，斜肩。器表施凹弦纹、凸棱纹。泥质黄褐陶。口径19.6、残宽15、残高3.2厘米（图六，11）。

标本M5扰土：5，直口，尖唇，圆肩，弧腹。素面。夹细砂黄褐陶。口径30、残宽14、残高5厘米（图六，12）。

（5）青瓷盏

6件。

标本M5：4，口微敛，尖圆唇，弧腹，凹底。素面。黄褐胎，施青釉，外壁釉层大多剥落。口径11、底径6、高3.7～3.9厘米（图六，4）。

标本M5：5，敞口，尖圆唇，弧腹，凹底。素面。施青釉，釉层大多剥落。黄褐胎。口径10、底径5.2、高3.5～3.7厘米（图六，5）。

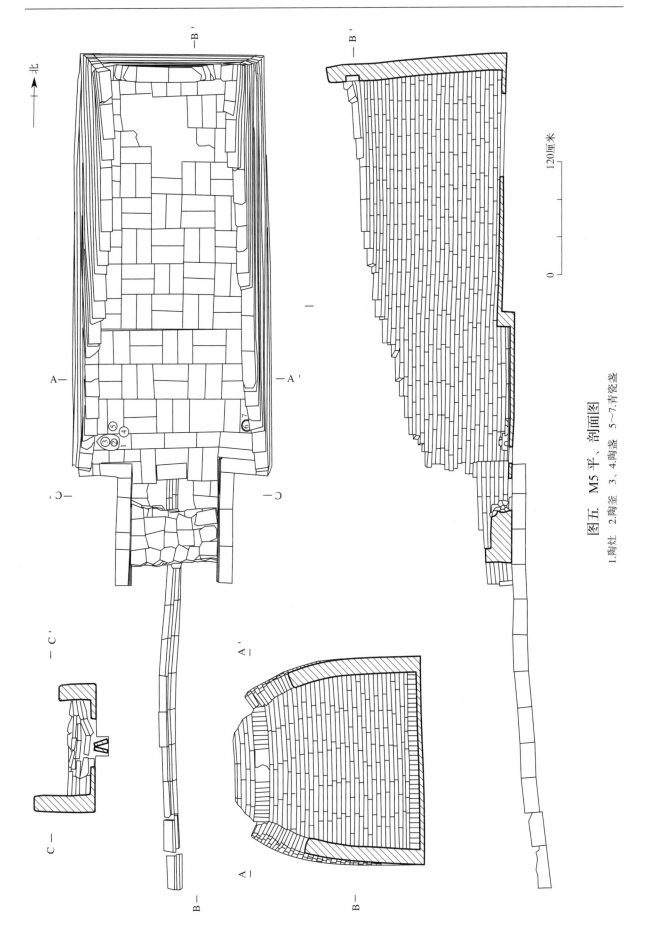

北

120厘米

图五　M5 平、剖面图
1.陶灶　2.陶釜　3、4.陶盏　5~7.青瓷盏

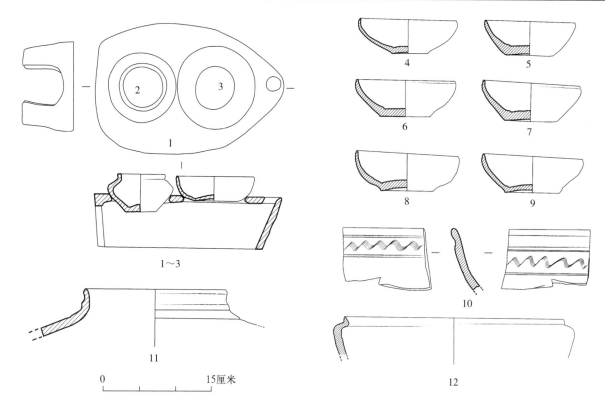

图六　M5 出土器物

1.陶灶M5：1　2.陶釜M5：2　3.陶盏M5：3　4～9.青瓷盏M5：4～7、M5扰土：1、M5扰土：2　10.青瓷口沿M5扰土：3　11、12.陶罐口沿M5扰土：4、M5扰土：5

　　标本 M5：6，直口，尖圆唇，弧腹，平底。口沿外侧饰凹弦纹一周。施青釉。黄褐胎。口径 10.5、底径 5.4、高 3.6～3.8 厘米（图六，6）。

　　标本 M5：7，直口，尖圆唇，弧腹，凹底。口沿外侧饰凹弦纹一周。施青釉，多脱落。黄褐胎。口径 10.6、底径 5.5、高 3.7～4.1 厘米（图六，7）。

　　标本 M5扰土：1，直口，尖圆唇，弧腹，凹底。口沿外侧饰凹弦纹一周。施青釉，多脱落。黄褐胎。口径 10.6、底径 5.4、高 3.5～3.9 厘米（图六，8）。

　　标本 M5扰土：2，敞口，尖圆唇，弧腹，凹底。素面。施青釉，施釉不到底。黄褐胎。口径 10.8、底径 5.8、高 3.55～4 厘米（图六，9）。

　　（6）青瓷盆口沿

　　标本 M5扰土：3，敞口，圆唇。器表刻划凹弦纹、水波纹。内壁施青黄釉，施釉不到底。泥质黄褐胎。残宽 9、残高 6.5 厘米（图六，10）。

（三）M6

　　刀形砖室墓，方向96°。土圹长 5.21、宽 1.78、深 1.15～1.86 米。墓室长方形，内长 3.74、内宽 1.38、残高 1.20～1.40 米。甬道位于墓室右侧，长 1.37、内宽 0.80、残高 0.82 米。封门双层砖砌筑，外层为单砖错缝平铺，内层为单砖侧立"之"字铺成。墓底砖为人字形平铺，墓壁均单砖错缝平砌（图七）。墓砖火候一般，规格多为长 30～32、宽 14、厚 4.2 厘米。墓壁砖大多

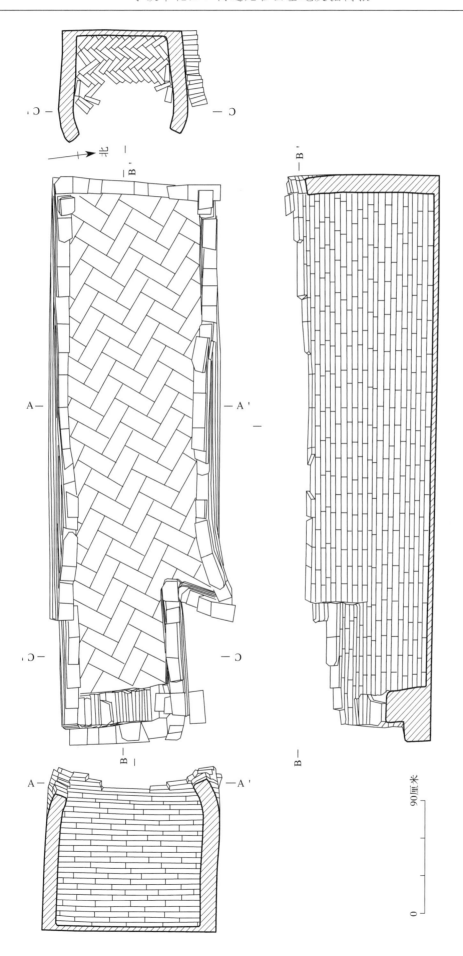

图七　M6平、剖面图

1　　　　0　　　　　　　6厘米

2　　　　3

图八　M6墓砖拓片

侧面模印钱纹、网纹、"X"形纹组成的纹饰。墓室侧壁近底部的一块墓砖侧壁模印有"左常乐右富贵"铭文（图八，1），部分墓砖侧面一端见有"八月作"铭文（图八，2），位于甬道部位的部分起券砖侧面两端模印有鱼纹，中部模印兽面纹，参考M10用砖可知兽面两侧有"太康"纪年铭文（图八，3）。

M6扰乱严重，扰土中出土青瓷井、钵与唐代青瓷碗各1件。

（1）青瓷碗

标本M6扰土：1，侈口，沿外翻，圆唇，弧腹，矮圈足。器内壁底部有支钉痕。素面。施黄绿釉，

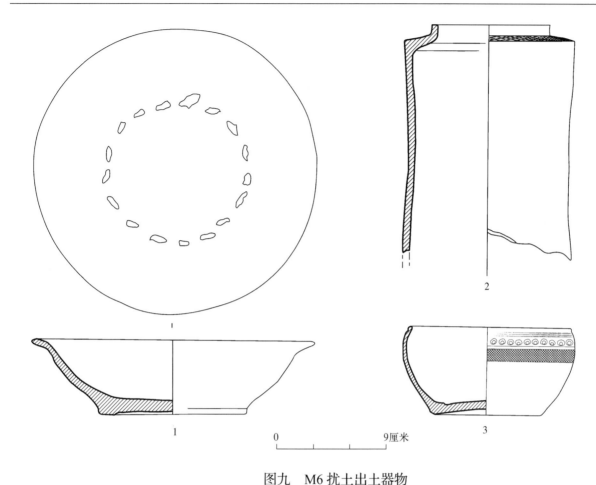

图九　M6 扰土出土器物

1.青瓷碗M6扰土：1　2.青瓷井M6扰土：2　3.青瓷钵M6扰土：3

器表施釉不到底。黄褐胎。口径 23.2、底径 12.2、高 5.8 ～ 6 厘米（图九，1）。

（2）青瓷钵

标本 M6 扰土：3，敛口，圆唇，弧腹，凹底。口沿外侧饰凹弦纹，上腹部饰联珠纹、网纹、凹弦纹。施黄绿釉，器表施釉不到底。黄褐胎。口径 13.4、底径 9.3、高 7.3 厘米（图九，3；彩版六，1）。

（3）青瓷井

标本 M6 扰土：2，直口，方唇，折肩，筒形腹。肩部饰网纹。施青釉。灰胎。口径 8.4、残高 18.5 厘米（图九，2）。

（四）M10

凸字形砖室墓，方向 101°。土圹长 5.85、宽 1.90、残深 0.68 ～ 1.80 米。墓室内长 4.08、内宽 1.60、残高 1.23 ～ 1.75 米。墓室高 1.23 米处开始起券，起券部位残存 2 层楔形砖。甬道长 1.35、内宽 0.82、残高 0.70 ～ 0.80 米，高 0.68 米处开始起券，起券部位残存 3 层楔形砖。墓底砖为人字形平铺。墓室南、北两壁均为单砖错缝平砌，后壁为单砖错缝平砌 11 层之后，七顺一丁砌筑，其上再五顺一丁砌筑；甬道壁单砖错缝平砌 9 层之后，钉砌一排，然后继续单砖错缝平砌；封门为单砖错缝平砌（图一〇；彩版六，2）。墓砖火候较高，规格多为长 31.5、宽 15、厚 4 厘米。

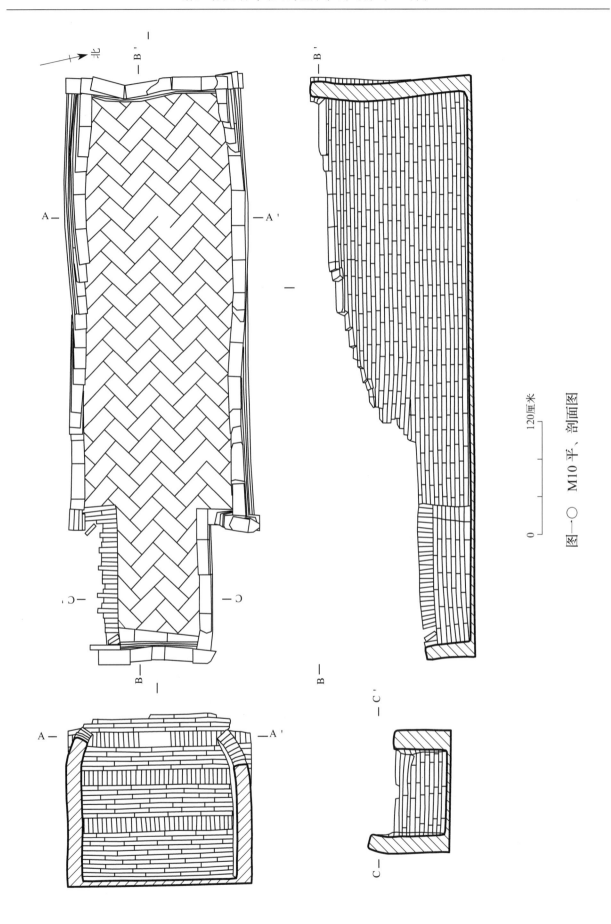

图一〇　M10 平、剖面图

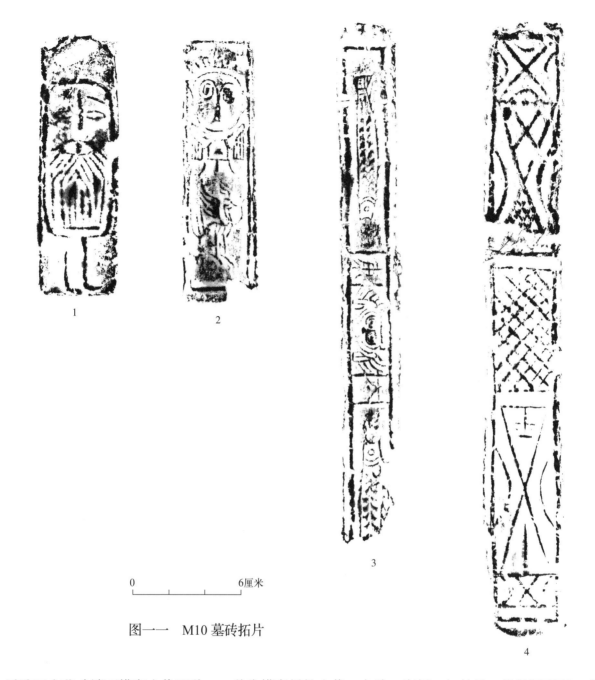

图一一 M10 墓砖拓片

后壁丁砌墓砖端面模印人像两种，一种为模印男性人像，方脸，宽额，细长眉，长椭圆形眼，高鼻梁，髯长过腰，细长腿，脚尖均偏向左侧（图一一，1）；一种为女性人像，近椭圆形脸，宽额，细长眉，圆眼，高鼻梁，发及胸背，身下有展翅凤鸟，细长腿，脚尖均偏向左前方（图一一，2）。甬道起券部位发现有纪年砖，侧面模印兽面纹与双鱼纹组合纹饰，兽面两侧见有"太康"纪年（图一一，3）。部分墓砖侧面模印有"平"字、网纹、"X"形纹与弧线纹组成的纹饰（图一一，4）。

M10 严重扰乱，扰土内出土青瓷钵、酱釉陶罐口沿各 1 片。

（1）青瓷钵

标本 M10 扰土：1，敛口，圆唇，弧腹。上腹部饰凹弦纹、条带状网纹。器表口沿与内壁施黄釉。灰褐胎。口径 16.6、残高 4 厘米（图一二，1）。

（2）酱釉陶罐

标本 M10 扰土：2，敛口，方唇，圆肩，斜弧腹。酱釉陶。夹砂黑褐胎。口径 29、残宽 4.2、残高 5 厘米（图一二，2）。

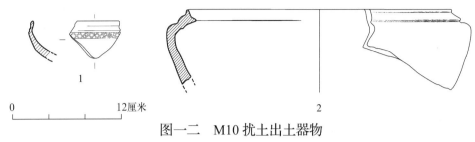

图一二　M10 扰土出土器物

1.青瓷钵M10扰土：1　2.酱釉陶罐M10扰土：2

三　结语

M6、M10 出土"太康"年号的纪年砖。"太康"是西晋武帝司马炎的年号，因此这 2 座墓的其年代上限应为西晋。从墓葬形制来看，M6 为刀形券顶单室墓，M10 为凸字形券顶单室墓，都是两晋时期宁波地区常见形制。但墓砖纹样较为繁复，除了模印钱纹、网纹、鱼纹和各种几何形纹之外，还有较为少见的人像纹、兽面纹，符合西晋墓葬砖纹特点 [1]。尽管 M6 和 M10 中出土遗物均为扰土中发现，但青瓷井（M6 扰土：2）肩部和青瓷钵（M10 扰土：1）上腹部的网纹、青瓷钵（M6 扰土：3）上腹部的联珠纹和网纹，也符合西晋墓葬随葬品的装饰特征。

M2 出土羽人禽兽纹铜镜（M2：2）内区四组羽人及四兽相间对置环绕，外区为半圆方枚带。这种风格的铜镜出现于东汉末年，直至西晋仍有铸造，孙吴时期尤为流行 [2]，同类铜镜在浙江嵊县（现嵊州市）大塘岭东吴墓 M104[3] 中也有发现。同墓出土青瓷簋（M2：1）与宁波洪塘卢家山西晋早中期墓葬 M2[4] 出土的同类器相似。结合该墓墓室后壁和甬道壁四顺一丁的砌法特征，可推断 M2 年代应为三国孙吴时期。

M5 出土多件青瓷盏，两晋墓葬中常见，如湖州白龙山西晋"太康元年"纪年墓 M40 和"永嘉元年"纪年墓 M3[5]、台州三门横山的 4 座东晋墓（M7、M12、M13 和 M14）[6]。从墓葬形制上看，墓室两侧壁和甬道两壁采用单砖错缝平砌，属于东汉砖室墓的传统砌法，并未采用两晋时期常见的"顺丁"砌法，仅在墓室后壁上部丁砌一排，由此推断 M5 应为西晋偏早阶段。

本次发掘工作由宁波市文化遗产管理研究院许超副研究员任项目领队，复旦大学潘碧华副教授具体负责，张牵牛、朱春雨、邱柏菡、梁威威、王浩南等参与了发掘与整理工作。

执笔：许超、潘碧华、张牵牛

[1] 王结华：《宁波地区两晋墓葬发掘与研究》，《东南文化》2006年第4期。

[2] 王纲怀：《中国纪年铜镜·两汉至六朝》，上海古籍出版社，2015年，第186页。

[3] 嵊县文管会：《浙江嵊县大塘岭东吴墓》，《考古》1991年第3期。

[4] 宁波市文物考古研究所：《浙江宁波洪塘卢家山六朝墓群发掘简报》，《南方文物》2005年第2期。

[5] 浙江省文物考古研究所、湖州博物馆：《湖州市白龙山汉六朝墓葬发掘报告》，《浙江汉六朝墓报告集》，科学出版社，2012年。

[6] 浙江省文物考古研究所、三门县博物馆：《三门横山汉六朝古墓葬》，《浙江汉六朝墓报告集》，科学出版社，2012年。

上虞积山西晋墓葬发掘简报

浙江省文物考古研究所

一 发掘概况

上虞是浙江省建县最早的县之一，秦王嬴政二十五年（公元前222年）置上虞县，属会稽郡。新莽始建国元年（9年），废上虞入会稽县，属会稽郡。东汉建武（25～56年）初恢复上虞县，属会稽郡。永建四年（129年），分上虞南乡入始宁县，同属会稽郡，历三国两晋南北朝不变。

积山墓群位于道墟镇南长溇村。道墟镇位于上虞市西北部，西邻绍兴市，北濒曹娥江入海口。长溇村或称长娄村，位于道墟镇西南，南濒浙东运河。积山墓群位于长溇村西北积山山麓（图一）。

2009～2010年，为配合绍（绍兴）诸（诸暨）高速公路建设，对积山地区高速公路范围内的古墓葬进行了配合性发掘。发掘区域位于积山下丘陵地段（图二），高速公路从山脚横穿而过，所处山麓地段长400余米，共发掘东汉至唐墓葬43座（附表一），多数墓葬已被盗掘。分别有长方形竖穴土坑墓2座，长方形券顶砖室墓及残墓16座，凸字形券顶砖室墓20座，凸字形券顶船

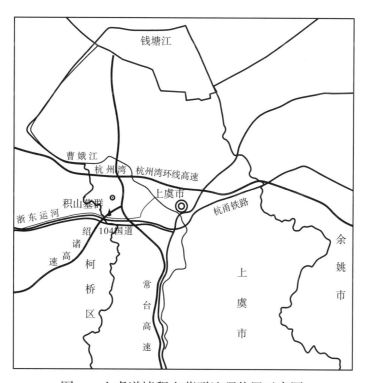

图一　上虞道墟积山墓群地理位置示意图

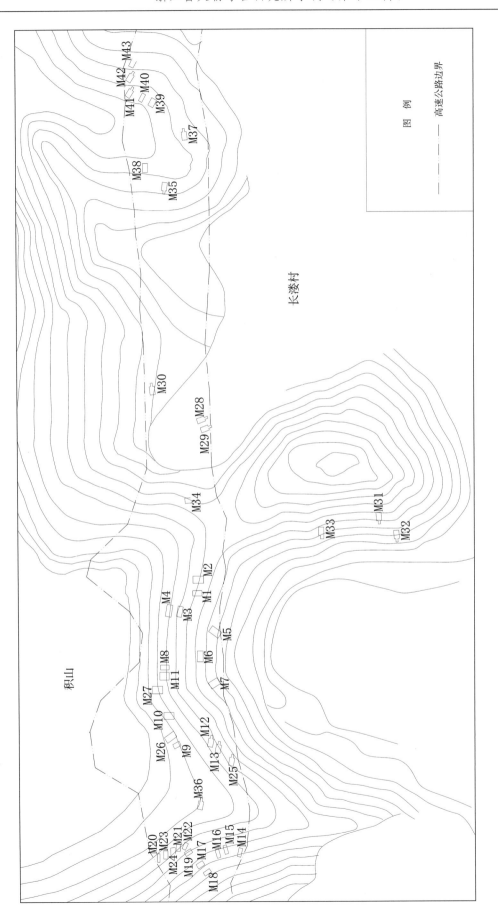

图二　积山墓葬分布示意图

形砖室墓 2 座，刀形券顶砖室墓 3 座。其中，出土随葬品的墓葬有 24 座，共出土铜器、铁器、青瓷器、陶器等 86 件（组），器物类型有铜钱、铜印、铜镜；铁刀；青瓷钵、杯、盘口壶、盘、罐、熏炉、盆、碗、盏、炉、香熏、烛插、尊、簋、耳杯、鸡笼模型、猪圈模型、唾壶、盂、罐、勺、虎子；陶壶、罐；滑石猪等。

　　本文重点介绍墓群中有随葬品出土的 3 座西晋墓葬，编号积山 M5、M12 和 M13，这 3 座西晋墓葬出土了较精美的早期越窑青瓷，如狮形烛台、羊形烛台、四凤系盘口壶、簋、盆、罐、钵、盘、耳杯、猪圈模型、鸡笼模型、香熏、唾壶等，为研究西晋时期墓葬形制和随葬器物提供了重要的实物资料。

二　墓葬分述

　　积山 M12 和 M13 两墓相邻，墓葬结构形制和墓葬纹饰都雷同，属于同时建造的墓葬，发掘前两墓均已被盗扰。墓葬形制均为凸字形券顶砖室墓，前端有较窄甬道。

（一）M12

　　仅残存底部。方向 275°。墓室长 5.2、宽 2.8、残深 1.60 米，甬道长 2.0、宽 1.6 米（彩版七，1）。侧壁砖三顺一丁砌造，铺底砖为人字形平铺。墓葬后端有棺床，棺床高 0.24 米，底部先以墓砖侧立然后在上面二横二纵平铺。墓砖长 38、宽 18、厚 6 厘米，另墓内散落较多梯形墓砖，为券顶毁坏后的遗留，梯形砖长 38、宽 10～18、厚 6 厘米。墓砖长侧面有铜钱几何花纹，短侧面有兽面纹或有"严维"字样（图三）。

图三　M12 墓砖纹饰拓片

随葬品多数为墓内扰土出土，经拼对修复，整理出 7 件随葬器物。7 件均为青瓷器，釉面相对比较粗糙，胎体较厚，胎质较坚硬。

（1）青瓷盘

标本 M12：4，残。敞口，圆唇，斜直腹，平底。内底有凸弦纹。通体施釉，釉色青绿偏黄。外底有泥钉痕。胎色浅灰。口径 21.8、底径 15.6、高 3.8 厘米（图四，1）。

（2）青瓷耳杯

标本 M12：1，完整。椭圆形口，斜弧腹，口侧有对称錾。釉色青绿，底无釉。胎色浅灰。长口径 12.2、长底径 6、高 4 厘米（图四，2；彩版七，2）。

（3）青瓷香熏

标本 M12：7，提耳残缺，腹部有残缺。直口，圆唇，矮颈，鼓腹，假圈足，足端外撇，外底凹。口外侧有两道凹弦纹，上腹部有三排镂孔和三道凹弦纹。釉色青黄。外底边缘有泥钉痕。胎色浅灰。口径 12、底径 13.8、高 10.6 厘米（图四，3；彩版七，3）。

（4）青瓷唾壶

标本 M12：6，口颈部残缺。下腹部扁鼓，假圈足，足端外撇，外底弧凹。釉色青黄。外底边缘有泥钉痕。胎色浅灰。底径 11、残高 9 厘米（图四，4）。

（5）青瓷猪圈模型

标本 M12：2，完整。圆形，直口，方唇，腹部略斜直，中腹开有 12 个方孔，内底卧一猪雕塑，口外侧有两道凹弦纹，口部有一缺口。施半釉，釉色青黄。胎色浅灰。口径 12.6、底径 11、高 6.4 厘米（图四，5；彩版七，4）。

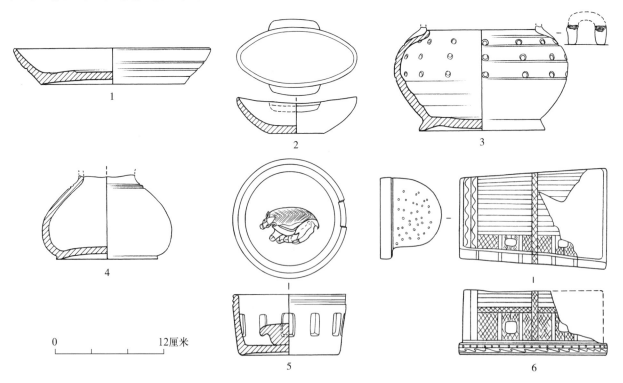

0　　　　　　　　　12厘米

图四　M12 出土器物

1.青瓷盘M12：4　2.青瓷耳杯M12：1　3.青瓷香熏M12：7　4.青瓷唾壶M12：6　5.青瓷猪圈模型M12：2　6.青瓷鸡笼模型M12：3

（6）青瓷鸡笼模型

标本 M12：3，残。底板呈长方形，顶部呈拱形，刻划条形纹路，一侧刻划窗棂形纹路，并有镂孔。釉色青黄，底板无釉。胎色浅灰。长 16、宽 8.6～10.8、高 6.8 厘米（图四，6；彩版七，5）。

（二）M13

方向 277°。墓室长 4.8、宽 1.96、残深 2.30 米，甬道长 1.78、宽 1.28 米。侧壁砖三顺一丁砌筑，铺底砖为人字形平铺。墓室前端铺底砖上用墓砖垒成方形搁棺台。墓室两侧壁在高 0.90～1.08 米处砌出五个壁龛，为左二右三分布，壁龛在两侧壁分布较均匀，壁龛长 0.18～0.30、宽 0.18、深 0.12 米，口部宽于里部，呈凸字形。墓室两侧壁在平砌 1.08 米后开始向内侧起券顶，券顶为平铺 3 层双纵向平砖，再夹一排横向梯形砖，依次往复起券顶（图五；彩版八，1）。墓砖长 36、宽 16、厚 6 厘米，梯形墓砖长 38、宽 10～18、厚 6 厘米（图六）。

随葬品多数为墓内扰土中出土，经拼对修复，整理出 10 件随葬器物。10 件均为青瓷器，釉面相对比较粗糙，胎体较厚，胎质较坚硬。

（1）青瓷狮形烛台

标本 M13：1，完整。卧狮形，背部有圆管形插口，体内中空。通体施釉，底足无釉，釉色青黄。胎色浅灰。通长 18.5、通宽 8.5、通高 12.5 厘米（图七，1；彩版九，1）。

（2）青瓷羊形烛台

标本 M13：2，残。跪伏羊形，头顶有圆孔，体内中空。通体施釉，底足无釉，釉色青黄。胎色浅灰。通长 32、通宽 16.8、通高 26 厘米（图七，2；彩版九，2）。

（3）青瓷簋

标本 M13：5，敞口，圆唇，弧腹，高圈足。腹部贴对称四处兽面衔环铺首，饰有弦纹、串珠纹和斜方格纹。圈足外壁饰有弦纹和串珠纹，内底有串珠纹。通体施釉，残破可修复，釉色青绿。胎色浅灰。口径 19.6、足径 13.4、高 10 厘米（图七，3）。

（4）青瓷盘

标本 M13：8，敞口，圆唇，斜坦腹，平底微内凹。内壁底饰有四圈弦纹和水波纹，还有一圈串珠纹。通体施釉，釉色青黄。外底边缘和中心有泥点垫烧痕，胎色浅灰。口径 19.2、底径 11.6、高 2.6 厘米（图七，4；彩版八，3）。

（5）青瓷钵

标本 M13：7，敞口，口下凹束，弧腹，假圈足内凹。施半釉，釉色青黄。胎色浅灰。口径 14.4、底径 8、高 6.1 厘米（图七，5；彩版八，2）。

（6）青瓷盆

标本 M13：4，侈口，宽沿微内弧，弧腹微鼓，假圈足外底内凹。腹部对称贴衔环兽面铺首，中腹饰有弦纹、串珠纹、斜方格纹，沿面饰有水波纹、弦纹、串珠纹，内底饰有四圈弦纹和水波纹。通体施釉，釉色青绿。外底边缘有泥点痕，残破可修复，胎色浅灰。口径 33、底径 17.2、高 8.4 厘米（图八，1）。

（7）青瓷盘口壶

标本 M13：3，局部残缺。直盘口，圆唇，短颈微内束，弧肩，鼓腹，下腹弧收，凹底。肩

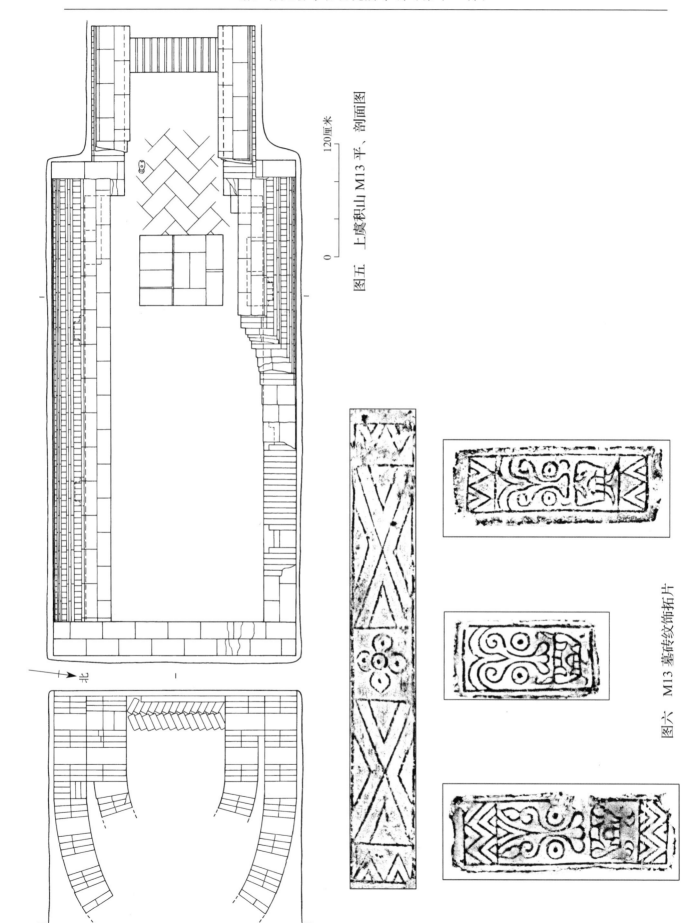

图五　上虞积山 M13 平、剖面图

图六　M13 墓砖纹饰拓片

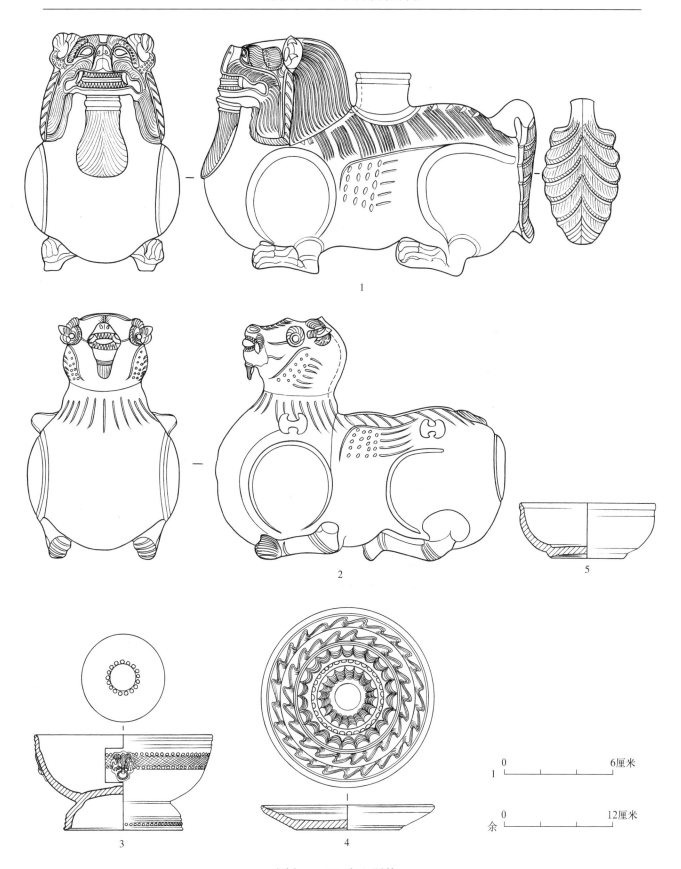

图七 M13 出土器物

1.青瓷狮形烛台M13：1 2.青瓷羊形烛台M13：2 3.青瓷簋M13：5 4.青瓷盘M13：8 5.青瓷钵M13：7

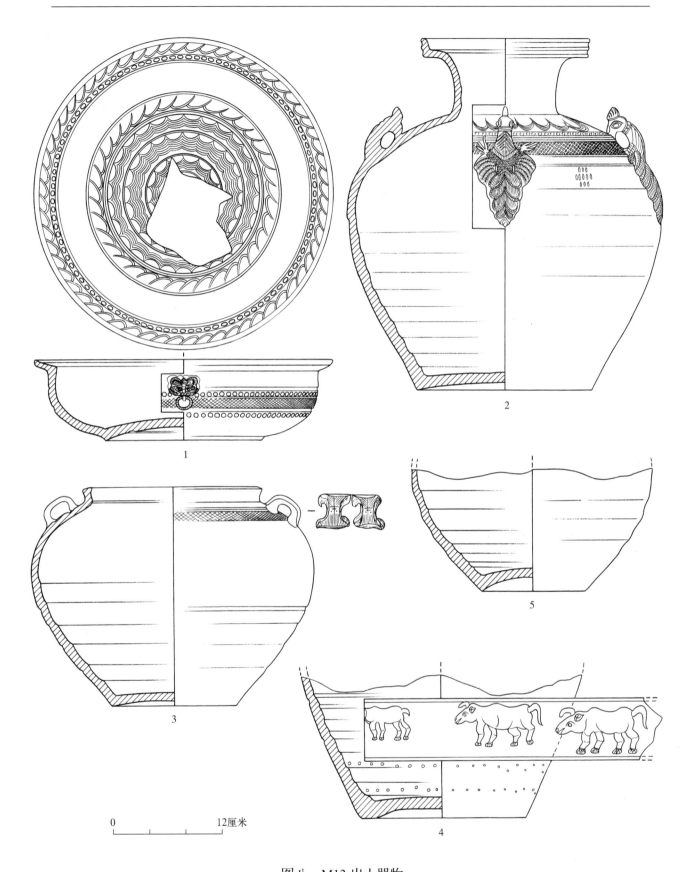

0　　　　　　　12厘米

图八　M13 出土器物

1.青瓷盆M13：4　2.青瓷盘口壶M13：3　3.青瓷双系罐M13：6　4、5.青瓷罐M13：9、10

部贴对称四个凤形耳，盘口外壁有凸棱，肩部饰有水波纹、弦纹、串珠纹和斜方格纹。凤形耳有头有眼，有冠有爪，翼尾刻划羽毛纹饰。通体施釉，仅外底无釉，釉色青绿。胎色浅灰。口径18.8、底径19.4、高37厘米（图八，2；彩版九，3）。

（8）青瓷双系罐

标本M13：6，口微侈，平沿，矮颈，弧肩鼓腹，下腹弧收，凹底，肩部有对称一边一对双耳，耳饰叶脉纹，肩部饰弦纹与斜网格纹。近底下腹及外底无釉，釉色青绿。胎色浅灰。口径20、底径13.6、高23厘米（图八，3；彩版九，4）。

（9）青瓷罐

2件。

标本M13：9，上半部残缺，斜下腹，凹底。腹部凹弦纹内贴牛残存3处。腹下部及底无釉，釉色青绿，釉际线不规则。底边缘有垫烧痕，胎色浅灰。底径18.2、残高15.6厘米（图八，4）。

标本M13：10，上半部残缺，弧下腹，凹底。腹下部及底无釉，釉色青绿。底边缘有垫烧痕，胎色浅灰。底径11.4、残高13厘米（图八，5）。

（三）M5

凸字形券顶砖室墓，方向346°。前端有较窄甬道。该墓因盗扰严重，墓室及甬道券顶已无存。墓室长4.8、宽2.02、残深2.12米，甬道长1.52、宽1米。侧壁三顺一丁砌造，铺底砖为二横二纵平铺，后半部分铺底砖已无存。墓室两侧壁在竖直向上砌1.50米后开始向内起双层券顶（彩版一〇，1）。墓砖长32、宽16、厚4厘米。

随葬品多为墓内扰土中出土，经拼对修复整理出13件（组）随葬器物，其中12件为青瓷器，釉面相对比较粗糙，釉层多有剥落现象，胎体厚重，胎质较坚硬。

（1）青瓷盘

标本M5：7，残，敞口，圆唇，斜腹，凹底。内底原本放置3个小耳杯，残剩2个且都有残缺。通体施釉，釉色青黄。胎色浅灰。口径16.2、底径11.5、盘高2.1、连耳杯高3.4厘米（图九，1；彩版一〇，2）。

（2）青瓷钵

3件。

标本M5：3，口部残缺，直口，圆唇，弧折腹，上腹直，下腹斜收，凹底。口外壁有两道凹弦纹。釉色青黄。胎色浅灰。口径11.8、底径6.1、高3.6厘米（图九，2；彩版一〇，3）。

标本M5：5，直口，圆唇，弧折腹，上腹直，下腹斜收，凹底。釉色青黄。胎色浅灰。口径9.1、底径4.7、高3.3厘米（图九，3）。

标本M5：6，敞口，圆唇，弧腹，下腹弧收，凹底。上腹和内底外侧饰弦纹和斜方格纹。胎色浅灰，釉色青黄，通体施釉，残缺较多。口径约18.6、底径9.4、高6.9厘米（图九，4）。

（3）青瓷壶

标本M5：13，口颈残缺，上腹微鼓，下腹斜收，凹底。上腹贴有各种图样，有人形、龟形、卧羊形、蛇形等。施釉不及底，釉色青黄。胎色浅灰。底径16.6、残高24厘米（图九，5）。

（4）青瓷香熏

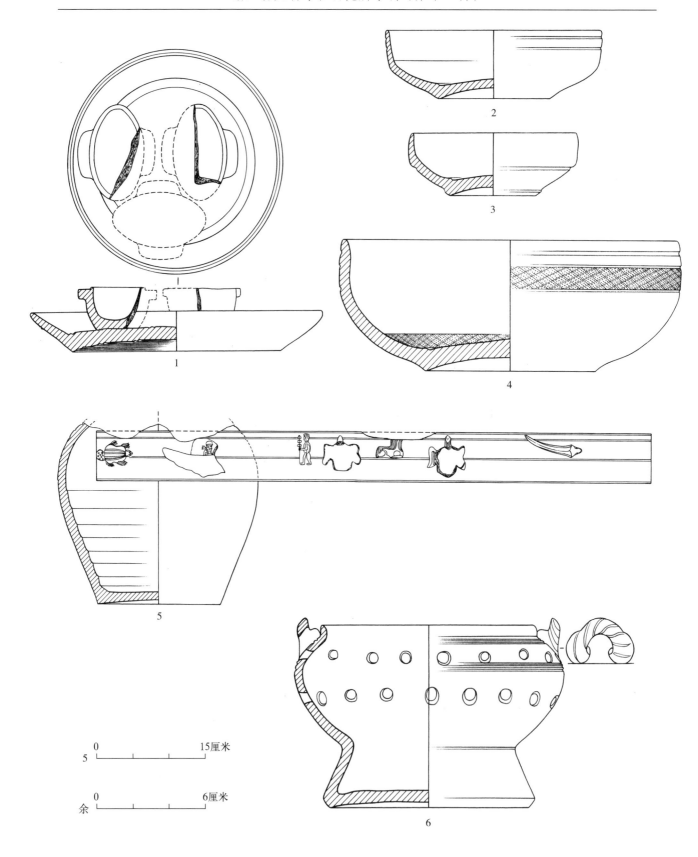

图九　M5 出土器物

1.青瓷盘M5：7　2～4.青瓷钵M5：3、5、6　5.青瓷壶M5：13　6.青瓷香熏M5：10

　　标本 M5：10，残，敞口，圆唇，矮颈，扁鼓腹，高假圈足。对称绳形竖耳。腹部有弦纹和两圈镂孔。釉色青黄，釉层局部剥落。胎色浅灰。口径 11.8、足径 11、高 10 厘米（图九，6；彩版一一，1）。

　　（5）青瓷提耳罐

　　标本 M5：9，敛口，鼓肩，下腹弧收，假圈足内凹，肩部有对称竖提耳已残缺。施半釉，釉色青黄。胎色浅灰。口径 12、足径 10、残高 8.6 厘米（图一〇，1；彩版一一，2）。

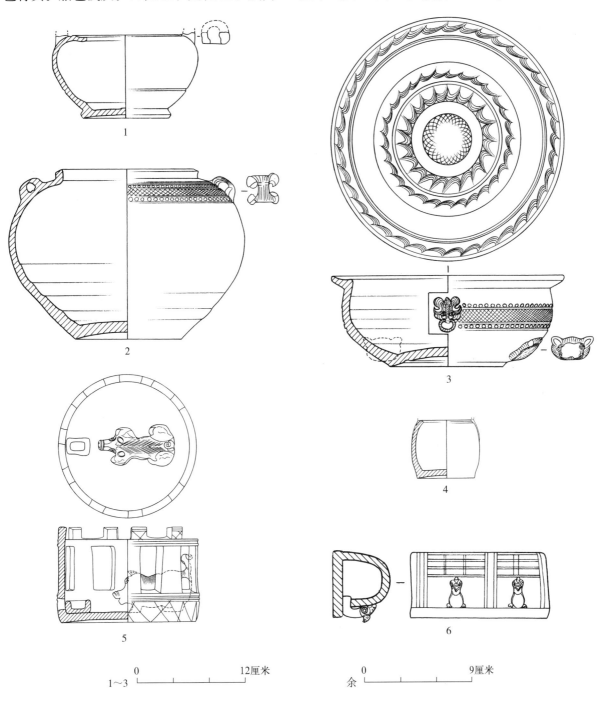

图一〇　M5 出土器物

1.青瓷提耳罐M5：9　2.青瓷罐M5：12　3.青瓷炉M5：11　4.青瓷汲水罐模型M5：4　5.青瓷猪圈模型M5：1　6.青瓷鸡笼模型M5：8

（6）青瓷罐

标本 M5：12，直口，斜沿，矮颈，弧肩，鼓腹下弧收，凹底。肩部有对称双耳，耳面有竖条纹。肩部饰弦纹、串珠纹和斜方格纹。施釉不及底，釉色青黄。胎色浅灰。口径 14.8、底径 11.6、高 18 厘米（图一〇，2；彩版一一，3）。

（7）青瓷炉

标本 M5：11，盆形，侈口，宽沿内凹，弧腹，外底内凹，下腹有三足足根残痕。腹部对称贴衔环兽面铺首，中腹饰有弦纹、串珠纹、斜方格纹，沿面饰有水波纹、弦纹，内底饰有两圈弦纹和水波纹，内底饰弧形网格纹。通体施釉，釉色青黄。胎色浅灰。口径 25.6、底径 12.4、残高 9.6 厘米（图一〇，3；彩版一二，1）。

（8）青瓷汲水罐模型

标本 M5：4，敛口，尖唇，直弧腹，凹底，口外有提梁已残。施半釉，大部分已剥落，釉色青黄。胎色浅灰。口径 4、底径 4.2、高 4.5 厘米（图一〇，4；彩版一一，4）。

（9）青瓷猪圈模型

标本 M5：1，完整，圆形，直口，方唇，直腹，平底内凹，口部呈齿槽状，中腹开有 10 个长方孔，内底卧一猪雕塑及食槽模型。外壁有弦纹和斜叉纹。内外底无釉，釉色青黄。胎色浅灰，口径 11.6、底径 11.3、高 7.7 厘米（图一〇，5；彩版一二，2）。

（10）青瓷鸡笼模型

标本 M5：8，残，底板呈长方形，顶部呈拱形，刻划条形纹路，一侧露出两个鸡头。底板无釉，釉色青黄。胎色浅灰。长 11.2、宽 5.6、高 5.2 厘米（图一〇，6）。

（11）五铢

若干枚。

标本 M5：2。

另外 M11 出土可修复狮形烛台 1 件。

青瓷狮形烛台

标本 M11：1，头部有残缺。卧狮形，背部有圆管形插口，体内中空。通体施釉，底足无釉，釉色青黄。胎色浅灰。通长 12、通宽 5.4、通高 7.2 厘米（图一一；彩版一二，3）。

0 ——————— 4.5厘米　　　图一一　青瓷狮形烛台 M11：1

三 小结

该地区发现的墓葬多数被盗扰，出土随葬品还算完整的只有几件，但通过拼对修复，还原了部分随葬器物的面貌。其中，青瓷簋 M13：5 与上虞嵩坝乡狗项颈山西晋天纪元年（277 年）墓出土青瓷簋相同，另外 M5：11、M13：4、M13：8 中的多圈弦纹和水波纹也与此件器物内底的纹饰相仿。青瓷盘口壶 M13：3 器物造型与余姚九顶山西晋太康八年（287 年）墓出土青瓷盘口壶相同。青瓷熏炉 M5：10 与余姚五联克山西晋元康七年（297 年）墓出土青瓷熏炉造型相同。青瓷狮形烛台 M13：1 与杭州半山西晋太安二年（303 年）墓出土青瓷狮形烛台造型相同。青瓷狮形烛台 M11：1 与余姚九顶山西晋太康八年（287 年）墓出土青瓷狮形烛台相仿[1]，与 M13 出土青瓷狮形烛台在外观装饰方面有一定差异。

由此可见，上虞积山的这几座墓葬年代为西晋早期。砖室墓葬的形制也与西晋早期的墓葬形制吻合。遗憾的是未能考证出"严维"此人的事迹年代。

这几座墓葬出土青瓷器为研究早期越窑青瓷提供了重要的实物资料。

拓片、绘图：齐东林
执笔、摄影：徐军

附表 2009～2010 年上虞积山墓葬一览表

编号	规　格	出土器物	时代
M1	长方形券顶砖室墓，方向 298°，残长 2.1、宽 1.14、残高 0.64 米	无存	三国—晋
M2	长方形券顶砖室墓，方向 300°，墓长 4、宽 1.3、残高 1.02 米	石柄饰 2	三国—晋
M3	长方形券顶砖室墓，方向 22°，墓长 2.88、宽 0.97、残高 0.80 米	无存	东汉
M4	长方形券顶砖室墓，方向 26°，残长 1.70、宽 1.08、残高 0.92 米	无存	东汉
M5	凸字形券顶砖室墓，方向 346°，墓长 4.8、宽 2.02、残高 2.12 米	猪圈 1、鸡笼 1、钵 3、炉 1、壶 1、盘 1、罐 3、香薰 1、铜钱若干	西晋
M6	长方形券顶砖室墓，方向 43°，残长 3.36、宽 0.97、券顶高 1.28 米	无存	东汉
M7	凸字形券顶砖室墓，方向 265°，墓长 4.4、宽 1.10、残高 1.30 米	铜钱若干	东汉
M8	凸字形券顶砖室墓，方向 282°，墓长 3.6、宽 1.08、残高 0.60 米	双耳罐	三国—晋
M9	长方形券顶砖室墓，方向 270°，墓长 3.9、宽 1.80、残高 1.27 米	无存	三国—晋
M10	刀形券顶砖室墓，方向 270°，墓长 4.68、宽 1.32～1.44、残高 1.27 米	无存	三国—晋

[1] 纪年资料参见浙江省博物馆编：《浙江纪年墓》，文物出版社，2000 年。

编号	规　格	出土器物	时代
M11	凸字形券顶砖室墓，方向 270°，墓长 4.84、宽 1.46、券顶高 1.90 米	碗 1，器盖 1，狮形烛台 1	三国—晋
M12	凸字形券顶砖室墓，方向 275°，墓长 5.2、宽 2.8、残高 1.60 米	耳杯 1，猪圈 1，鸡笼 1，香熏 1，盘 1，炉 1，唾壶 1	西晋
M13	凸字形券顶砖室墓，方向 277°，墓长 4.8、宽 1.96、残高 2.30 米	青瓷狮形烛台 1，羊形烛台 1，盘口壶 1，盆 1，篮 1，罐 3，钵 1，盘 1	西晋
M14	长方形土坑墓，方向 215°，墓长 4.20、宽 3.50 米	铜镜 2，铜印章 1，壶 4，罐 8	东汉
M15	长方形券顶砖室墓，方向 65°，墓长 4.20、宽 2.28、残高 1.12 米	陶盘	三国—晋
M16	长方形券顶砖室墓，方向 43°，墓长 4.10、宽 2.8、残高 1.20 米	陶盘 2	三国—晋
M17	长方形券顶砖室墓，方向 30°，墓长 3.05、宽 1、残高 0.62 米	无存	三国—晋
M18	长方形券顶砖室墓，方向 35°，墓长 3.05、宽 0.92、残高 0.72 米	无存	东汉
M19	长方形券顶砖室墓，方向 90°，墓长 3.60、宽 1.70、残高 0.34 米	瓷盅	南北朝
M20	凸字形券顶砖室墓，方向 87°，墓长 4.2、宽 1.40、残高 1.28 米	无存	东汉
M21	刀形券顶砖室墓，方向 95°，墓长 5.1、宽 1.88、残高 1.50 米	陶盘	三国—晋
M22	凸字形券顶砖室墓，方向 93°，墓长 4.4、宽 1.48、残高 1.44 米	碗 1，壶 2，罐 1	东汉
M23	长方形券顶砖室墓，方向 90°，墓长 3.35、宽 1.40、残高 1.56 米	铜镜 1，铁剑 1	东汉
M24	长方形券顶砖室墓，方向 90°，墓长 3.24、宽 1.80、残高 1.22 米	无存	三国—晋
M25	凸字形券顶砖室墓，方向 285°，墓长 5.2、宽 1.68、残高 1.20 米	无存	东汉
M26	长方形券顶砖室墓，方向 274°，墓长 5.5、宽 2.20、残高 0.74 米	无存	唐
M27	凸字形券顶砖室墓，方向 265°，墓长 3.00、宽 0.84、残高 1.08 米	青瓷盘口壶 1	六朝
M28	凸字形券顶砖室墓，方向 346°，墓长 5、宽 1.84、残高 1.14 米	青瓷碗、盅各 1	六朝
M29	凸字形券顶砖室墓，方向 345°，墓长 4.5、宽 1.1、残高 0.5 米	青瓷盂 1	晋
M30	凸字形券顶砖室墓，方向 205°，墓长 4.2、宽 1.3、残高 1.64 米	无存	六朝
M31	凸字形券顶砖室墓，方向 24°，墓长 4.5、宽 1.43、残高 1.6 米	青瓷耳杯，盂，罐，熏，炉，勺各 1 件，以及铜钱若干	东晋
M32	凸字形券顶砖室墓，方向 34°，墓长 5.5、宽 1.94、残高 1.7 米	青瓷盏 2 件	晋
M33	刀形券顶砖室墓，方向 30°，墓长 4.8、宽 0.92、高 1.3 米	无存	六朝

编号	规　格	出土器物	时代
M34	砖室墓，方向315°，残长1.04～1.2、宽2.3、残高36厘米	铜镜，铁刀，陶壶各1	东汉
M35	凸字形券顶船形砖室墓，方向310°，墓长4.8、宽1.4～1.5、残高1.16米	青瓷盘口壶1件	晋
M36	凸字形券顶砖室墓，方向34°，墓长4.4、宽1.94、残高1.7米	无存	东汉—六朝
M37	凸字形券顶砖室墓，方向185°，墓长4.8、宽1.84、残高0.7米	红陶盂1	晋
M38	凸字形券顶砖室墓，方向237°，墓宽1.04、墓长2.74、残高0.12～0.7米	无存	唐
M39	长方形竖穴土坑墓，方向263°，长3、宽1.46米	无存	不明
M40	长方形砖室墓，方向275°，墓室长2.3、宽0.86、残高0.18～0.22米	无存	六朝
M41	凸字形券顶砖室墓，方向265°，墓残长4.2、宽1.72、残高0.2～1.12米	铜钱若干，残铁器1	晋
M42	凸字形券顶砖室墓，方向255°，墓长6、宽1.84、残高0.15～0.46米	无存	东晋
M43	凸字形券顶船形砖室墓，方向245°，残长3.76、宽1.92～2.16、残高0.2～0.56米	青瓷钵1，青瓷盏1，滑石猪1	东晋太元六年（381年）

云和东山头东晋徐氏家族墓地发掘报告

浙江省文物考古研究所、云和县文物保护中心

一 墓地概况

云和县位于浙江西南的丽水市，居瓯江上游，东邻丽水市莲都区，西倚龙泉市，南连景宁县，北接松阳县，是一个"九山半水半分田"的山区县，云和县以高丘及低、中山为主，间以山间盆地和河谷盆地，其中以云和盆地面积最大，而县城就在此。

2021年6月，云和县文物保护中心工作人员在白龙山街道黄水碓村东山头安置小区项目工地发现了古墓葬。2021年7月，经国家文物局批准，浙江文物考古研究所和云和县文保中心联合进行了抢救性考古发掘。发掘历时近2个月，至8月底结束。

东山头位于县城南部，白龙山西侧（图一）。本次发掘主要在相对高度5～10米的山脚坡地上。

图一 云和东山头墓地

共清理砖室墓 7 座，发掘面积近 350 平方米，出土随葬器物 32 件。

7 座墓葬均为券顶砖室墓（彩版一三，1），排列都较为规整，都遭到后期不同程度扰动和破坏。其中 M4 保存相对较好，除券顶大部不存外，其余砖室基本完整。M1、M6、M7 破坏较严重，只剩砖室后半部分。

二 墓葬分述

（一）2021YDM1

M1 位于墓地右侧，墓室前半部分已被工程部门挖掉。墓室残长右侧 2.20、左侧 3.20、残高 1.36 米。券顶无存，两侧壁和后壁保存高 1.00～1.36 米。墓壁砌法后壁单砖自底向上，有二组三顺一丁，再二顺一丁，再四顺一丁。两侧壁单砖自底向上是二组三顺一丁，再四顺一丁，再顺砖起券。底砖一层，为"人"字形平铺（图二；彩版一四，1、2）。墓砖就一种规格，长方形条形砖，长 38、宽 18、厚 5 厘米。正反两面都有模印的直线纹加射线纹加钱纹。在侧面、两长侧面，一侧模

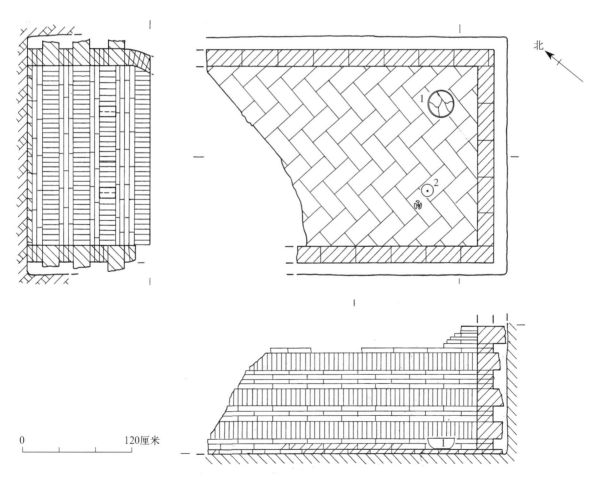

图二 2021YDM1 平、剖面图

1.青瓷钵 2.铜镜

印纪年文字"升平四年太岁庚申作"，另一侧模印四个钱纹加直线纹。两短侧面，一侧模印文字"徐山阴墓"，另一侧模印文字"君林作"（图三）。

随葬器物出土共5件。都置于墓室的后部。

（1）青瓷钵

1件。

标本M1：1，大口，平沿略内凹，腹略弧，平底略内凹。口部外壁有二道凸弦纹。器内施满釉，外壁施釉不及底，釉色青黄。外底有垫烧痕，胎质坚硬，呈青灰色。口径26.4、底径14.8、高8.7厘米（图四，1；彩版一三，2）。

（2）铜镜

2枚。

标本M1：2，镜面较平整，圆纽，镜背磨损、锈蚀严重，纹饰不明。直径7.7厘米（彩版一三，3）。

标本M1：3，圆纽，残损严重，已看不清基本形状。

（3）铁削

1件。

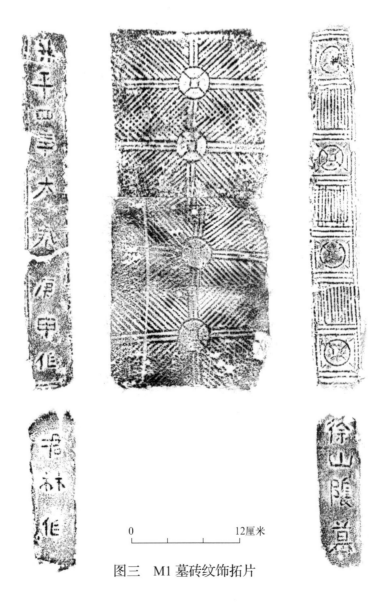

图三　M1墓砖纹饰拓片

图四　M1 出土器物

1.青瓷钵M1：1　2.铁削M1：4

标本 M1：4，残，锈蚀严重，形状不清。残长 17.1 厘米（图四，2）。

（4）铁剪

1 件。

标本 M1：5，残损严重。残长约 25 厘米。

（二）2021YDM2

M2 位于 M1 左侧，相距约 2.5 米。墓室前部甬道部分遭到破坏，顶部、后壁无存。两侧壁残存高 0.1～0.8 米。墓室呈长方形，长 4.35、宽 1.76 米。甬道左壁虽已遭破坏，但从残存的右壁看，推测应在中间，连同墓室，呈"凸"字形。甬道右壁残长约 1.8、高 0.05～0.6 米。墓壁砌法，两侧壁自底往上二组五顺一丁。底砖 2 层，下层横砖平铺，上层"人"字形平铺（图五）。墓砖从形制到纹饰到纪年文字，与 M1 完全相同。

随葬器物共出土 4 件（组），都放置于墓室的中后部。其中 1、3 号位置偏中间，2 号偏右侧壁下。

（1）铜印章

2 枚。

标本 M2：1，六面印，通高 3.4 厘米，印面正方形，长、宽、高均为 2.1 厘米。顶端为方柱体印纽，长、宽、高为 1.4 厘米 ×1.4 厘米 ×1.3 厘米，有穿孔。剖面呈"凸"字形。印六面篆刻文字，印文篆刻细白文，印纽顶端为"白记"，主体五面为"徐珧""臣珧""徐珧言事""徐公洋（？）""徐珧白笺"（图六，1；彩版一四，3）。

标本 M2：2，略残。环纽，方形。白文，印文为"山阴□□"。通高 2.5、长 2.4、宽 2.4 厘米（图六，2）。

（2）琉璃珠

4 颗。

标本 M2：3，2 大 2 小，似小圆柱体，两端略平，有穿孔。大的 1 颗色浓呈菜绿色，1 颗呈海蓝色，直径 0.4、通高 0.4 厘米。小的 2 颗颜色基本相同，质地较透，呈淡蓝色，直径 0.3、通高 0.3 厘米（图六，3）。

（3）墨块（？）

1 块。

标本 M2：4，焦墨色，块较小，已断为两小块，形状不规整。

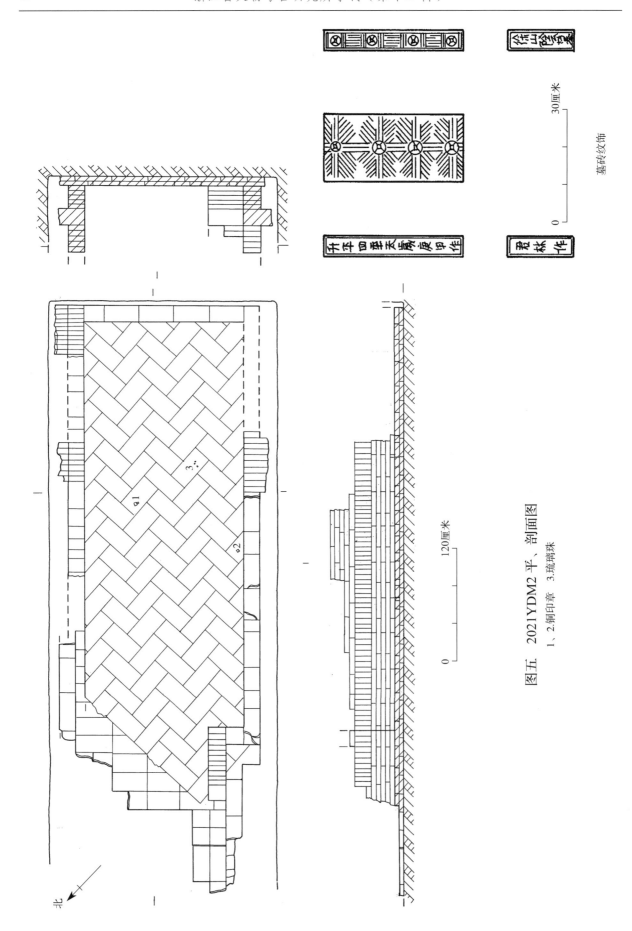

图五 2021YDM2 平、剖面图

1、2.铜印章 3.琉璃珠

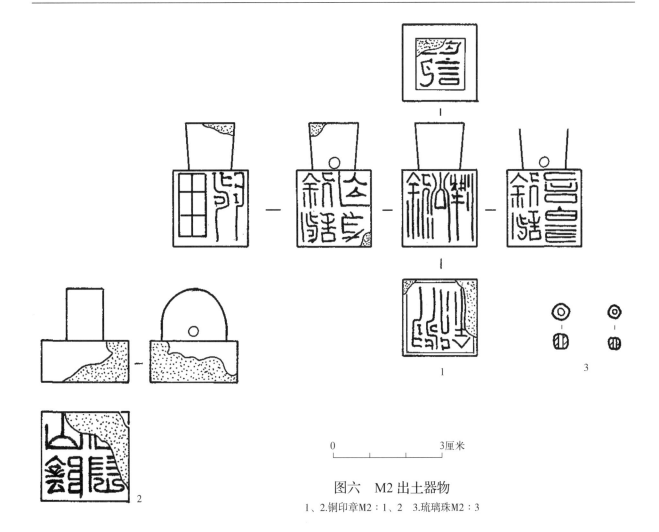

图六　M2 出土器物
1、2.铜印章M2：1、2　3.琉璃珠M2：3

（三）2021YDM3

M3 位于 M2 的左侧，相距约 7.5 米。墓室上部至顶都无存。墓室平面呈长方形，长 3.60、宽约 1.55 米。甬道偏左，长 1.30、宽 0.80 米，与墓室呈"刀把形"。后壁现存高度约 0.4 米，两侧壁高度在 0.2 ～ 0.6 米。墓壁砌法都是单砖，后壁自底向上是一组四顺一丁；两侧壁自底向上是一组四顺一丁再 4 层顺砖。底砖 1 层呈"人"字形平铺。封门仅剩 1 层竖砖横铺，封门中间有一排水沟，排水沟断面呈"△"形状，横铺的竖砖都有不同程度的倾斜。排水沟在封门的中间穿过，超出封门砖约 5 厘米，往封门外延伸，排水沟现存长 3.55 米。其形状的底边是一顺砖平铺。两斜边各由一块横砖斜铺，现存长度 0.95 米，都在封门砖前后。墓砖有二种规格。一是长方形条形砖，为墓室的主要用砖。其正面和一侧长面模印铜钱和直线纹，一侧短面模印"十"字形纹，其余三面为素面，长 38、宽 14、厚 5.5 厘米。另一种主要是用在排水沟的两侧面，其与 M1、M2 的用砖完全一致，可能是借用了前两墓的砖（图七）。

随葬器物共出土 5 件。主要放置在墓室的中后部。

（1）铜镜

2 枚。

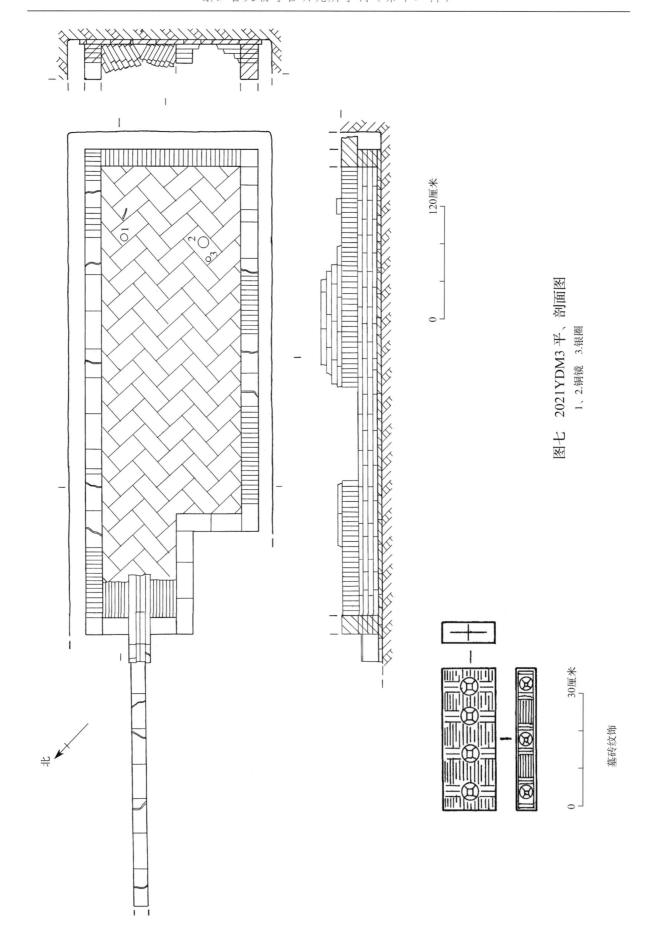

图七　2021YDM3 平、剖面图

1、2.铜镜　3.银圈

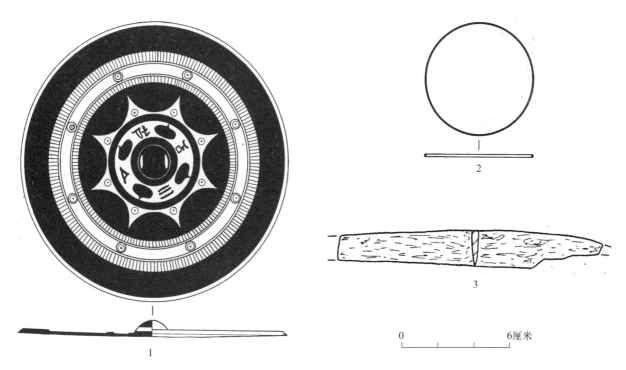

图八　M3 出土器物

1.铜镜M3：2　2.银圈M3：3　3.残铁器M3：4

标本M3：1，镜面较平整。镜背磨损较为严重，圆纽，缘内有二凸圆圈，圈内纹饰模糊。三角缘。直径8.7厘米（彩版一四，4）。

标本M3：2，连弧纹铜镜。镜面微弧。圆纽高背，柿蒂纹纽座。内区饰八内向连弧纹，在连弧纹间饰八乳丁纹。外区环绕二组栉齿纹，其间为八乳丁纹。素宽缘。直径14.8、高0.8厘米（图八，1；彩版一四，5）。

（2）银圈

1件。

标本M3：3，色发黑，圈较圆。直径6、银环直径0.15厘米（图八，2）。

（3）铁剪

半把。

标本M3：5，锈蚀严重。长23.4厘米。

（4）残铁器

1件。

标本M3：4，锈蚀严重，似小刀。长14.5厘米（图八，3）。

（四）2021YDM4

M4位于M3左侧，相距约1.8米。墓室保存相对不错，只顶部部分坍塌，其余基本完整。墓室平面呈长方形，长4.08、宽约1.7米。甬道居中，长1.2、宽0.8米。与墓室呈"凸"字形。后壁高度约2.25、两侧壁高1.3米，后起券。券顶最高点约1.76米。墓壁砌法都是单砖，后壁自底

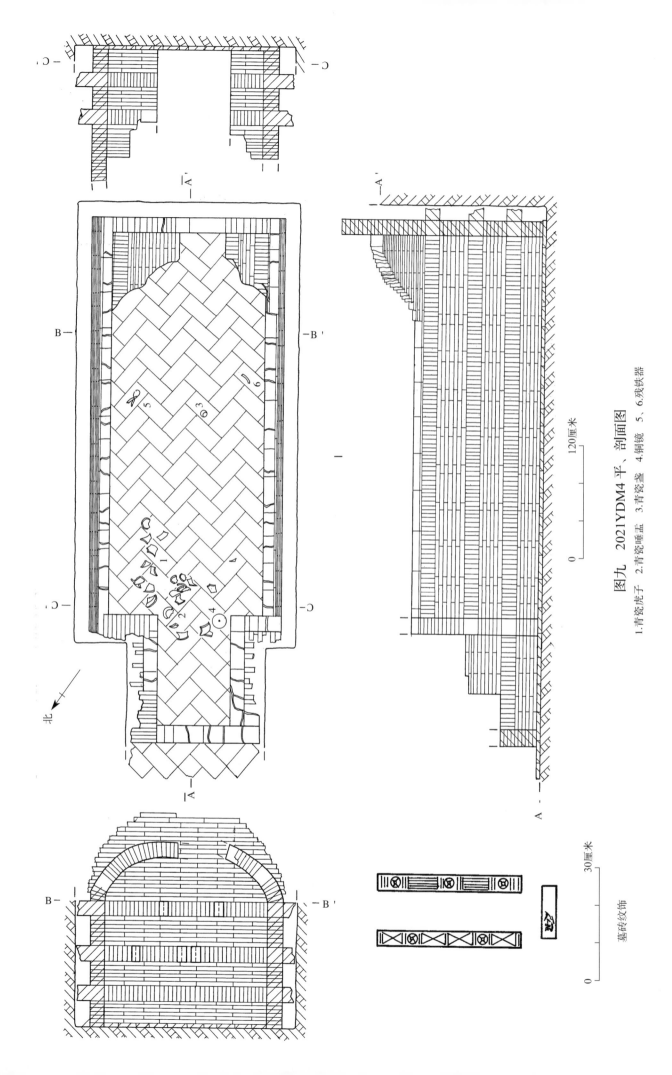

图九 2021YDM4 平、剖面图

1.青瓷虎子 2.青瓷唾盂 3.青瓷盏 4.铜镜 5、6.残铁器

北

120厘米

0

30厘米

0

墓砖纹饰

向上是二组六顺一丁，再一组七顺一丁，再上都是顺砖平铺；两侧壁自底向上是二组六顺一丁再一组七顺一丁再起券。券顶都是顺砖竖砌，用砖与墓壁相同。底砖1层，呈"人"字形平铺。甬道两壁高0.8米，券顶无存。封门是横砖平铺，现存高度0.6～0.8米。墓砖一种长方形条形砖，长40、宽14、厚4.5厘米。正面模印铜钱和直线纹，两侧长面一是模印铜钱加直线，另一是铜钱加"X"纹，小面一面是模印"徐"字，另一面是素面（图九）。

随葬器物共出土6件。1、2、4号器物放置在甬道口，且1、2号器物是器形略大的瓷器，都呈十块以上的碎片，散置在底砖上。3、5、6号器物放置在墓室中部。

（1）青瓷盏

1件。

标本M4：3，口略侈，浅弧腹，假圈足，外底略内凹。内壁满釉，外壁施釉不及底，釉色青黄。口径6、底径2.6、高1.9厘米（图一〇，1）。

（2）青瓷唾盂

1件。

标本M4：2，浅盘口较大，短颈略束，垂腹，平底略内凹。内壁满釉，外壁施釉不及底，外底无釉，釉色黄绿，内外壁有剥釉现象。在口沿和上腹等距分布四个褐釉点彩。胎质坚硬，青灰色。口径9.3、底径8.2、通高12.2厘米（图一〇，2）。

（3）青瓷虎子

1件。

标本M4：1，圆形注口，器身呈水滴状，背上有提梁，圆形泥条呈半圆形，尾部贴塑有一泥条状尾巴。口沿外壁有二道凹弦纹。注口内壁部分有釉，外壁施釉及底，外底无釉，釉色青绿。胎质坚硬，青灰色。腹径20.2、底径15.2、通高18.4厘米（图一〇，3；彩版一五，1）。

（4）铜镜

1件。

标本M4：4，圆纽，座外一圈小的半圆，内区八乳丁，地以杂乱的细线条构成。外有三道凸弦纹。

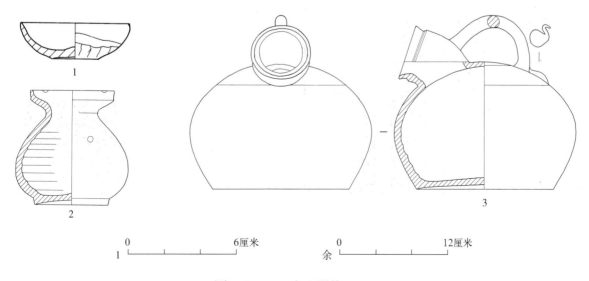

图一〇　M4出土器物

1.青瓷盏M4：3　2.青瓷唾盂M4：2　3.青瓷虎子M4：1

素三角缘。直径 11.3 厘米（彩版一五，2）。

（5）残铁器

2 件。

标本 M4：5，锈蚀严重，断为数节，无法拼接。

标本 M4：6，锈蚀严重，断为数节，无法拼接。

（五）2021YDM5

M5 位于 M4 左侧，相距约 1.2 米。墓室保存较好，只顶部全部坍塌。墓室长 3.3、宽 1.5、残高 1.6 米。甬道居于墓室右侧，呈"刀"把形。甬道长 1.3、宽 0.8 米。后壁高 1.9、宽 1.95 米，略超出两壁外侧。墓壁砌法，后壁单砖自底向上，有一组七顺一丁，再一组六顺一丁，再一组十顺一丁，其上都是顺砖平铺。再第二、三组丁砖上有壁龛。两侧壁单砖自底向上是一组七顺一丁，再一组六顺一丁，再顺砖平铺 4～5 层起券。在第二组丁砖上有壁龛。底砖 1 层，为"人"字形平铺。墓砖就一种规格，长方形条形砖长 38、宽 18、厚 5 厘米。正反两面都有模印的直线纹加射线纹加钱纹（图一一）。

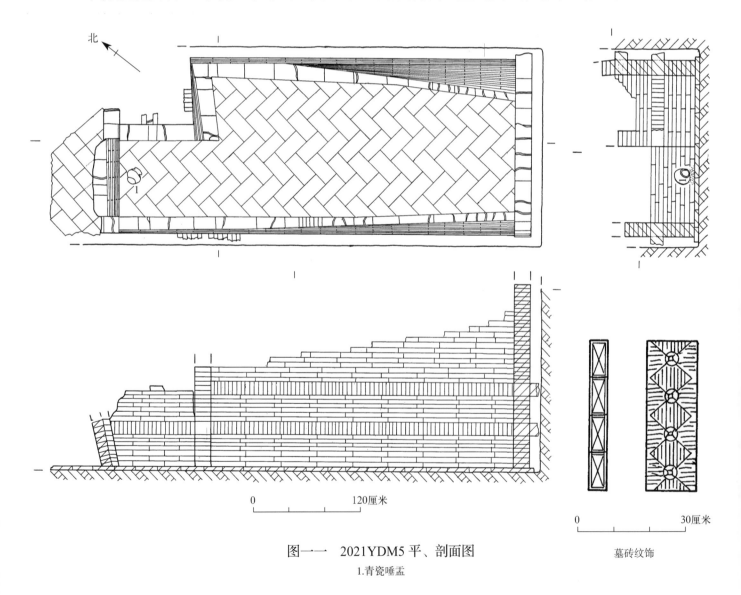

北

0　　　　　120 厘米

0　　　　　30 厘米

图一一　2021YDM5 平、剖面图

1. 青瓷唾盂

墓砖纹饰

有少量砖上有模糊的纪年文字"咸康元年"。

随葬器物共出土 1 件。位置在甬道的封门前。

青瓷唾盂

标本 M5：1，盘口略残，浅盘口较大，短颈略束，垂腹，假圈足，平底。内壁满釉，外壁满釉不及底，外底无釉，釉色青黄，内外壁有较严重的釉剥落现象。胎质略疏松，呈米黄色。口径 11.2、腹径 14.4、底径 9.6、通高 12.4 厘米（图一二）。

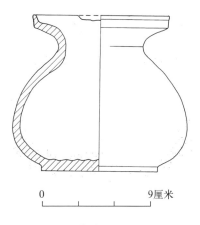

图一二　青瓷唾盂 M5 ：1

（六）2021YDM6

M6 位于 M5 左侧，相距约 1.7 米。墓室顶部已全坍塌，甬道前部封门都不存。墓室平面呈长方形，长 4.1、宽约 1.56 米。后壁残高约 1.52 米，两侧壁高 0.6 ～ 1.2 米，起券高度约 1 米。甬道偏左，与墓室呈"凸"字形，残长 1、宽 1、残高 0.2 ～ 0.8 米。墓壁砌法都是单砖，后壁自底向上是二组六顺一丁，再上都是顺砖平铺；两侧壁自底向上是二组六顺一丁，再上起券。用砖与墓壁相同。底砖 1 层，呈"人"字形平铺。墓砖一种，长方形条形砖长 40、宽 16、厚 5 厘米。正面模印铜钱和叶脉纹，两侧长面一是模印铜钱加直线，另一是"X"纹，其他是素面（图一三）。

随葬器物共出土 6 件。主要放置在墓室的中后部，只 1 件青瓷碗在墓室与甬道连接处。

（1）青瓷碗

1 件。

标本 M6：2，直口，沿外侈，内壁略弧，外壁沿下略束，上腹较直，下腹斜折，平底内凹。内壁满釉，外壁施釉基本及底，外底无釉，釉色黄，内外壁都有剥釉现象。内底有刻划两道弦纹，上有七个泥点痕迹。胎质坚硬，呈青灰色。口径 16.3、底径 8.4、高 5.6 厘米（图一四，1）。

（2）青瓷盏

1 件。

标本 M6：1，直口，沿略外侈，内壁略弧，外壁上腹较直，下腹斜折，平底略内凹。内壁满釉，外壁施釉基本到底，外底无釉，釉色青绿。内底有刻划双弦纹，上有四个泥点痕迹。胎质坚硬，呈青灰色。口径 9.6、底径 4.5、高 3.4 厘米（图一四，2）。

（3）铜镜

1 枚。

标本 M6：3，圆纽，内外区纹饰模糊，内区有青龙、白虎、朱雀、羽人等。三角缘。直径 10.3 厘米（彩版一五，3）。

（4）铜钱

标本 M6：5，锈蚀，碎片若干，钱文不清。

（5）铁刀

1 件。

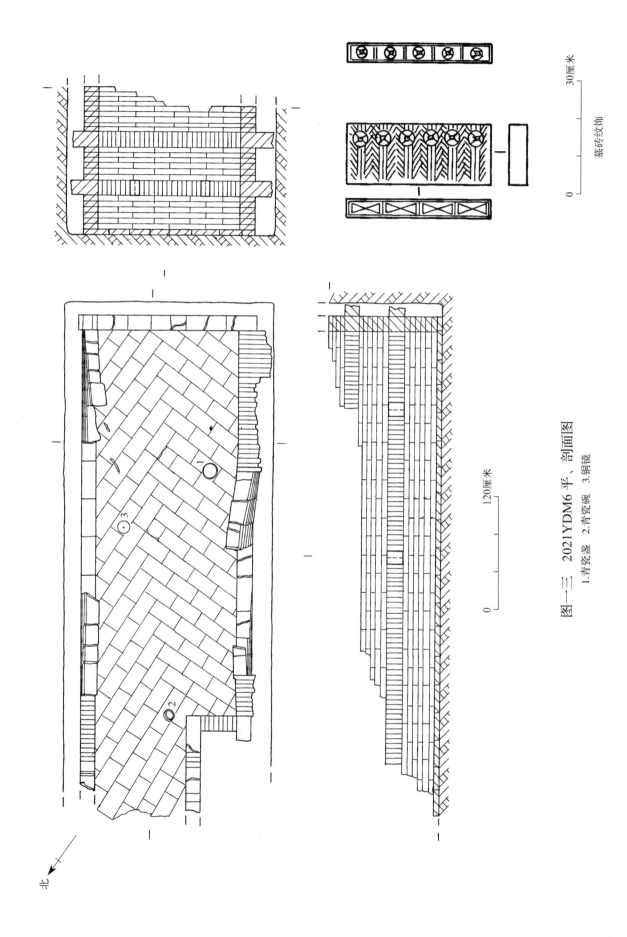

图一三　2021YDM6 平、剖面图
1. 青瓷盏　2. 青瓷碗　3. 铜镜

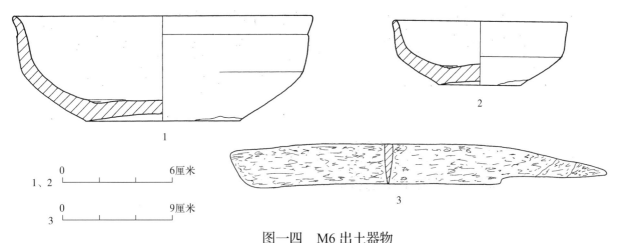

图一四　M6 出土器物

1.青瓷碗M6：2　2.青瓷盏M6：1　3.铁刀M6：4

标本 M6：4，锈蚀、残损严重。残长 31.2 厘米（图一四，3）。

（6）残铁器

标本 M6：6，锈蚀严重，形制不明。

（七）2021YDM7

M7 位于 M6 左侧，相距约 1.4 米。墓葬破坏严重，墓室前半部分、顶部都已不存。墓室左侧壁残长 2.3、右侧壁 2.5、残高 0.2～1.3 米。墓室前半部分已被破坏，券顶无存。墓壁砌法，后壁单砖自底向上，有两组七顺一丁。两侧壁单砖自底向上是两组七顺一丁，再 2 层顺砖。底砖 1 层，直砖错缝平铺。在距后壁 0.6 米处，紧贴左壁，放置两块横砖平铺，应是垫砖。墓砖就一种规格，同 M6 的用砖（图一五）。

随葬器物出土共 5 件。放置在墓室中后部。

（1）铜镜

2 枚。

标本 M7：1，略残。镜面微弧。圆纽，镜背纹饰模糊，在内区似有青龙、白虎等。三角缘。直径 9.3 厘米（彩版一五，4）。

标本 M7：2，镜面微弧。圆纽，镜背纹饰模糊。三角缘。直径 11.7 厘米（彩版一五，5）。

（2）银饰

1 件。

标本 M7：3，残。色发黑，呈"U"状，两端略有高低，形制不明，可能是器物附件。高 2.4 厘米（图一六，1）。

（3）铁刀

1 件。

标本 M7：5，锈蚀，单面刃，柄较短。通长 40 厘米（图一六，2）。

（4）铁器

标本 M7：4，残断为若干件。锈蚀严重，形制不明。

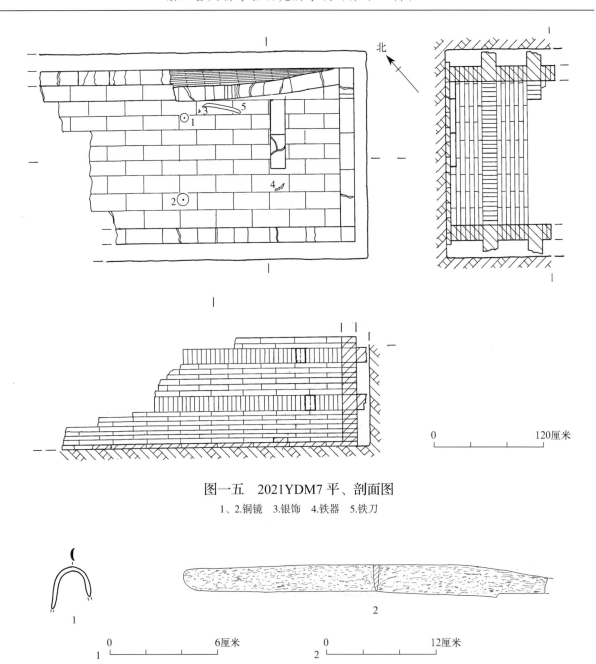

图一五　2021YDM7 平、剖面图

1、2.铜镜　3.银饰　4.铁器　5.铁刀

图一六　M7 出土器物

1.银饰M7：3　2.铁刀M7：5

三　结语

　　云和地区古代文化遗存十分丰富，虽然其建县历史较短，但作为丽水地区的地理中心，云和盆地的人类活动至少在新石器时代就有。到商周时期有多处原始瓷和印纹硬陶遗址。汉六朝时期及各个历史时期的墓葬在历年基建过程中也有多次发现[1]。本次发掘的 7 座墓都遭到扰动和破坏，

[1]　云和县文物保护中心内部资料。

但其中多座墓葬出土的纪年铭文砖、8 枚精美铜镜、2 枚铜印等，尤其是铜六面印，可以了解大量的墓主人的身份信息，而铜印本身从形制到篆刻的文字，都具有鲜明的时代特色，对于墓葬的断代研究都提供了可靠的证据。

这 7 座墓葬布局较为规整，方向一致，呈"一"字形排列，墓葬之间的间距 1.5 ~ 2 米，只 M2 与 M3 间距有 7 米多。墓葬形制大都是单墓室加甬道。墓砖的砌筑都是顺丁法。都是券顶，券顶上的用砖，都和墓壁上的砖相同，都没有使用楔形砖之类特殊规格的。底砖除 M7 是直砖错缝平铺，其余都是"人"字形平铺。这些墓室的建筑风格在东晋时期是非常流行的。

从随葬器物中的青瓷看，其时代特征也都较为相似，说明这些墓葬的埋葬时间间隔并不长。2 枚铜印明确了 2 号墓主人信息。尤其是铜六面印，集不同文字、功能于一体。在南京[1]、镇江等地都有出土，且形制统一，印文的组合方式基本相同，是六朝时期江浙地区的一种标准印式。据印文分析应是当时文职官员使用的一种私印。

墓砖上的纪年文字提供了墓主人的更多信息，也是判断墓葬时代的可靠依据。7 座砖室墓有 5 座在墓砖上是有文字的。其中，M1、M2 使用了同一种墓砖，上面都有纪年文字，"升平四年太岁庚申作""徐山阴墓""君林作"。这说明这 2 座墓室的建筑时间间隔不长，甚至有可能是同时建筑。从中推测他们应该有着非常亲密的关系，或夫妻，或父子。"升平四年"即 360 年。在 M3 墓室的排水沟上同样使用了这种砖，应是多余的砖再利用。或别有深意，无从揣测。但在时间上，其建筑年代应比 M1、M2 墓室要晚，可能间隔时间不会太长。M4 墓室相对来说是最大的。其墓砖上有文字"徐"应与墓主人相关。M5 墓砖上有"咸康元年"即 335 年。M6、M7 位置相对偏高，砖室保存不佳，但从随葬器物看也是那时的风格。或许位置偏高，埋葬时间略早一点。从以上分析看，这 7 座墓葬应是徐氏家族墓，其埋葬年代推测大致在东晋成帝到穆帝（326 ~ 361 年）前后。

六朝时期聚族而葬的丧葬习俗较为流行，尤其是一些豪门士族，如南京老虎山东晋颜氏家族墓地[2]、南京南郊六朝谢氏家族墓地[3] 等，都是这一时期族葬制度的典型。本次发掘的云和东山头徐氏家族墓地，虽墓主人的身份地位、墓地规格以及出土器物等，都不可与南京的两大家族相提并论，然作为乡绅士族，其代表了更大范围的中下阶层，丰富了东晋时期丧葬习俗的内涵，为研究这一时期的丧葬制度提供了不可多得的实物资料。

发掘：杨克新、邱长其、李笑州、林旭平、景纪魁、陈金有、孟国平

绘图：景纪魁、陈金有

摄影：杨克新

执笔：杨克新、孙翰龙、孟国平

[1] 南京市文物保管委员会：《南京老虎山晋墓》，《考古》1959年第6期。

[2] 南京市文物保管委员会：《南京老虎山晋墓》，《考古》1959年第6期。

[3] 南京市博物馆等：《南京南郊六朝谢珫墓》，《文物》1998年第5期。南京市博物馆等：《南京南郊六朝谢温墓》，《文物》1998年第5期。

湖州窑墩头六朝墓葬群发掘简报

浙江省文物考古研究所、湖州市文物保护管理所

一 墓葬概况

1. 地理与沿革

　　窑墩头墓葬群位于湖州市南太湖新区杨家埠街道罗家浜村窑墩头自然村，东北距合杭高铁湖州西站 400 米，南距西苕溪直线距离 1.5 千米，地处天目山余脉与苕溪冲积平原之间的丘陵地带，距湖州城约 10 千米（图一）。该区域在秦时为乌程县旧地，属会稽郡管辖。汉初隶属诸侯国荆国的吴郡，七国之乱后复属会稽郡。东汉顺帝永建四年（129 年）分会稽郡置吴郡，乌程县属吴郡。汉灵帝中平末年（189 年），孙坚被封为乌程侯。孙吴宝鼎元年（266 年），分吴郡、丹阳两郡置吴兴郡，与乌程县并治于子城。两晋和南朝时期，基本沿用孙吴旧制。

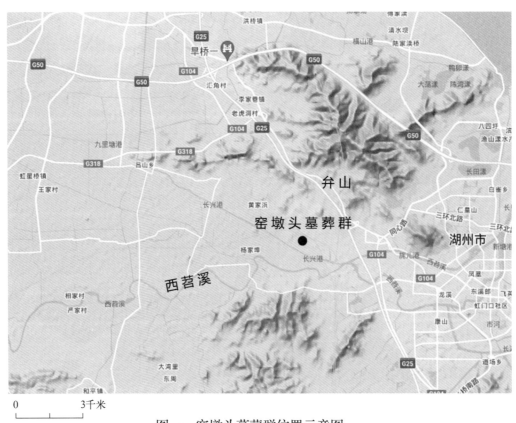

图一　窑墩头墓葬群位置示意图

2. 以往工作

自 1958 年在原杨家埠湖州钢铁厂出土玉琮等良渚文化玉器以来，杨家埠一带历来是我省考古工作的重要区块之一（图二）。1972 年，清理了东晋尚书郎丘混之墓和数座六朝墓葬。1987～2014 年，为了配合湖州钢铁厂扩建工程、杭宁高速公路、杨家埠经济技术开发园区的各项基本建设，考古工作者先后在该区域持续开展了多次考古发掘，共清理各个时期墓葬 400 余座，出土文物数千件[1]。其中 1990 年，湖州市博物馆对窑墩头墓葬群中的 1 座砖室墓进行了抢救性清理，发掘者认为该墓年代为东汉末至三国，出土 1 件带"荼"（即"茶"）字的罍，这是目前考古发现最早的带"茶"字铭文的实物[2]（本次发掘中将其编号为 D82M1）。

3. 发掘概况

2016 年 6 月～2017 年 1 月、2017 年 8～10 月，为了配合湖州铁公水综合物流园区项目建设，浙江省文物考古研究所联合湖州市文物保护管理所对杨家埠西缘的窑墩头墓葬群进行了配合性考古发掘。共发掘土墩 24 座，编号为 D77～D100，清理汉六朝墓葬 35 座（图三），包括 31 座砖室墓、3 座石门砖室墓、1 座土坑木椁墓，出土各类器物 100 余件。现将 31 座六朝砖室墓的情况简报如下（附表一）。

墓葬营建于高低不等、大小各异的土墩内，主要为一墩一墓，少数为一墩两墓或三墓，D88 内仅一座窑。同墩内的墓葬形制相似，年代接近，墓向多数也一致。土墩后期均受到不同程度的扰乱和破坏，平面多呈椭圆形，直径 10～30、现高 0.5～3 米。只有 D86 是沿用了先秦土墩墓（D86M1 为先秦时期墓葬），其余皆是新筑型土墩。土层普遍有 3～4 层，上部偏红，质地疏松，下部偏黄，质地纯净。总体来看，西侧土墩较为密集，有些甚至相连在一起，且成组分布，如 D89、D91、D92。D84 和 D90 内分别建有一座石门砖室墓，两者朝向相对，D85 内是一座年代更早的土坑木椁墓。另外，D79、D80 和 D81 的前方设置一条砖砌的界墙，将这三个墩内的墓葬紧密联系起来。东侧土墩则分布较为零散。胡继根认为，浙江"汉代土墩墓"中的土墩，"是用于抬高墓葬位置而不是直接掩埋尸体"，所以称为"坟丘墓"更合适。

窑墩头墓葬群的砖室墓均带有长方形甬道，其中单室墓根据墓室平面形状可分为船形单室墓（16 座）和长方形单室墓，其中长方形单室墓又可分为甬道偏向一侧的刀形单室墓（4 座）和甬道居中的凸字形单室墓（1 座）；前后室墓的内部根据墓壁形态和顶部结构可分为弧壁穹隆顶前后室墓（4 座）、直壁券顶前后室墓（1 座）、直壁穹隆顶前后室墓（2 座），另有 2 座直壁前后室墓无法判断顶部结构。除此之外，D77M1 因被破坏严重而无法确认平面形状。墓向绝大多数朝东，少数朝南、西南和东北，东南者仅 2 座。时代为西晋至南朝。

---

[1] 浙江省文物考古研究所、湖州市博物馆：《浙江省湖州市杨家埠古墓发掘报告》，《浙江省文物考古研究所学刊（第七辑）》，杭州出版社，2005 年，第 142～310 页。浙江省文物考古研究所：《浙江湖州市方家山第三号墩汉墓》，《考古》2002 年第 1 期，第 35～45 页。李晖达、刘建安、胡继根：《湖州杨家埠汉代家族土墩墓群及其他墓葬的发掘》，《浙江考古新纪元》，科学出版社，2009 年，第 208～211 页。胡继根：《浙江"汉代土墩墓"的发掘与认识》，《秦汉土墩墓考古发现与研究——秦汉土墩墓国际学术研讨会论文集》，文物出版社，2013 年，第 44～51 页。李晖达：《湖州市杨家埠二十八号墩汉墓》，《浙江汉六朝墓报告集》，科学出版社，2012 年，第 10～49 页。刘建安：《湖州市白龙山汉六朝墓葬发掘报告》，《浙江汉六朝墓报告集》，科学出版社，2012 年，第 148～213 页。

[2] 湖州市博物馆：《浙江湖州窑墩头古墓清理简报》，《东南文化》1993 年第 1 期。

图二　杨家埠一带墓葬群分布图

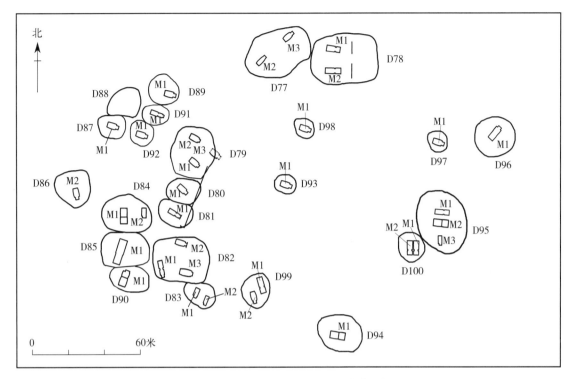

图三 窑墩头墓葬群平面分布图

二 墓葬分述

（一）船形单室墓

16 座。墓室长度多在 4.2 米左右，其中 4 座保留了四隅券进式穹隆顶，余者顶部均坍塌。采用丁顺结构来砌筑墓壁，12 座双墙，4 座单墙。墓砖多为素面，仅 1 座纪年墓。

1. D77M3

仅剩墓室底部，墓向 50°（图四）。墓葬由排水沟、甬道、墓室组成。墓室（含封门）全长 5.6 米。甬道平面呈长方形，长 1.25、宽 1、残高 0.3 米。墓室为船形，长 4.2、宽 1.7～2.3、残高 0.3 米。

铺地砖共三层，第一层为两纵两横结构，第二层为梯形砖纵向平铺，两砖之间留出 8 厘米宽的蓄水槽，第三层仿席纹。墓壁和甬道均采用双层砖，三顺一丁砌法，顶部坍塌。封门设在甬道内。排水沟未解剖。长方形墓砖有长 32、宽 15、厚 5 厘米和长 33、宽 15、厚 5 厘米两种，梯形墓砖长 32、宽 6～15、厚 5 厘米。砖侧模印"齐永明二年甲子岁""丘府君墓"等铭文（图五）。

墓葬曾被盗，仅残存青瓷盏 2 件。

青瓷盏

2 件。直口，尖圆唇，弧腹，底部内凹。内壁及外壁上部施白色陶衣。胎体砖红色，质地坚硬。

标本 D77M3：1，口径 10.8、底径 6.1、高 4.5 厘米（图六，2）。

标本 D77M3：2，口径 10.8、底径 6、高 4.3 厘米（图六，1）。

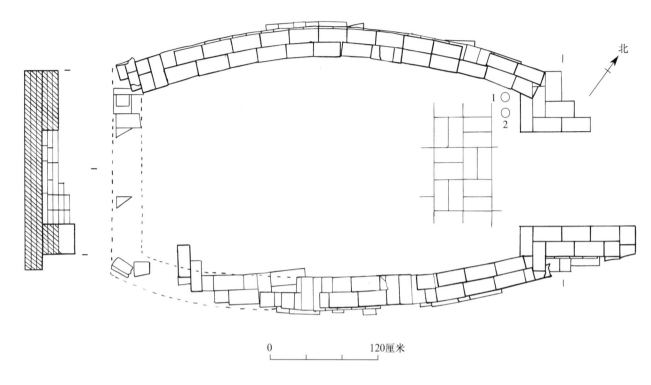

图四　D77M3 平、剖面图

1、2.青瓷盏

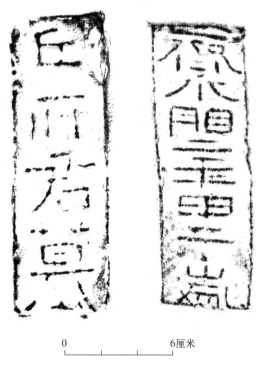

图五　D77M3 墓砖铭文拓本

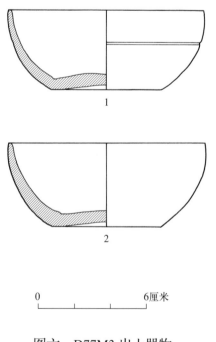

图六　D77M3 出土器物

1、2.青瓷盏D77M3：2、1

2. D79M1

墓顶和甬道遭严重破坏，墓向130°（图七）。墓葬由排水沟、封门、甬道、墓室组成。墓室（含封门）全长5.3米。甬道平面呈横长方形，长1.06、宽1.1、残高0.8米。墓室为船形，长4.26、宽2～2.5、残高2.4米。

铺地砖单层，人字形平铺。墓壁和甬道均采用双层砖。墓壁下部砌三组三顺一丁，上部错缝顺砌3层起券，自四隅呈"人"字形券进结顶。封门设在甬道内，仅余底部，残高0.16米，为双层横砖平砌而成。排水沟设在墓室前端，沟底纵铺一列长方形砖，两侧使用长方形砖纵向侧立形成沟壁，其上用长方形砖纵铺盖顶，沟孔断面为方形或三角形，宽12～15、高10厘米，仅揭露4.6米。墓砖为长方形，长30、宽14、厚4.5厘米。

随葬器物主要出自甬道和墓室尾部。墓室上部填土中发现一件覆顶石，应是墓顶塌落所致。

（1）青瓷碗

1件。

标本D79M1：9，敛口，圆肩，弧腹，最大径位于上部，平底。肩、腹相交处有一条凹弦纹。底部未施釉，釉色青黄。胎质坚硬。口径16.4、最大腹径18.6、底径10.7、高7.8厘米。

（2）青瓷盏

1件。

标本D79M1：5，敛口，尖圆唇，弧腹，平底内凹。内壁和外壁上半部施釉，釉色发黄，釉质粗糙。外壁下部露胎处呈铁红色。口径9.4、底径4.6、高3.4厘米（图八，1）。

（3）青瓷盘口壶

1件。

标本D79M1：8，器盖顶部有一花形捉纽。浅盘口，束颈，溜肩，鼓腹下斜收，平底内凹。肩部饰弦纹，及双复竖系一对。下腹及底部露胎，釉色青黄。青灰色胎。口径14、最大腹径21.6、底径13、通高32厘米（图八，2）。

（4）青瓷唾壶

1件。

标本D79M1：4，盘口，束颈，扁鼓腹，假圈足，平底。内外满釉，釉色青黄，有脱釉现象。胎质坚硬，青灰色。口径12、最大腹径16、底径12.4、高13厘米（图八，3）。

（5）青瓷灯盏

3件。由盏盘、束腰托柱（灯把）、承盘（灯座）组合而成。托柱细长，中空，顶端以小盘口托起盏盘，中上部有两条凹弦纹，下部变粗，逐渐向外上翻，形成盆状承盘，平底，底中凹入。釉不及底，釉色青黄，略有剥落。胎质坚硬，青灰色。

标本D79M1：3，盏盘口径8.4、承盘口径13.2、承盘底径9.8、通高15厘米（图八，5）。

标本D79M1：6，盏盘口径8.7、承盘口径13.6、承盘底径10、通高15.7厘米（图八，4）。

标本D79M1：7，盏盘口径8.2、承盘口径13.6、承盘底径9.8、通高15.4厘米（图八，6）。

（6）覆顶石

1件。

标本D79M1：1，青灰色石灰岩质，顶部为半球状，下部为斗状。顶面长约30厘米，底面尺

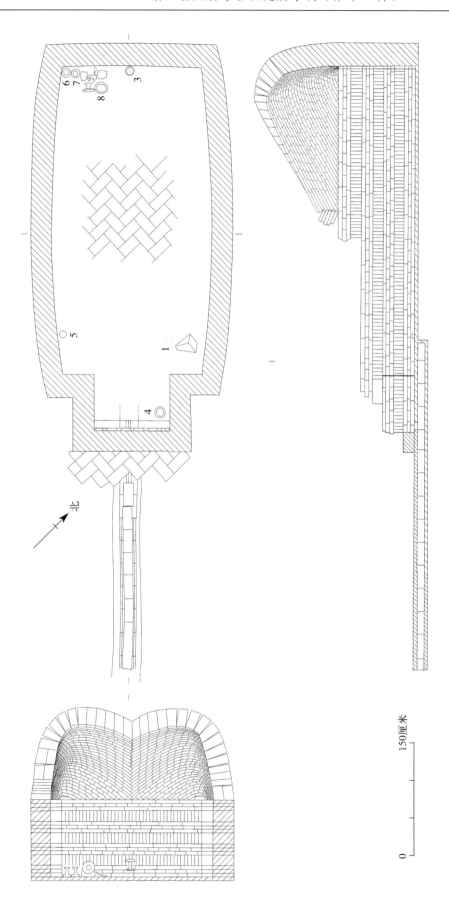

图七　D79M1 平、剖面图

1.覆顶石　3、6、7.青瓷灯盏　4.青瓷唾壶　5.青瓷盏　8.青瓷盘口壶

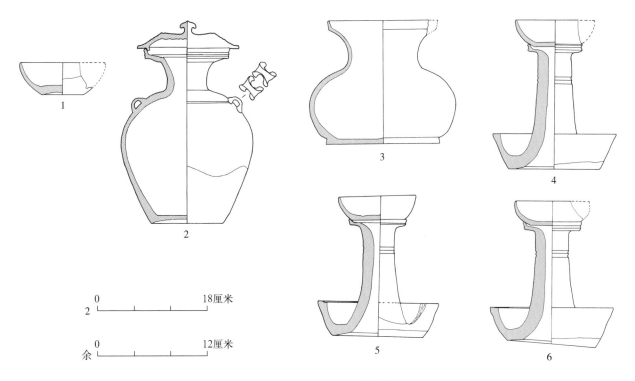

图八　D79M1 出土器物

1.青瓷盏D79M1：5　2.青瓷盘口壶D79M1：8　3.青瓷唾壶D79M1：4　4～6.青瓷灯盏D79M1：6、3、7

寸未知，残高 40 厘米。

3. D80M1

墓顶和甬道遭严重破坏，墓向 135°（图九）。墓葬由排水沟、甬道、墓室组成。墓室（含甬道）全长 5.2 米。甬道平面呈长方形，长 1.2、宽 1、残高 0.8 米。墓室为船形，长 4、宽 2.2 ～ 2.4、残高 1.7 米。

铺地砖共三层，第一和三层人字形平铺，第二层仿席纹。墓壁和甬道均采用双层砖，下部先砌两组三顺一丁，上部错缝顺砌 3 层起券，其中甬道以梯形砖横向侧立逐渐内收成券顶，墓壁自四隅呈"人"字形券进结顶。排水沟设在墓室前端。长方形墓砖长 35、宽 15、厚 5 厘米，梯形墓砖长 35、宽 13 ～ 17、厚 5 厘米。

随葬器物被扰动至上层，主要出自墓室尾部。墓室上部填土中发现一件覆顶石。

（1）青瓷碗

1 件。

标本 D80M1：6，敞口，尖唇，口沿下有条凹弦纹，弧腹，矮圈足。内外通体施釉，釉色青黄，器身有冰裂纹。口径 18.2、底径 11、高 7.2 厘米（图一〇，1）。

（2）青瓷盏

1 件。

标本 D80M1：8，直口微敛，尖圆唇，弧腹，圈足。青绿釉，釉质莹润。灰白胎，质地坚硬。口径 10.2、底径 6.4、高 3.9 厘米（图一〇，2）。

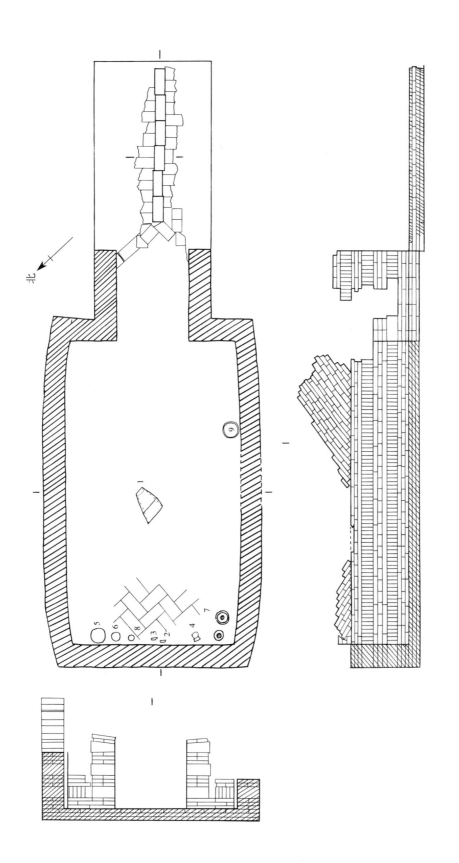

图九 D80M1 平、剖面图

1.覆顶石 2、3.滑石猪形手握 4.青瓷唾壶 5、9.青瓷洗 6.青瓷碗 7.青瓷灯盏 8.青瓷盏 10.陶火盆

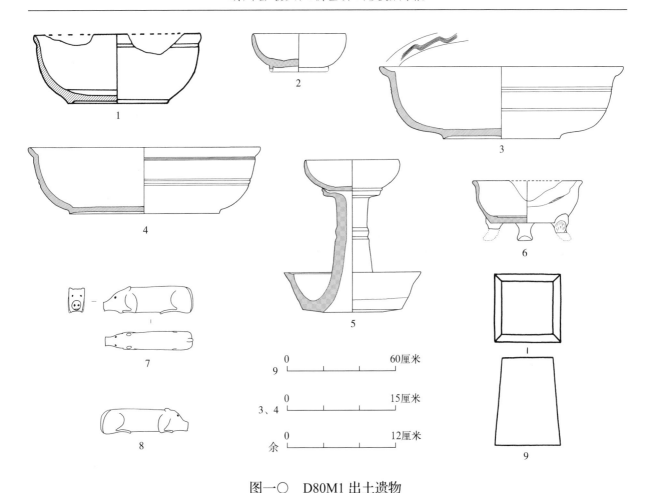

图一〇　D80M1 出土遗物

1.青瓷碗D80M1：6　2.青瓷盏D80M1：8　3、4.青瓷洗D80M1：5、9　5.青瓷灯盏D80M1：7　6.陶火盆D80M1：10　7、8.滑石猪形手握D80M1：2、3　9.覆顶石D80M1：1

（3）青瓷洗

2件。

标本 D80M1：5，折沿，沿面饰有水波纹，曲腹，饰两组凹弦纹，平底微内凹。施青釉，釉面有冰裂纹。胎色青灰，胎质致密。口径 33.6、底径 16、高 9.5 厘米（图一〇，3）。

标本 D80M1：9，外底有 14 个支钉痕。口径 32、底径 21、高 8.8 厘米（图一〇，4）。

（4）青瓷灯盏

1件。

标本 D80M1：7，由盏盘、束腰托柱、承盘组合而成。托柱细长，中空，顶端以小盘口托起盏盘，中上部饰有弦纹，下部变粗，逐渐向外上翻，形成盆状承盘。釉不及底，釉色青黄，略有剥落。胎质坚硬，青灰色。盏盘口径 10.4、承盘口径 15、承盘底径 10.8、通高 16 厘米（图一〇，5）。

（5）陶火盆

1件。

标本 D80M1：10，侈口，圆唇，弧腹，平底。底附三足，外撇，横截面呈椭圆形。泥质灰陶，胎质较软。口径 12、底径 8、高 6.2 厘米（图一〇，6）。

（6）滑石猪形手握

2件。

标本 D80M1：2、3，整体呈长条形，横截面为圆角方形。端头刻成猪首状，两侧以浅浮雕的形式简单刻划出四肢，蹲卧姿势。长 9.7、宽 2、高 3 厘米（图一〇，7、8）。

（7）覆顶石

1件。

标本 D80M1：1，青灰色石灰岩质，斗状。顶面长 36、底面长 28、高 46 厘米（图一〇，9）。

4. D82M2

墓向 105°（图一一）。墓葬由排水沟、挡土墙、甬道、墓室组成。墓室（含甬道）全长 5.6 米。甬道平面呈横长方形，长 1、宽 1.3、残高 0.6 米。墓室为船形，长 4.6、宽 2～2.6、残高 1.6 米。

铺地砖共三层，第一和三层人字形平铺，第二层仿席纹平铺。墓壁和甬道均采用双层砖。墓壁下部三组三顺一丁，上部错缝顺砌 3 层起券，顶部坍塌。墓室尾部略弧，上部以长方形砖和梯形逐渐内收结顶，应是另一种形式的四隅券进式穹隆顶。甬道外有一堵挡土墙，单砖，宽 2.4、残高 1 米。排水沟设在墓室前端。长方形墓砖长 33、宽 16、厚 4.5 厘米，梯形墓砖长 32、宽 7～18、厚 4.5 厘米。

（1）石灰质文物

1件。

标本 D82M2：2，墓室尾部出土，残，根据现状复原平面可能为长方形，截面为浅槽形。残长 28、宽 75、通高 13 厘米，其中底座厚 9、四围高 4 厘米，或为屏风底座（图一二，1）。

此外还有青瓷盏 1 件、滑石猪形手握 2 件（图一二，2、3）、铜钱 3 枚。

5. D87M1

墓向 115°（图一三）。墓葬由排水沟、封门、甬道、墓室组成。墓室（含甬道）全长 5.2 米。甬道平面呈正方形，长 1、宽 1、残高 1.4 米。墓室为船形，长 4.2、宽 1.8～2.4、残高 1.7 米。

铺地砖共三层，第一和三层人字形平铺，第二层仿席纹平铺。墓壁和甬道均采用双层砖。下部先砌两组三顺一丁，上部错缝顺砌 3 层之后起券，其中甬道以刀形砖纵向平铺逐渐内收成券顶，墓壁自四隅呈"人"字形券进结顶。顶部坍塌严重。封门设在甬道内，为纵砖平铺。排水沟设在封门下。长方形墓砖有长 34、宽 15、厚 6 厘米，长 40、宽 18、厚 6 厘米，长 32、宽 16、厚 5 厘米三种尺寸，梯形墓砖长 34、宽 14～18、厚 6 厘米。

墓内随葬品被盗一空。

覆顶石

1件。

标本 D87M1：1，在填土中出土，石灰质，斗状。底面雕刻花朵图案。顶面透雕半环形提手，残断。顶面长 25、底面长 15、残高 38 厘米（图一四）。

（二）刀形单室墓

4座。墓室长度多在 3.2 米左右，其中 1 座保留了少量券顶，余者顶部均坍塌。多采用错缝平铺来砌筑墓壁，1 座双墙，3 座单墙。墓砖多铭文和花纹，仅 1 座为素面砖。其中 D83M1 和

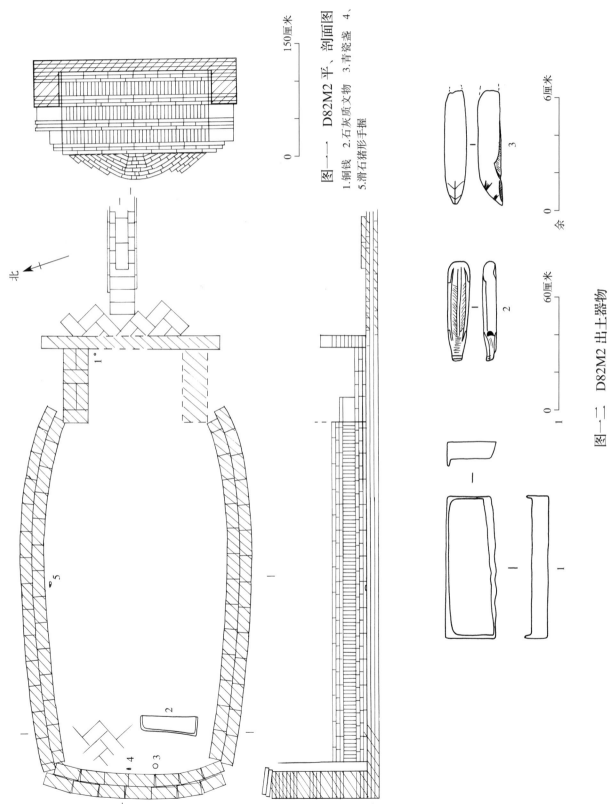

北

图一一 D82M2 平、剖面图
1.铜钱 2.石灰质文物 3.青瓷盏 4、
5.滑石猪形手握

图一二 D82M2 出土器物
1.石灰质文物D82M2：2 2、3.滑石猪形手握D82M2：5、4

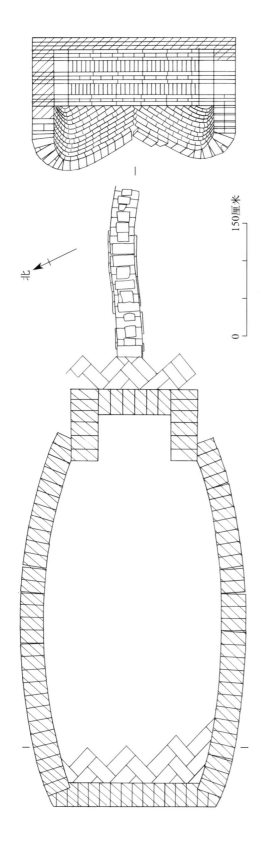

图一三　D87M1 平、剖面图

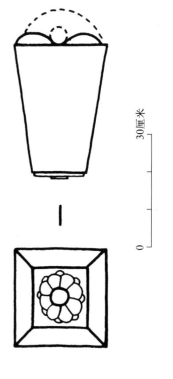

图一四　覆顶石 D87M1：1

D83M2 为同一墩中的异穴合葬墓。

1. D83M2

墓向 200°（图一五）。墓葬由甬道和墓室组成，全长 4.1 米。甬道偏向左侧，长 0.8、宽 0.7、残高 0.56 米。墓室呈长方形，长 3.3、宽 1.6、残高 1.2 米。

墓壁采用单层砖，甬道采用双层砖，平砖错缝顺砌。18 层平砖之后以刀形砖内收起券，起券高度 0.9 米，顶部坍塌。无铺地砖和排水沟。长方形墓砖长 38、宽 19、厚 5 厘米，刀形墓砖长 38、宽 18、厚 2.5～5 厘米。砖侧模印"万岁不败"（图一六）。

墓内随葬品被盗一空。

2. D84M2

仅余墓底，墓向 185°（图一七）。墓葬由封门、甬道和墓室组成，全长 4 米。甬道偏向左侧，长 0.7、宽 0.84、残高 0.56 米。墓室呈长方形，长 3.3、宽 1.6、残高 1.6 米。

甬道采用双层砖，一组四顺一丁，一组三顺一丁后开始以刀形砖内收起券，起券高度 0.7 米，券顶坍塌。墓壁采用单层砖，保留一组四顺一丁和一组三顺一丁。封门设在甬道口内，纵砖平铺，上部略倾斜。铺地砖单层，仿席纹平铺。无排水沟。长方形墓砖长 36、宽 17、厚 5 厘米。砖侧模印鱼纹等（图一八）。

墓室被盗，仅出土 2 件器物。此外，在甬道前方 1.4 米处的填土中，发现一件石灰质碑座。

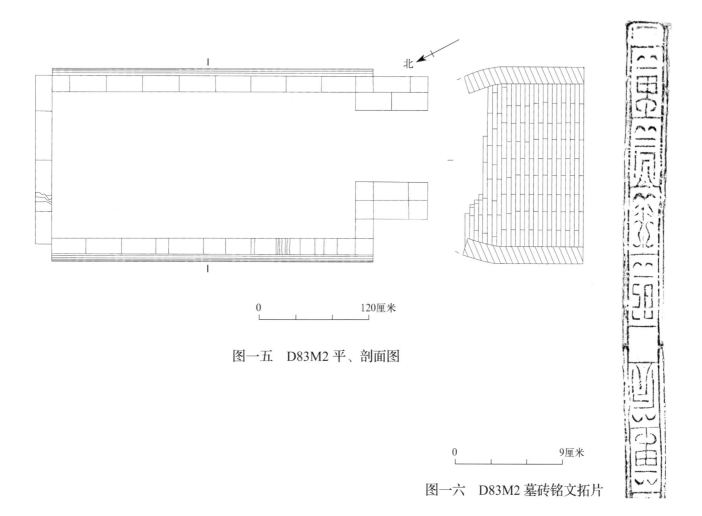

北

0 ——— 120厘米

图一五　D83M2 平、剖面图

0 ——— 9厘米

图一六　D83M2 墓砖铭文拓片

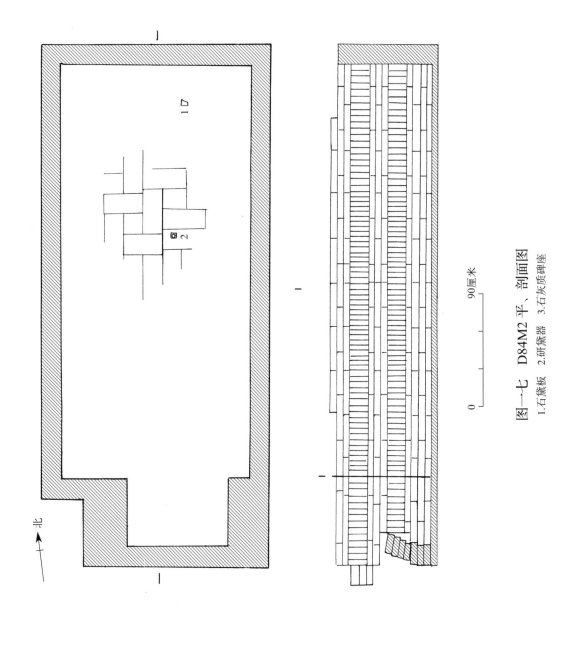

北

图一七　D84M2 平、剖面图
1.石黛板　2.研黛器　3.石灰质碑座

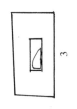
3

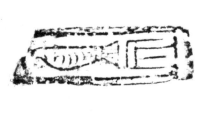

图一八　D84M2 墓砖纹饰拓片

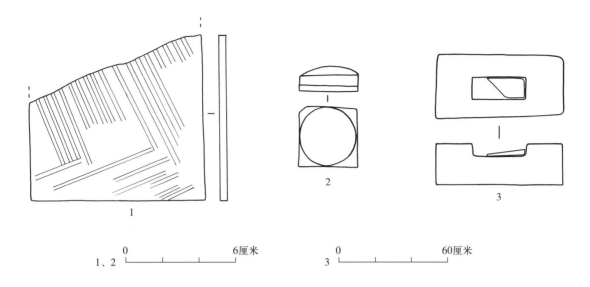

图一九　D84M2 出土遗物

1.石黛板D84M2：1　2.研黛器D84M2：2　3.石灰质碑座D84M2：3

（1）石黛板

1件。

标本 D84M2：1，板状长方形，残。正面平，背面有平行的斜长条形凹槽。残长 8.6、宽 9.4、厚 0.45 厘米（图一九，1）。

（2）研黛器

1件。

标本 D84M2：2，上圆下方，研面呈正方形，上连低矮的圆形捉纽，纽面弧凸，研面光滑。边长 3.2、纽径 3、通高 1.5 厘米（图一九，2）。

（3）石灰质碑座

1件。

标本 D84M2：3，平面为回字形。座槽内有残断的石碑榫头。长 70、宽 35、高 22 厘米，座槽长 30、宽 12、深 7 厘米（图一九，3）。

（三）凸字形单室墓

1座。

D96M1

仅剩墓室底部，墓向 45°（图二〇）。墓葬由甬道和墓室组成。墓室（含甬道）全长 4.2 米。甬道平面呈长方形，长约 0.8、宽 1.1、残高 0.3 米。墓室为长方形，长 3.4、宽 2.1、残高 0.4 米。

单层铺地砖，仿席纹平铺。墓壁采用双层砖，砌法不详。排水沟被压在现代公路下，未发掘。长方形墓砖长 40、宽 20、厚 6 厘米。砖侧模印"万岁不败"。

墓内随葬品被盗一空。

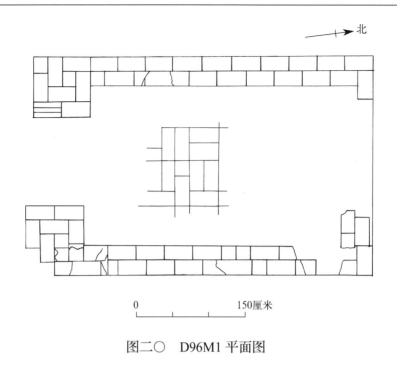

图二〇　D96M1 平面图

（四）弧壁穹隆顶前后室墓

4 座。

墓室全长 7.2 米左右，均保留有部分四隅券进式穹隆顶，并采用丁顺结构来砌筑墓壁。其中 D78M1 和 D78M2 为异穴合葬墓，墓壁为双墙，墓砖模印有纪年铭文和花纹。D81M1 和 D91M1 的墓壁为单墙，后者也出土纪年砖。

1. D78M1

被盗破坏，墓向 96°（图二一）。墓葬由排水沟、封门、甬道、前室、过道和后室组成。墓室（含甬道）全长 7.26 米。甬道平面呈横长方形，长 0.8、宽 0.9、残高 0.9 米。前室近方形，边长 2、残高 0.6 米。过道为长方形，长 0.86、宽 0.8、残高 0.7 米。后室近长方形，长 3.6、宽 2.1～2.2、残高 0.95 米。

前室铺地砖 2 层，均人字形平铺；后室 3 层，第一和三层人字形平铺，第二层仿席纹平铺。且后室铺地砖比前室高出两层，以利于排水。后室侧壁略向外鼓，墓壁和甬道均采用双层砖。前室下部一组"五顺一丁"、两组三顺一丁，上部错缝顺砌 1 层起券；后室下部三组三顺一丁，上部错缝顺砌 1 层起券。顶部结构为倒"人"字形四隅券进式穹隆顶，坍塌严重。前室两侧各设一砖榻，平铺 1 层横向双砖，长 1.8、宽 0.32 米。两砖榻上及其附近均发现被扰动的随葬品，可能是放置器物的功用。甬道和过道下部仅存两组三顺一丁。封门设于甬道口内，残存一排纵砖斜向侧立。甬道外还有一堵侧立的单层横砖对封门进行加固。甬道前方 4 米处有一堵界墙，由残断的纵砖斜向侧立而成，残高 0.14、残宽 2.7 米。似与 D78M2 前方的散砖可连接起来。排水沟设于墓门前端。长方形墓砖长 33、宽 16、厚 5 厘米。砖侧模印钱纹。

出土瓷碗 2 件（图二二，1、2）、瓷盏 4 件（图二二，3～6）。

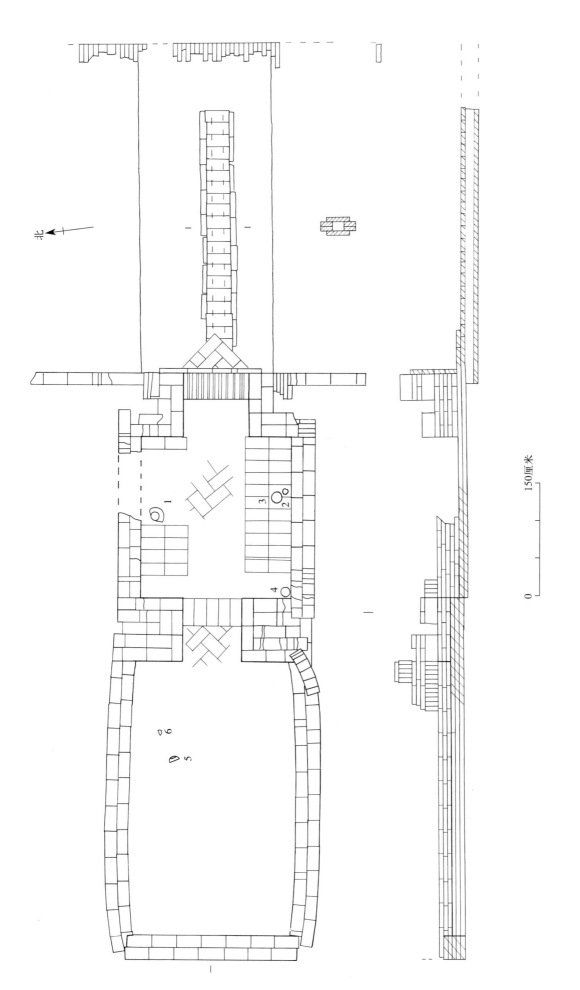

北

0   150厘米

图二一　D78M1 平、剖面图
1、2、4、5.青瓷盏　3、6.青瓷碗

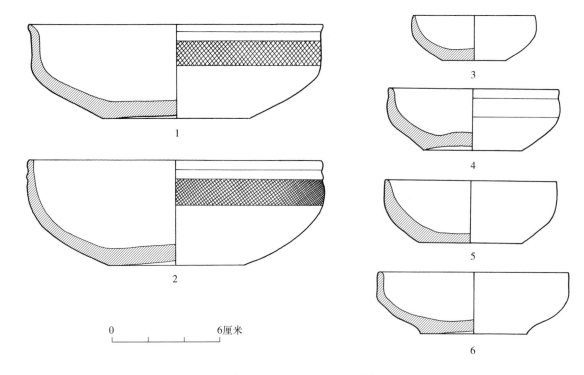

0　　　　　　　6厘米

图二二　D78M1 出土器物

1、2.青瓷碗D78M1∶3、6　3~6.青瓷盏D78M1∶2、5、1、4

2. D78M2

墓向 92°（图二三）。墓葬由排水沟、封门、甬道、前室、过道和后室组成。墓室（含甬道）全长 7.2 米。甬道平面呈横长方形，长 0.8、宽 0.84、残高 0.3 米。前室近方形，边长 2.1、残高 0.3 米。过道为长方形，长 0.6、宽 0.8、残高 1.1 米。后室近长方形，长 3.7、宽 2.2~2.26、残高 1.1 米。

前室共有 2 层铺地砖，第一层人字形平铺，第二层仿席纹平铺。后室单层铺地砖，人字形平铺，但后室铺地砖比前室高，以利于排水。后室侧壁略向外鼓，墓壁和甬道均采用双层砖。后室下部两组三顺一丁、一组两顺一丁，上部错缝顺砌 1 层起券。顶部结构为倒"人"字形四隅券进式穹隆顶，坍塌严重。前室左侧靠近过道处设一砖榻，平铺 1 层横向双砖，残长 0.8、宽 0.32 米。砖榻上有一石黛板。前室右侧靠近甬道处摆放几块整齐的砖块，也似砖榻。过道下部残存两组三顺一丁和一组两顺一丁。封门设于甬道口外，平铺两排横砖。甬道前方 4.2 米处有几块散砖，似与 D78M1 前方的界墙可连接起来。排水沟设于甬道前端。长方形墓砖长 33、宽 16、厚 5 厘米。砖侧模印"永嘉二年八月九日□作□""吴小人""大守章""念□延劳如何"等铭文，以及钱纹、菱格纹和其他纹饰（图二四）。

被扰严重，仅残留 1 件石黛板（图二五，1）和 2 件青瓷盏（图二五，2、3）。

3. D81M1

墓葬被盗破坏，墓向 120°（图二六）。墓葬由排水沟、封门、甬道、前室、过道和后室组成。墓室（含甬道）全长 7.2 米。甬道平面近方形，长 0.8、宽 0.8、残高 0.8 米。前室近方形，边长 1.74、残高 0.9 米。过道为横长方形，长 0.46、宽 0.8、残高 1 米。后室近长方形，长 3.1、宽 1.7~1.8、残高 1.1 米。

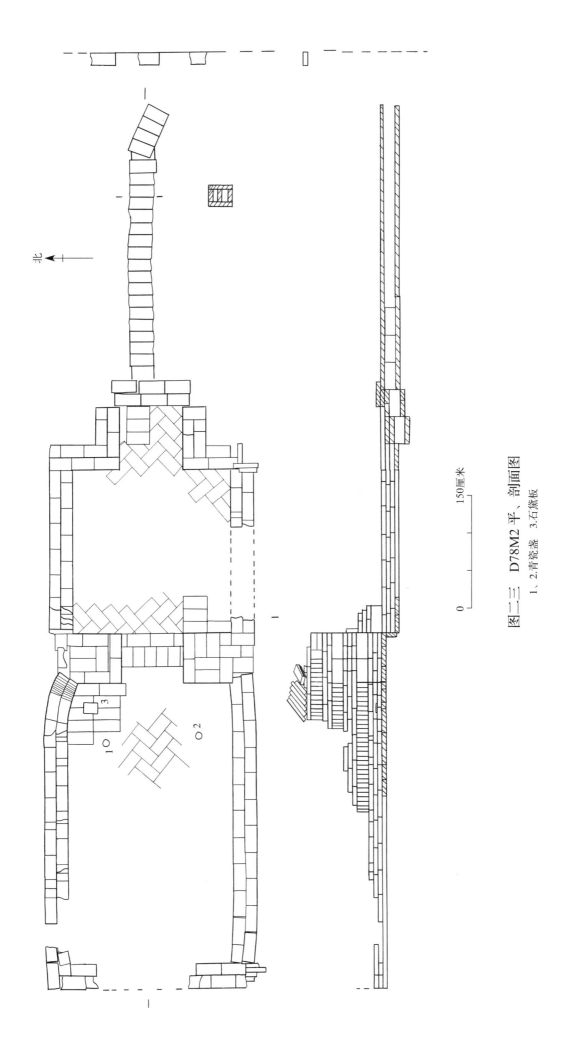

图二三　D78M2 平、剖面图

1、2.青瓷盏　3.石黛板

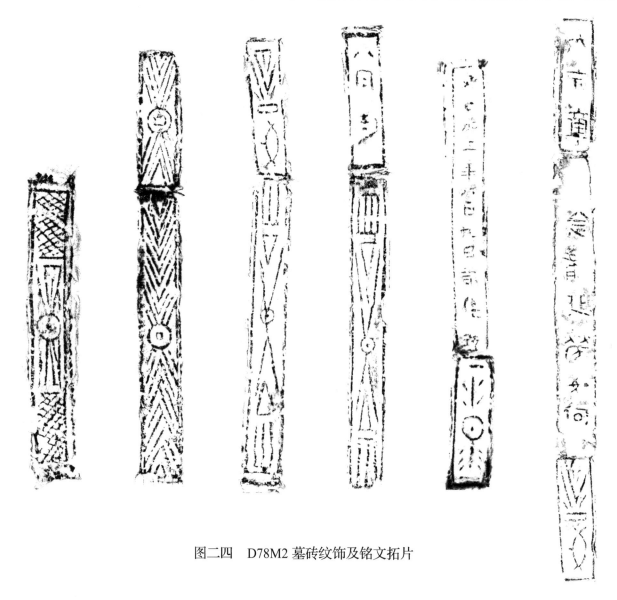

图二四　D78M2 墓砖纹饰及铭文拓片

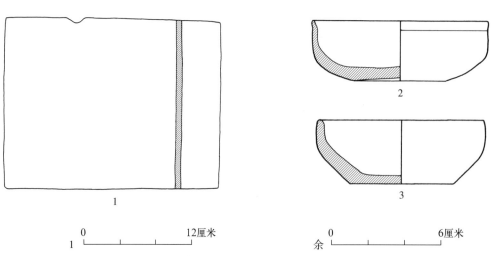

图二五　D78M2 出土器物

1.石黛板D78M2：3　2、3.青瓷盏D78M2：1、2

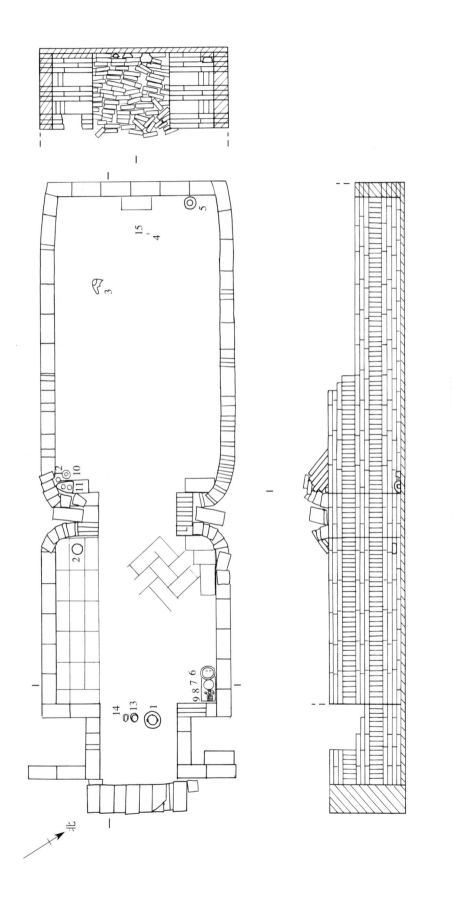

图二六　D81M1 平、剖面图

1.青瓷罐　2、13.青瓷盏　3、5.青瓷碗　4、15.金珠　6.陶盆　7.陶圈　8.青瓷狮形插器　9.硬陶鸡舍　10.硬陶井　11.陶灶　12.陶釜　14.青瓷耳杯

单层铺地砖，人字形平铺。后室侧壁略向外鼓，墓壁和甬道均采用单砖铺砌。下部一组四顺一丁和一组三顺一丁，上部错缝顺砌 3 层起券。顶部结构为倒"人"字形四隅券进式穹隆顶，坍塌严重。前室右侧设一砖榻，平铺三列纵向单砖，长 1.74、宽 0.5 米。砖榻后部有一瓷盏。前室东北角以及后室的东南角、西南角均摆放几块整齐的墓砖，放置有随葬品。甬道口两侧分别有 0.6 米宽的挡土墙，为单砖横向平铺。封门设于甬道口外，为纵砖平铺而成，不整齐。无排水沟。长方形墓砖长 33、宽 15、厚 5 厘米。

随葬各类器物 15 件。

（1）青瓷狮形插器

1 件。

标本 D81M1：8，卧狮形，昂首挺胸，两耳竖立，双目突出，獠牙外露，背部和头颈饰细密鬃毛。背部装一圆筒形插管。淡青色釉，釉面光洁。灰白色胎，质地细腻。长 10.9、宽 5.2、高 7 厘米（图二七，1）。

（2）青瓷耳杯

1 件。

标本 D81M1：14，两端水平呈碗状，口沿平面呈椭圆形，口沿两侧略低位置安半月形耳，上腹曲弧，下腹折收，圜底，内底突起。通体施青釉，釉面光洁。灰白色胎，质地坚硬。口长 5.5、口宽 3.9、底长 3.2、底宽 2.2、高 2.4 厘米（图二七，2）。

（3）青瓷罐

1 件。

标本 D81M1：1，敛口，圆唇，鼓腹，假圈足。口部对称贴置向内倾斜的环形系一对，口沿下方饰一条凹弦纹。底部无釉，露胎处呈红色，釉色青绿，均匀淡雅，有冰裂纹。胎色灰白，质地细腻。口径 8.9、最大腹径 14.5、底径 10.8、通高 11.7 厘米（图二七，3）。

（4）陶盆

1 件。

标本 D81M1：6，平折沿，弧腹，平底内凹。口径 15.5、底径 9.2、高 5.5 厘米（图二七，4）。

（5）陶圈

1 件。

标本 D81M1：7，直口，圆唇，口沿下有一条凹槽，斜直壁，平底。口径 12.5、底径 11.4、高 5.4 厘米（图二七，5）。

（6）硬陶鸡舍

1 件。

标本 D81M1：9，舍棚侧面呈半圆形，各有 3 个戳点。平底呈长方形，正面为横向栅栏，有两个方形孔，其中一孔伸出一只鸡头，鸡喙和鸡冠特征显著。另一鸡头疑似掉落。胎体青灰色，质地坚硬。长 8、宽 6.3、高 3.7 厘米（图二七，6）。

（7）硬陶井

1 件。

标本 D81M1：10，撇口，折沿，短直颈，垂弧腹，平底。胎体砖红色。口径 10.3、底径

11.2、高 8.2 厘米（图二七，7）。

（8）硬陶灶

1 件。

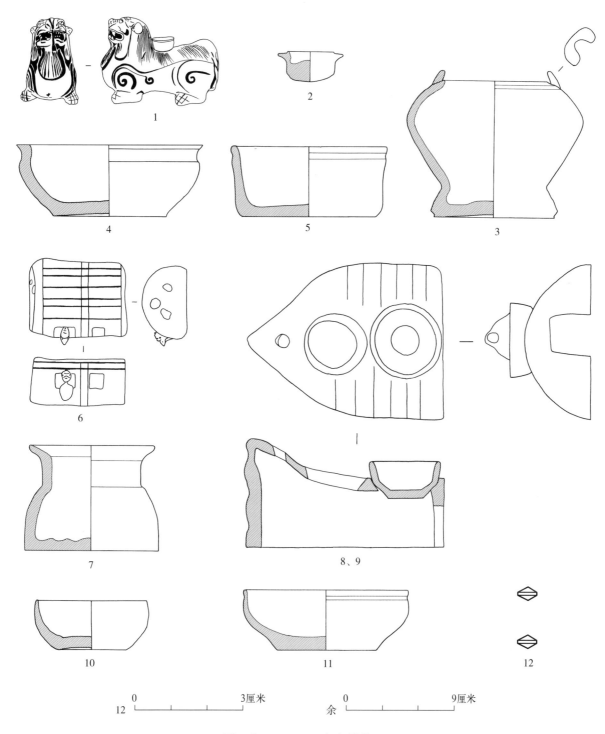

图二七　D81M1 出土器物

1.青瓷狮形插器D81M1：8　2.青瓷耳杯D81M1：14　3.青瓷罐D81M1：1　4.陶盆D81M1：6　5.陶圈D81M1：7　6.硬陶鸡舍D81M1：9
7.陶井D81M1：10　8、9.陶灶、釜D81M1：11、12　10.青瓷盏D81M1：2　11.青瓷碗D81M1：5　12.金珠D81M1：4、15

标本 D81M1：11，平面呈前平后尖的船形，中部外鼓，立面上尖头翘起。空膛无底。灶面设前后两个灶眼，直径均约 5 厘米。后端有一圆形烟囱，直径 1.1 厘米。前设一梯形灶门，高 3.4、宽 2.2 ～ 3.2 厘米。灶身有平行的浅凹条纹。胎体砖红色。整器长 16.2、宽 12.4、高 8.9 厘米（图二七，8）。

（9）陶釜

1 件。

标本 D81M1：12，敞口，圆唇，斜腹，下腹折收，平底。口径 5.8、底径 3.2、高 3.3 厘米。应与同墓出土的陶灶相配（图二七，9）。

此外，还出土有青瓷盏（图二七，10）、青瓷碗（图二七，11）、金猪（图二七，12）。

4. D91M1

墓葬被盗破坏，墓向 95°（图二八）。墓葬由排水沟、封门、甬道、前室、过道和后室组成。墓室（含甬道）全长 7.2 米。甬道平面近方形，长 0.7、宽 0.84、残高 0.9 米。前室近横长方形，长 1.55、宽 1.8、残高 1 米。过道为横长方形，长 0.5、宽 0.8、残高 1 米。后室近长方形，长 3.6、宽 2、残高 1 米。

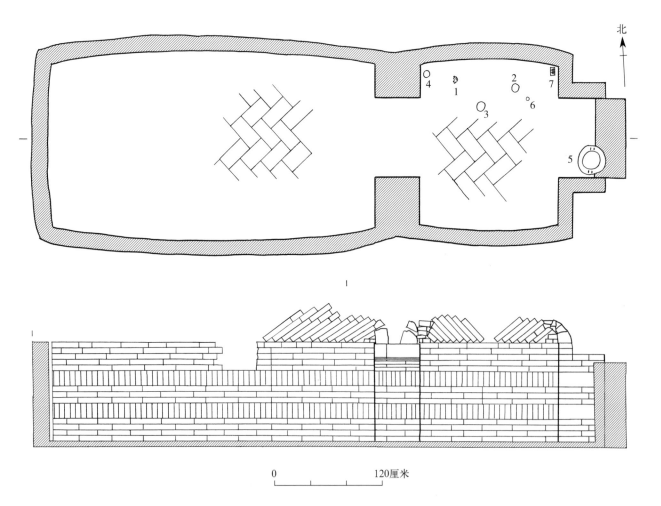

图二八　D91M1 平、剖面图

1.陶猪　2.陶井　3.陶圈　4.青瓷盏　5.青瓷罐　6.陶汲水罐　7.鸡笼

单层铺地砖，人字形平铺。墓室侧壁略向外鼓，墓壁和甬道均采用单砖铺砌。下部一组四顺一丁、一组三顺一丁，上部错缝顺砌 5 层起券。顶部结构为倒"人"字形四隅券进式穹隆顶，坍塌严重。过道下部砌筑一组四顺一丁和一组三顺一丁，之后开始以刀形砖垒砌券顶。封门设于甬道口处，为纵砖侧立堆砌，呈曲折形。排水沟未发掘。长方形墓砖长 35、宽 16、厚 5 厘米。砖侧模印"太康二年岁在辛丑""太康七年岁丙午""太康八年八月""丘""□冢□□"等铭文（图二九）。

墓葬被扰严重。出土随葬品 7 件。

（1）青瓷罐

1 件。

标本 D91M1：5，直口，方唇下有一条凹弦纹，丰肩，肩部饰两条凹弦纹和一组菱格纹条带，置双竖系，圆鼓腹，平底。釉不及底，上部釉色青绿，下部为黄褐色。底部露胎处呈砖红色。口径 19.8、底径 14.8、高 21.4 厘米（图三〇，1）。

（2）陶猪

1 件。

标本 D91M1：1，器体扁平，造型生动，捏制而成，一面精致，另一面空白。方形猪鼻，圆目，

图二九　D91M1 墓砖铭文拓片

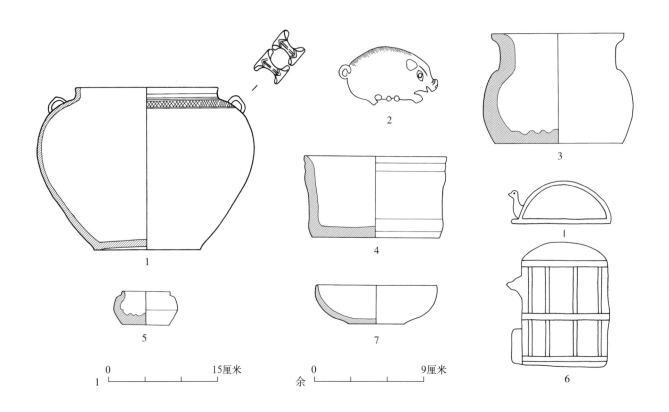

图三〇　D91M1 出土器物

1.青瓷罐D91M1：5　2.陶猪D91M1：1　3.陶水井D91M1：2　4.陶圈D91M1：3　5.陶汲水罐D91M1：6　6.鸡笼D91M1：7　7.青瓷盏
D91M1：4

大耳，背部有鬃毛，腹部突出 3 乳，卷尾。表面釉体脱落。长 8.2、高 4.8、厚 2 厘米（图三〇，2）。

此外，还出土陶井（图三〇，3）、陶圈（图三〇，4）、陶汲水罐（图三〇，5）、鸡笼（图三〇，6）、青瓷盏（图三〇，7）各 1 件。

（五）直壁券顶前后室墓

D99M1

墓向 208°（图三一）。墓葬由排水沟、封门、甬道、前室、过道和后室组成。墓室（含甬道）全长 7.3 米。甬道平面呈横长方形，长 0.7、宽 1、残高 1.7 米。墓室内部为吕字形。其中前室近方形，长 2.3、宽 2.1、残高 1.7 米。过道长 0.9、宽 0.94、残高 1.8 米。后室长 3.4、宽 2.3、残高 1.8 米。

铺地砖单层，人字形平铺。墓壁和甬道均采用单层砖，"六顺一丁"结构，有不同程度的变形。券顶坍塌。甬道略微偏右，下部一组"六顺一丁"，上部错缝顺砌 6 层起券，券顶较为完整，起券高度 0.9、券顶距墓底 1.32 米。封门设在甬道口内，以纵砖斜铺，呈曲折形。前室西北角处摆放几块整齐的长方形砖，疑为砖榻。排水沟未解剖。长方形墓砖长 36、宽 16、厚 6 厘米，刀形墓砖长 36、宽 16、厚 4～6 厘米。砖侧模印"万岁不败"。

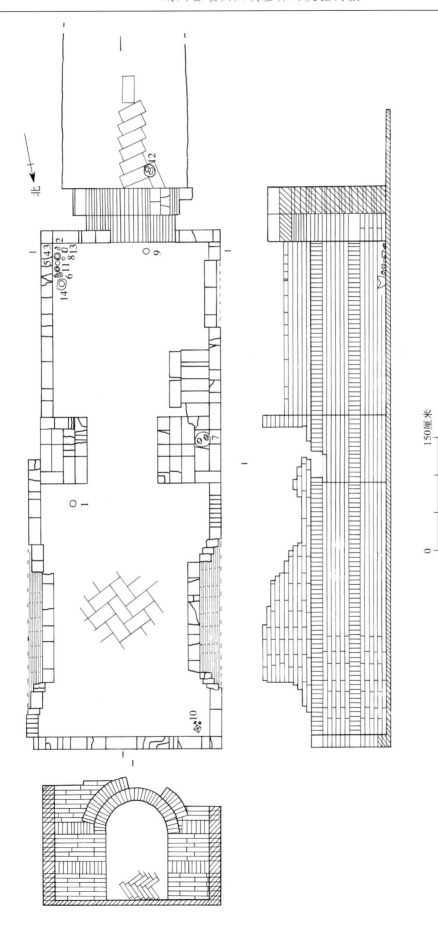

图三一　D99M1 平、剖面图

1.陶井　2.陶镊斗　3.陶勺　4.陶火盆　5.陶圈　6.陶灶　7.青瓷耳杯托盘　8.青瓷盏　9.青瓷碗　10.堆塑罐上的瓷房顶　11.陶熏炉　12.陶猪圈　13.陶鸡笼　14.陶罐底

局部遭扰动。随葬品集中于前室东南角，另外在封门外、过道和后室也有零星分布。

（1）青瓷耳杯托盘

1套。

标本 D99M1：12，敞口，口沿不平，斜腹，平底内凹。内底有同心弦纹。托盘略有变形，底部有大气泡。通体施青绿釉，外底无釉。口径 17.4、底径 11、高 3.5 厘米。底面置一大一小两耳杯，大者长 6.2、宽 3.5 厘米，小者长 5.6、内宽 3 厘米，高 2 厘米（图三二，1）。

（2）陶鐎斗

1件。

标本 D99M1：2，敞口，束颈，弧腹，平底，三个实心小足对称分布，外撇。腹部有一残断的手柄。胎体红色。口径 7.6、底径 3.5、通高 4.2 厘米（图三二，2）。

（3）陶勺

1件。

标本 D99M1：3，勺口 2 厘米，漏斗形，下部尖。柄部弯曲，可挂在其他容器的口沿上。通长 4.5 厘米（图三二，3）。

（4）陶火盆

1件。

标本 D99M1：4，敛口，尖唇，折肩，斜弧腹，平底。上腹部安有一对小鋬耳。口径 12.3、最大腹径 15、底径 8、高 5.5 厘米（图三二，4）。

（5）陶熏炉

1件。

标本 D99M1：11，敛口，圆唇，圆鼓腹，假圈足。腹部有两圈圆形镂孔，口沿粘附一对立耳，斜向内。口径 7.5、最大腹径 12.6、底径 9.5、高 8.4 厘米（图三二，5）。

（6）陶猪圈

1件。

标本 D99M1：7，呈碗状。直口，圆唇，圆鼓腹，平底。口径 11、最大腹径 12、底径 7.5、高 5.4 厘米。内底放置对猪，四蹄相对，侧卧，头向相反。身形瘦长，圆眼怒睁，四肢强健。仅在一面雕刻，另一面扁平。长 7.6、宽 1.3、高 4.5 厘米（图三二，6）。

此外还出土陶井（图三二，7）、陶圈（图三二，8）、陶灶（图三二，9）、陶鸡笼（图三二，10）和青瓷盏（图三二，11）、青瓷碗（图三二，12）各 1 件，以及堆塑罐上的青瓷屋顶 3 件。

（六）直壁穹隆顶前后室墓

D100M1 和 D100M2

墓向 183°（图三三）。D100M1 由排水沟、封门、甬道、前室、过道和后室组成。墓室（含甬道）全长 6.04 米。甬道平面呈横长方形，长 0.3、宽 0.9、残高 0.8 米。墓室内部为吕字形。其中前室近方形，长 1.8、宽 1.7、残高 0.8 米。过道长 0.54、宽 0.6、残高 0.8 米。后室为长方形，长 3.4、宽 2.1、残高 1 米。

图三二　D99M1 出土器物

1.青瓷耳杯托盘D99M1：7　2.陶鐎斗D99M1：2　3.陶勺D99M1：3　4.陶火盆D99M1：4　5.陶熏炉D99M1：11　6.陶猪圈D99M1：12

7.陶井D99M1：1　8.陶圈D99M1：5　9.陶灶D99M1：6　10.陶鸡笼D99M1：13　11.青瓷盏D99M1：8　12.青瓷碗D99M1：9

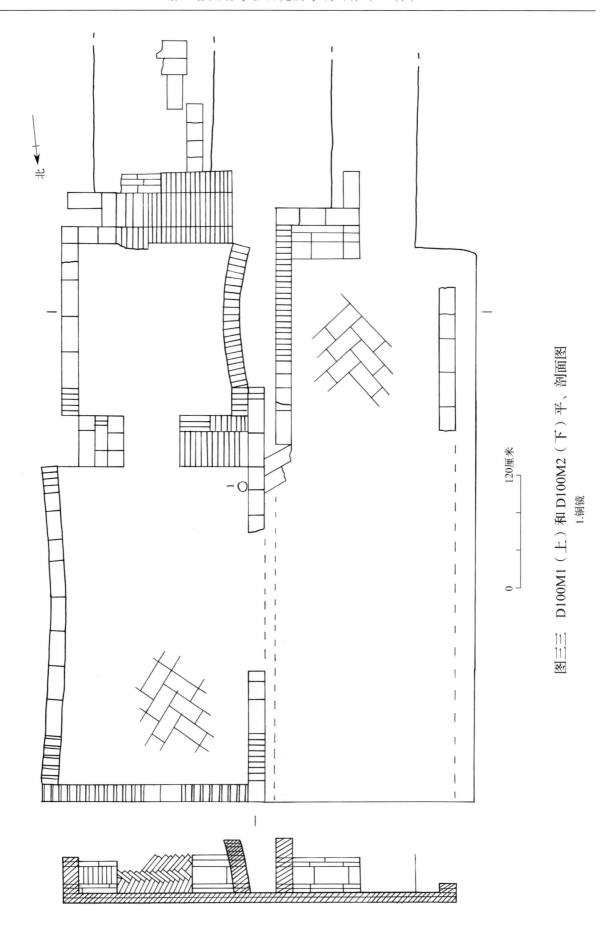

图三三　D100M1（上）和 D100M2（下）平、剖面图

1.铜镜

北

0　　　　　　　120厘米

铺地砖单层，人字形平铺。墓壁和甬道均采用单层砖，有不同程度的变形。墓壁下部砌两组三顺一丁，上部错缝顺砌 3 层起券；顶部结构为倒"人"字形四隅券进式穹隆顶，坍塌严重。封门设在甬道口内，以纵砖斜向侧立铺砌。排水沟未解剖。长方形墓砖长 36、宽 18、厚 6 厘米。砖侧模印钱纹。

墓葬被盗严重，仅出土 1 枚铜镜。

铜镜

1 枚。

标本 D100M1：1，夔凤镜或柿蒂八凤镜。镜面光滑，略突出。镜背中心为半球形纽，直径 2 厘米。四瓣柿蒂形叶从镜心伸向镜缘，将镜分成四区，每区一对凤鸟，两两相对，振翅翘尾。四叶内各有一形态各异的龙。近缘处是内向十六连弧纹圈带，内有虎、龙、鱼、螃蟹等神禽异兽。最外圈为 9 个神兽。镜缘为三角形。直径 16、厚 0.5 厘米。

（七）无法判断墓顶的直壁前后室墓

1. D95M1

后室遭严重盗扰，墓向 104°（图三四）。墓葬由封门、甬道、前室、过道和后室组成。墓室（含甬道）全长 6.5 米。甬道平面呈长方形，长 0.7、宽 0.9、残高 1.2 米。墓室内部为吕字形。其中前室近方形，边长 1.6、残高 0.6 米。过道宽度不详，长 0.7、残高 0.8 米。后室为长方形，长 3.5、宽 1.6、残高 1.2 米。

铺地砖单层，仅在甬道和墓壁边缘有少量残存，仿席纹。墓壁和甬道均采用双层砖。墓壁下部一组四顺一丁和一组三顺一丁，顶部坍塌。甬道略偏左侧，下部错缝顺砌 13 层后，以刀形砖起券，起券高度 0.7 米。封门设在甬道口内，以横砖平铺而成。无排水沟。长方形墓砖长 34、宽 16、厚 5 厘米，刀形墓砖长 34、宽 16、厚 4～5 厘米。砖侧模印钱纹。砖侧模印鱼纹和几何纹（图三五）。

墓内随葬品被盗一空。

2. D95M2

仅余墓室底部，墓向 102°（图三六）。墓葬由封门、甬道、前室、过道和后室组成。墓室（含甬道）全长 7.3 米。甬道平面呈长方形，长 1.2、宽 1.1、残高 1.7 米。墓室内部为吕字形。其中前室长方形，长 1.9、宽 2.5、残高 0.4 米。过道宽度不详，长 0.8、残高 0.25 米。后室长 3.4、宽 2.6、残高 0.25 米。

铺地砖情况不明。墓壁和甬道均采用双层砖。残存的墓壁为错缝顺砌，顶部坍塌。封门设在甬道口内，双砖错缝平砌。无排水沟。长方形墓砖长 36、宽 18、厚 4.5 厘米，刀形墓砖长 36、宽 18、厚 3～4.5 厘米。砖侧模印"万岁不败"铭文。砖侧模印鱼纹和几何纹。

墓内随葬品被盗一空。

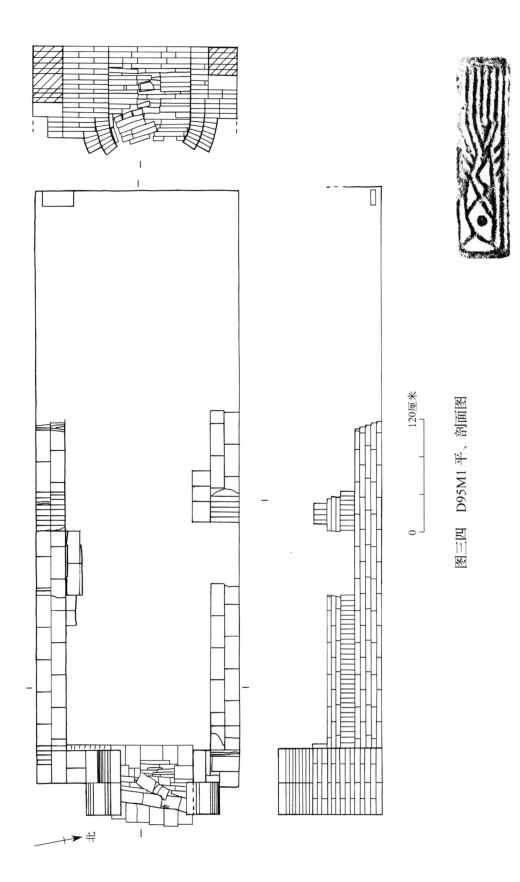

图三四　D95M1 平、剖面图

图三五　D95M1 墓砖纹饰拓片

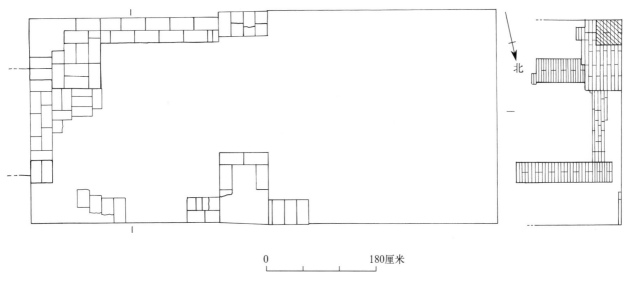

图三六　D95M2 平、剖面图

三　结语

（一）墓葬年代

30 座砖室墓（不包括 D77M1）均遭到不同程度的盗掘，随葬器物残缺不全，组合关系不完整，缺乏型式分析的条件，阻碍了深入系统的研究。故对砖室墓的年代判定主要来自于墓葬形制的演变、墓砖铭文的分析。依据平面形状和墓葬结构至少可分为六类。

1. 船形单室墓

16 座，保留顶部者均为四隅券进穹隆顶。纪年墓仅 1 座，D77M3，"齐永明二年甲子岁"，即 484 年。永明为南朝齐武帝萧赜的年号，共 10 年余。南齐在萧赜的统治下出现了永明之治的盛况。这类墓葬几乎被盗一空，仅 D79M1 和 D80M1 分别残留不足 10 件器物，主要随葬器类有瓷盏、盘口壶、唾壶、滑石猪形手握、三足火盆等。其中 D79M1 出土盘口壶与新昌县羽林街道大联村东晋"太元十八年"墓出土者相似（393 年）[1]。故该类墓的年代为东晋至南朝早期。

2. 刀形单室墓

4 座，均被盗一空，无纪年砖，D83M1 和 D83M2 为异穴合葬墓，砖侧模印"万岁不败"。D84M2 砖侧模印鱼纹。

3. 凸字形单室墓

仅 D96M1，被盗一空，铭文为"万岁不败"。

4. 弧壁穹隆顶前后室墓

4 座，是窑墩头墓葬群中年代最明确、器物特征最鲜明的一类，为墓葬的分期提供了可靠的依据。D78M2 砖侧模印"永嘉二年八月九日□作□"（308 年），D78M1 与 D78M2 为异穴合

---

[1]　浙江省博物馆：《青色流年——全国出土浙江纪年瓷图集》，文物出版社，2017年。

葬墓，两者的墓葬形制、结构、墓向均相同，且随葬的青瓷碗上饰有西晋时期常见的菱格纹，所以 D78M1 的年代也应与 D78M2 不相上下。D91M1 砖侧模印"太康二年岁在辛丑"（281 年）、"太康七年岁丙午"（286 年）、"太康八年八月（287 年）"。咸宁六年，西晋消灭孙吴政权，统一中原，改元太康。太康为晋武帝司马炎的第三个年号，共使用 10 年，该段时期被称为"太康之治"。D91M1 出土鸡舍、水井、陶圈等模型冥器。D81M1 虽无纪年砖，但随葬的井、圈、鸡舍等模型冥器与 D91M1 相似，青瓷狮形插器与余姚梁辉九顶山"太康八年"墓同类器物一致[1]，因此也应为西晋时期。这 4 座墓葬可与附近白龙山 M40"太康元年"和 M3"永嘉元年"墓互作印证[2]。

5. 直壁券顶前后室墓

仅 D99M1，砖侧模印"万岁不败"，出土器物与弧壁穹隆顶前后室墓相似，包括鸡舍、陶圈、水井、猪圈、陶灶、耳杯托盘、火盆、镳斗等模型冥器，以及饰有菱格纹的青瓷碗。陶熏炉与余姚郑巷五联克山"元康七年"墓相似，年代也应为西晋时期[3]。

6. 直壁穹隆顶前后室墓

D100M1 和 D100M2 为合葬墓，被盗一空，出土的柿蒂八凤铜镜与朱然墓同类器物相似[4]。湖北鄂州 M4009、M4037 等孙吴后期墓葬，鄂州 M2080、鄂城重型机械厂 1 号墓、江西靖安虎山 2 号墓等西晋墓，以及江苏南京西善桥、湖南长沙左家塘、浙江武义等吴晋墓均出土八凤镜[5]。因此直壁穹隆顶前后室墓的年代为孙吴后期至西晋。

另有 2 座直壁前后室墓。

D95M1 和 D95M2 为异穴合葬墓，顶部无法判定，砖侧和两端模印鱼纹、几何纹和"万岁不败"，其中几何纹饰和鱼纹与三门横山 M7"咸和六年"单室墓墓砖上的纹饰相似[6]，但考虑到东晋已很少见到前后室墓，且花纹砖不具备完整的演化轨迹[7]，因此这 2 座墓暂定为西晋时期。

（二）收获与认识

1. 墓葬形制和随葬品组合具有鲜明的时代特点

孙吴至西晋，流行前后室墓，墓壁平直或微弧，顶部为四隅券进穹隆顶或券顶，随葬较多模型冥器，并在墓砖上模印纪年铭文。东晋至南朝早期，则为清一色的船形单室墓，四隅券进穹隆顶，盘口壶的束颈较高、整体形态更为协调，唾壶的腹部扁鼓并下垂。这验证了以往对浙江乃至长江下游六朝墓葬形制演变的规律性认识。

2. 对墓地的初步认识

[1] 浙江省博物馆：《青色流年——全国出土浙江纪年瓷图集》，文物出版社，2017年。

[2] 刘建安：《湖州市白龙山汉六朝墓葬发掘报告》，《浙江汉六朝墓报告集》，科学出版社，2012年，第148～213页。

[3] 浙江省博物馆：《青色流年——全国出土浙江纪年瓷图集》，文物出版社，2017年。

[4] 安徽省文物考古研究所、马鞍山市文化局：《安徽马鞍山东吴朱然墓发掘简报》，《文物》1986年第3期。

[5] 黄盼：《汉晋时期佛像八凤镜新论》，《文物春秋》2021年第4期。

[6] 孟国平：《三门横山汉六朝古墓群》，《浙江汉六朝墓报告集》，科学出版社，2012年，第364～405页。

[7] 韦正：《六朝墓葬的考古学研究》，北京大学出版社，2011年。

汉六朝盛行聚族而葬的埋葬方式，如南京仙鹤山孙吴家族墓地[1]、南京老虎山东晋家族墓地[2]等，而杨家埠一带早在两汉时期就在先秦文化因素的基础上形成了独具地方特色的、以土墩来埋葬家族成员的聚葬习俗[3]，且D91M1和D77M3的铭文中均出现了"丘"字，那么这里也可能是一处丘氏家族墓地，只是墓葬的排列方式与南京地区较为不同。

一座土墩中有2座墓者，基本上是同时期的合葬墓，而且右侧墓葬的尺寸往往较大、装饰更精美（D99除外）。D89、D91和D92成排分布，位于中央的D91中的墓葬年代稍早一些。一堵残缺的砖墙将D79、D80、D81包围起来，最右侧的D81中的墓葬年代稍早。D84、D85、D90中，中间的D85为东汉土坑墓，两侧的石门砖室墓年代稍晚。其余土墩分布零散，无明显规律。

窑墩头砖室墓中，船形墓长约4米多，前后室墓长约7米多，有些墓葬装饰有花纹砖，D82M2还出土了象征性家居用具，暗示墓主身份可能是豪门士族。六朝时期丘氏是湖州地区的一大著姓，其南迁之祖为东汉光武帝朝的大司马丘滕，过江后定居乌程。南朝文学家丘迟即为乌程人士。另外，1972年和2006年，浙江省文物部门曾对窑墩头墓葬群东北方1千米处的"五子墩"进行发掘，皆为带有八字形护墙的船形墓，其中湖·五·M1的墓砖铭文表明这是东晋尚书郎丘混之墓[4]。窑墩头虽不如五子墩的墓葬规格高，但皆应为乌程丘氏的家族墓地。从窑墩头和五子墩墓葬群来看，东晋至南朝时期墓葬数量较多，一定程度上体现了乌程丘氏逐渐繁盛的发展轨迹。

本次发掘的31座砖室墓，年代大体涵盖了孙吴末期至南朝，其中3座墓的墓砖上有明确的纪年铭文，时代较早者为D91M1（281年），年代较晚者为D77M3（484年），因此该墓地至少使用了203年。乌程所在的浙北地区，经过两汉之交的王莽之乱、西晋末年的永嘉之乱所造成的大规模的北人南迁，人口得到较大充实，成为汉六朝时期浙江人口的主要集中地，窑墩头墓葬群及附近的杨家埠墓葬群，正是当时人口分布状况的一个缩影，也是当地经济文化得以进一步开发的一种表现。

附记：浙江省文物考古研究所胡继根、李晖达、刘建安、时萧、冯向源同志在发掘、整理过程中给予了指导和帮助，在此一并致谢！

领队：徐新民
发掘：徐新民、刘亚林、程厚敏、王江、郭海军、朱冰鑫、梅坤萌、高航、肖湾、王倩茹
绘图：刘亚林、郭海军、梅亚龙
描图：刘亚林、徐佳雯、简铭杰、孙玥
拓片：陆斌
执笔：刘亚林、徐新民、程厚敏、王江

[1] 南京市博物馆、南京师范大学文物与博物馆学系：《南京仙鹤山孙吴、西晋墓》，《文物》2007年第1期。

[2] 南京市文物保管委员会：《南京老虎山晋墓》，《考古》1959年第6期。

[3] 程厚敏：《汉代土墩墓的社会经济背景考察——以湖州杨家埠汉代土墩墓群为例》，《秦汉土墩墓考古发现与研究——秦汉土墩墓国际学术研讨会论文集》，文物出版社，2013年，第77～83页。

[4] 浙江省文物考古研究所发掘资料。

附表一　湖州市窑墩头六朝砖室墓登记表

墓号	墓葬结构	方向（度）	规模		结构	
			面积	墓室、甬道、过道长 × 宽 + 高	顶式	墓壁砌法
D77M1						
D77M2	船形单室墓	43	10.1	甬道：1.1 × 1+0.36 墓室：4.5 × ? +0.36		三顺一丁起砌
D77M3	船形单室墓	50	10.49	甬道：1.25 × 1+0.3 墓室：4.2 ×（1.7～2.3）+0.3		三顺一丁起砌
D78M1	弧壁穹隆顶前后室墓	96	12.96	甬道：0.8 × 0.9+0.9 前室：2 × 2+0.6 过道：0.86 × 0.8+0.7 后室：3.6 ×（2.1～2.2）+0.95	四隅券进式穹隆顶	五顺一丁、三顺一丁起砌
D78M2	弧壁穹隆顶前后室墓	92	13.2	甬道：0.8 × 0.84+0.3 前室：2.1 × 2.1+0.3 过道：0.6 × 0.8+1.1 后室：3.7 ×（2.2～2.26）+1.1	四隅券进式穹隆顶	三顺一丁起砌
D79M1	船形穹隆顶单室墓	130	10.96	甬道：1.06 × 1.1+0.8 墓室：4.26 ×（2～2.5）+2.4	四隅券进式穹隆顶	三顺一丁起砌
D79M2	船形单室墓	110	11.2	甬道：1.16 × 1.04+0.95 墓室：4.35 ×（1.64～2.4）+0.4		五顺一丁起砌
D79M3	船形单室墓	120	9.04	甬道：0.8 × ? +0.05 墓室：4.2 × ? +0.15		
D80M1	船形穹隆顶单室墓	135	10.4	甬道：1.2 × 1+0.8 墓室：4 ×（2.2～2.4）+1.7	四隅券进式穹隆顶	三顺一丁起砌
D81M1	弧壁穹隆顶前后室墓	120	9.6	甬道：0.8 × 0.8+0.8 前室：1.74 × 1.74+0.9 过道：0.46 × 0.8+1 后室：3.1 ×（1.7～1.8）+1.1	四隅券进式穹隆顶	三顺一丁、四顺一丁起砌
D82M2	船形单室墓	105	12.8	甬道：1 × 1.3+0.6 墓室：4.6 ×（2～2.6）+1.6		三顺一丁起砌
D82M3	船形单室墓	90	13.75	甬道：0.5 × 1+0.05 墓室：5.3 ×（2～2.6）+0.05		
D83M1	刀形券顶单室墓	205	6.34	甬道：1 × 0.9+0.3 墓室：3.2 × 1.7+0.3	券顶	双砖错缝平砌
D83M2	刀形券顶单室墓	200	5.84	甬道：0.8 × 0.7+0.56 墓室：3.3 × 1.6+1.2	券顶	单砖错缝平砌
D84M2	刀形券顶单室墓	185	5.87	甬道：0.7 × 0.84+0.56 墓室：3.3 × 1.6+1.6	券顶	三顺一丁、四顺一丁起砌
D86M2	船形单室墓	170	9.48	甬道：0.8 × 1.4+0.2 墓室：4.4 ×（1.5～2）+0.36		三顺一丁起砌，单墙

铺地砖	封门	附属设施	墓砖纹饰和铭文	随葬品	年代
		排水沟			
三层铺地砖，第一和三层人字形平铺，中间一层仿席纹	三顺一丁	排水沟		被盗一空	东晋至南朝
三层铺地砖，第一层两纵两横，第二层纵向平铺，第三层仿席纹		排水沟	齐永明二年甲子岁丘府君墓	瓷盏2	齐
前室两层铺地砖，均人字形；后室三层铺地砖，第一和三层人字形平铺，第二层仿席纹	纵砖斜向侧立	砖榻排水沟	钱币纹	瓷盏4、碗2	西晋
前室两层铺地砖，第一层人字形平铺，第二层仿席纹；后室一层铺地砖，人字形	双砖错缝平砌	砖榻排水沟	钱币菱格纹永嘉二年八月九日□作□、吴小人、大守章念□，延劳如何	瓷盏2，石黛板1	西晋
单层铺地砖，人字形平铺	双砖错缝平砌	排水沟		覆顶石1，瓷灯盏3、唾壶1、盏1、盘口壶1、碗1	东晋至南朝
单层铺地砖，仿席纹		排水沟		被盗一空	东晋至南朝
单层铺地砖，人字形平铺		排水沟		被盗一空	东晋至南朝
三层铺地砖，第一和三层人字形，第二层仿席纹		排水沟		覆顶石1、滑石猪形手握2、瓷洗2、碗1、灯盏1、盏1；陶火盆1	东晋至南朝
单层铺地砖，人字形平铺	纵砖平铺	砖榻		瓷罐1、盏2、碗2、狮形插器1、耳杯1；金珠2；陶盆1、圈舍1、鸡舍1、井1、灶1、釜1	西晋
三层铺地砖，第一和三层人字形，第二层仿席纹		排水沟		瓷盏1；石灰质文物1、滑石手握2；铜币3	东晋至南朝
		排水沟	万岁不败	被盗一空	东晋至南朝
无			万岁不败	被盗一空	
无			万岁不败	被盗一空	
单层铺地砖，仿席纹	纵砖平铺		鱼纹	石黛板1、石研黛器1、石灰质碑座1	
单层铺地砖，人字形平铺		排水沟		被盗一空	东晋至南朝

墓号	墓葬结构	方向（度）	规模		结构	
			面积	墓室、甬道、过道长 × 宽 + 高	顶式	墓壁砌法
D87M1	船形穹隆顶单室墓	115	10.66	甬道：1 × 1+1.4 墓室：4.2 ×（1.8～2.4）+1.7	四隅券进式穹隆顶	三顺一丁起砌
D89M1	船形穹隆顶单室墓	100	10.1	甬道：1.2 × 1.4+0.2 墓室：4.2 ×（1.8～2）+1.6	四隅券进式穹隆顶	三顺一丁起砌
D91M1	弧壁穹隆顶前后室墓	95	10.26	甬道：0.7 × 0.84+0.9 前室：1.55 × 1.8+1 过道：0.5 × 0.8+1 后室：3.6 × 2+1	四隅券进式穹隆顶	三顺一丁、四顺一丁起砌，单墙
D92M1	船形单室墓	109	8.51	甬道：1 × 1.1+0.2 墓室：3.9 ×（1.6～2）+0.2		双墙
D93M1	船形单室墓	108	10.03	甬道：1 × ?+0.35 墓室：4.3 ×（1.5～2.2）+0.35		双墙
D95M1	长方形前后室墓	104	9.35	甬道：0.7 × 0.9+1.2 前室：1.6 × 1.6+0.6 过道：0.7 × ? +0.8 后室：3.5 × 1.6+1.2		三顺一丁、四顺一丁起砌
D95M2	长方形前后室墓	102	15.58	甬道：1.2 × 1.1+1.7 前室：1.9 × 2.5+0.4 过道：0.8 × ? +0.25 后室：3.4 × 2.6+0.25		双砖错缝平砌
D95M3	刀形券顶单室墓	210	6.37	甬道：1.1 × 0.7+0.6 墓室：3.5 × 1.6+0.6	券顶	单砖错缝平砌
D96M1	凸字形单室墓	45	8.02	甬道：0.8 × 1.1+0.3 墓室：3.4 × 2.1+0.4		双墙
D97M1	船形单室墓	108	11.82	甬道：1.4 × 1.3+0.24 墓室：4 ×（1.6～2）+0.24		双墙
D98M1	船形单室墓	100	12.45	甬道：1.2 × 1+0.3 墓室：4.4 ×（1.7～2.6）+0.3		双墙
D99M1	长方形券顶前后室墓	208	14.2	甬道：0.7 × 1+1.7 前室：2.3 × 2.1+1.7 过道：0.9 × 0.94+1.8 后室：3.4 × 2.3+1.8	券顶	六顺一丁起砌，单墙
D99M2	船形单室墓	207	8.6	甬道：0.76 × 0.94+0.6 墓室：4.15 ×（1.86～2）+0.5		三顺一丁起砌，单墙
D100M1	长方形穹隆顶前后室墓	183	10.8	甬道：0.3 × 0.9+0.8 前室：1.8 × 1.7+0.8 过道：0.54 × 0.6+0.8 后室：3.4 × 2.1+1	四隅券进式穹隆顶	三顺一丁起砌，单墙
D100M2	长方形穹隆顶前后室墓	183	12.4	墓室：6.2 × 2+0.4	四隅券进式穹隆顶	三顺一丁起砌，单墙

铺地砖	封门	附属设施	墓砖纹饰和铭文	随葬品	年代
三层铺地砖，第一和三层人字形，第三层仿席纹	纵砖平铺	排水沟		覆顶石 1	东晋至南朝
单层铺地砖，人字形	纵砖平铺	排水沟		被盗一空	东晋至南朝
单层铺地砖，人字形	纵砖侧立	排水沟	太康二年岁在辛丑 太康七年岁丙午 太康八年八月 丘□冢□□	陶猪 1、鸡笼 1、圈舍 1、井 1、汲水罐 1；瓷盏 1、罐 1	西晋
三层铺地砖，第一层两纵两横，第二、三层仿席纹		排水沟		瓷盏 1	东晋至南朝
两层铺地砖，第一层两纵两横		排水沟		被盗一空	东晋至南朝
单层铺地砖，仿席纹	横砖平铺		鱼纹、几何纹	被盗一空	西晋
	双砖错缝平砌		万岁不败 鱼纹、几何纹	被盗一空	西晋
无	纵砖平铺			被盗一空	
单层铺地砖，仿席纹		排水沟	万岁不败	被盗一空	
三层铺地砖		排水沟		被盗一空	东晋至南朝
三层铺地砖，第一层两纵两横		排水沟		被盗一空	东晋至南朝
单层铺地砖，人字形	纵砖斜铺曲折形	砖榻排水沟	万岁不败	陶井 1、镭斗 1、勺 1、火盆 1、圈舍 1、灶 1、猪舍 1、熏炉 1、鸡舍 1；瓷盏 1、碗 1、耳杯托盘 1、堆塑罐上的屋顶 3	西晋
单层铺地砖，人字形	纵砖平铺	排水沟		被盗一空	东晋至南朝
单层铺地砖，人字形	纵砖斜铺	排水沟	钱币纹	铜镜 1	孙吴至西晋
单层铺地砖，人字形		排水沟	钱币纹	被盗一空	孙吴至西晋

杭州市富阳太平古墓葬发掘简报

浙江省文物考古研究所

一　历史沿革和地理环境

　　杭州市富阳区位于浙江省西北部，富春江下游，东接杭州市萧山区，南连诸暨市，西接桐庐县，北面与杭州市临安区、余杭区接壤，东北与杭州市西湖区毗邻。

　　富阳历史悠久，古称富春。秦王政二十六年（公元前221年）置县，辖境含今桐庐、建德等地。新莽始建国元年（9年），改名诛岁。东汉建武元年（25年）复名富春。三国吴黄武四年（225年），析富春县地置建德、新昌（后改寿昌）、桐庐3县，次年（226年），又置新城（后改新登）县。东晋太元十九年（394年），为避简文帝生母太后郑阿春讳，更名为富阳，富阳之名始于此。

　　富春之地，春秋属越，战国属楚。秦汉以后，隶属多变。隋、唐直至宋、元、明、清，均归杭州府（临安府、杭州路）所辖。民国时期至中华人民共和国建立初期多次变更隶属，1958年12月改属杭州市富阳县，2014年改设杭州市富阳区。

　　太平村原属三山镇，2001年撤销三山镇建制，富阳市政府设4个街道办事处，太平村被划入春江街道办事处。太平村位于富春江南岸，村北不远处就是东西向连绵不断的山地丘陵（图一）。

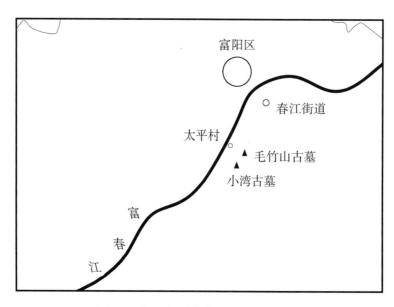

图一　富阳太平古墓地理位置示意图

二　发掘概况

2004 年年初，因杭（杭州）千（千岛湖）高速公路建设需要，对施工范围内的古代墓葬进行了配合性发掘。发掘地点主要位于太平村毛竹山（又称前山），发掘墓葬 11 座（编号 2004 富阳太平毛竹山 M4 ～ M14）。另外在太平村小湾（位于毛竹山西部 400 多米）。发掘墓葬 3 座（编号 2004 富阳太平小湾 M1 ～ M3）（图二）。

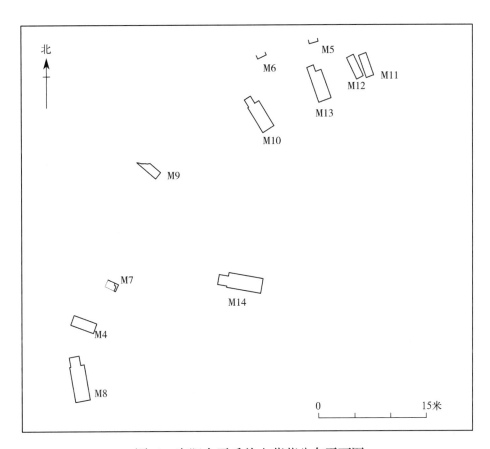

图二　富阳太平毛竹山墓葬分布平面图

三　墓葬形制

太平村小湾和毛竹山发掘的 14 座墓葬中有凸字形券顶砖室墓 3 座、刀字形券顶砖室墓 3 座、长方形券顶砖室墓 3 座、长方形残墓 5 座。

（一）凸字形券顶砖室墓

1. 小湾 M1

墓室前端被破坏，方向 270°。残长 4.08、宽 1.10 米（图三）。墓顶已塌，侧壁三顺一丁砌法，

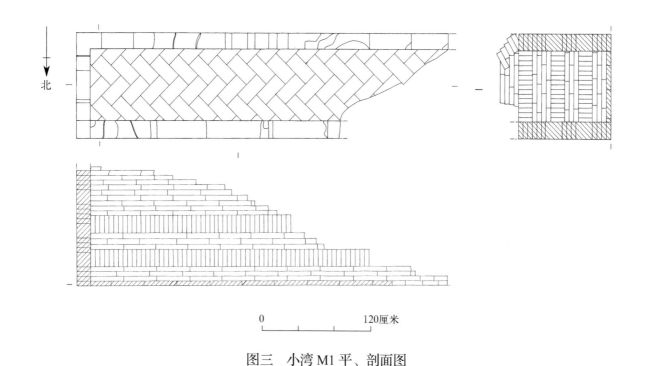

图三　小湾 M1 平、剖面图

残高 0～0.9 米，墓砖规格为长 36、宽 18、厚 5 厘米。后壁残高 1.15 米，从下而上三顺一丁、三顺一丁、四顺一丁、六顺错缝平铺砌成，墓砖规格为长 30、宽 15、厚 5 厘米，有壁龛。墓底采用人字形平铺，墓砖规格为长 30、宽 15、厚 5 厘米。后壁和侧壁转角处顺砖咬合，墓砖纹饰为网格加钱纹。

2. 小湾 M2

墓室前端甬道被破坏，方向 270°。残长 4.35～5.55、宽 1.53 米。墓室内长 4.17 米；甬道残长 1.08、宽 1.15、残高 0～1.25 米。墓顶已塌，侧壁三顺一丁砌法，墓砖规格为长 36、宽 18、厚 5 厘米。后壁残高 0.70 米，三顺一丁砌成，墓砖规格为长 30、宽 15、厚 5 厘米。墓底有棺床，长 3.35 米，双竖双横平铺，墓砖规格为长 36、宽 18、厚 5 厘米。底层采用人字形平铺，墓砖规格为长 30、宽 15、厚 5 厘米。后壁和侧壁转角处顺砖咬合，墓砖纹饰为网格加钱纹。

这两墓并列，墓砖规格纹饰一致，是合葬墓。墓葬早期被盗，已无随葬品遗留。

3. 毛竹山 M8

方向 350°。残长 6.17、宽 2.02、残高 0.4 米（图四）。甬道前残，甬道残长 1.27、宽 1.36、残高 0.25 米；甬道侧壁残存 3 层错缝平铺砖。甬道西壁紧贴墓室西壁，右壁距墓室右壁相距 0.5 米。墓室长约 4.9 米，墓室后部底砖及后壁残。侧壁三顺一丁砌造，墓室前端尚存部分底砖和棺床，棺床残长 0.87、宽 0.88 米，横砖平铺。墓室和甬道底砖人字形平铺。侧壁墓砖长 37、宽 17、厚 5 厘米，底砖（包括棺床底砖）长 28、宽 14、厚 5 厘米。侧壁墓砖的长侧壁模印网格纹加钱纹加菱形纹或叶脉纹，短侧壁模印网格纹加莲瓣瓦当纹。扰土内残存随葬品经拼对，编号 7 件，其中 6 件钵，1 件盘口壶。

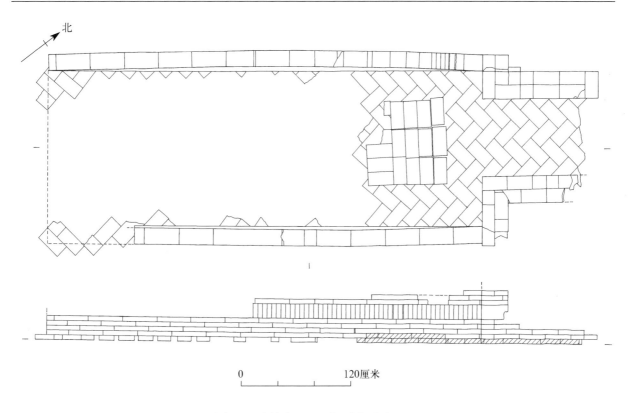

北

0　　　　　120厘米

图四　毛竹山 M8 平、剖面图

（二）刀字形券顶砖室墓

1. 毛竹山 M10

方向 328°。墓长 5.04、宽 1.8、残高 0.76 米（图五）。墓道长 1.12 米，封门长 1.3、宽 0.32、残高 0.4 米。墓室长 3.92 米，墓室和甬道侧壁三顺一丁砌造。甬道西壁外侧紧贴墓室内壁，墓道东壁内侧距墓室内壁 0.5 米。墓底单层砖人字形平铺，墓室底砖多遭破坏。墓砖规格长 30、宽 16、厚 5 厘米，砖无纹饰。

2. 毛竹山 M13

方向 340°。墓长 4.96、宽 1.82、残高 1.6 米（图六）。甬道长 0.92、宽 1、内壁宽 0.7、残高 1 米，封门宽 0.12 米。侧壁、后壁三顺一丁砌法，墓底单层人字形平铺。墓砖规格长 34、宽 16、厚 5 厘米，无纹饰。随葬品残存 1 件罐、1 件钵。

3. 毛竹山 M14

方向 280°。墓长 5.6、宽 2.04、残高 1.44 米（图七）。甬道长 0.98、宽 1.32、内壁宽 0.94、残高 0.52 米，封门宽 0.32、残高 0.15 米。侧壁、后壁三顺一丁砌法，墓底 3 层，上两层为棺床，双竖双横平铺，上层长 2.94、中层长 3.1 米，下层人字形平铺。墓砖规格长 34、宽 16、厚 5 厘米，砖侧模印五铢加网格纹。仅在扰土内出土 1 件钵。

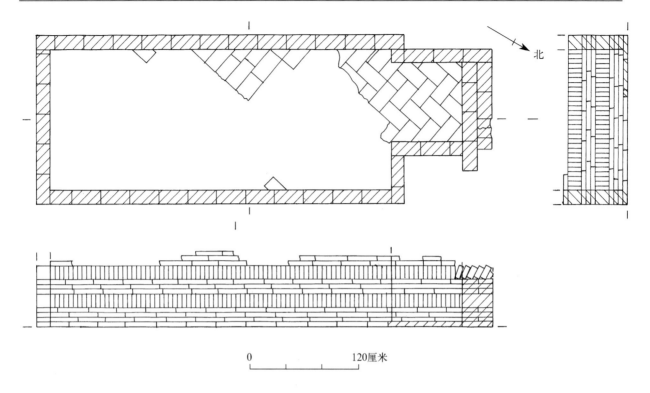

0　　　　　　　　120厘米

图五　毛竹山 M10 平、剖面图

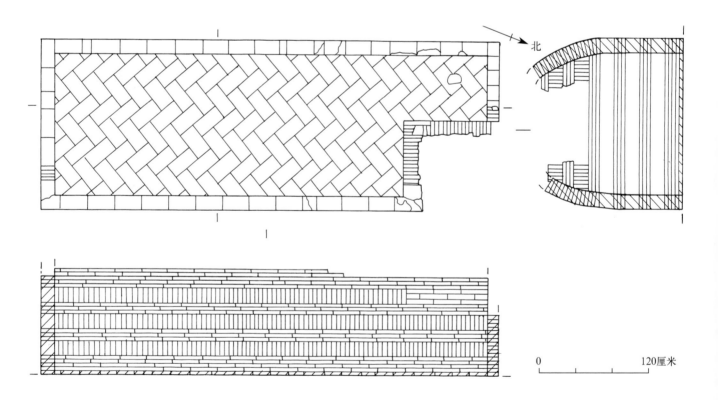

0　　　　　　　　120厘米

图六　毛竹山 M13 平、剖面图

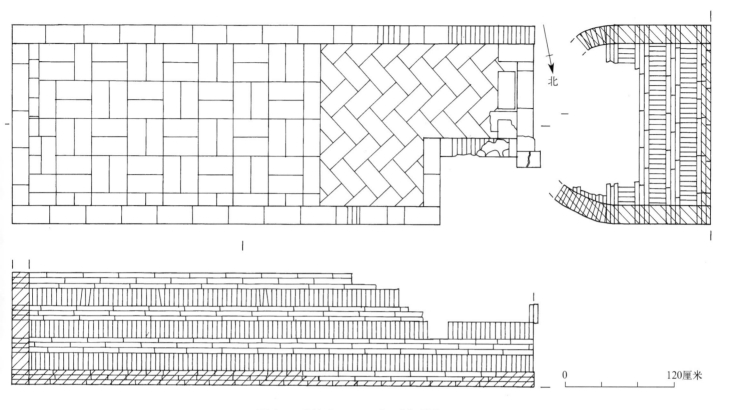

图七　毛竹山 M14 平、剖面图

（三）长方形券顶砖室墓

1. 小湾 M3

墓室残，右侧墓壁已被无存，方向 340°。墓室长 2.75、残宽 1.35、残高 0.98 米（图八）。残存墓壁均为错缝平砌，墓壁下部 13 层墓砖规格一致，长 24、宽 9、厚 5 厘米，上层用砖长、宽不一，可能是挪用早期墓砖。后壁有壁龛，宽 0.18、高 0.26、深 0.06 米。墓底无底砖，有搁棺砖。墓底发现若干铁棺钉。出土随葬品青瓷碗 2 件。

2. 毛竹山 M11

方向 340°。墓长 3.15、宽 1.1、高 1.13 米（图九）。墓室侧壁、后壁、封门均为三顺一丁砌法，券顶使用楔形砖顺砖砌成。墓底单层人字形平铺。墓砖长 32、宽 16、厚 5 厘米，砖纹有五铢钱、网格等组成。随葬品已无存。

3. 毛竹山 M12

方向 342°。墓长 3.17、宽 1.03、残高 0.75 米（图一〇）。墓室侧壁、后壁、封门均为三顺一丁砌法，券顶使用楔形砖顺砖砌成。墓底双层，上层为棺床，长 2.45 米，下层人字形平铺。墓砖长 32、宽 16、厚 5 厘米，砖素面。随葬品已无存。

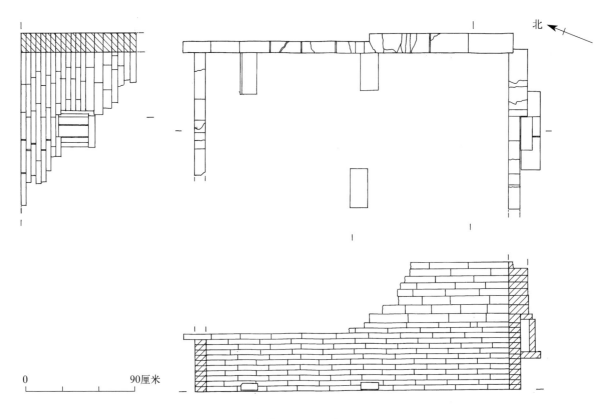

图八　小湾 M3 平、剖面图

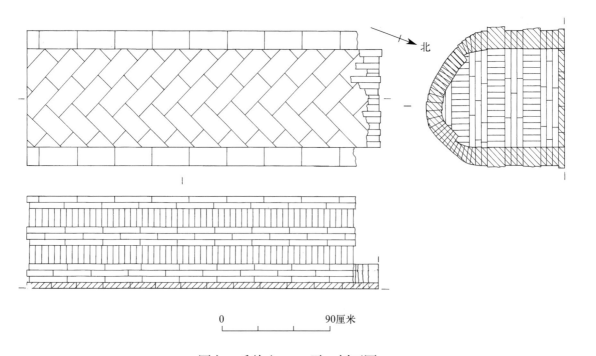

图九　毛竹山 M11 平、剖面图

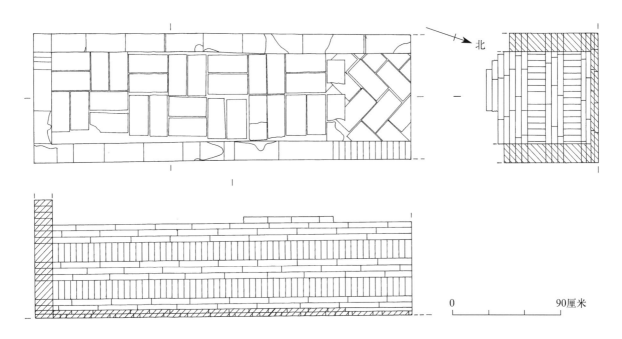

图一〇　毛竹山 M12 平、剖面图

（四）残墓

长方形残墓 5 座，仅 M4 券顶尚存，其他墓残缺严重。

1. 毛竹山 M4

方向 290°。残长 3.3、宽 1.36、券顶高 1.75 米（图一一）。券顶砖保存较好，券顶上方发现一个 40 厘米见方的盗洞。券顶仍然很结实，使用楔形砖和扇形砖顺丁砌筑。侧壁三顺一丁砌筑。底砖有 2 层，上层横竖无规律平铺，墓壁边留有 7～8 厘米宽的排水沟，下层为人字形平铺。墓葬后壁和墓底的墓砖长 28、宽 14、厚 5 厘米，墓葬侧壁的墓砖长 36、宽 17、厚 5 厘米。砖侧有网状纹饰或中间夹一钱纹。残存随葬品 2 件钵。

2. 毛竹山 M9

方向 310°。残长 3.36、宽 1.08、残高 0.4 米。侧壁、后壁三顺一丁砌造，底砖人字形平铺，因自然原因底砖下陷。墓砖长 32、宽 16、厚 5 厘米。墓砖短侧壁浮雕半莲蓬纹，墓壁砌造时有意用二砖组合成一个完整莲蓬图案（彩版一六，1）。随葬品已无存。

四　出土器物

因墓葬被盗扰严重，绝大部分出土器物是在墓葬扰土内发现的，只有几件器物位于墓葬底部出土，共计 17 件。

（1）青瓷碗

2 件。

标本毛竹山 M3：1，口沿稍残，敞口，斜腹，腹壁有弦纹，足根圆润。施青釉，圈足无釉。

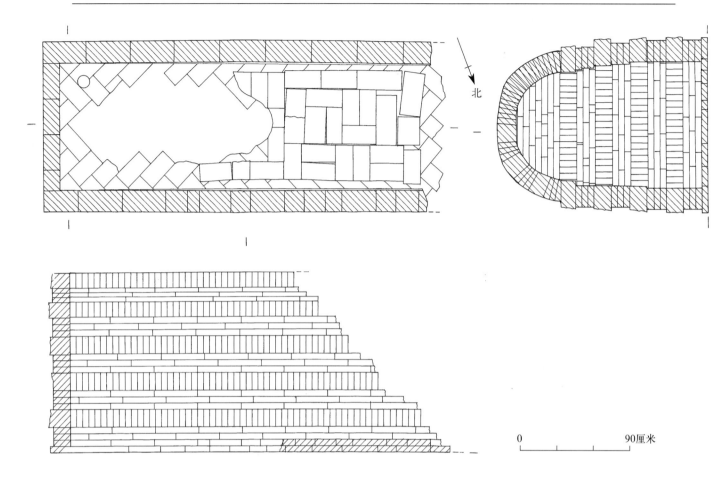

0　　　　　　　　　　　90厘米

图一一　毛竹山 M4 平、剖面图

口径 16.2、底径 5、高 5.6 厘米（图一二，1）。

　　标本毛竹山 M3：2，扰土出土。口沿稍残，敞口，斜腹，腹壁有弦纹，圈足。通体施青黄釉。口径 16.4、底径 5.6、高 5.4 厘米（图一二，2；彩版一六，2）。

　　（2）青瓷盘口壶

　　3 件。

　　标本毛竹山 M4：1，扰土出土。浅盘口，短直颈，溜肩，肩部有一对泥条竖耳，鼓腹下斜收。施半釉。口径 13.3、腹径 16、底径 11.6、高 25 厘米（图一二，3）。

　　标本毛竹山 M4：4，扰土出土。盘口，折沿，束颈。口径 18、残高 10 厘米（图一二，4）。

　　标本毛竹山 M8：1，扰土出土。盘口，折沿，束颈，溜肩，肩部有半环形耳一对，鼓腹，平底内凹。施釉不及底，釉色青黄。灰胎。口径 17.6、腹径 27.2、底径 13、高 34 厘米（图一二，5）。

　　（3）青瓷罐

　　1 件。

　　标本毛竹山 M13：2，四系罐，直口微侈，束颈，溜肩，肩上有弦纹，肩部有四个对称的半环形耳，鼓腹，平底内凹。施釉不及底，釉色青黄。灰胎。口径 12.7、腹径 18.6、底径 9、高 16 厘米（图一二，6；彩版一六，3）。

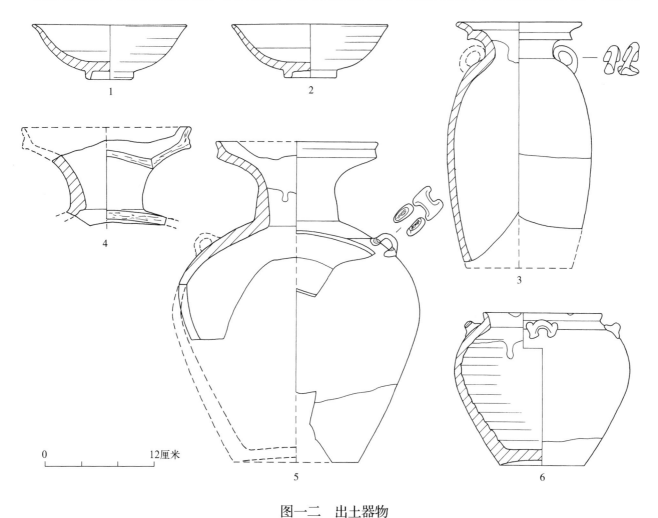

0 ⊢————⊣ 12厘米

图一二　出土器物

1、2.青瓷碗毛竹山M3：1、2　3～5.青瓷盘口壶毛竹山M4：1、毛竹山M4：4、毛竹山M8：1　6.青瓷罐毛竹山M13：2

（4）青瓷钵

11件。

标本毛竹山M4：2，微敛口，弧壁，平底。青釉。口径10.4、底径6.3、高4.6厘米（图一三，1）。

标本毛竹山M4：3，扰土出土，直口微敛，束颈，曲腹，底残。口径8.4、残高3厘米（图一三，2）。

标本毛竹山M8：2，扰土出土，敛口，弧腹，假圈足，外底内凹。通体施青釉，圈足无釉。灰胎，胎质较粗。口径11.6、底径5.2、高5.8厘米（图一三，3）。

标本毛竹山M8：3，扰土出土，敛口，直腹，假圈足。底部无釉。口径8、底径4.6、高3.7厘米（图一三，4）。

标本毛竹山M8：4，扰土出土，敛口，弧腹，假圈足，外底内凹。通体无釉。灰胎，胎质较疏。口径9.4、底径4.6、高3.5厘米（图一三，5）。

标本毛竹山M8：5，扰土出土，敛口，斜腹，假圈足，外底内凹。通体施釉，圈足无釉。口径8.8、底径4.6、高4.7厘米（图一三，6）。

标本毛竹山M8：6，扰土出土，口残，弧腹，底残。内饰莲瓣纹，施青釉。口径14.2、底径6.6、

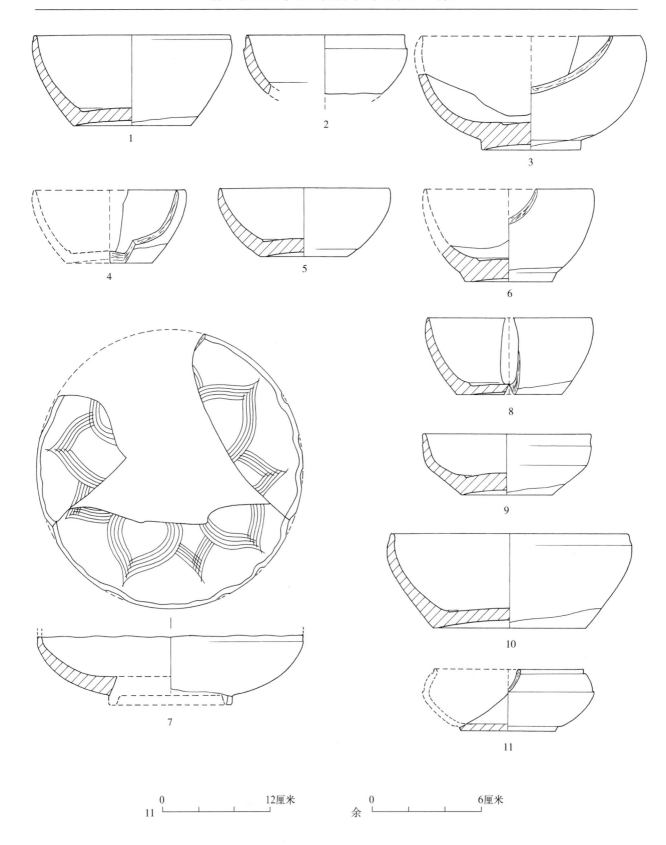

图一三　出土青瓷钵

1～11.毛竹山M4：2、毛竹山M4：3、毛竹山M8：2、毛竹山M8：3、毛竹山M8：4、毛竹山M8：5、毛竹山M8：6、毛竹山M8：7、毛竹山M12：1、毛竹山M13：1、毛竹山M14：1

残高 3.5 厘米（图一三，7）。

标本毛竹山 M8：7，扰土出土，敛口，弧腹，假圈足，外底内凹。通体施釉，圈足无釉。口径 8.6、底径 5.6、高 3.9 厘米（图一三，8）。

标本毛竹山 M12：1，扰土出土，侈口，圆唇，束颈，曲腹，平底内凹。釉色青黄，底无釉。灰胎。口径 8.9、底径 4.8、高 3.1 厘米（图一三，9；彩版一六，4）。

标本毛竹山 M13：1，扰土出土，侈口，圆唇，束颈，弧腹，平底内凹。釉色青黄。灰胎。口径 12.6、底径 8.2、高 4.8 厘米（图一三，10；彩版一六，5）。

标本毛竹山 M14：1，扰土出土，直口微敛，束颈，折腹，圈足。通体施釉，釉色青黄。灰胎。口径 15.9、腹径 18、底径 10、高 6.3 厘米（图一三，11）。

五　小结

小湾 M3 出土的青瓷碗釉层凝厚，可能是元代龙泉窑产品[1]，墓葬年代应为元代。

毛竹山 M9 墓砖浮雕半莲蓬纹纹饰多出现于唐代墓葬，2005 年诸暨东蔡官山脚发现的唐"永徽三年"墓和唐"贞观十四年"墓中墓砖都有半莲蓬纹纹样。因此毛竹山 M9 墓葬年代为唐代[2]。

其他墓葬均为顺丁砌法墓葬，这种墓葬形制流行于六朝，出土随葬品仅有盘口壶、钵和罐器形，这些器形也都流行于六朝。但从盘口壶造型、钵 M8：6 内莲瓣纹纹样看，年代可能较晚，没有早到两晋时期，应是南北朝时期[3]。

领队：沈岳明

发掘：沈岳明、徐军、祝利英、夏朝日

绘图：夏朝日、祝利英

清绘：景纪奎

摄影：徐军

执笔：祝利英

[1]　详可参考浙江省文物考古研究所：《龙泉东区窑址发掘报告》，文物出版社，2005年。

[2]　徐军：《诸暨东蔡官山脚唐墓发掘简报》，《东方博物（第二十八辑）》，浙江大学出版社，2008年。

[3]　魏正瑾、易家胜：《南京出土六朝青瓷分期探讨》，《考古》1983年第4期。

杭州市余杭区黄泥坞遗址发掘简报

浙江省文物考古研究所、杭州良渚遗址管理区管理委员会

一 遗址概况

为配合余杭区良渚街道"梦溪论坛"项目建设，浙江省文物考古研究所分别于 2020 年 3 月 20～31 日和 5 月 15～25 日对项目地块进行了前置勘探，勘探面积 5.6 万平方米，发现有历史时期墓葬 15 座、窑址 3 座，并将该遗址命名为黄泥坞遗址。2021 年 4～7 月，浙江省文物考古研究所对黄泥坞遗址进行了正式发掘，发掘面积 1000 平方米。

黄泥坞遗址位于浙江省杭州市余杭区良渚街道安溪村康门水库东北侧，坐落于大遮山南麓坡地（图一）。

根据勘探结果和地理位置，将发掘区自东向西划分为 A、B、C 三个区，为防止遗漏，整个发掘区均采用布设长探沟的方式进行发掘。其中 A、B 区布设东西向探沟，C 区布设南北向探沟。

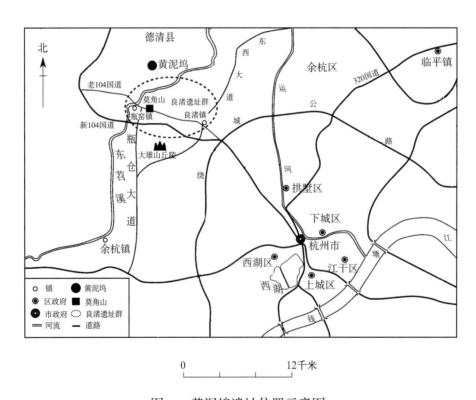

图一 黄泥坞遗址位置示意图

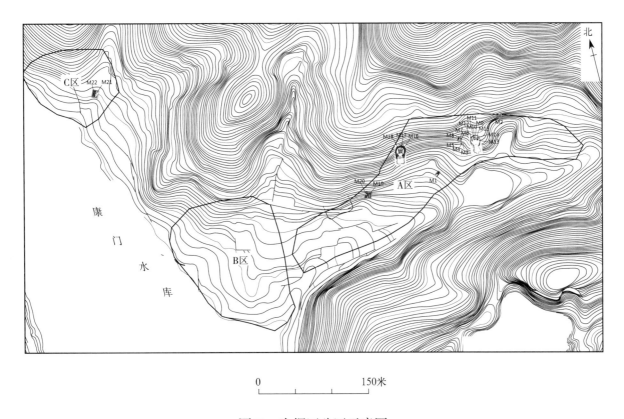

图二　发掘区分区示意图

　　每条探沟宽 1、间隔 2 米，发掘至生土，发掘深度 0.8 ～ 1.5 米。遗址地层堆积简单，第一层是黄褐色耕土层，厚 0.3 ～ 0.5 米，含有较多植物根系和杂草，其下为红色山体土，厚 0.4 ～ 1 米，山体土下即为红褐色夹杂的风化基岩，未发现文化层。

　　发掘共清理各时期墓葬 22 座、窑址 2 座、窑址废弃堆积 1 处。其中 A 区清理墓葬 20 座（M1 ～ M20）和窑址 2 座（Y1、Y2）以及窑址废弃堆积 1 处。B 区未发现遗迹。C 区清理墓葬 2 座（M21、M22）（图二～四）。22 座墓葬均遭盗掘或扰乱，保存一般，其中南朝时期墓葬 1 座、唐代墓葬 2 座、元代墓葬 1 座、明代墓葬 13 座、清代墓葬 5 座。现将遗迹和遗物按照年代介绍如下。

二　墓葬分述

（一）汉六朝时期

南朝墓葬 1 座，东汉时期窑址废弃堆积 1 处。

1. M2

　　砖石室墓，墓向北偏东 22°（图五）。墓室长 3、宽 0.8 米，顶部已塌陷，残高 0.5 ～ 0.6 米。墓底铺设斜向交错的砖块，墓壁底部先堆叠两层砖，砖上均砌筑石块。破坏严重，已遭盗掘，填土中出土几块青瓷壶碎片，判定为南朝墓。

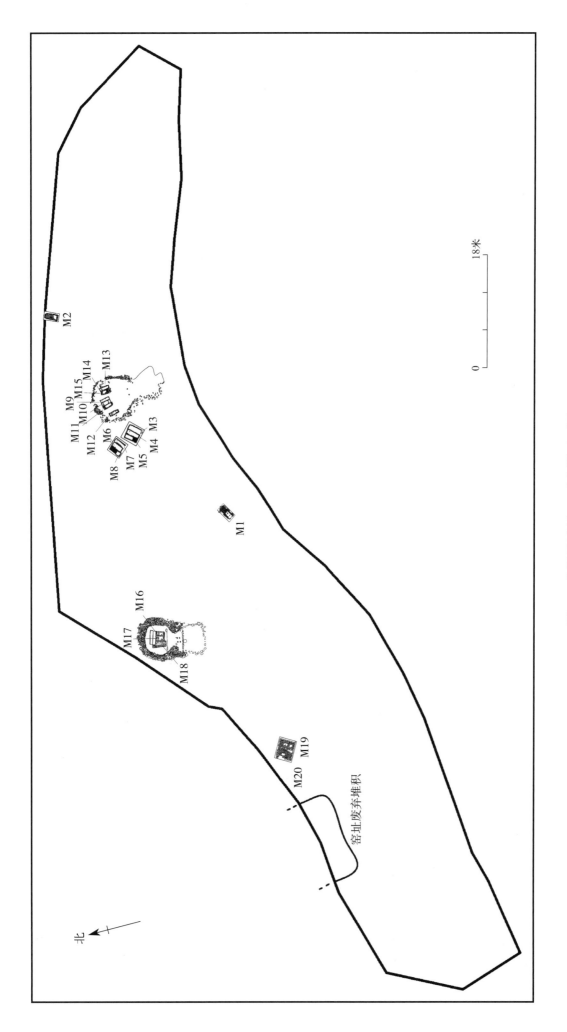

图三 黄泥坞遗址 A 区发掘平面图

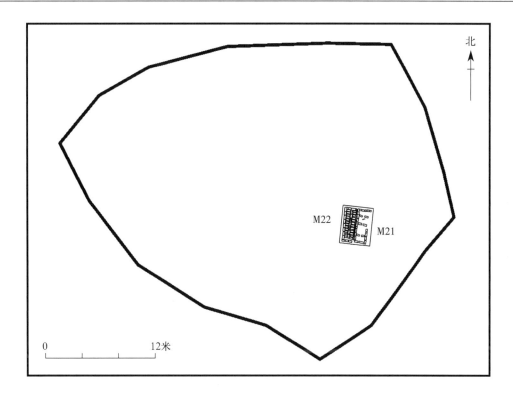

图四　黄泥坞遗址C区发掘平面图

2. 窑址废弃堆积

在A区的最西边发现一处窑址废弃堆积，在发掘区内揭露的面积为392平方米，发现有大面积的红烧土块，并出土有大量陶瓷片、垫柱等，可辨器形有盘口壶、罍、纺轮等。根据红烧土和出土的垫柱初步判断此处附近存在东汉时期的大型窑址。布设的探沟证明窑址应该在发掘区范围外，因此未继续扩大发掘面积。

（1）盘口壶

2件。

标本TG1：10，盘口壶口沿。敞口，凸平唇沿，口沿内斜，颈部内侧微凹。颈部下端分别饰一道凹弦纹、一组水波纹及两道凹弦纹。残高6.4厘米（图六，1）。

标本TG1：8，盘口壶颈肩残件。溜肩，肩部附一叶脉纹半环形耳，鼓腹。颈部下一组水波纹，肩部两组凹弦纹，有青黄色釉，腹部饰细凸弦纹（图六，2）。

（2）罍

标本TG1：11，罍口肩残片。敛口，凸唇平沿，自沿口内收，口沿与肩部夹角较大，广肩。肩部有三道凸弦纹。残高4厘米（图六，3）。

（3）双唇罐

标本TG1：15，外口残片，敞口，平唇。口沿内壁有青黄色釉痕及少许窑砂。残高5.8厘米（图六，4）。

（4）器底

4件。

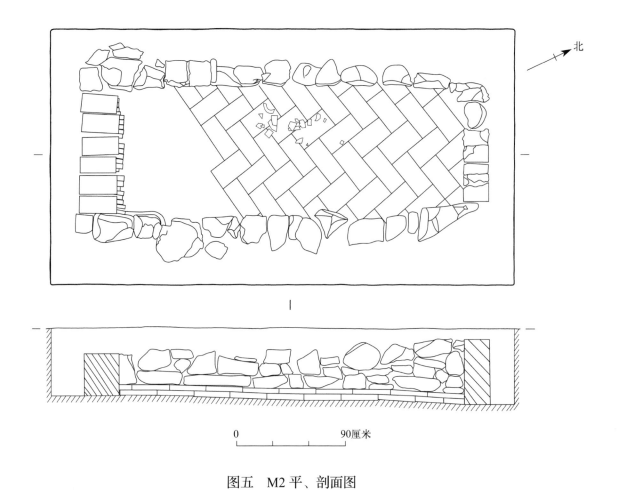

图五　M2 平、剖面图

标本 TG1：9，腹部拍印栉齿纹。腹壁斜收。腹部及底部内侧有轮制痕。残高 11.7 厘米（图六，5）。

标本 TG1：12，腹壁斜收。腹部内侧有轮制痕。残高 8.5 厘米（图六，6）。

标本 TG1：13，下腹斜收，平底。腹部饰细凸弦纹。腹壁内侧有轮制痕，下腹部及底部内侧施有青黄色釉。底径 12.4、残高 11.7 厘米（图六，7）。

标本 TG1：14，下腹斜收，平底。底部内侧阴刻有两字。底径 9.6、残高 2.3 厘米（图六，8）。

（5）陶纺轮

1 件。

标本 TG1：1，算珠形。直径 4.4、厚 3.2 厘米（图六，9）。

（6）双足垫座

1 件。

标本 TG1：2，陶质，现仅存一足。座顶平面，圆弧边，座底剩一大乳足。座足底与顶面成一斜角，以适应窑床坡度。残长 11.8、残宽 10.4、高 10.2 厘米（图六，10）。

（7）垫柱

4 件。

　　标本 TG1：3，器身呈筒状，两端外撇，柱顶，柱底残缺。柱身上部有透气孔，柱身内壁可见泥条盘筑痕。胎质较粗糙。残高 14.4 厘米（图六，11）。

　　标本 TG1：4，柱顶为平面，柱底缺失。柱身上部有透气孔，柱身内壁可见轮制痕。残高 10 厘米（图六，12）。

　　标本 TG1：6，柱顶为平面，柱身及柱底缺失。残高 4.5 厘米（图六，13）。

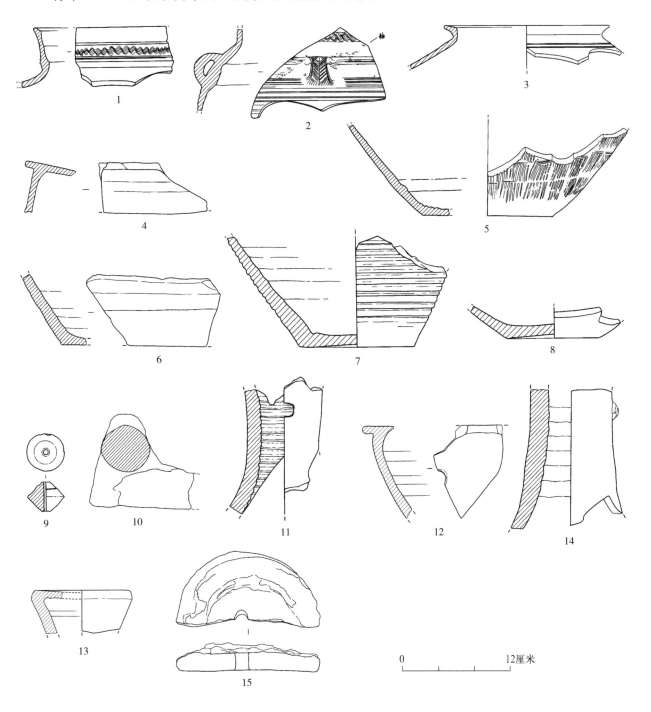

图六　东汉时期窑址废弃堆积出土的窑具和陶瓷器

1、2.盘口壶TG1：10、8　3.罍TG1：11　4.双唇罐TG1：15　5～8.器底TG1：9、12～14　9.陶纺轮TG1：1　10.双足垫座TG1：2　11～14.垫柱TG1：3、4、6、7　15.垫饼TG1：5

标本 TG1：7，器身呈筒状，一端外撇，柱顶、柱底残缺，柱身内壁可见泥条盘筑痕。柱身满饰酱黑釉，胎质较粗糙，外壁可见较大颗粒物。残高 14.4 厘米（图六，14）。

（8）垫饼

1 件。

标本 TG1：5，圆饼形，厚薄均匀，垫饼中心穿圆孔。垫饼一侧粘有其他器物残件。直径 16.9、孔径 1.7、厚 2 厘米（图六，15）。

（二）唐代墓葬

2 座。

M19、M20

砖室合葬墓，位于 A 区最西侧（图七），距地表深 3.1 米，盗掘严重，有直径约 1 米的盗洞残留。墓室为南北向，墓坑长 3.73、宽 3.18 米。M19 长 2.86、宽 1.59、残深约 0.5 米。M20 长

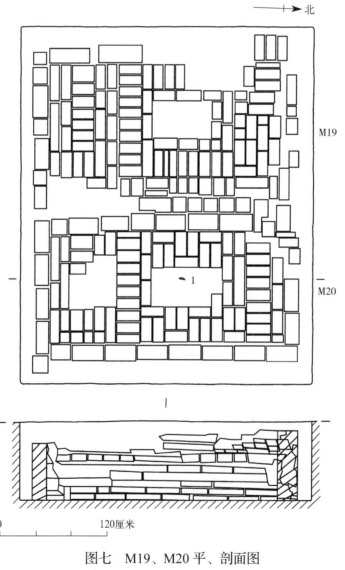

图七　M19、M20 平、剖面图

1.白瓷片

2.86、宽1.5、残深约0.7米。四壁和墓底使用不同规格的墓砖,四壁用砖尺寸为长37、宽18、厚8厘米,墓底铺砖尺寸为长27、宽12、厚4厘米。墓底中间有几处墓砖空白区,可能为盗掘所致。

仅出土白瓷片1片,外壁刻画莲瓣纹,内腹壁刻画花草纹,据此判定为唐代墓葬。

(三)宋元墓葬

元代墓葬1座,宋元时期窑址2座。

1. M1

砖室券顶墓,墓向北偏东52°(图八)。墓坑长2.88、宽1.5米。墓室长2.5、宽1.25、深0.65米,券顶至墓底深1.05米,无铺底砖。

出土有方形铜镜1枚、韩瓶1件、铜钱81枚,其中唐代1枚、北宋80枚,以及元代至元通宝1枚。

(1)韩瓶

标本M1:2,青褐色,硬陶,斜平唇,直领,双耳,折肩,平底。口径8.3、高22.1厘米(图九,1)。

(2)铜镜

标本M1:1,倭角方形,半圆纽,纽外单线方框,镜面较平,花纹平整,镜边简略,保存完好,局部有青锈。边长8.6厘米(图九,2)。

(3)铜钱

共81枚。

标本M1:3～83,均为圆形方孔,可识别钱文有:开元通宝(唐)、政和通宝(北宋)、皇宋通宝(北宋)、天元圣宝(北宋)、绍圣元宝(北宋)、太平通宝(北宋)、熙宁元宝(北宋)、宣和通宝(北宋)、咸平元宝(北宋)、

北

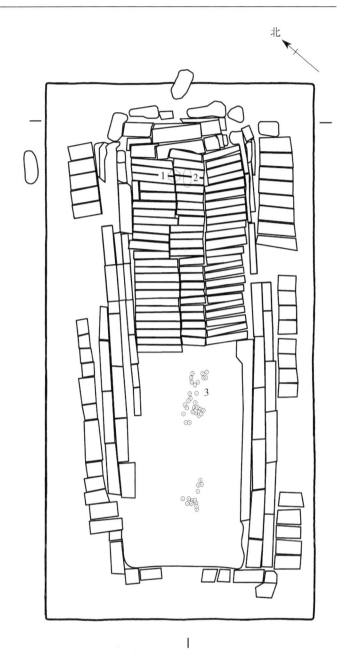

I

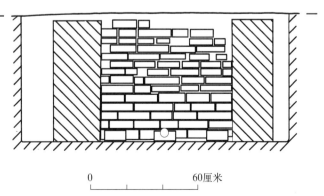

0 ————————— 60厘米

图八　M1平、剖面图

1.铜镜　2.韩瓶　3.铜钱

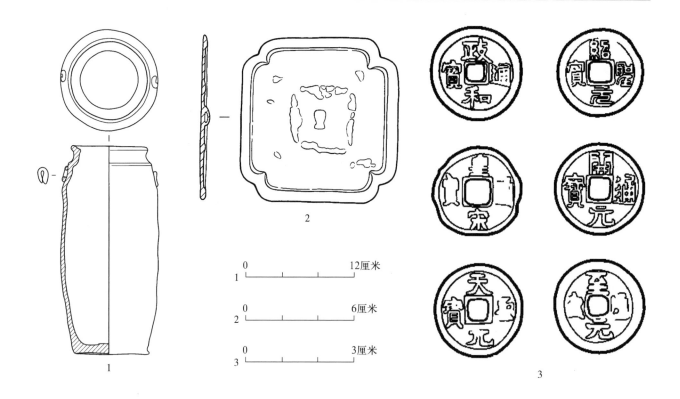

图九　M1 出土器物

1.韩瓶M1：2　2.铜镜M1：1　3.铜钱

元祐通宝（北宋）、淳化元宝（北宋）、至元通宝（元）。直径 2.3～2.5、孔边长 0.5～0.7、厚 0.15～0.2 厘米（图九，3）。

2. Y1、Y2

在 A 区中部发现 2 座规模较小的窑炉 Y1 和 Y2（图一〇）。其中 Y1 呈不规则圆形，窑口宽 0.60～0.80、深 0.40～0.45 米。Y2 形状不规则，深 0.26～0.45 米。Y1 和 Y2 的红色烧结面均很明显，窑内填土为黑灰色，较松散，窑底部为草木灰。

由于窑上部破坏严重，内部未见出土物，仅在窑口处有几块宋元时期的封口砖，推测可能是用于烧砖。

（四）明代墓葬

共 13 座。

1. M3～M5

一组合葬墓，为三室并列的长方形砖室券顶墓，墓向北偏东 33°（图一一）。墓坑长 3.68、宽 3.64 米。M3 长 3、宽 0.96、深 0.7 米，M4 长 2.84、宽 0.8、深 0.72 米，M5 长 2.76、宽 0.75 米，券顶至底部深 1.16 米。使用两种不同规格的墓砖，尺寸分别为长 28、宽 12、厚 6 厘米和长 27、宽 10、厚 3 厘米。

仅 M4 出土有银簪 1 支、铜钱 1 枚。

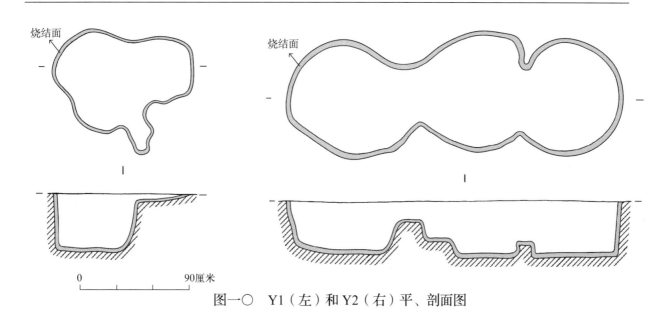

图一〇　Y1（左）和 Y2（右）平、剖面图

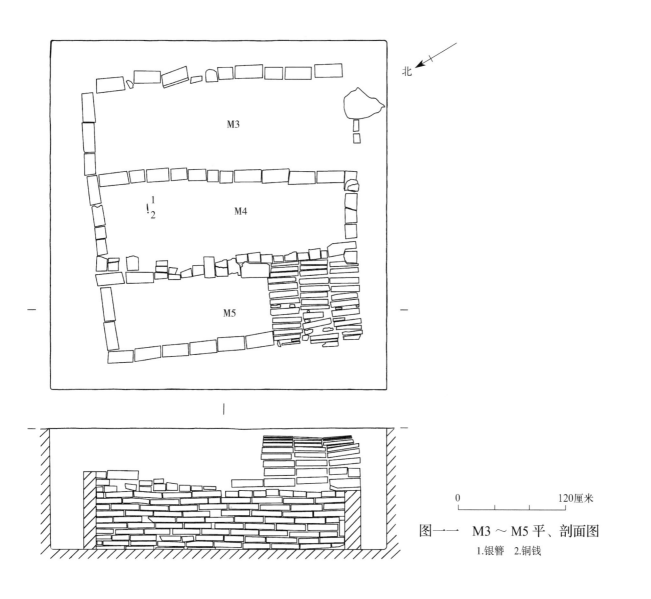

图一一　M3 ～ M5 平、剖面图

1.银簪　2.铜钱

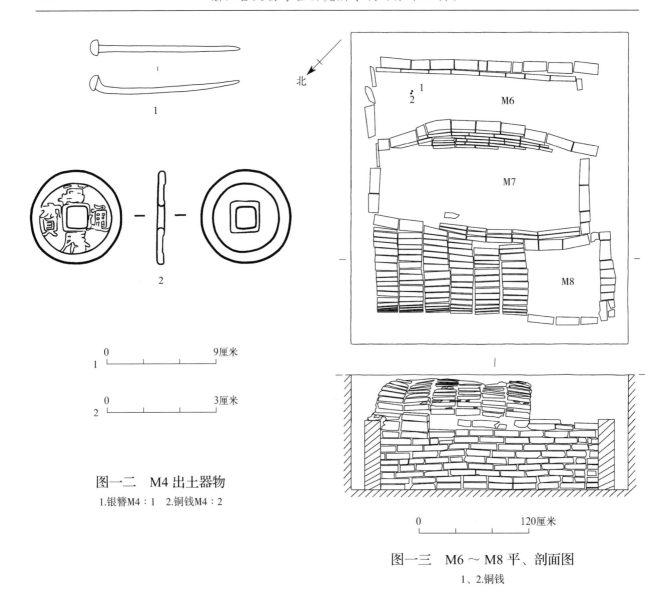

图一二　M4 出土器物

1.银簪 M4：1　2.铜钱 M4：2

图一三　M6～M8 平、剖面图

1、2.铜钱

（1）银簪

标本 M4：1，末端尖利，素面无纹。长 12.7、头部直径 1.3 厘米（图一二，1）。

（2）铜钱

标本 M4：2，钱文"万历通宝"。直径 2.6、孔边长 0.6、厚 1.9 厘米（图一二，2）。

2. M6～M8

为一组合葬墓，墓室为三室并列的长方形砖室券顶墓，大部分券顶已坍塌，有盗洞。墓向北偏东 45°（图一三）。墓坑长 3.3、宽 3.01 米。M6 长 2.5、宽 0.75、深 0.72 米，M7 长 2.43、宽 0.75、深 0.73 米，M8 长 2.63、宽 0.93 米，券顶至墓底深 1.2 米。

仅 M6 出土"万历通宝"2 枚。

3. M9～M15

为一个家族墓园，墓园结构包括墓葬、环墉、拜台、供桌等，保存情况一般，未见封土（图一四）。环墉坐北朝南，以卵石砌筑而成，总体呈不封口的椭圆形，最北部高 1.33 米，东西两侧

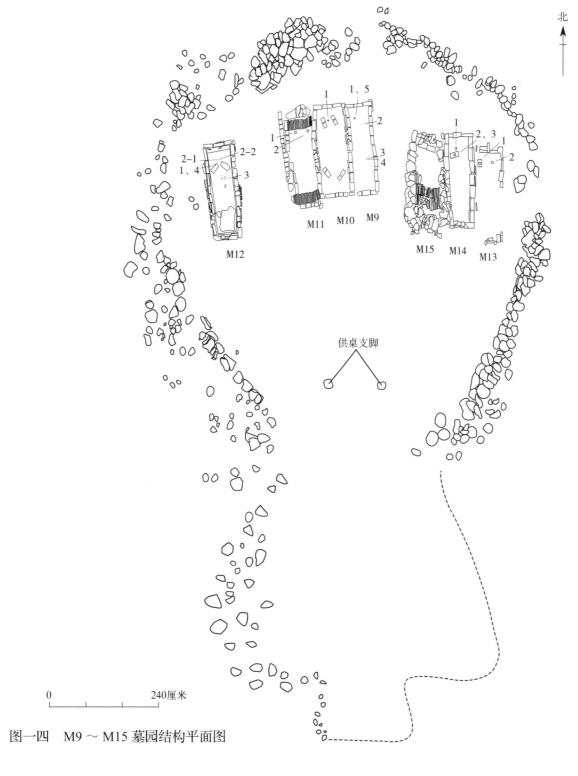

图一四　M9 ～ M15 墓园结构平面图

向南逐渐降低，东西直径 8.88、南北直径 9.38 米。环壕南部发现 2 块石块，间距 0.93 米，推测为供桌支脚。拜台破坏较严重，大致与环壕内地面处于同一水平高度，层级划分不明显，根据供桌的位置及清代墓葬 M16 ～ M18 墓园的情况，该墓园的拜台也应可分两级。第一级拜台大致位于环壕南侧口部。第二级拜台根据残存石块推测呈倒"凸"字形，北部东西复原长 5.16、南北宽 3.75

米。南部东西复原长 2.06、南北复原宽 1.13 米。

　　环壕内有 7 座墓葬，包括两组三人合葬墓，一座单人墓。M9～M11 的墓坑长 1.81、宽 1.74 米，M9 长 1.85、宽 0.56、深 0.65 米，M10 长 1.85、宽 0.74、深 0.65 米，M11 长 2.04、宽 0.63 米，券顶至底部深 0.95 米。M12 墓坑长 2、宽 0.74 米，M12 长 1.85、宽 0.7、深 0.62 米。M13～M15 墓坑长 1.93、宽 1.85 米，M13 长 1.89、宽 0.63、深 0.65 米，M14 长 1.93、宽 0.48、深 0.65 米，M15 长 2、宽 0.81 米，券顶至墓底深 0.9 米。墓室使用石头和三种不同规格的墓砖砌筑而成，石头大小为 10～50 厘米不等，墓砖尺寸分别为长 30、宽 14、厚 4 厘米，长 28、宽 10、厚 5 厘米和长 24、宽 12、厚 3 厘米。

　　其中合葬墓 M9～M11 位于陵园中间位置，从墓葬发掘情况来看，M9 和 M10 可能为同砌筑，M11 为后筑，出土有青花碗 6 件、铜钱 3 枚。M12 为单人墓，位于陵园最西侧，出土有铜簪 2 件、瓷碗 2 件、铜钱 2 枚。合葬墓 M13～M15 位于陵园东侧，从墓葬发掘情况来看，居中的 M14 可能为先砌筑，位于东西侧的 M13、M15 可能为后筑，出土有酱釉陶罐 1 件、青花碗 4 件。

　　（1）青瓷碗

　　2 件。

　　标本 M9：1，敞口，平唇，腹壁斜弧，平底，外底心凸起，圈足，足端外缘斜削。内外满釉，外底釉层脱落，斑驳不均，开片细密。灰白胎，胎质较细腻。口径 15、底径 5.9、高 6.7 厘米（图一五，1）。

　　标本 M9：5，敞口，平唇，腹壁斜弧，平底，外底心凸起，圈足，足端外缘斜削。内外满釉，外底釉层脱落，斑驳不均，开片细密。灰白胎，胎质较细腻。口径 15、底径 5.6、高 6.8 厘米（图一五，2）。

　　（2）瓷碗

　　10 件。

　　标本 M10：1，椭圆形，敞口，平唇，腹壁斜弧，平底，圈足，足端外缘斜削。内外满釉，开片粗大。灰白胎，胎质细腻。口长径 13.9、短径 13.6、底径 5.8、高 6 厘米（图一五，3）。

　　标本 M10：2，敞口，平唇，腹壁斜弧，平底，圈足，足端外缘斜削。器内外满釉，开片粗大。灰白胎，胎质细腻。口径 14、底径 5.2、高 6 厘米（图一五，4）。

　　标本 M11：1，敞口，平唇，腹壁斜弧，平底，外底心凸起，圈足，足端外缘斜削。内外满釉，釉质光泽度好，开片细密。灰白胎，胎质较细腻。口径 14.1、底径 6.2、高 5.9 厘米（图一五，5）。

　　标本 M11：2，敞口，平唇，腹壁斜弧，平底，外底心凸起，圈足，足端外缘斜削。内外满釉，釉质光泽度好，开片细密。灰白胎，胎质较细腻。口径 14.5、底径 6、高 5.9 厘米（图一五，6）。

　　标本 M12：1，敞口，斜壁，平底，外底心凸起，圈足，足端外缘斜削。内外满釉，釉质光泽度好。青白胎，胎质较细腻。口径 12.5、底径 5.2、高 6.1 厘米（图一六，1）。

　　标本 M12：4，敞口，斜壁，平底，外底心凸起，圈足，足端外缘斜削。内外满釉，釉质光泽度好。青白胎，胎质较细腻。口径 12.7、底径 5、高 6.4 厘米（图一六，2）。

　　标本 M13：1，敞口，腹壁斜弧，平唇，平底，内底平整，圈足，足端外缘斜削。内外满釉，釉质光泽度好。青白胎，胎质细腻。口径 13.1、底径 5.6、高 5.5 厘米（图一七，1）。

　　标本 M13：2，敞口，腹壁斜弧，平唇，平底，内底平整，圈足，足端外缘斜削。内外满釉，

图一五　M9～M11 出土器物

1、2.青瓷碗M9：1、5　3～6.瓷碗M10：1、2，M11：1、2

9厘米

0

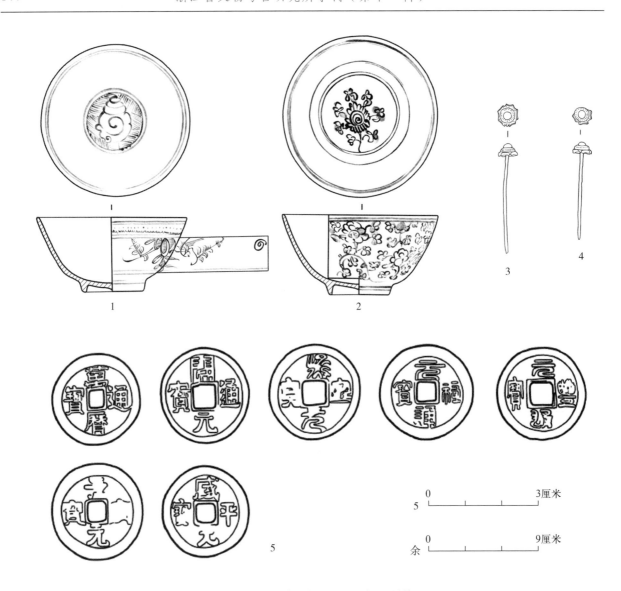

图一六　M12 出土器物

1、2.瓷碗M12：1、4　3、4.铜簪M12：2、3　5.铜钱

釉质光泽度好。青白胎，胎质细腻。口径 13.1、底径 5.9、高 5.7 厘米（图一七，2）。

标本 M14：2，敞口，斜壁，平底，圈足，足端外缘斜削。内外满釉，釉质光泽度好。青白胎，胎质较细腻。口径 13.6、底径 5.5、高 5.6 厘米（图一七，3）。

标本 M14：3，敞口，斜壁，平底，外底心凸起，圈足，足端外缘斜削。内外满釉，釉质光泽度好。青白胎，胎质较细腻。口径 13.9、底径 5.6、高 5.9 厘米（图一七，4）。

（3）酱釉罐

1 件。

标本 M14：1，敛口，弧腹，平底。最大径位于肩腹部，底部有拉坯时留下的致密轮旋纹。内施满釉，外壁施半釉。器表呈赭褐色，胎质粗糙。口径 11.5、腹径 13.5、底径 7.5、高 10 厘米（图一七，5）。

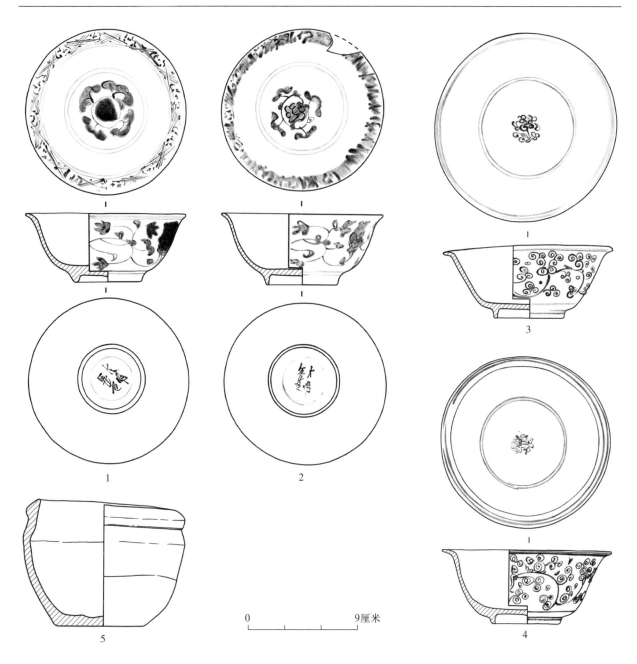

图一七 M13～M14 出土器物

1～4.瓷碗M13：1、2、M14：2、3 5.酱釉罐M14：1

（4）铜簪

2件。

标本 M12：2，完整，簪头呈圆形六朵花瓣状。簪挺呈扁平状，宽2、厚1厘米。簪头长8.9、直径1.65厘米（图一六，3）。

标本 M12：3，残。簪挺呈扁平状，宽2、厚1厘米。残长7.9、簪头直径1.5厘米（图一六，4）。

（5）铜钱

2组。

标本 M9：2～4，3 枚。圆形方孔，正面钱文可识别为圣元宋宝（宋）、大定通宝（金）、嘉祐通宝（宋）。直径 2.3～2.45、孔边长 0.55～0.7、厚 0.15 厘米。

标本 M12：5～26，21 枚完整，1 枚残。圆形方孔，可识别钱文有开元通宝（唐）、元丰通宝（北宋）、咸元平宝（北宋）、万历通宝（明）。直径 2.5～2.6、孔边长 0.45～0.65、厚 0.15 厘米（图一六，5）。

（五）清代墓葬

共 5 座。

1. M16～M18

砖室石椁合葬墓，在 A 发掘区的中北部，属一个清代家族墓园（图一八）。墓园结构包括环墙、墓葬、拜台、供桌等。环墙坐北朝南，以卵石砌筑而成，最北部高 1.5 米，东西两侧向南逐渐降低。整个环墙可分为北、南两部分。北部大致呈圆形，直径 7.5 米。南部为外敞的喇叭形，最南部为高 35 厘米的石坎。拜台可分两级，第一级拜台包括环墙北部南端和环墙南部，北界为 2 块石板，南界为石坎，东西两侧为环墙，总体呈哑铃形，东西长 3.13～5.31、南北宽 3.44 米。该级拜台中部偏南发现四块呈长方形放置的石块，东西距离 1、南北距离 0.6 米，推测是供桌的支脚。第一级拜台以南为第二级拜台，大致呈椭圆形，大致水平，东西直径 5.29、南北直径 3.82 米，拜台南端以卵石砌筑形成高 75 厘米的石坎。

M16 长 2.07、宽 0.69、深 0.78 米，M17 长 2.08、宽 0.88、深 0.8 米，M18 长 2.49、宽 0.89、深 0.79 米。墓向北偏东 10°，3 座墓葬北端上覆 2 块石板盖，石板长 2.47、宽 0.53 米。从墓葬发掘情况来看，M16、M17 可能为同时砌筑，M18 可能为后筑，石盖板则最后放置。

该组墓葬扰乱严重，仅 M18 出土有"康熙通宝"铜钱 2 枚。

铜钱

标本 M18：1，圆形方孔，正面钱文为康熙通宝（清），背面铭文不可辨。直径 2.9、孔边长 0.5、厚 0.1 厘米（图一九）。

2. M21、M22

砖室合葬墓，破坏严重，仅剩墓底，可能为种树时破坏。墓向北偏西 345°（图二〇）。墓坑长 2.73、宽 2.32 米。M21 长 2.42、宽 0.92、深 0.43 米，M22 长 2.45、宽 0.92、深 0.43 米。使用两种不同规格的墓砖，分别是长 28、宽 14、厚 6 厘米和长 26、宽 12、厚 6 厘米。

M21 出土铜钱 2 枚，M22 出土银簪 1 件、铜钱 6 枚。

（1）铜钱

3 件（组）。

标本 M21：1，圆形方孔，正面钱文为康熙通宝，背面锈蚀不可辨。直径 2.9、孔边长 0.5、厚 0.1 厘米（图二一，1）。

标本 M22：2，圆形方孔，正面钱文为顺治通宝，背面铭文似花形，不可辨。直径 2.8、孔边长 0.5、厚 0.1 厘米（图二一，2）。

标本 M22：3，圆形方孔，正面钱文为康熙通宝，背面铭文似花形，不可辨。直径 2.9、孔边长 0.5、厚 0.15 厘米（图二一，3）。

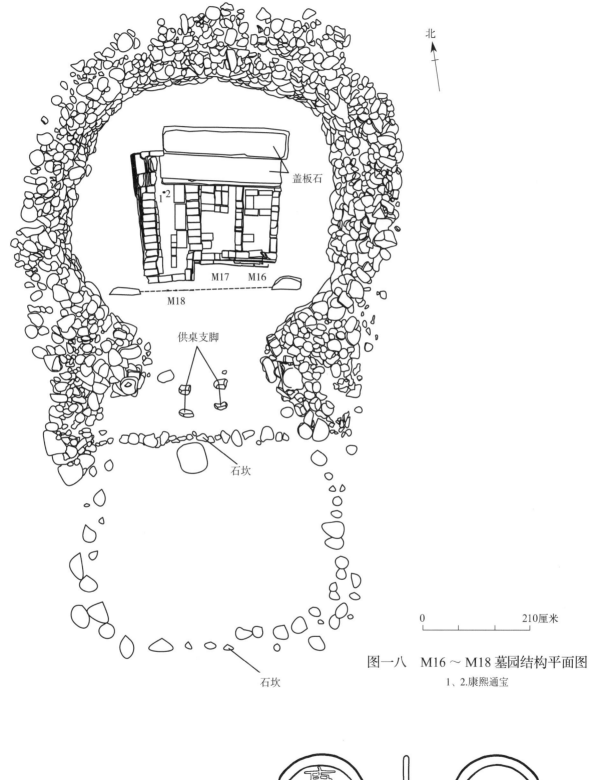

北

盖板石

供桌支脚

M17　M16

M18

石坎

0　　　　　　　　　210厘米

图一八　M16～M18 墓园结构平面图
1、2.康熙通宝

石坎

0　　　　　　　3厘米

图一九　康熙通宝 M18：1

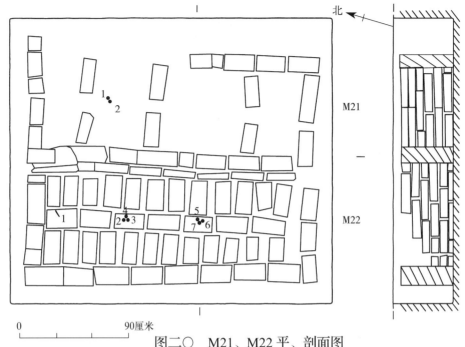

图二〇　M21、M22 平、剖面图

M21：1、2.铜钱　M22：1.银簪　2~7.铜钱

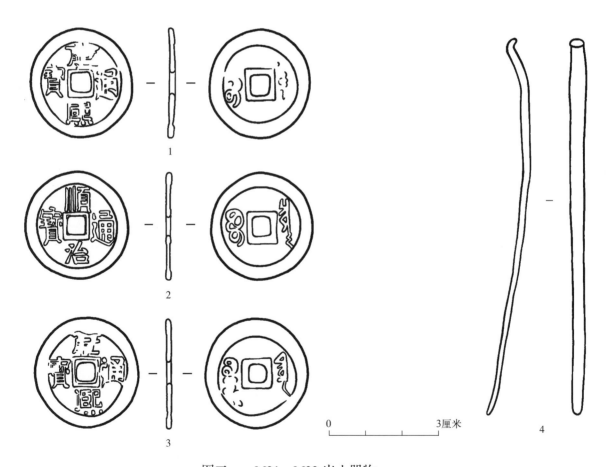

图二一　M21、M22 出土器物

1.康熙通宝M21：1　2.顺治通宝M22：2　3.康熙通宝M22：3　4.银簪M22：1

（2）银簪

1件。

标本 M22∶1，簪头呈挖耳状，簪挺呈扁平弧状，最宽处 0.5、厚 2 厘米，素面无纹。通长 10 厘米（图二一，4）。

三　结语

此次发掘获得了一批六朝至清代墓葬及相关窑址，以及东汉时期窑址废弃堆积等遗迹，丰富了余杭地区历史时期的考古资料。不过由于盗扰严重，墓葬均有不同程度的破坏，所获遗存不多，根据墓葬形制和随葬品，可知这些墓葬均为一般平民墓葬，规格并不高。

东汉时期的窑址废弃堆积是此次的重要发现，在良渚古城周边进行全覆盖式勘探以及以获取良渚时期遗存为目的的发掘中，曾在良渚遗址群范围内发现大量汉六朝时期的墓葬和窑址等遗迹，在许多良渚文化遗址中也见有汉六朝时期的地层堆积，显示良渚瓶窑一带汉六朝时期比较繁荣。以往德清、余杭一带发现的汉六朝时期窑址一般都归入"德清窑"，此前相距黄泥坞不远的卢村也发现了一处东汉时期窑址废弃堆积，显示出一定的分布密度，值得进一步探索。

本次发掘和整理得到了李晖达、谢西营、刘建安、王宁远等同事的指导，在此致以最真诚的谢意。

领队：丁品
发掘：陈明辉、范畴、张依欣、葛建良、陈欢乐、骆永岗
器物描述：张依欣、廖文艳
绘图：张念哲、张依欣、琚香宁、张鑫、廖文艳
执笔：张依欣、张念哲、廖文艳、范畴、陈明辉、丁品

湖州市南太湖新区后湾山古墓葬发掘简报

浙江省文物考古研究所、湖州市文物保护管理所

一 概况

后湾山（又名龙湾山）古墓葬群位于湖州市南太湖新区杨家埠镇后东村后东自然村，2019 年 6 月 104 国道拓展工程建设前期调查中发现。后湾山位于西苕溪下游南侧，为东天目山余脉的一条低矮山丘，大致南北向，相对高度 30 余米，南北长约 200、东西宽约 60 米。杨家埠镇后东村一带据第三次全国文物普查仅有商周时期古墓葬、汉六朝时期古墓葬、窑址等少量遗存。

2020 年 4 月，104 国道拓展工程正式施工，浙江省文物考古研究所、湖州市文物保护管理所对工程涉及的地段进行了全面勘探。经勘探，后湾山北端发现六朝墓 2 座，南端发现宋墓 3 座。墓葬皆位于后湾山东侧，大致东西向。六朝墓位于山脚，宋墓相对位置稍高。

2020 年 4 月初，对上述古墓葬进行抢救性考古发掘。现将发掘情况简要汇报如下。

二 墓葬分述

（一）六朝墓葬

六朝墓 2 座，位于后湾山北端。破坏严重，墓葬平面结构皆不清楚。两墓用砖尺寸一致，均为长 36、宽 18、厚 5 厘米，部分墓砖侧面有"万岁不败"等篆体铭文。

1. M4

土坑砖室墓，方向 260°（图一）。地理位置北纬 30°51′22″、东经 119°57′18″。墓室南北宽 2.32、东西残长 3.7、残深 0.5 米。铺底砖破坏殆尽。墓壁砖墙顺砌平铺，四顺一丁，直接在生土平底向上砌筑。未发现随葬品。

2. M5

土坑砖室墓，方向 258°（图二）。位于 M4 南侧 5 米处。墓室南北宽 2.2、东西残长 4.6 米。仅存墓底。铺底砖为纵横平铺，多数为 2 层，少数 3 层。从保存情况观察，墓室砖墙直接在生土上砌筑。未发现随葬品。

（二）宋代墓葬

3 座宋墓位于同一区域，形制基本相同。用砖尺寸基本一致，墓砖尺寸为长 27～28、宽 21.5、厚 2.5～3 厘米，铺底砖尺寸为长 28、宽 7.5、厚 3 厘米。应为一家族墓地（彩版一七，1）。

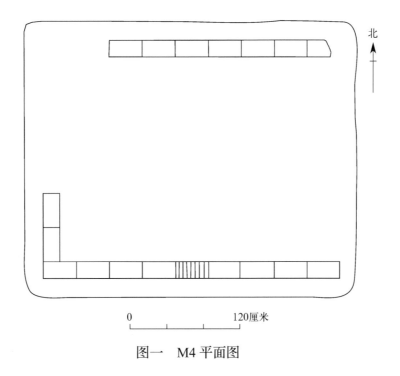

图一　M4 平面图

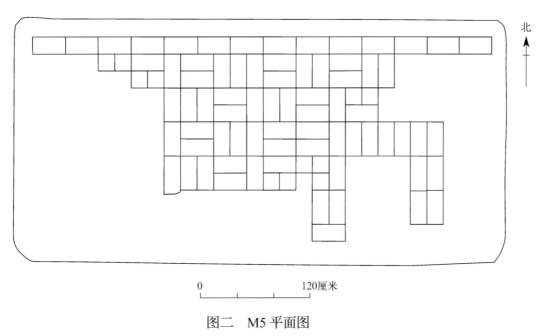

图二　M5 平面图

1. M1

岩坑双室砖墓，方向272°（图三；彩版一八，1、2）。地理位置北纬30°51′17″、东经119°57′21″。墓室南北宽2.46、东西长2.32、残深0.76米。墓室砖墙为三顺一丁，直接在岩坑平底向上砌筑，第一层丁砖侧向约30°，后壁三个壁龛，呈倒品字形。铺底砖靠近两侧壁横铺1层，中间留出基岩坑底。两室隔墙中填筑砂土。顶面不明。

墓葬早期被破坏，出土有青白瓷刻花碗、吉州窑黑釉盏、韩瓶等随葬品。

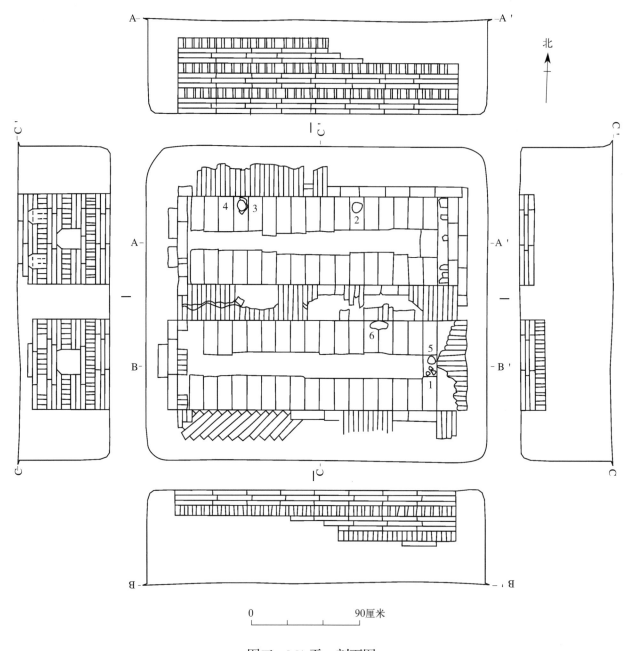

图三　M1 平、剖面图

1.青白瓷刻花碗　2.硬陶罐　3.青瓷碗　4、5.黑釉盏　6.韩瓶

（1）青瓷碗

1件。

标本 M1∶3，敞口，折沿，方圆唇，束颈，斜收腹，圈足。施青釉不及底。灰胎。口径
16.1、底径5、高6.9厘米（图四，1；彩版一七，2）。

（2）青白瓷碗

1件。

标本 M1∶1，敞口，尖唇。刻划花纹。残碎未取。

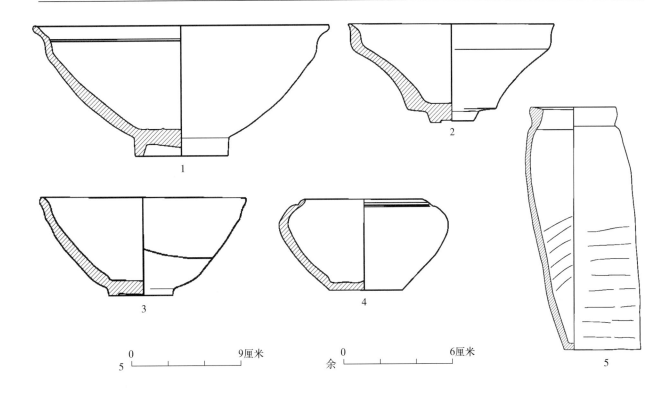

图四　M1 出土器物

1.青瓷碗M1：3　2、3.黑釉盏M1：4、5　4.硬陶罐M1：2　5.韩瓶M1：6

（3）黑釉盏

2件。

标本 M1：4，敞口，尖唇，略束颈，斜腹，下腹略折，浅圈足，足墙较厚，足端略斜削。施釉不及底，黑釉润泽。灰胎，露胎处呈红褐色。口径 11.5、底径 2.4、高 5.2 厘米（图四，2；彩版一七，3）。

标本 M1：5，敞口，尖唇，内沿下略凹，斜腹，下腹略折，浅圈足，足墙较厚，足端略斜削。施釉不及底，黑釉润泽。灰胎，露胎处呈红褐色。口径 11.4、底径 3.5、高 5.3 厘米（图四，3；彩版一七，4）。

（4）硬陶罐

1件。

标本 M1：2，直口，圆唇，丰肩，弧腹，小平底。口沿外有凹弦纹。红褐胎。口径 6.4、底径 3.9、高 4.8 厘米（图四，4；彩版一七，5）。

（5）韩瓶

1件。

标本 M1：6，器形不规整。敛口，平折沿，束颈，直腹，平底。仅口沿处施青釉。红褐胎。口径 6.8、底径 6.2、高 19 厘米（图四，5）。

2. M2

岩坑单室砖墓，方向 285°（图五；彩版一九，1）。位于 M1 南侧约 14 米。墓室南北宽 1.4、

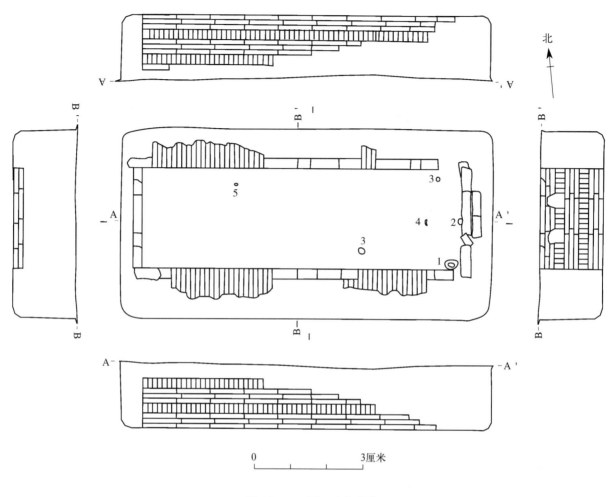

图五　M2平、剖面图

1.青瓷碗　2.青釉碟　3.青白瓷粉盒　4.银耳饰　5.铜钱

东西长 2.9、残深 0.5 米。砖墙三顺一丁，直接在岩坑平底向上砌筑，后壁在同一水平高度有 2 个壁龛。无铺底砖，生土坑底。顶面不明。

　　墓葬早期被破坏，出土有青瓷碗、青白瓷粉盒等随葬品。

　　（1）青瓷碗

　　1 件。

　　标本 M2：1，敞口，尖唇，弧腹，内底略凹，圈足较深。腹部及内底旋削痕明显。釉剥落。灰黄胎。口径 15.6、底径 6.4、高 7.1 厘米（图六，1）。

　　（2）青白瓷粉盒

　　1 件。

　　标本 M2：3，子口，直口，六出莲瓣形腹，平底。盖顶平，腹部与盒身相对应呈六出莲瓣形。釉薄而光亮。白胎略泛灰。盒口径 4、最宽 5、底径 3.7、通高 3.2 厘米（图六，3；彩版一九，2）。

　　（3）青釉碟

　　1 件。

　　标本 M2：2，敞口，圆唇，弧收腹，小平底。内壁施青釉。口沿处因叠烧破损。灰胎。口径

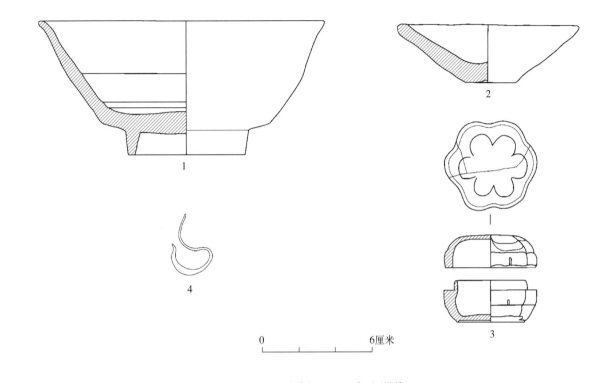

图六　M2 出土器物

1.青瓷碗M2：1　2.青釉碟M2：2　3.青白瓷粉盒M2：3　4.银耳饰M2：4

10、底径 3、高 3 厘米（图六，2）。

（4）铜钱

若干枚。年号不辨。

（5）银耳饰

1 件。

标本 M2：4，残，弯钩形，中段略鼓。残长 2.3、最大径 0.4 厘米（图七，4）。

3. M3

岩坑双室砖墓，方向 280°（图七；彩版一九，4）。位于 M1 南侧约 2.5 米。墓室南北宽 2.28、东西长 2.52、残深 0.94 米。墓壁三顺一丁，直接在岩坑平底向上砌筑，后壁在同一水平面上设 3 个壁龛。铺底砖靠近两侧壁横铺 1 层，中间留出基岩坑底。两室隔墙中填筑砂土。顶面不明。

墓葬早期被破坏，出土有耳饰、韩瓶等随葬品。

（1）酱釉碟

1 件。

标本 M3：1，喇叭口，圆唇，弧收腹，平底略凹。制作不甚规整。露胎处呈红褐色。酱黄釉。口径 11、底径 4.6、高 3.5 厘米（图八，1）。

（2）韩瓶

1 件。

标本 M3：2，敛口，平沿，短直颈，窄肩，直腹，平底。灰胎，露胎处呈黄褐色。仅口沿处

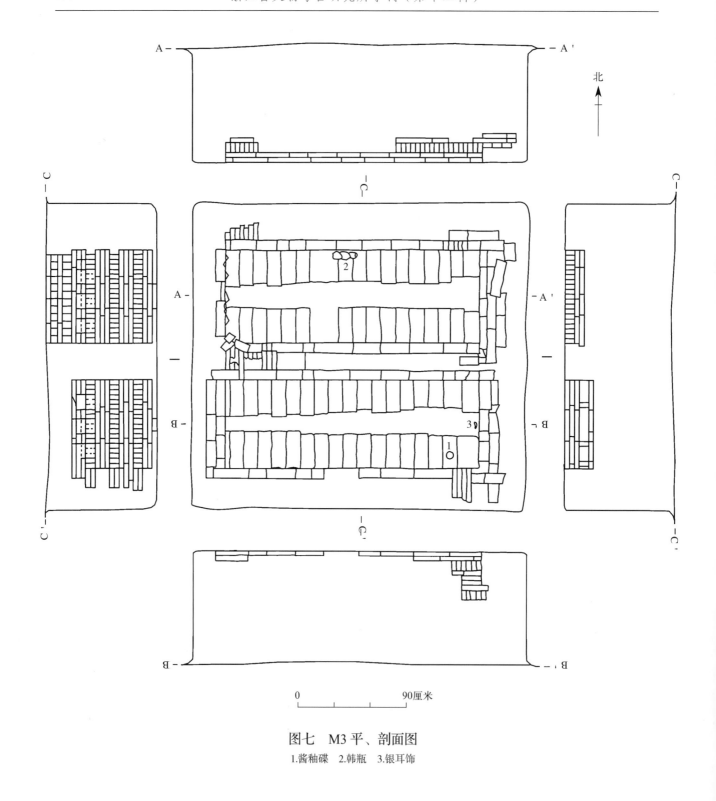

北

0　　　　　　　90厘米

图七　M3平、剖面图

1.酱釉碟　2.韩瓶　3.银耳饰

施青釉，流釉明显。口径7.6、底径7、高20.8厘米（图八，2）。

（3）银耳饰

1件。

标本M3：3，残，弯钩形，有錾刻符号。残长3、最大径0.4厘米（图八，3；彩版一九，3）。

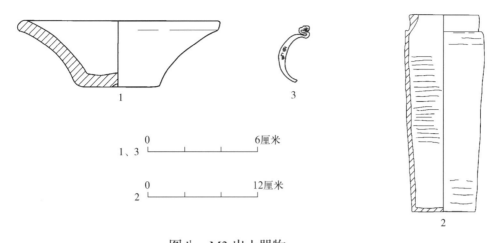

图八　M3 出土器物

1.酱釉碟M3：1　2.韩瓶M3：2　3.银耳饰M3：3

三　小结

综上可知后湾山古墓葬属于两个时期。六朝时期墓葬破坏特别严重。3 座宋墓用砖一致，时代相近，可能为一家族墓地。M2 随葬景德镇青白瓷粉盒具有北宋晚期风格，M1 随葬景德镇青白瓷碗残片、吉州窑黑釉盏等具有明显南宋风格。M3 随葬瓷碟与 M2 相似。3 座宋墓独特的侧向丁砖，后壁设多个壁龛等建造形式为湖州地区宋代墓葬研究提供了新材料。

领队：闫凯凯
发掘：闫凯凯、陈云、张鑫涛
绘图：张鑫涛
执笔：陈云

2014～2019年湖州昆山遗址唐宋墓葬发掘简报

浙江省文物考古研究所、湖州市文物保护管理所

一 前言

昆山遗址位于浙江省湖州市湖东街道昆山村，面积约100万平方米，遗存主要以新石器、夏商周时期为主。遗址1957年发现，1995、2000、2004～2005、2008、2014～2019、2021年进行了多次考古发掘。特别是2014年起进行了连续主动考古工作，发现了新石器至商周时期的丰富遗存，基本掌握了这一时期大致的聚落结构。在此期间也发现有唐宋时期遗迹、遗物，现将唐宋时期墓葬材料予以报告。

二 墓葬分述

墓葬共6座，主要位于昆山南部的麻雀田一带，分布于2014年T2、2017年T6930和2018年TG1中（图一、二）。因编号有重复，2014年的3座墓葬加前缀年份，2017以后的墓葬不加年份。从地貌、堆积上看，2014M1～2014M3、M3、M4位于麻雀田东北部晚期高地上，M9位于麻雀田西南部的商周时期黄土台上。墓葬皆为土坑砖室墓，2座为双室合葬墓，4座为单室墓。

（一）合葬墓

1. 2014M1

2014M1[1]位于T2西北部，北部延伸出探方外，③层下开口。土坑砖室合葬墓，墓砖多被破坏，有东西2座墓室，各自有斜坡墓道，方向155°（图三）。墓室现存南北1.4、东西2.64、深约0.7米。东墓道宽0.79、长0.82米，西墓道宽0.96、长1米。盗扰严重，未见随葬品。墓砖尺寸两种，分别是长24、宽7.5、厚3.5厘米和长23、宽7.5、厚3.5厘米。

2. M9

位于TG1西部（T5121、T5120），开口于①层下，打破④层、烧土层和土台。土圹砖室合葬墓，平面近似正方形，方向264°（图四；彩版二〇，1、2）。土圹边长3.2～3.45、深2米。墓室整体建于晚商时期的黄土台上，底面平整后用长32、宽16、厚4厘米的青砖错缝平铺出南北两室的底砖，中部各留有一处"腰坑"，长0.5、宽0.4米。其上各自砌筑墓室砖墙，错缝平铺。南北墓

---

[1] 2014年发掘资料单独编号，遗迹前加年份以区别2017～2021年的资料。下同。

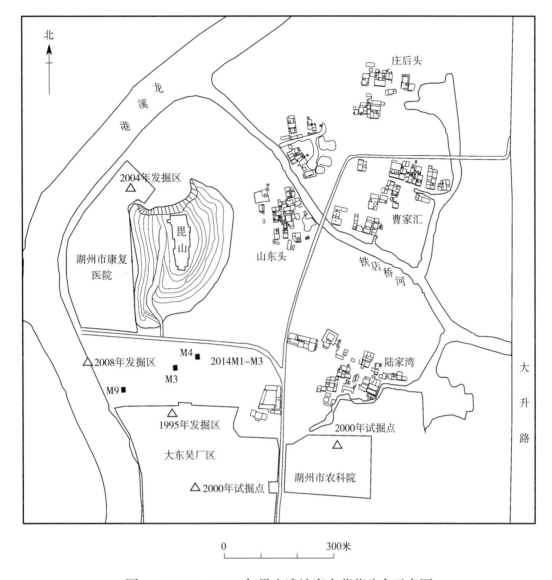

图一　2014 ～ 2019 年毘山遗址唐宋墓葬分布示意图

室砖墙之间填以实土，顶部铺 1 层平砖，后南北向丁砖一排，两侧小砖平铺。墓室上铺石盖板，彼此有企口套合，各 4 块。其上各自砌筑砖券顶（长 29、宽 8、厚 4 厘米条形砖），券顶之间填土，后铺砖（长 36、宽 18、厚 6 厘米）呈伞盖状。木棺不存，但墓室底部有两列铺砖，以放置棺木。棺与墓室之间填以白灰，厚约 10 厘米。由此推测北南两室中木棺尺寸分别为 250 厘米 ×95 厘米 -100 厘米、250 厘米 ×90 厘米 -100 厘米。北墓室西北、白灰面上发现 1 件竖置韩瓶（彩版二一，1）。两墓室四角、白灰上发现铁牛，平置，头向东。两墓室各发现有一具人骨架，北室人骨架相对完整，仰身直肢，南室人骨较散乱，可能为二次葬。北墓室底部发现随葬品 5 件（组），有瓷盏、瓷碗、铜碗、铜镜、铜钱等。南墓室墓底发现随葬品 2 件（组），铁环、铜钱等。棺钉多朽蚀严重。

（1）青白瓷碗

1 件。

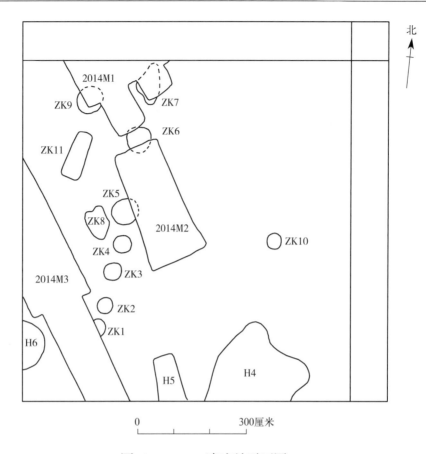

图二　2014T2 遗迹总平面图

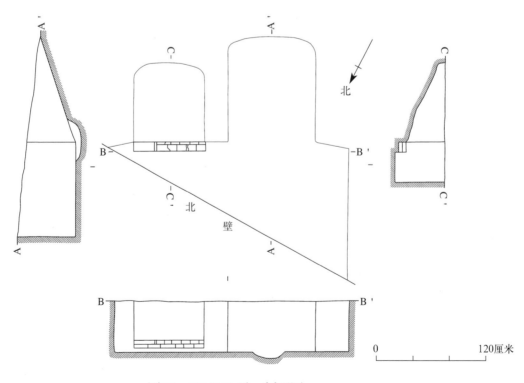

图三　2014M1 平、剖面图

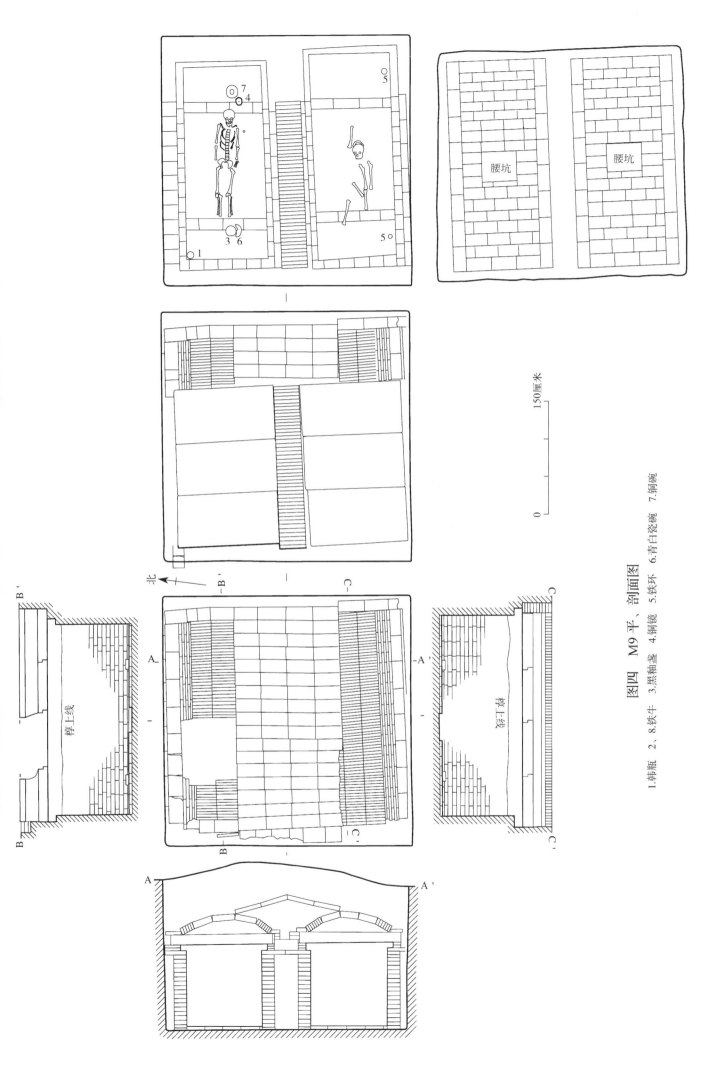

图四 M9 平、剖面图

1.韩瓶 2、8.铁牛 3.黑釉瓷盏 4.铜镜 5.铁环 6.青白瓷碗 7.铜碗

标本 M9 北室：6，较完整，敞口，斜腹，近平底，略有小圈足。碗内壁刻划纹饰。青白釉。口径 14、底径 3.5、高 5.4 厘米（图五，1；彩版二一，2）。

（2）黑釉盏

1 件。

标本 M9 北室：3，较完整。侈口，斜弧腹，小圈足。口部内外残存少量铜包边。内外施黑釉，有放射线状窑变色。深灰褐胎。口径 12.9、底径 3.8、高 6.5 厘米（图五，2；彩版二一，3）。

（3）韩瓶

1 件。

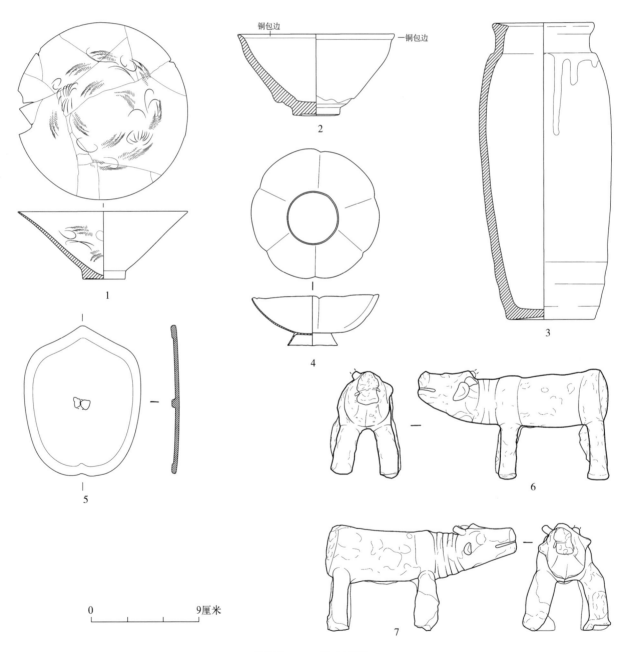

0　　　　　　　　　9厘米

图五　M9 出土器物

1.青白瓷碗M9北室：6　2.黑釉盏M9北室：3　3.韩瓶M9北室：1　4.铜碗M9北室：7　5.铜镜M9北室：4　6、7.铁牛M9北室：2、8

标本 M9 北室：1，较完整，略敛口，束颈，小折肩，深腹，平底。肩部以上施青绿釉，有垂釉现象。褐胎。口径 8.4、底径 7.3、高 23.6 厘米（图五，3）。

（4）铜碗

1 件。

标本 M9 北室：7，部分锈蚀，花口，斜弧腹，圈足。口径 10.5、高 3.9 厘米（图五，4）。

（5）铜镜

1 枚。

标本 M9 北室：4，稍残，平面呈心形，背面有纽。高 11.6、宽 9.2、厚 0.3～0.4 厘米（图五，5）。

（6）铜钱

2 组。

标本 M9 北室：5，数枚，多锈蚀严重，难辨钱文。

标本 M9 南室：6，数枚，出土于墓室中部，人骨附近。钱文有"开元通宝""天圣元宝""景祐元宝""皇宋通宝"等（彩版二一，4）。

（7）铁牛

8 件。

标本 M9 北室：2，部分锈蚀，头略昂，四腿呈圆柱状，未见尾部。长 15.6、宽 5.7、高 8.7 厘米（图五，6）。

标本 M9 北室：8，同 M9 北室：2。长 15.7、宽 6.3、高 8.5 厘米（图五，7）。

标本 M9 北室：9、10，皆为铁牛。

标本 M9 南室：1～4，同北室。

（8）铁环

标本 M9 南室：5，2 件。锈蚀。直径约 13.4 厘米。

（二）单室墓

1. 2014M2

位于 T2 中部偏西，④层下开口。土圹砖室墓，土坑平面近似长方形，方向 160°（图六；彩版二二，1）。土圹长 3.16、宽 1.32～1.7 米，砖室[1] 长 2.92、宽 1.15～1.32、残深 0.96 米。墓底用规格长 28、宽 14、厚 4 厘米青砖平铺一层，人字形排列，其上墓砖五顺一丁排列砌筑砖墙，砖室上部被扰。墓室南部外侧垒砌东西对称的短砖墙。随葬品发现四系罐 1 件，平置于墓室南部。

青瓷四系罐

标本 2014M2：1，侈口，卷沿，方圆唇，直领，斜肩，上腹鼓，下腹斜直，平底内凹。肩部有对称的四个系耳。器身中部以上施青釉。口径 10.9、底径 12.1、高 32.1 厘米（图六，1；彩版二二，2）。

2. 2014M3

位于 T2 西南部，④层下开口，北部延伸出探方外。长方形土坑砖室券顶墓，带斜坡墓道，

---

[1]　含砖墙。

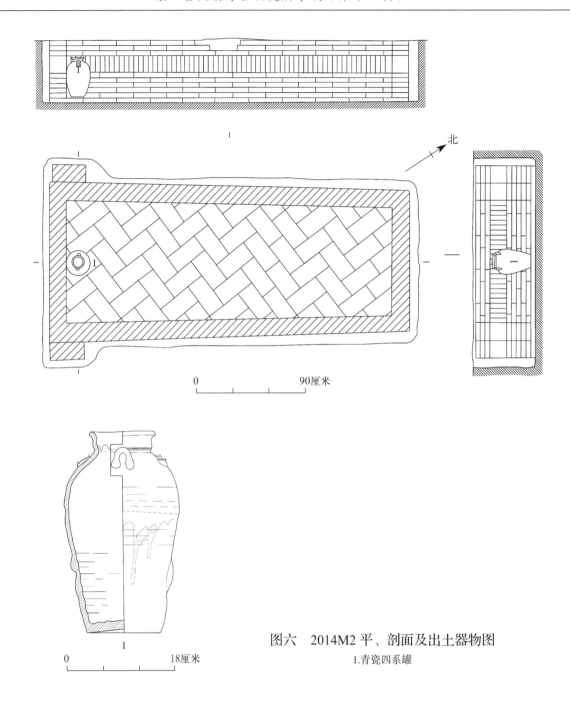

图六　2014M2 平、剖面及出土器物图
1.青瓷四系罐

方向 155°（图七；彩版二二，3）。土圹残长 3.14、宽 1.84、深 1 米，墓道残长 3.10、宽 1.12、最深 1.15 米。砖室长 2.88、宽 1.48、残高 0.96 米。墓底铺砖 1 层，墓砖规格为长 28、宽 14、厚 4 厘米，人字形排列。其上按照三顺一丁排列砌筑砖墙，于第二层丁砖上部起券顶，砖之间黏结材料为灰泥浆。券顶顶部被破坏。墓室南部发现随葬品 2 件，为陶壶、灯盏。

（1）陶壶

标本 2014M3：1，近浅盘口，直领，弧肩，鼓腹，平底内凹。中腹部以上有一层白衣，未见釉层。红褐胎。口径 12、底径 11.2、高 28.3 厘米（图七，1；彩版二二，4）。

（2）青瓷灯盏

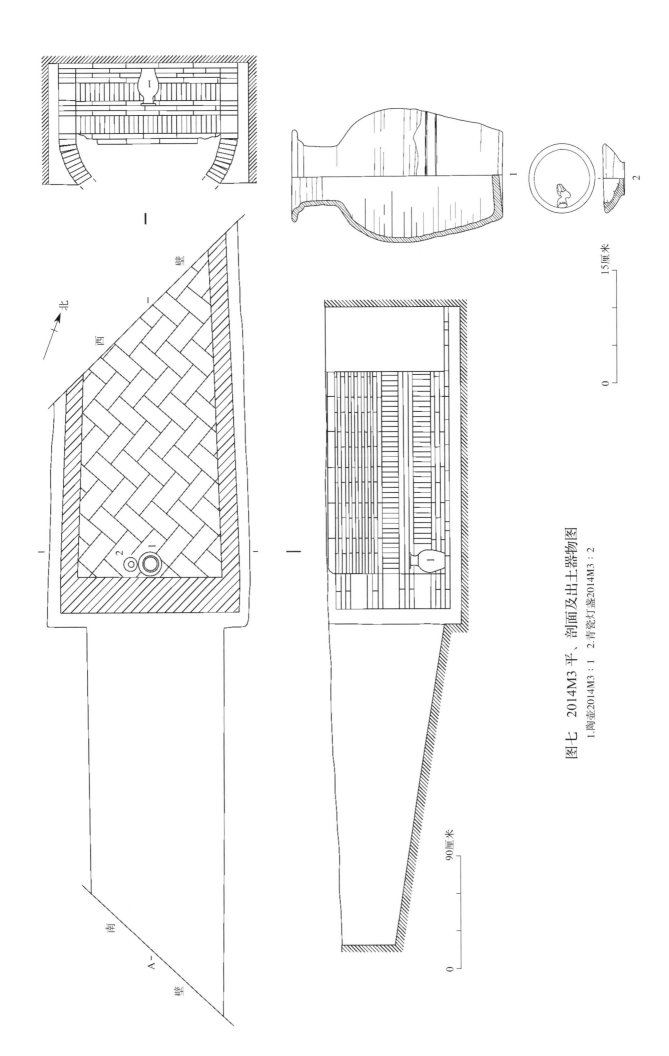

图七 2014M3 平、剖面及出土器物图

1.陶壶2014M3：1 2.青瓷灯盏2014M3：2

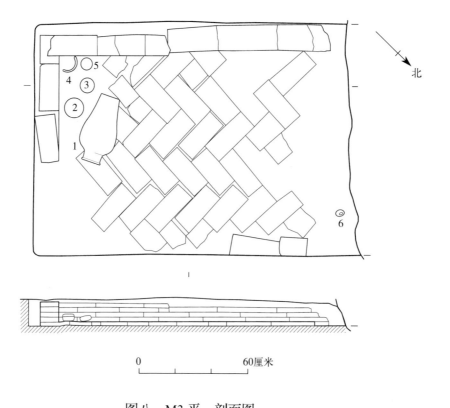

图八　M3 平、剖面图

1.陶罐　2.酱釉灯盏　3.青瓷盒盖　4、5.青瓷盒　6.青瓷水盂

标本 2014M3：2，近敛口，斜弧腹，平底内凹，内壁附有一环耳残缺，除底部外，内外施青釉。口径 9.2、底径 4.4、高 2.9 厘米（图七，2）。

3. M3

位于 T6930 西南部，①层下开口。土圹砖室墓，方向 145°（彩版二三，1）。平面呈长方形，西部被破坏。土圹残长 1.6、宽 0.96、深 0.12 米。墓底铺砖 1 层，人字形排列，其上砌筑墓墙，错缝平铺。青砖规格为长 24、宽 10、厚 3 厘米。人骨、棺椁不存，出土随葬品 6 件，东部出土 5 件，西部 1 件，有罐、盒、盏、盂等（图八；彩版二三，2）。

（1）陶罐

标本 M3：1，平沿，尖唇，直领，鼓肩，深腹，平底。肩部装饰有 4 个横耳。颈腹部有白衣。红褐胎。口径 10.4、底径 11.2、高 34.9 厘米（图九，1）。

（2）青瓷盒

2 件。

标本 M3：4，子母口，上腹直，下腹斜收，近平底。底部有 6 个支钉痕迹。淡黄釉。灰白胎。口径 7.7、高 3.3 厘米（图九，2）。

标本 M3：5，无盖。子母口，无盖，弧腹，矮圈足。淡黄釉。口径 6.4、底径 3.8、高 3.5 厘米（图九，3）。

（3）青瓷盒盖

标本 M3：3，覆钵形，平顶略下凹。淡黄釉。灰白胎。口径 8.8、高 2.1 厘米（图九，4）。

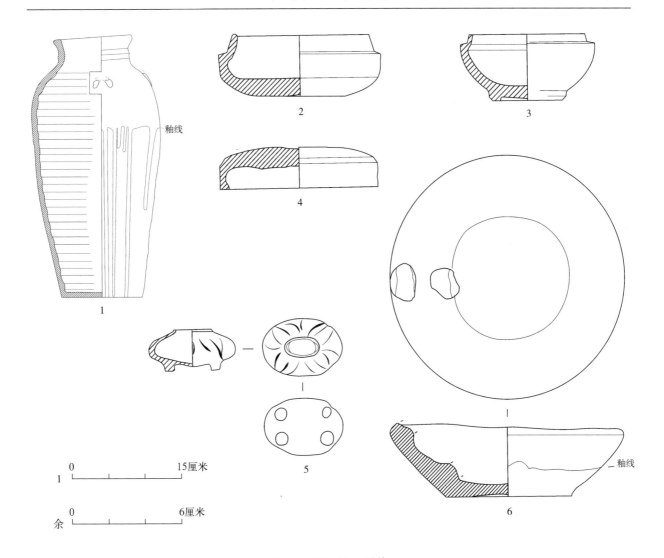

图九 M3 出土器物

1.陶罐M3：1 2、3.青瓷盒M3：4、5 4.青瓷盒盖M3：3 5.青瓷水盂M3：6 6.酱釉灯盏M3：2

（4）青瓷水盂

1件。

标本 M3：6，小敛口，广肩，鼓腹，下腹略垂，四个柱状足。肩、腹部有刻划花纹饰。青釉。灰白胎。口径2、高2.2厘米（图九，5）。

（5）酱釉灯盏

标本 M3：2，敛口，斜直腹，平底略内凹。内有一泥条，残。施酱釉。灰白胎。口径12.9、底径7、高3.9厘米（图九，6）。

4.M4

位于 T6930北部，①层下开口。长方形土圹砖室墓，方向185°（图一○；彩版二三，4）。土圹长2.8、宽0.88、深0.5米。砖室长3.28、宽1.3、残高0.36米。墓底未见铺砖，平整后四周砌筑砖墙，南墙砌砖为七顺一丁，丁砖部分内凸，其他墙壁墓砖四顺一丁。青砖规格为长24、宽10、厚3厘米。人骨、棺椁不存。出土随葬品4件，有四系罐、碗、盏、高足杯等。

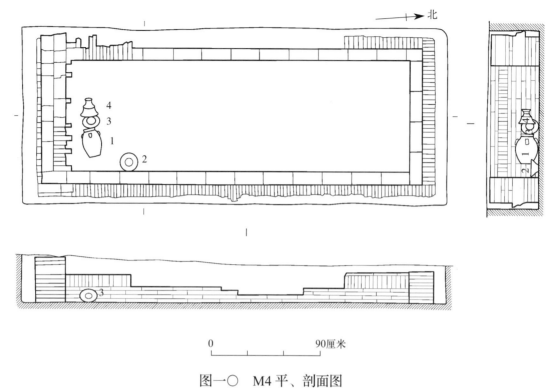

图一〇　M4平、剖面图

1.陶四系罐　2.青瓷碗　3.酱釉盏　4.青瓷高足杯

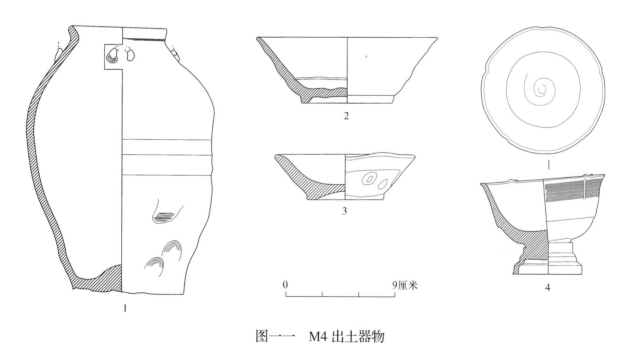

图一一　M4出土器物

1.陶四系罐M4：1　2.青瓷碗M4：2　3.酱釉盏M4：3　4.青瓷高足杯M4：4

（1）陶四系罐

标本 M4：1，侈口，折沿，圆唇，束颈，腹中部外鼓，平底略残。颈下有四个横耳，多残损。肩部以上施白衣。红褐胎。口径 8.2、底径 9.2、高 21.4 厘米（图一一，1）。

（2）青瓷碗

标本 M4∶2，较完整，敞口，斜直腹，矮圈足。青釉。口径 14.6、底径 7.4、高 5.1 厘米（图一一，2）。

（3）酱釉盏

标本 M4∶3，敞口，斜直腹，平底内凹。内壁及外腹部施酱釉。红褐胎。口径 11.7、底径 6.7、高 3.5 厘米（图一一，3）。

（4）青瓷高足杯

标本 M4∶4，器身不正，花口，斜弧腹，高圈足，圈足呈台阶状。青釉。口径 10.2、足径 5.8、高 7.9 厘米（图一一，4；彩版二三，3）。

三　结语

首先谈及 M9，墓葬结构为砖室石顶券顶合葬墓。砖室石顶结构墓葬北宋中期才逐渐见于江南地区[1]，石顶加砖券顶的双顶结构南宋时期比较流行，如江浦南宋张同之夫妇墓[2]、南丰桑田宋墓[3]、兰溪南宋墓地 M33[4]、白龙山宋墓[5]、风车口 M1 和 M2 等[6]，但券顶之上再加一层铺砖形成伞状顶的结构很少见。随葬品中韩瓶 M9 北室∶1 与湖州白龙山 M2∶12、马桥遗址Ⅱ T820②C∶7[7]、桐庐象山桥 M 中∶25[8] 韩瓶相近。心形铜镜与象山桥南宋墓中室出土铜镜近似，多见于南宋。青白瓷斗笠碗与南浔凡石桥[9]、婺源靖康二年（1127 年）南宋墓[10] 出土瓷碗造型相近。出土铜钱可辨的有开元通宝和北宋铜钱，这种现象南宋墓葬中也是存在的[11]。综上，M9 的年代应在南宋时期。墓室结构、棺上放置铁牛和韩瓶的做法也为研究浙北地区宋墓的葬俗和民间信仰提供了直接素材。

其余墓葬中，四系罐 2014M2∶1，与邗沟侯庄组[12]M11∶1 造型相似，后者为晚唐至五代时期。

[1] 浙江省文物考古研究所、龙游县博物馆：《龙游寺底袁宋代墓地》，《浙江宋墓》，科学出版社，2009年，第49页。

[2] 南京市博物馆：《江浦黄悦岭南宋张同之夫妇墓》，《文物》1973年第4期，第59～63页。

[3] 江西省文物工作队、南丰县博物馆：《江西南丰县桑田宋墓》，《考古》1988年第2期，第318～328页。

[4] 兰溪市博物馆：《浙江兰溪市南宋墓》，《考古》1991年第7期，第670～672页。

[5] 湖州市博物馆：《湖州白龙山宋墓》，《东方博物》第四十三辑，浙江大学出版社，2012年，第37～40页。

[6] 浙江省文物考古研究所、湖州市博物馆：《湖州风车口南宋墓地》，《浙江宋墓》，科学出版社，2009年，第51～81页。

[7] 上海市文物管理委员会：《马桥：1993～1997年发掘报告》，上海书画出版社，2002年，第319页。

[8] 浙江省文物考古研究所、桐庐县博物馆：《桐庐象山桥南宋墓葬》，《浙江宋墓》，科学出版社，2009年，第1～28页。

[9] 浙江省博物馆、浙江省文物考古研究所、湖州市文物保护管理所：《最忆是江南：湖州凡石桥南宋遗址出土文物》，文物出版社，2020年。

[10] 彭适凡：《宋元纪年青白瓷》，庄万里文化基金会，1998年。

[11] 浙江省文物考古研究所、桐庐县博物馆：《桐庐象山桥南宋墓葬》，《浙江宋墓》，科学出版社，2009年，第27页。

[12] 南京博物院、扬州市文物考古研究所：《江苏省扬州市邗江区侯庄组汉、晚唐至五代墓葬发掘简报》，《东南文化》2020年第4期，第38～54页。

陶壶 2014M3：1，与无锡胥山湾晚唐吴氏墓地 M49：3[1] 一致，年代相近。高足杯 M4：4 与繁昌老坝冲 [2] 高足杯 M10：18、M11：9 相近，但比 M8：7 要早些，其中 M10 是北宋中期，M8 是北宋中晚期；四系罐 M4：1 与老和山唐宋墓Ⅰ、Ⅱ式四系罐相近，早于Ⅲ式罐 [3]。根据随葬品的交叉比对，结合层位关系、墓葬形制等推测，2014M2、2014M3、M3 为唐至五代，M4 为北宋中晚期。前 3 座墓葬分布相近，可能属于同一家族墓地。

昆山遗址南部存在着许多高台，除去"假山"为商时期高台建筑外，从勘探和发掘情况看，其余高台形成时间主要在汉六朝至唐宋时期。这批墓葬的发现为研究昆山遗址历史时期聚落的演变提供了新资料。

项目负责人：刘建安

发掘：刘建安、罗汝鹏、闫凯凯、陈云、高勤虎、刘天让、刘喜林、孔岁成、甘明宣

整理：韩燕民、张鑫涛、闫凯凯等

执笔：闫凯凯、刘建安

[1]　无锡市文化遗产保护和考古研究所：《江苏无锡胥山湾晚唐吴氏墓葬发掘简报》，《东南文化》2017年第2期，第47页。

[2]　繁昌县文物管理所：《安徽繁昌县老坝冲宋墓的发掘》，《考古》1995年第10期，第915～929页。

[3]　浙江省文物考古研究所：《杭州老和山唐、宋墓》，《浙江省文物考古研究所学刊》（建所十周年纪念：1980～1990），科学出版社，1993年，第264～268页。

长兴县云峰宋周子美墓发掘简报

浙江省文物考古研究所、长兴县博物馆

一 发掘概况

2014 年 5 月，为配合杭（杭州）长（长兴）高速公路延伸段（泗安至宜兴）的建设，浙江省文物考古研究所会同长兴县博物馆对长兴县云峰村一处古墓地进行考古发掘，至 2015 年 9 月发掘完毕（图一）。根据发掘出土的墓志铭记载，该墓地为南宋韩杴墓的墓园（墓葬编号 2014 长兴云峰 M1），该墓园被若干明清至近现代墓葬和建筑叠压打破。而在墓园的北部，则局部打破了另一座墓葬的茔园。根据出土的墓志铭记载，该墓及茔园为北宋周子美墓（墓葬编号 2014 长兴云峰 M2）。该墓出土 1 件精美的青白瓷释迦牟尼佛像，埋葬形式特殊，故专文介绍（彩版二四，1）。

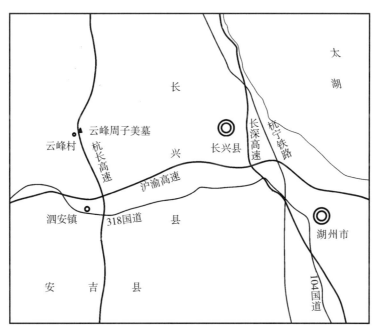

图一 云峰周子美墓地理位置示意图

二 墓葬及其茔园

墓葬为长方形砖室双穴墓，坐北朝南，方向 235°（图二、三；彩版二五，1）。茔园南北残长 12.7 米，分东、西墓室，东墓室前有墓道，墓道南接祭台，经踏道通往慢道，踏道之下有东西

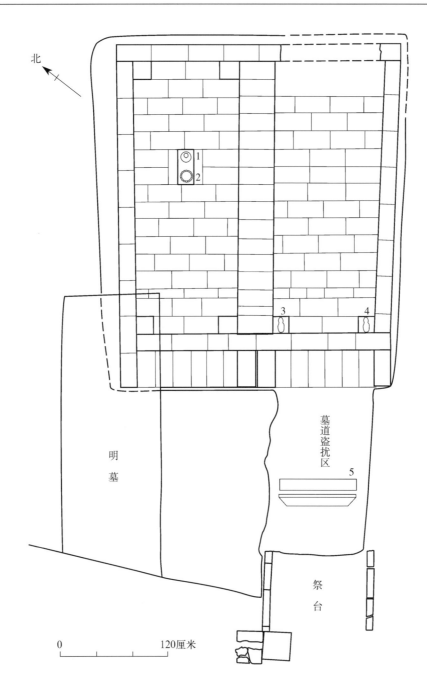

北

明
墓

墓
道
盗
扰
区

祭
台

0   120厘米

图二　M2 墓室平面图
1.青白瓷释迦牟尼佛像　2.青白瓷莲花座　3、4.铁牛　5.墓志石

向暗排水沟，之南为慢道，慢道两侧为拜台（图四、五）。现分述如下。

该墓土圹开凿于山体缓坡的风化岩石中。东西墓室长 2.88 米，后宽前窄，均为 1.18 ～ 1.1 米。
两室墓壁残高 1.04 米，横砖错缝平砌。

东室券顶已经不存，仅在隔墙的东半部分后端残存一块长 38、宽 18、厚 6 ～ 7 厘米的楔形砖，
另在东室扰土中散见长 15 ～ 18.5、宽 14、厚 5 厘米的券砖，推测东墓室原有券顶。后壁位置有盗洞，

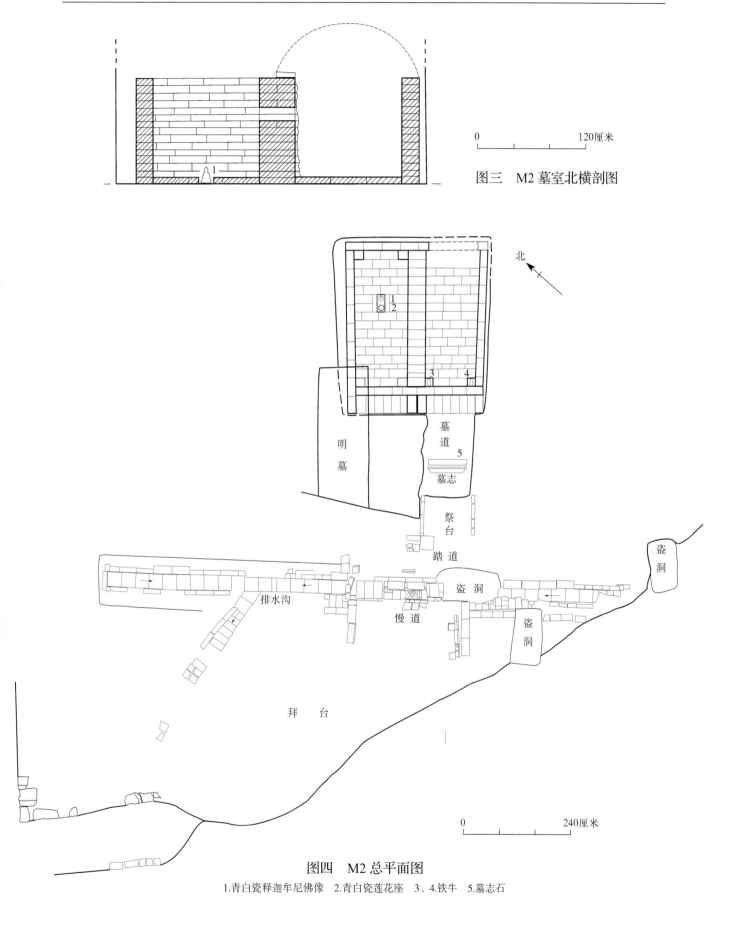

图三 M2 墓室北横剖图

0 120厘米

北

明墓

墓道

墓志 5

祭台

踏道

排水沟

慢道

盗洞

盗洞

盗洞

拜台

0 240厘米

图四 M2 总平面图

1.青白瓷释迦牟尼佛像 2.青白瓷莲花座 3、4.铁牛 5.墓志石

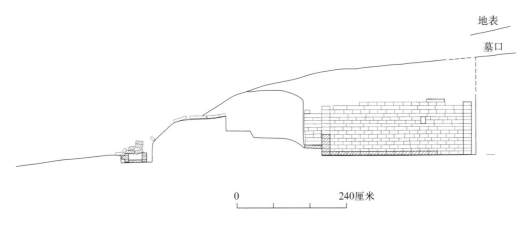

图五　M2 墓室及茔园西纵剖图

后壁及后部铺地砖无存。东室铺地砖横砖错缝平铺，砖规格和墓壁砖一致。前端近封门处左右角落均有方形地龛，放置铁牛各1件。

中间隔墙宽0.38米。距北壁0.8、高0.58米处，有东西墓室相通的孔洞，高14、宽10厘米。孔洞以南两室侧壁各有一个壁龛，高14、宽10、深6厘米。

西室确定无顶，隔墙窗口以下为红褐色填土，经过夯实，夯层厚3～3.5、夯窝直径3～4厘米，近底部填土夯打较疏松。铺地砖为横砖错缝平铺，砖规格和墓壁砖一致。后部正中底部有地龛，长36、宽16、深9厘米。地龛两侧为侧砖平铺，位置和东室底部对缝平铺砖相对应。龛内填土为浅灰色细腻淤泥，前后分置青白瓷碗形莲座和青白瓷释迦牟尼佛像，佛像及莲座为淤泥包围。西室墓底四角均有方形地龛，但无器物出土。

东西室南壁即封门为单砖错缝平砌，经隔墙与西室墓壁相抵，东室前端两翼位置与封门交错咬合。东西墓室前端有高于墓底铺地砖7厘米的平铺砖一层，推测该位置原是放置墓志石碑的。

墓道位于东室前端，长1.76、宽1.1米。被盗扰，底部有台阶和斜坡。扰坑中出土该墓墓志碑石。

墓道以南东西两侧残存长30.5、宽8、厚4.5厘米的条砖。内宽1.04、南北长0.8米，较平坦。推测该处原有祭台。

祭台以南残存长30、宽30、厚5厘米的方砖，水平距离为1.64、高0.76米。宽度不明，推测该处为踏道。

踏道以南两侧有长38、宽18、厚7厘米的条形砖竖向平铺，其内有长20、宽8、厚5厘米的条形砖斜衬，再内有15厘米宽的条形砖横铺。残存长度为1.02、复原宽度2.02米。推测该处原为慢道所在。

慢道两侧残存有砖块横铺层，大部分位于地表层以下，加上韩㭪墓园的破坏，多已不存。残存范围东西残长13.2、南北残宽4.8米，西部边缘斜坡边角用石块包边。砖长24.5、宽14、厚4.5厘米。这个范围推测原为拜台。

拜台之北踏道之下有砌造讲究的排水沟，东西残长11.2米，东高西低。西部向南有分支。用长30、宽30、厚5厘米的方砖铺地，用长37.5、宽9～10、厚7厘米的砖和长37、宽8、厚4.5厘米的砖叠砌。其上平铺长37.5、宽17.5、厚7厘米的条形砖盖顶。沟槽宽0.32、高0.14米。排水沟向南有分支，用长30、宽15、厚4.6厘米的条形砖铺底立壁砌造。分支残长约1.6米。

三　随葬品

墓葬东室地宫内出土铁牛2件，已锈蚀，长约15、高约15厘米。标本 M2：3（彩版二四，2）、M2：4（彩版二四，3）。

墓葬西室地宫内出土青白瓷释迦牟尼佛像及碗形莲花座（图六；彩版二六，1～5）。

（1）青白瓷释迦牟尼佛像

标本 M2：1，圆形底座，佛陀结跏趺坐，头顶佛螺髻发，脸型圆润饱满，弯眉垂睑，双耳垂肩带圆环耳饰，鼻翼鼻孔唇中耳孔下巴都非常清晰，面目慈祥端庄。身披袈裟，半袒胸乳，胸肌

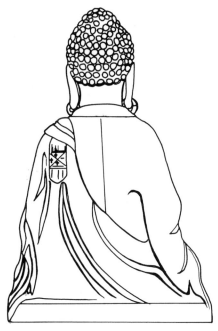

0　　　　　　　　6厘米

图六　青白瓷佛像 M2：1

腹线清晰可见，袈裟衣褶刻划精细，左肩前有结绳，左肩后有褡祥，腹部有绳形腰带。左手自然搭于左膝上，右手屈臂手心向前结说法印，刻划出清晰指甲。白胎，青白釉，釉色凝润，表面有微小气孔。座底无釉有垫烧圈。整尊佛像右手中指尖和小指尖残缺，右耳饰有裂痕为烧成时缺陷。佛像高 17、底座直径 10.8 厘米，头高 5、肩宽 6 厘米。

　　（2）青白瓷莲花座

　　标本 M2：2，碗形，敞口，平沿，弧腹，假圈足，足壁外斜，外底内弧，内底心微凸。外壁贴塑三重莲瓣，莲瓣呈勺形，中脊圆凸，莲瓣外壁有竖线经络划线。白胎，青白釉，内壁底无釉，莲瓣底及假圈足无釉，垫烧痕在莲瓣底。有四处莲瓣残缺。口径 10.4、足径 3.6 厘米，碗高 9、通高 11 厘米（图七；彩版二七，2、3）。

　　佛像和莲座组合高度 28 厘米，莲座假圈足底略小，供奉时底下可能镶嵌木座（彩版二七，1）。

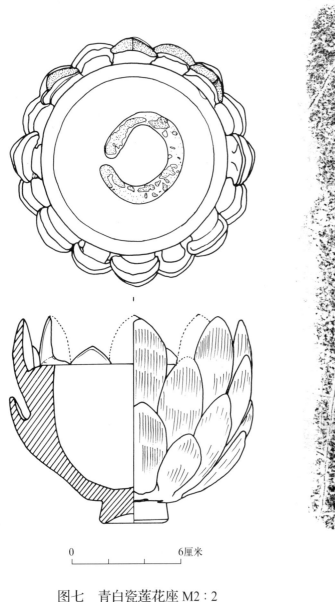

0　　　　　　　6厘米

图七　青白瓷莲花座 M2：2

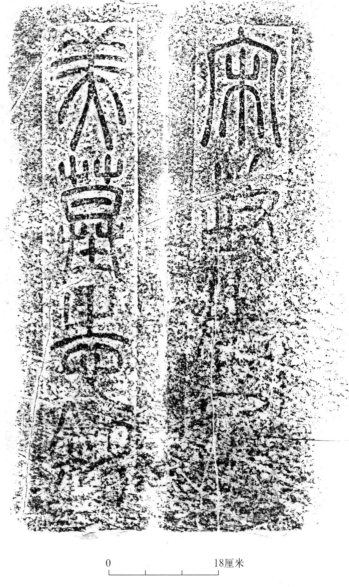

0　　　　　　　18厘米

图八　M2 墓志铭盖拓片

四　墓志

　　该墓出土墓志 1 合，标本 M2：5，石灰岩质。原置于东室封门外，出土于墓道扰坑内。出土时墓志碑文倒置。志盖长、宽 85、厚 12 厘米。减地平钑篆书"宋故周子美墓志铭"（图八；彩版二五，2）。志石长、宽 84、厚 12 厘米。志文楷书，共 25 列，剥泐严重，字迹多漫漶不清。下半部碑文几乎全部无法辨认（图九；彩版二五，3）。录文如下。

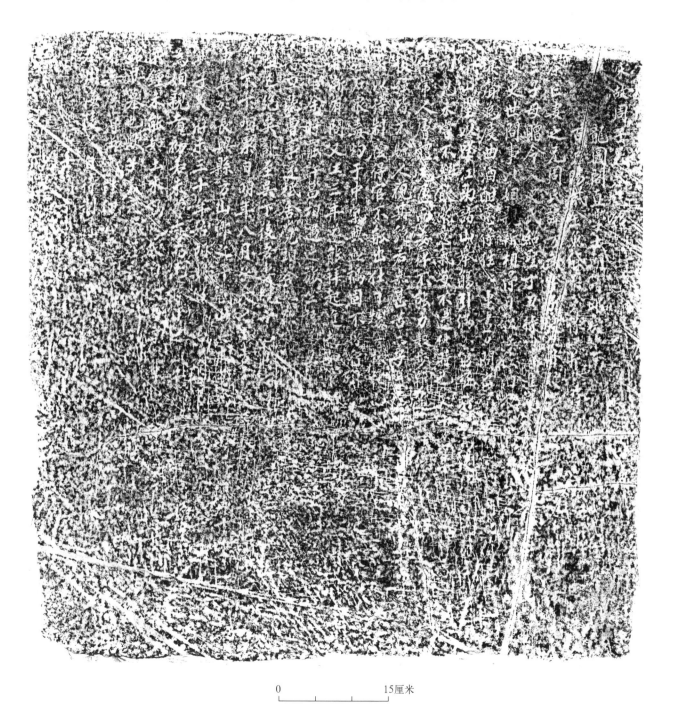

0　　　　　　　15厘米

图九　M2 墓志铭碑文拓片

宋故周子美墓志铭

龙图阁直学士朝请郎……

百户赐紫金鱼袋……

余亡妻之兄周氏讳方武字子美集贤殿……

三子母赠令人史氏绍圣丁丑……

承更世间事以姻亲……

□声为度曲酒酣意……

□山堂以□江南诸山举觞……

□见未尝不乐饮然意气每不逮　　也

□常人肤体元盈而美痹不能力数步……

□强皆不验人视其貌若无甚苦两子……

□以待制荫得官不能出仕……

□石众毒灼于中气　血槁固不……

□渐有间又二三年遂能拜起……

□官余时罢许昌相遇逆旅坐……

□□聪曹事还抵舍……

□□绝矣讣至吴下居吾妻……

食不下咽累日明年八月……

申葬于长兴县方山乡之许藏山……

与子美游未三十年……

为姐亲者初若未……

□锺未能如土水……

铭其墓也……

□无厚薄……

泰州海陵人□待制……

五　墓志解读

（1）"龙图阁直学士朝请郎……百户赐紫金鱼袋……"

是墓志铭作者的官位自述，龙图阁直学士是虚衔，从三品，朝请郎是文散官官阶，正七品上，后面应有实授官职和爵位，赐紫金鱼袋是三品以上才能享用的荣誉，所以撰写墓志铭之人官阶不高仅是正七品上朝请郎，但虚衔和享受荣誉却高达到三品以上。

（2）"余亡妻之兄周氏讳方武字子美集贤殿……"

撰文者与墓主的关系，墓主名周方字子美，官位是集贤殿某个馆职，按《宋代官制词典》，集贤殿馆职有修撰、校理、校勘、检讨等[1]，按下文有可能是"集贤殿待制"，为备用官员。此

---

[1]　龚延明：《宋代官制词典》，中华书局，1997年，第150、151页。

段文字后面应是其父名讳官职，然后接其母。

（3）"三子母赠令人史氏绍圣丁丑……"

接上文推测墓主父亲有三子，母亲为史氏，封赠有"令人"诰命。

本段中的"绍圣丁丑"（1097年）应为墓主的出生年月。

"令人"这个封号是在宋徽宗政和二年（1112年）改制后才有的，"侍郎以上封硕人，太中大夫以上封令人"[1]，"令人"封号对应的是四品官阶，所以墓主父亲在撰此文时至少应该是个四品官，官阶为太中大夫或者是中大夫、中奉大夫、正奉大夫。

（4）往下墓志记载大意是墓主嗜酒如命喜欢游山玩水，而且似乎身体不太好"美，痹不能力数步"。"以待制荫得官不能出仕……"说明墓主并没有实际官职。"与子美游，未三十年……"可能说得是墓主去世时还不足三十岁，也可能是说结伴同行不到三十年。

六　结语

墓志铭内容漫漶太多，有些字可能没有分辨清楚。以上解读可以得出如下结论，墓主周方周子美，生于绍圣丁丑年（1097年），卒年如果不到30岁，那么就是1127年前，正是北宋末年，如果说是结伴同行不到三十年，那么就可能卒于南宋初。墓主虽然没有实际官职，但其父至少是个四品官。撰文者为其妹夫，七品官官阶而享受三品官待遇，是否可能是皇亲国戚？

宋代诗人郭印《云溪集》[2]中有《和余时升周子美江雨有怀雨不绝诗韵各赋一首》诗词，郭印生卒年不详，但他是政和年间进士，所以和墓主周子美应是一个时代的人，诗词标题中的"周子美"很可能就是墓主。

笔者才疏学浅，未能考证出撰文者"龙图阁直学士朝请郎"究竟是谁？墓主之父至少是四品官也可能有姓名传世，未能考证，甚憾。

墓葬营造还算考究，唯右墓室为葬妻子而特意埋藏了一尊青白瓷释迦牟尼佛像，佛像制作精美，窑口可能是景德镇湖田窑[3]，有待考证并深入研究。以目前所知，北宋时期日常供奉的瓷佛如此郑重地随葬，未查证到其他墓葬有此种埋葬方式，可能为孤例。1974年衢州南宋史绳祖墓有出土青白瓷观音像1件[4]，该墓也是双穴砖室墓，发现时墓底已被破坏，所以不能明确其埋藏位置。

此墓的发现为宋代墓葬、青白瓷研究等提供了重要的实物资料。

绘图、拓片：陈文超、梅亚龙
执笔、摄像：徐军

[1]　（宋）佚名：《宋大诏令集》卷164《改命妇封号御笔》，第626、627页。

[2]　《四库全书》收录（宋）郭印《云溪集》十二卷。

[3]　江西省文物考古研究所、景德镇湖田窑陈列馆：《江西湖田窑址H区发掘简报》（《考古》2000年第12期）等湖田窑址发掘报道中，都有宋代青白瓷雕塑出土的描述。

[4]　衢州市文管委会：《浙江衢州市南宋墓出土器物》，《考古》1983年第11期。

长兴县水口金山村宋墓发掘简报

长兴县博物馆

2020 年 5 月 22 日，长兴县博物馆接到村民报告，反映在长兴县水口乡金山村外岗自然村修路时发现一处古墓葬。接到报告后，长兴县博物馆工作人员立即赶赴现场，并在浙江省文物考古研究所专家的指导下，对墓葬进行了抢救性考古发掘。至 5 月 23 日，墓葬发掘结束。现将该墓发掘情况简报如下。

一 墓葬概况

墓葬位于金山村外岗自然村南侧一处缓坡上，距离长兴县西北约 13.5 千米（图一）。从地理位置上看，属于金山北坡边缘地带。现场部分墓葬石盖板已暴露出来，封土情况不明。墓葬坐南朝北，墓向 18°。墓葬总长 3.82、宽 2.16、高 2.36 米（图二～四）。结构上从外向内，依次为石椁、砖室和木棺。木棺腐朽严重。在墓室底部尚见少许棺板残迹，部分保留有红色漆皮。墓主人尸骨保存极差，仅在墓室底部木棺南部位置发现数枚牙齿。

根据发掘解剖情况，墓坑呈南北向长方形，墓坑内用石块和条石围砌一周成石椁，石椁内用

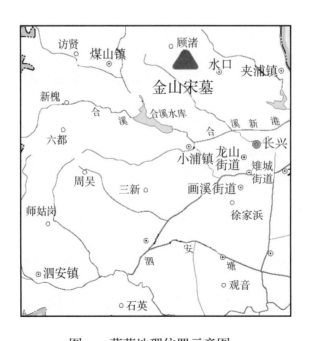

图一 墓葬地理位置示意图

图二　金山村宋墓（由北向南）

图三　金山村宋墓（由西向东）

青砖垒砌一周作砖室，石椁与砖室之间使用石灰填充。墓室上置三重墓顶，先用石板平铺作墓室盖顶，盖顶上再覆弧形石券顶，其上再覆弧形砖券顶。用于盖顶的石板共四块，厚约 20 厘米。石券顶由三列纵向弧形石板组成，两端各有一块半圆形石挡板，其中左右列各两块石板，中间列三块石板，厚约 10 厘米。石盖顶距离石券顶最高处约 40 厘米。用于盖顶和券顶的石板彼此之间均以子母口咬合，连接紧密。砖券顶由单层纵向并列小青砖砌成，砖长 24、宽 12、厚 3 厘米。墓壁以青砖错缝平砌，两砖之间采用类似燕尾榫的榫卯结构连接，砖长 39、宽 18.5、厚 8 厘米。墓室底部以青砖平铺。墓室南端墓壁最上方中间位置保留有一方形凹槽，北端因盗墓和施工破坏情况不明。墓室南端墓壁外侧置一砖龛，以年糕砖围砌而成，砖长 28、宽 8、厚 5 厘米，其内竖直放置墓志石一方。在墓葬北部发现一个盗洞，打破砖券顶、石券顶和石盖板。

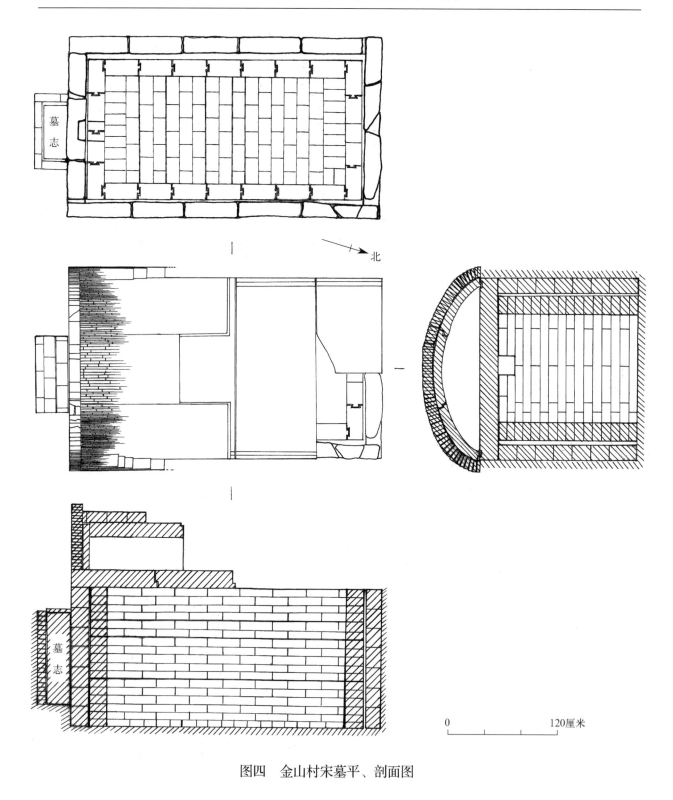

图四　金山村宋墓平、剖面图

二　出土遗物

墓葬曾被盗掘，墓室内有大量黄色淤土堆积，出土遗物较少，仅有铜钱几十枚、墓志石一方。此外，在木棺周边位置发现较多松香，大多形状不规则，外观为灰色，截面呈黄绿色。

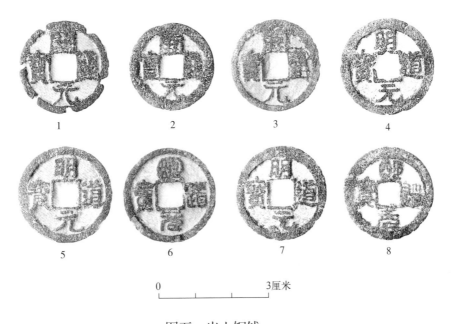

图五　出土铜钱
1～3.开元通宝　4～8.明道元宝

（1）铜钱

共35枚，其中34枚完整，1枚残。均出于墓室底部，集中在木棺中部位置。

开元通宝　3枚，面文隶书，直读，光背无文或月文，其中1枚边郭被剪，呈现六处缺口，钱径2.4～2.5厘米（图五，1～3）。

明道元宝　32枚，其面文分楷书、篆书两种字体，属于对钱。面文楷书者30枚，篆书者2枚，钱径约2.5厘米，右旋读，光背无文。其中3枚穿孔呈八角形，俗称花穿钱（图五，4～8）。

（2）墓志石

1方。

石灰岩质地，长96、宽57、厚15厘米（图六～八）。碑额竖书"宋知郡朝请大夫皇甫公圹记"大字篆书，共六行12字。碑文皆小字楷书竖书，文字大多因石质侵蚀漫漶不清，能识

图六　出土墓志

图七 墓志拓片

别者计 16 行，共 60 余字。现从左至右，依次识读 [1]：

　　公讳［鑑］自明其［字］……/

　　［兴］［县］曾祖林……/

　　妣吴兴郡夫人……/

　　□□奉大夫……/

　　光禄大夫……/

　　以祖泽初……/

　　县令改辟……/

　　黄县丁父……/

　　领崇禧祠……/

　　生于淳熙……/

　　十有五积……/

　　孙男五人……/

　　钱粮所江……/

　　瑛孙女四人……/

　　女二人沂……/

　　乡金山之……/

图八　墓志拓片局部

三　墓志释文

　　圹记属于墓志类文献，多为记叙性散文，记录墓主的姓名、籍贯、庙祖、性格、才能、生平、言辞、家室、葬地、葬年等情况，文末基本无铭辞 [2]。虽然这方墓志石质侵蚀严重，大部分文字灭失难以辨识，但依据残存的只言片语，仍可获取墓主人的身份、生平、家族等重要信息。

　　知郡，官名。宋代州别称郡，府也通称郡。故知郡为知府、知州别称。品位上，知府稍尊于知州 [3]。朝请大夫，官名。北宋前期属文散官，神宗元丰三年改制为寄禄官，从六品 [4]。皇甫，姓氏。经仔细辨认，讳字之后定为鑑字。鑑，现代简化作鉴字。自明其字，可释为其字自明。□兴县，县名。曾祖林，即曾祖皇甫林。吴兴郡夫人，为外命妇名号。□奉大夫、光禄大夫，皆为官名。祖泽，祖上恩泽。此指以祖泽荫补为官。□黄县，县名。丁父，当为丁父忧，父丧守孝。崇禧祠，

[1]　□表示难以辨识，［］表示隐约可辨，……表示侵蚀灭失，/表示换行。

[2]　王海平：《宋代墓志文献管窥》，《广播电视大学学报（哲学社会科学版）》2011年第3期。

[3]　知府由文臣朝官以上、武臣刺史（从五品）以上差充。知州由文臣以京、朝官，武臣以阁门祗侯以上充。《元祐官品令》，上州知州正六品，中、下州知州从六品。参见龚延明编著：《宋代官制辞典》，中华书局，1997年，第531、536页。

[4]　朝请大夫，始置于隋，散官。唐贞观中列入文散官。宋因之，北宋前期属文散官二十九阶之第十二阶。从五品上。北宋神宗元丰三年九月，由前行郎中改。为文臣寄禄官三十阶之第十七阶。从六品。参见龚延明编著：《宋代官制辞典》，中华书局，1997年，第561、571页。

为宋时皇家敕设道教宫观 [1]。领崇禧祠，意为享受祠禄。两宋时期，朝廷曾设祠禄之官，以佚老优贤 [2]。淳熙（1174 ～ 1189 年），为南宋孝宗赵昚的第三个和最后一个年号，共计使用 16 年。金山，山名，位于长兴水口西北 5.5 千米，海拔 227.6 米 [3]。此处为葬地，今仍称金山。

通过志文释读，可知墓主人为皇甫鉴，字自明，生于南宋淳熙年间（1174 ～ 1189 年），籍贯、卒年等不详。祖上是官宦世家，其荫补入仕，历官知县、祠禄官、朝请大夫、知郡等。在世时儿孙满堂，孙子五人，其中一人名瑛，孙女四人。其死后葬于金山之侧。

据《皇甫氏家乘源流》记载，宋室南渡之际，临濠府中立县（今安徽凤阳）皇甫氏一支皇甫弁之后，皇甫辑携子彦，迁居湖州长兴。彦生光禄大夫林，林生运使焕，焕生南雄守埏，埏生韶州守鉴，鉴生沂，沂生琪、瑛、玙等。元季兵乱，皇甫琪、瑛、玙等迁散各处。明初惟皇甫瑛复还长兴 [4]。依此源流，若曾祖为皇甫林，孙为皇甫瑛，其人当为皇甫鉴，与墓志所记一致。皇甫鉴官至韶州守，与志文题额所记知郡一职相符。志文近结尾处沂字，应为其子皇甫沂。按照一般墓志的书写体例，结尾处或书"沂等泣血谨志"之语。

四　结语

1. 关于墓葬形制的认识

金山村墓葬虽然规模不大，但墓葬结构复杂，在形制方面有诸多特殊之处。其形制属于砖石混筑墓，也称砖框石盖顶墓或砖室石顶墓。此种墓葬形制在宋代长江下游地区最为流行，可分为单室和并列双室两种 [5]。

该墓为石盖顶、石券顶和砖券顶三重墓顶，形制较为少见。相对而言，墓室石盖顶上再覆以砖券顶或石券顶的双顶墓形式更为常见，是南宋中、后期长江下游地区流行的墓室形式 [6]，如江苏江浦南宋张同之夫妇墓 [7]、浙江兰溪南宋墓 [8]、湖州风车口南宋墓 [9] 等。这种多重墓顶结构显著增加了墓室的密闭性与牢固性，既具有良好的防潮防腐效果，又提升了防盗功能。

墓室南端墓壁最上方中间位置保留的方形凹槽，北端应该也有一处，可能用于放置横木，以

---

[1] 崇禧祠，位于句容大茅峰西北丁公山南，原为南朝时所建的"曲林馆"，后为陶弘景的"华阳下馆"。唐贞观时（627～649年），唐太宗为王法主（王远知）建"太平观"。宋敕改"崇禧祠"，元延祐六年（1319年）赐名"崇禧万寿宫"。参见句容市地方志办公室编：《句容茅山志》，黄山书社，1998年，第91页。

[2] 祠禄之官为宋朝特有的职官制度，历代皇帝崇尚道教，于京城内外建立了许多道教宫观。在京者为京祠，在外者为外祠。开始，外戚、宗室和宰执罢官留京师，多任宫观官；此后，疲老不任事而又未致仕的官员也多任此职。于是此法形成制度，凡大臣罢现任，令管理道教宫观以示优礼；无职事，但借名"以食其禄"，称为"祠禄"。参见任林豪、马曙明：《宋台州崇道观祠禄官考释》，上海古籍出版社，2019年，第3～6页。

[3] 《长兴县志》："金山去县西北四十里，高二百十二丈，周八里。下有潭，曰金潭，渠曰金渠。汉楼船将军金曼倩居此。山之土皆绛色。上有金沙岭。"参见浙江省长兴县地名委员会编：《长兴县地名志》，内部发行，1983年，第473页。

[4] （清）皇甫鸣锵纂修：《皇甫氏宗谱》，咸丰十一年（1861年）崇朴堂写刻本。

[5] 秦大树：《宋元明考古》，文物出版社，2004年，第151～153页。

[6] 浙江省文物考古研究所：《浙江宋墓》，科学出版社，2009年，第61页。

[7] 南京市博物馆：《江浦黄悦岭南宋张同之夫妇墓》，《文物》1973年第4期。

[8] 兰溪市博物馆：《浙江兰溪市南宋墓》，《考古》1991年第7期。

[9] 浙江省文物考古研究所：《浙江宋墓》，科学出版社，2009年，第51～81页。

起到支撑石盖板、防止塌陷的作用。此形制也见于武义南宋徐邦宪夫妻合葬墓，其左、右墓室南北两端中部，均设有榫卯凹槽[1]。在江苏江阴长泾一座南宋墓中，在棺木之上置一根边长 18 厘米、长 3.03 米的木方，其两端搁于墓室两壁中间[2]，或许是这种做法的实物例证。

墓壁砌砖以燕尾榫连接，使砖与砖之间连接更加紧密。在浙江龙游寺底袁南宋晚期 M59 也有发现，其墓壁由两层砖砌筑而成，其中内层为榫卯砖错缝平砌而成[3]。燕尾榫是常见于古建筑中连接各种横向构件以及横向与纵向构件的榫卯结构，榫头平面呈倒梯形，形似燕尾而得名，又叫作"大头榫"或"银锭榫"[4]。采用榫卯砖的做法，可增加抗拉效果，对墓室起到了加固的作用。

在墓室内木棺周围放置松香，应是基于墓葬防潮防腐的考虑。松香又名松脂，古代松香是用采集的松脂直接阴干而成，含有大量的油树脂，既能防潮御湿，又可以杀虫防蠹。从考古发现的大量实例来看，在墓葬、棺椁中大量填塞松香作为防潮密封材料，是宋、元、明时期普遍使用的防潮防腐技术[5]。

2. 关于墓葬的年代

一般而言，墓葬中出土的纪年铜钱和墓志，可以为墓葬年代判断提供直接依据。该墓出土铜钱仅有开元通宝和明道元宝。其中开元通宝，始铸于唐高祖武德四年（621 年），是唐代主要的流通货币。明道元宝，宋仁宗明道年间（1032 ～ 1033 年）所铸。前文已述，墓主人皇甫鉴是南宋人，墓葬年代显然为南宋时期。这与考古发现情况一致，浙江地区南宋墓葬出土的铜钱多为开元通宝或北宋钱，南宋钱极少[6]。墓志因侵蚀严重，所记墓主人皇甫鉴卒年未知。幸而墓志保存了皇甫鉴生于淳熙年间，在世时儿孙满堂的信息，故推测其年龄颇大。再结合该墓的墓葬形制，流行于南宋中后期。综合考虑，该墓的年代大致为南宋后期。

发掘：徐军、何炜、梅亚龙、钱斌等

绘图、摄影：梅亚龙

拓片：梅亚龙、程晓伟

执笔：程晓伟、梅亚龙

[1] 浙江省文物考古研究所、武义县文物保护管理所：《武义南宋徐邦宪墓的发掘》，《东方博物》第七十四辑，中国书店，2020 年，第 5～12 页。

[2] 刁文伟、翁雪花：《江苏江阴长泾镇宋墓》，《文物》2004 年第 8 期。

[3] 浙江省文物考古研究所、龙游县博物馆：《龙游寺底袁宋墓发掘简报》，《东方博物》第五十六辑，中国书店，2015 年，第 32～41 页。

[4] 王其钧编著：《中国建筑图解词典》，机械工业出版社，2021 年，第 128 页。

[5] 霍巍：《关于宋、元、明墓葬中尸体防腐的几个问题》，《四川大学学报（哲学社会科学版）》1987 年第 4 期。

[6] 浙江省文物考古研究所：《浙江宋墓》，科学出版社，2009 年，第 27 页。

金华市婺城区金品区块宋墓发掘简报

浙江省文物考古研究所、金华市文物保护与考古研究所、婺城区文化遗产保护中心

一 地理位置及发掘经过

金品区块位于金华市婺城区西北,同创路以南、推包井村以东的自然山岗上。2021年5～12月,为配合金华市婺城区金品区块土地出让,浙江省文物考古研究所联合金华市文物保护与考古研究所、婺城区文化遗产保护中心对用地范围内的墓葬进行了抢救性发掘。发掘共分两期,一期发掘了金品 A 区块（面积 48046 平方米）范围内的 8 座墓葬;二期发掘了金品 C 区块（面积 40716 平方米）范围内的 24 座墓葬。本文介绍其中 3 座宋墓资料。

3 座宋墓均位于相对独立的低缓山坡,分别编号为 2021JJCM6、2021JJCM17 和 2021JJCM23（图一）。其中,M6 结构保存完整,M17、M23 遭受到不同程度的破坏。

二 墓葬分述

（一）2021JJCM6

该墓位于金品 C 区块的东北角,海拔约 60 米,坐北朝南,墓向 193°（彩版二八,1）。推测墓上原有近圆形的封土堆,由于建设施工和耕种破坏,封土被削平,发掘前只见地表微隆起。

1. 墓葬结构

墓葬保存较为完整,由墓室、墓道和排水道三部分组成（图二）。

墓圹直接在红褐色砂岩中开凿,东、北、西三面略加修整,平面近方形,边长 3.5～3.8 米。墓室居于正中,2 座长方形砖室券顶墓东西并列,长 3.1、宽 2.88、高 1.92 米。在东、西墓室顶部起 1 层券,连接两墓室顶部,其下垒砌数层墓砖以填塞券顶之间的空隙。东、西墓室皆为双层券,券顶下方悬置壶门形砖雕。西室东壁、东室西壁中部均有壁龛,壁龛上部也为壶门形。墓底铺方形地砖,其上为棺床,棺床总长 2.29、宽 0.98 米。墓室封门向东、西两侧各延伸一段,作为挡墙连接墓室与墓圹（图三）。

墓室封门以南为梯形墓道,长 2.1、宽 3.6～0.7 米。墓道以南连接排水道,残长 11.7、宽约 0.6 米。墓道和下水道底部为鹅卵石、碎石等铺面。

2. 随葬品

随葬品基本出于棺床之上。西室有木棺痕迹,木棺近长方形,长 1.83、宽 0.62 米。木棺四周散布有 30 枚棺钉,8 个棺环。头端偏西侧出土瓷粉盒 3 件（套）、葵形铜镜 1 枚,东侧有铁剪刀 1 把,

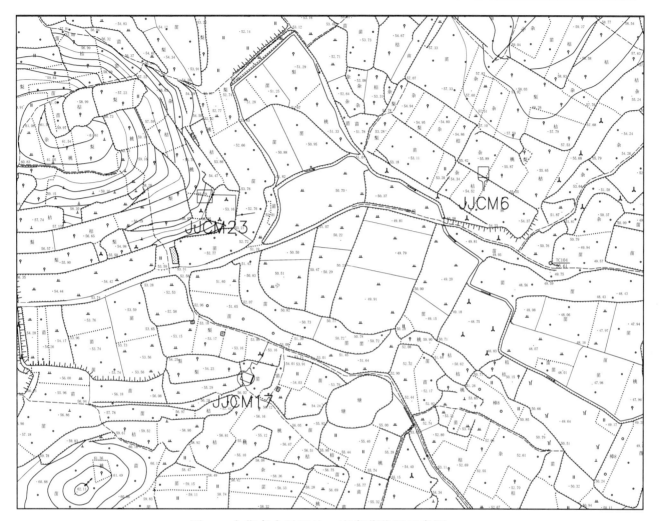

图一　金华市金品区块 3 座宋墓位置示意图

棺底散铺铜钱共计 56 枚。此外，西室封门墙外出有瓷堆塑罐和陶魂瓶各 1 件。

（1）陶魂瓶

1 件。

标本 JJCM6 西：96，锥顶，溜肩，器壁弧曲，平底。肩部作圆孔，孔径 1.8 厘米。外壁饰三周宽凹弦纹。粗泥红陶，制作粗糙。顶径 4.5、最大腹径 14.4、底径 9.6、通高 20.4 厘米（图四，1；彩版二八，2）。

（2）瓷堆塑罐

1 件。

标本 JJCM6 西：97，出土于西室封门外，由器身和器盖组成。器盖呈覆盏形，盖上堆塑粗泥条揉捏成的堆塑。器身直口，圆唇，直颈，溜肩，深鼓腹，平底。口沿下至近底部作附加堆纹，可分上下两部分。上部在颈、肩部粗泥条堆塑出火焰形附加堆纹和一条盘龙，龙长角昂首，沿器壁盘绕；下部在器腹用粗泥条堆塑出火焰形附加堆纹，并在这些火焰纹之间堆贴形态不一的人物，有的持乐器，如箫、鼓、镲等；有的抬棺，形象粗犷。器表施酱釉，下腹有流釉痕迹。制作比较粗糙，

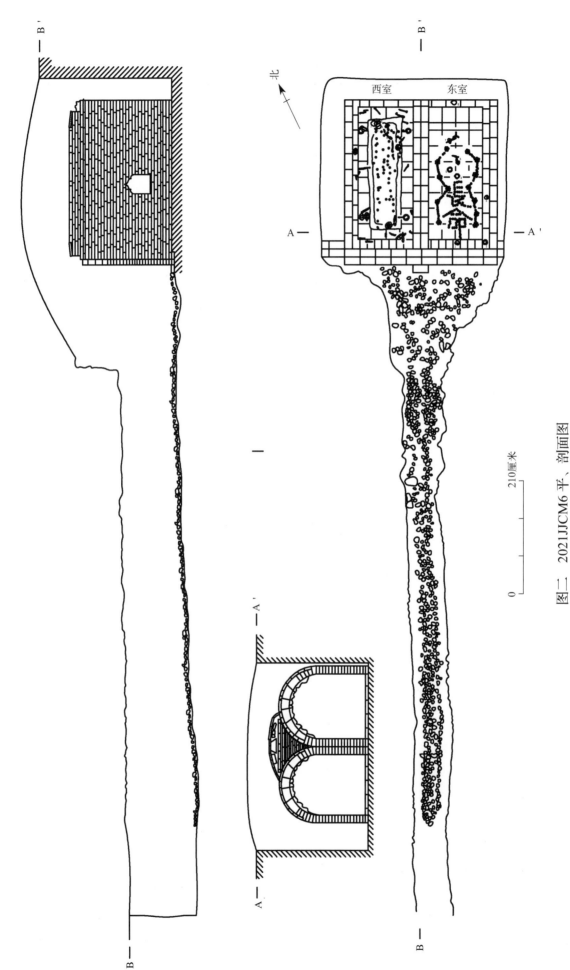

北

西室　东室

A — — A'

A' — — A'

B' — — B'

B — — B

0 ⌙————⌙ 210厘米

图二　2021JJCM6平、剖面图

西室：1、3～5.瓷粉盒　2.铜镜　6.铁剪　7.铜钱
东室：1、3.瓷钵　2、5.瓷钵盖　4.瓷香炉　6.银龙箔片　7.铜烛台　8.立石　9.铜钱

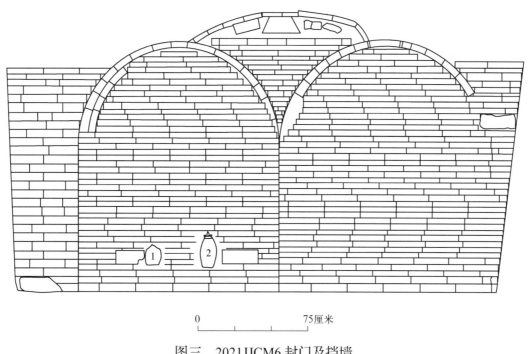

0   75厘米

图三   2021JJCM6 封门及挡墙

1.陶魂瓶   2.瓷堆塑罐

深红胎。口径 9.2、腹径 16、底径 9.7、通高 29 厘米（图五；彩版二八，3）。

（3）瓷粉盒

3件。

标本 JJCM6 西：91、93，扁圆形，由盒盖与盒身组成，出土时盖、身分离。盒盖中部略下凹，盖面印有缠枝花卉纹，盒身子母口，弧壁，腹微鼓，平底。器表施白釉，盒身下半部不施釉，露白胎，胎质细腻。直径 9.2、通高 3.6 厘米（图四，2；彩版二九，1）。

标本 JJCM6 西：92，缺盖。盖身子母口，尖唇，浅弧壁，底微凹。外壁剔刻莲瓣纹。器表施青白釉，子母口、下腹及外底无釉。白胎。口径 4、底径 3.3、高 1.7 厘米（图四，4；彩版二九，2）。

标本 JJCM6 西：94，缺盖。盖身子母口，小方唇，斜直壁，底微凹。外壁剔刻莲瓣纹。器表施青白釉，子母口、近底部及外底无釉。白胎。口径 4.8、底径 4.2、通高 2.3 厘米（图四，3；彩版二九，3）。

（4）铜镜

1件。

标本 JJCM6 西：95，葵形镜。出土于 3 件粉盒下，锈蚀较严重，纽残缺。镜面平。外缘六瓣葵花形，每瓣葵花中间内凹，窄素缘。镜背一侧印有长方形框格，框内戳印"□□承父真□□照子"。直径 12.5、厚 0.35 厘米（彩版二九，4）。

（5）铜钱

56枚。

锈蚀较严重。几无字迹可辨者。

（6）铁剪

0　　　　　　　　12厘米

1、10

0　　　　　　　6厘米

余

图四　2021JJCM6 出土器物

1.陶魂瓶JJCM6西：96　2～4.瓷粉盒JJCM6西：91、93、94、92　5、6.青白瓷钵JJCM6东：1、3　7.青瓷三足炉JJCM6东：4　8、9.瓷盖JJCM6东：2、5　10.铜烛台JJCM6东：7、8

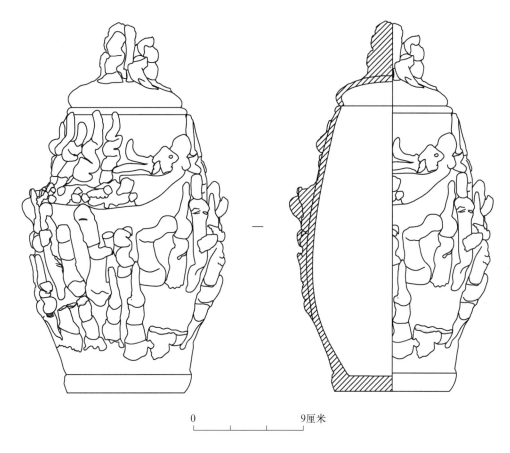

0　　　　　　　　9厘米

图五　瓷堆塑罐 JJCM6 西：97

1 件。

标本 JJCM6 西：38，锈蚀严重，仅剩半截，刃部扁平，柄部呈弧形，握手处近圆形。残长 16.5、宽 4.2 厘米（彩版二九，5）。

东室未见葬具痕迹和棺钉、棺环。随葬品铺于棺床上，后壁中部有 1 件立石，以立石向南为中轴线依次出土有铜烛台、银龙、瓷盖、瓷三足炉、瓷钵各 1 件，另有 1 件瓷钵和 1 件瓷盖移位至棺床与墓壁之间。铜烛台以南铺置铜钱，排列呈 "长命" 二字，并在银龙、瓷三足炉和 "长命" 二字外铺钱，呈北斗七星状（左）和南斗六星状（右）的图案。

（7）青白瓷钵

2 件。

标本 JJCM6 东：1，直口，小方唇，直腹下弧收，平底，矮圈足。碗腹饰刻划花卉纹。口沿处内外一周无釉作芒口，其余施青白釉。口径 8、底径 4.2、高 5.5 厘米（图四，5；彩版三〇，1）。

标本 JJCM6 东：3，直口，尖圆唇，直腹下弧收，平底，矮圈足。碗腹饰刻划花卉纹。口沿处内外一周无釉作芒口，其余施白釉。口径 8、底径 4.2、高 5 厘米（图四，6；彩版三〇，2）。

（8）青瓷三足炉

1 件。

标本 JJCM6 东：4，直口，尖圆唇，直腹，斜平底，底下带 3 个蹄状足。外壁的口沿、中部、底部饰三道凸棱，棱上各饰一道弦纹。通体施粉青釉。口径 7.4、底径 6.8、高 5.9 厘米（图四，7；彩版三〇，3）。

（9）瓷盖

2件。形制相同，斗笠形，圆唇，平沿，沿下子口，盖顶塑如意形小纽。盖面饰刻划花草纹。

标本 JJCM6 东：2，与 JJCM6 东：1 组合，施青白釉，口沿处露白胎。直径 8、高 2.3 厘米（图四，8）。

标本 JJCM6 东：5，与 JJCM6 东：3 组合，施白釉，口沿处露白胎。直径 8.3、高 2.5 厘米（图四，9）。

（10）银龙箔片

1件。

标本 JJCM6 东：6，暂未修复，以腾龙为形，龙身以戳点纹表示龙鳞片。长 26、宽 2.2 厘米（彩版三〇，4）。

（11）铜烛台

1件。

标本 JJCM6 东：7、8，三足式台座，足背略弧凸，根外撇，足宽 10.8、高 4.6 厘米。蜡柱下端呈宝瓶状，其上连接 4 节束腰形圆柱，蜡柱上承托盘，盘直口，平沿，圆唇，斜弧壁，平底，口径 10.8、底径 7.2、高 1.2 厘米。盘内中部立尖锥状蜡插，整器通高 25.6 厘米（图四，10；彩版三〇，5）。

（12）铜钱

250 枚。

锈蚀较严重，钱文可辨者有熙宁元宝、元丰通宝、景德元宝、政和通宝、绍圣通宝、治平元宝、皇宋通宝、天圣元宝等。

（13）立石

1件。

标本 JJCM6 东：9，平面略呈柱形，头端宽圆，截面呈不规则形。长 24.5、宽 11.6、厚 8 厘米（彩版三〇，6）。

（二）2021JJCM17

JJCM17 位于金品 C 区块中北部，海拔约 63 米，墓向 40°（彩版三一，1）。

1. 墓葬结构

因早年的山改田和建设施工破坏，该墓保存情况较差，推测其原来应有封土。另在清理墓内填土时，有一段弧形的残砖，可能为封土基座。该墓现存部分有环墚基址、墓室、墓道和排水道（图六）。

环墚基址开凿于基岩中，平面近圆形，直径 6.76 米。西北壁见工具痕迹，其余壁面较粗糙。环墚内后段利用原始基岩并于墓室后叠砌长条石，形成高 1.6 米的台面，台上留存一段卵石包面。卵石下有一层平面呈长方形的薄炭灰。环墚内填土较杂，包含有青砖、瓷片和基岩碎块等，多属破坏后的回填物。

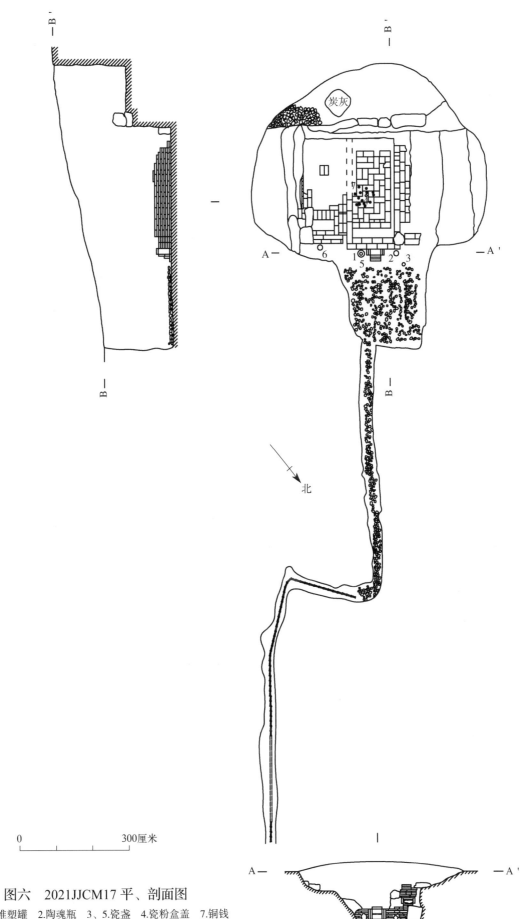

炭灰

北

0   300厘米

图六　2021JJCM17 平、剖面图

1、6.瓷堆塑罐　2.陶魂瓶　3、5.瓷盏　4.瓷粉盒盖　7.铜钱

环壕基址内中北部为墓室所在，东、西并列砖室合葬墓，长 3.2、宽 3.1 米。由于墓室破坏严重，东室残高仅 0.12、西室残高仅 0.42 米。墓顶无存，墓壁采用长方形砖错缝平砌而成。东室封门已被破坏，形制不详；西室封门为 2 层长方形砖横向错缝平砌。封门与环壕基址之间原砌有挡墙，尚存西部一段，宽 0.32、残高 1.08 米。东室封门外有砖砌便房，便房长 0.5、宽 0.32、高 0.42 米。

墓道位于环壕基址中部偏西，西室正前方，平面近梯形，长 2.7、宽 1.6～2.8、距现地表深 3.3 米。墓道壁有明显的工具痕迹，底部利用基岩面修整平坦并铺有卵石。

墓道以南连接排水道，通向山脚。平面呈"之"字形，分两段：第 1 段为卵石铺面，长 13.7、深 1.2～1.85 米；向东转折后接第 2 段陶水管套接，长 31.1、深 0.8～1.3 米，北侧部分因采石受到破坏。陶水管长 32、头径 14 厘米。

2. 随葬品

因墓葬破坏严重，出土随葬品不多，仅有陶瓷器和铜钱。西室封门处出有 1 件瓷堆塑罐，残损严重，墓室内出土铜钱 13 枚、瓷粉盒盖 1 件。东室封门外便房两侧出有瓷堆塑罐和陶魂瓶各 1 件。墓道西侧出有 1 件瓷盏及一些瓷缸残片。

（1）陶魂瓶

1 件。

标本 JJCM17：3，饼形顶，溜肩，鼓腹斜下弧收，平底。肩部有圆孔，孔径不详。粗泥红陶，制作粗糙。瓶内出土铜钱 4 枚。顶径 4.5、最大腹径 16.5、底径 8、通高 23.8 厘米。

（2）瓷堆塑罐

2 件。

标本 JJCM17：4，直口，圆唇，束颈，溜肩，鼓腹，平底。堆塑纹饰较为繁缛，自腹中部贴饰一道粗索纹，其上堆塑火焰纹、建筑和人物等附加堆纹。制作粗糙，器表施酱釉，釉层剥落严重。口径 10、腹径 20.8、底径 18、通高 24.1 厘米（彩版三一，2）。

标本 JJCM17：6，出土于西室封门处，残损严重，施酱釉。

（3）瓷盏

2 件。

标本 JJCM17：2，出土于墓道西北部。微侈口，束口折棱不明显，圆唇，斜弧腹，平底，假圈足。器表施黑釉，外壁近底部和圈足无釉。灰白胎。口径 8.5、底径 3.1、高 4 厘米（彩版三一，3）。

标本 JJCM17：5，出土时置于瓷堆塑罐 JJCM17：4 的口沿内。敞口，圆唇，弧腹，台状底。外壁施酱釉，剥釉严重。口径 8.3、底径 3.4、高 3.4 厘米。

（4）瓷粉盒盖

1 件。

标本 JJCM17：1，平顶，弧壁，直口，方唇。盖腹剔刻莲瓣纹，顶面剔刻缠枝花卉纹。外壁施青白釉。直径 6、高 1.9 厘米（彩版三一，4）。

（5）铜钱

17 枚。

锈蚀较严重，钱文可辨者有至道元宝、元丰通宝、圣宋元宝、天圣元宝等。

（三）2021JJCM23

JJCM23 位于金品 C 区块的北部，海拔约 57 米，墓向 115°（彩版三二，1）。

1. 墓葬结构

墓葬破坏严重，清理墓室前方时发现大量的砖雕、瓦当、滴水和瓦砾等，推测原有墓前建筑。M23 上叠压有数座明代墓，因而墓上封土基本无存。

墓内填土出有大量仿建筑结构和装饰性砖雕，类型主要有小斗拱、花砖、立柱、柱础、壶门等，故推测该墓原是一座仿木构建筑的砖室合葬墓。经清理，该墓现存墓室和排水道（图七）。

墓室系长方形砖室合葬墓，长 4.1、宽 3.5 米，原高度不详。墓室破坏极为严重，仅留存了少量墓壁和墓底铺砖。墓壁由长方形砖错缝平铺而成，四角处放置仿木结构的柱础、立柱等装饰构件，推测立柱上还承托有"一斗三升"式斗拱。

根据墓底铺砖情况判断，墓室应由前室和后室组成，前室长 2.94、宽 1.08 米；后室即棺床所在，由长方形砖和方形砖对缝平铺，边长 2.52 米，略高于前室，并在前后侧砌弧角长条形砖作包边。墓室封门仅剩北侧一块条石，南侧条石因施工被破坏，原应对称放置同等规格的条石。两条石拼合处留出长方形榫卯空间，其上应有条石作为插销。

封门条石中部有排水道通向墓外，自西向东倾斜。下水道由细长陶水管套接，陶水管长 28、头径 8 厘米。现存部分平面呈"之"字形，总长 22.9 米。转折处用长方形砖砌成长 0.66、宽 0.4、高 0.5 米的窨井。

2. 随葬品

该墓破坏严重，仅在后室出土金耳环 1 对，铜钱 9 枚；前室出土铜钱 1 枚。另在北室封门外出有陶魂瓶和瓷堆塑罐各 1 件。

（1）陶魂瓶

1 件。

标本 JJCM23：3，饼形顶，溜肩，斜直壁，底略凹。肩部作圆形孔，孔径 2.6 厘米。外壁作六周宽凹弦纹。夹粗砂灰陶，制作粗糙。顶径 3.6、腹径 10.6、底径 8.4、通高 18.4 厘米（彩版三二，2）。

（2）瓷堆塑罐

1 件。

标本 JJCM23：4，残损严重，堆塑题材见有火焰纹、蟠龙等。器外施青黄釉。

（3）金耳环

2 件。形制相同，鱼钩状。

标本 JJCM23：1，长 3 厘米（彩版三二，3 左）。

标本 JJCM23：2，长 2.5 厘米（彩版三二，3 右）。

（4）铜钱

10 枚。

锈蚀较严重，钱文可辨者仅有至道元宝。

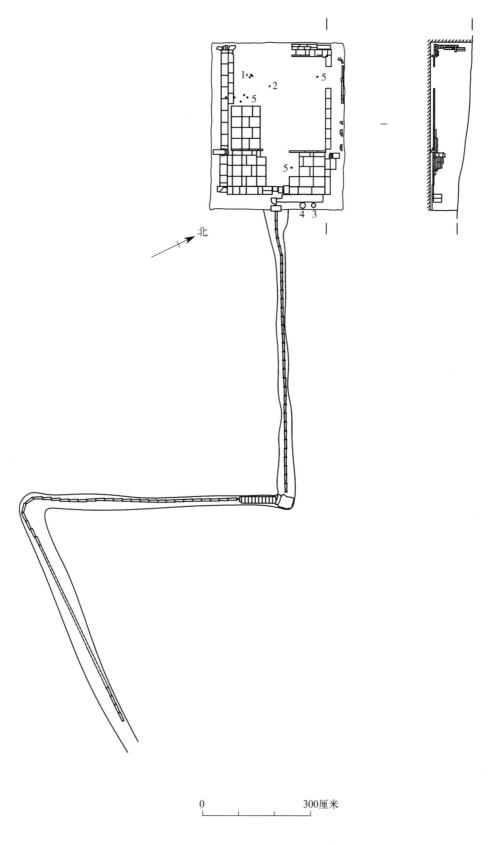

北

0　　　　　　　　　300厘米

图七　2021JJCM23 平、剖面图
1、2.金耳环　3.陶魂瓶　4.瓷堆塑罐　5.铜钱

三　认识及小结

金品区块内 3 座宋墓的结构各有特点，代表了浙江地区常见的宋墓类型。其中，JJCM6 结构保存完整，随葬品未经后期扰动，是研究金华地区宋代葬俗和墓葬信息的重要资料。3 座宋墓均未出土墓志铭文，墓主人身份信息无从判断。出土的铜钱大部分为北宋时期，可看成是墓葬年代的上限，具体年代还需结合其他随葬品、墓葬建筑构件等进行判断。

JJCM6 东室出土的瓷钵与浙江武义上坦江望队南宋墓[1] 所出瓷钵形制相同；瓷三足炉与福建省文物总店所藏南宋青釉三足炉[2] 相近；葵形铜镜与浙江新昌卢遭墓[3] 出土铜镜形制相同。西室的 2 件缺盖瓷粉盒与浙江兰溪水亭河伯沿姜皮村宋墓[4] 出土的相近；带盖粉盒与浙江德清德新公路宋墓[5] 以及天目窑生产的南宋后期粉盒相近。因此，初步推测该墓的年代为南宋后期。

JJCM17 随葬的粉盒盖与浙江金华南宋陈氏（郑继道妻）墓[6] 所出粉盒相近，陈氏卒于庆元四年（1198 年），葬于嘉泰元年（1201 年），因此，推测该墓的年代与陈氏墓相近，即南宋中期或稍晚。

JJCM23 出土的金耳环与浙江龙游寺底袁 M31[7] 所出金耳环相同。其墓室中用青砖雕刻嵌砌的斗拱、柱础、花砖、壶门等仿木结构建筑装饰砖雕残件又与本地区南宋郑刚中墓[8] 封土上的建筑构件相同或接近。龙游寺底袁 M31 为大观三年（1109 年），郑刚中及妻石氏墓的下葬年代为淳熙四年（1177 年），据此推测，该墓的年代为北宋末期至南宋前期。

JJCM6 西室出有用于梳妆的粉盒、剪刀、铜镜等物，墓主身份应为女性；东室未见葬具痕迹，其后壁的立石应寓有"石烂人来"之意，加之"长命"字样的铺钱寓意墓主长命百岁、长生不死。东室中轴线上分布的银龙箔片、铜烛台、瓷香炉、瓷钵等均为祭祀用品，结合墓葬信息推测东室墓主应是男性，但并未下葬，墓室仅为具有象征意义的寿坟。类似葬俗在本地区还见于武义马路头元墓的东墓室[9]。

3 座宋墓随葬品方面共同的特点是在墓室封门外放置制作粗犷的魂瓶和堆塑罐，与墓内随葬品体现出的精致化、世俗化形成鲜明的对比，表现出金华地区宋代较为独特的丧葬习俗。墓中所出的青白瓷器并非本地区窑场产品，而可能来源于江西或浙北地区，JJCM6 的葵形镜为典型的湖州镜，这些均反映了当时金华与周边地区的经济文化交流。

附记：考古发掘证照为考执字〔2021〕第（1085）号、考执字〔2021〕第（1363）号。发掘

[1]　浙江省博物馆编：《光致茂美——浙江出土宋元青白瓷》，中国书店，2018 年，第 78 页。

[2]　欧阳桂兰：《南宋龙泉窑青釉三足炉刍议》，《东方收藏》2012 年第 10 期。

[3]　潘表惠：《浙江新昌收藏的宋代铜镜》，《考古》1991 年第 6 期。

[4]　周菊青：《兰溪出土的宋代影青瓷器》，《东方博物》第三十五辑，浙江大学出版社，2010 年。

[5]　施兰：《德清出土的宋元时期瓷器》，《东方博物》第三十一辑，浙江大学出版社，2009 年。

[6]　赵一新等：《金华南宋郑继道家族墓清理简报》，《东方博物》第二十八辑，浙江大学出版社，2008 年。

[7]　浙江省文物考古研究所、龙游县博物馆：《龙游寺底袁宋代墓地》，《浙江宋墓》，科学出版社，2009 年。

[8]　浙江省文物考古研究所、金华市金东区文物管理委员会：《金华南宋郑刚中墓》，《浙江宋墓》，科学出版社，2009 年。

[9]　薛骁百：《武义马路头元墓清理简报》，《东方博物》第四十三辑，浙江大学出版社，2012 年。

和整理过程中得到浙江省文物考古研究所方向明、郑嘉励、李晖达、刘建安等建议和指导，在此一并致谢！

领队：孙瀚龙

发掘、整理：陈彤、赵威、徐倩、张晓晨、徐峥晨、胡元亨、张玉泉、霍志河等

绘图：霍志河、张玉泉、胡元亨、徐峥晨、孙瀚龙

摄影：霍志河、张玉泉、徐峥晨、徐倩、孙瀚龙

执笔：徐峥晨、陈彤、胡元亨、孙瀚龙

兰溪市胡联村宋代壁画墓发掘简报

浙江省文物考古研究所、兰溪市文物保护管理所

2020 年 7 月，兰溪市柏社乡胡联村村民在村南一处坡地挖掘房基的过程中，发现一处古墓葬（编号 M1）。经国家文物局批准，浙江省文物考古研究所与兰溪市文物保护管理所联合对其进行了抢救性考古发掘（图一）。现将发掘情况简报如下。

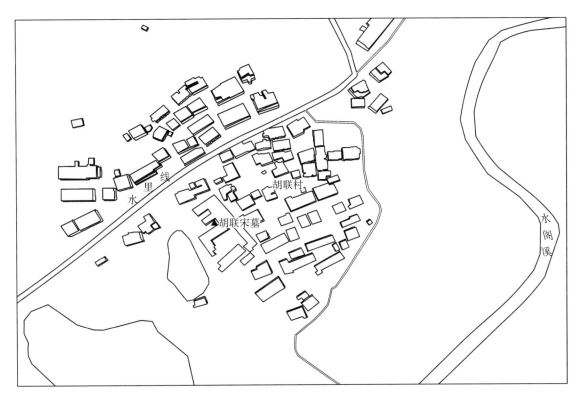

图一　M1 位置示意图

一　墓葬形制

M1 为长方形券顶砖室合葬墓，方向 83°（图二）。两墓穴并列，营建时间和方式一致；南、西、北墓壁外侧均以 1 层立砖错缝砌封，两墓穴券顶以上以 3 层平砖错缝纵砌另起一大券顶罩封；其中南墓穴保存较完整，北墓穴破坏殆尽。合葬墓通长 2.98、宽 2.92、高 2.00 米。墓葬外围未见附属建筑遗迹。

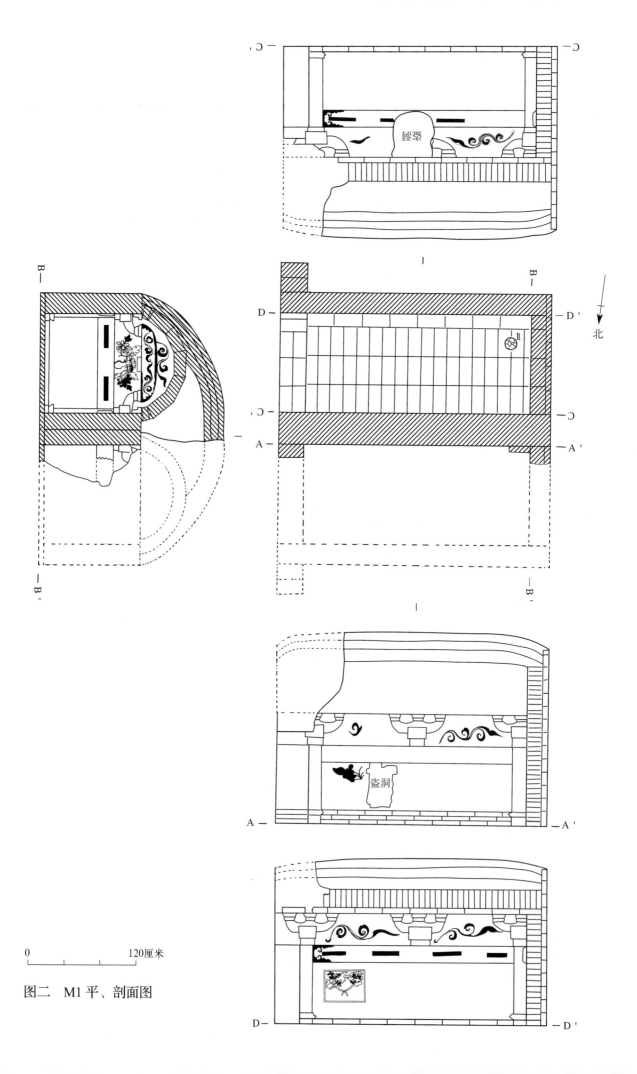

北

图二 M1 平、剖面图

0   120厘米

南墓穴墓底以长方形砖错缝平铺 1 层，封门、墓壁采用平砖错缝顺砌法，墓顶以梯形砖横砌起券；墓壁内侧砌筑仿木结构立柱、斗拱等装饰建筑（彩版三三，1、2），并彩绘壁画（彩版三四，1）；墓穴内长 2.46、宽 1.06、高 1.46 米；封门残高 0.31 米，封门外侧砖砌挡墙面宽 0.32、进深 0.28、残高 1.12 米。墓壁长方形砖长 28、宽 14、厚 6 厘米；券顶梯形砖长 22 ～ 28、宽 14、厚 5 厘米（彩版三四，3）。

北墓穴仅存南墓壁和一段后壁，南壁也见仿木结构立柱、斗拱等装饰建筑，并彩绘壁画（彩版三四，2）。

南墓穴早年遭破门盗扰，淤土填塞几近墓顶，经清理在墓穴中前部发现残存腿骨一段，在墓穴后部出土瓷碗 1 件，已残破。

二　墓室装饰

M1 墓穴内为砖仿木结构。各墓壁两端均砌有立柱，柱间以阑额连接，阑额一周饰"七朱八白"，阑额中部上方补间斗拱为一斗三升，阑额上方斗拱之间墨绘卷草纹。后壁两砖柱上设方栌斗，栌斗顺墙身各出一跳斗拱，两斗拱上承托一枋。枋下中部伸出一砖，应为灯台。枋下栱眼板绘德瓶牡丹。斗拱及枋刷红色，黑色缘边（彩版三四，1）。

除封门外，其余墓壁内侧均涂抹厚约 1 厘米的石灰，石灰表面细腻平整，彩绘壁画。壁画题材为植物花卉，内容有卷草、德瓶、花卉纹等。卷草纹以墨绘，或有红线勾边。花卉纹以墨绘叶，花瓣刷红、黑色描边。南墓穴后壁的德瓶、花枝叶以墨绘，三朵牡丹花瓣刷红色、黑色描边（彩版三三，2）。

三　出土器物

瓷碗

1 件。

标本 M1：1，敞口，芒口，圆唇，腹壁斜弧收，平底微凹，矮圈足，足壁斜直，跟部削平。内底似有刻花，模糊不清，余皆素面。施米黄釉，釉层较薄且有细密开片，受沁较严重。胎体较薄，质地较粗，呈灰褐色，略显生烧。口径 15.8、通高 7.4、足径 6.5、足高 0.9 厘米（图三；彩版三四，4）。

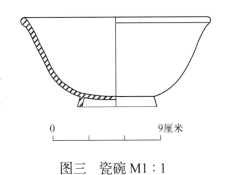

0　　　　　　9厘米

图三　瓷碗 M1：1

四　结语

砖仿木结构墓室与壁画艺术常见于中原北方地区宋金墓葬，在浙江地区极为罕见。兰溪市胡联村 M1 的形制、墓室砖仿木结构与浦江民生村南宋墓相似[1]，壁画内容与陕西省甘泉县柳河湾村

---

[1]　浙江省文物考古研究所、浦江县文物保护管理所：《浦江民生村南宋墓葬发掘简报》，《东方博物》第六十四辑，中国书店，2017年。

金墓斗拱间花卉图[1]、湖北省襄樊市襄城区檀溪墓地南宋M196牡丹图[2]相似。M1所绘德瓶牡丹花样式与《营造法式》卷三十二及卷三十四中所绘的重栱眼壁内花盆、单栱眼壁内花盆相似[3]。M1出土瓷碗与湖州凡石桥南宋遗址出土米黄釉刻花碗相似[4]，其采用覆烧工艺、胎质粗疏、芒口、米黄釉的特征多见于宋元时期景德镇窑场产品[5]。综合分析推断该墓的时代为南宋晚期。

发掘：刘建安、王晨娅、周菊青、陈茜、徐峥晨

绘图：刘建安、徐峥晨

摄影：刘建安、陈茜

执笔：刘建安

[1] 徐光冀主编：《中国出土壁画全集》第7卷，科学出版社，2012年，第445页。

[2] 徐光冀主编：《中国出土壁画全集》第10卷，科学出版社，2012年，第111页。

[3] （宋）李诚：《营造法式》（下册），中国书店，2013年，第887、1014～1015页。

[4] 浙江省博物馆、浙江省文物考古研究所、湖州市文物保护管理所：《最忆是江南：湖州凡石桥南宋遗址出土文物》，文物出版社，2020年，第104、105页。

[5] 李其江等：《景德镇宋元时期米黄釉瓷器的科技分析》，《文物》2021年第1期。

武义县溪里元代窑址发掘简报

浙江省文物考古研究所、武义县文物保护管理所

2018 年 12 月～ 2019 年 11 月，为配合武义温泉特色小镇的开发和婺州窑县级考古遗址公园的建设，同时进一步探明武义地区的窑场结构和窑业面貌，浙江省文物考古研究所联合武义县文物保护管理所，对溪里窑址进行了发掘清理。共布探方 7 个，发掘面积 650 平方米，发掘过程严格按照田野考古操作规程，逐层清理，现将发掘情况简报如下。

一 地理环境和历史沿革

武义县位于浙江省金华市西南部，东邻永康市、缙云县，西接遂昌县、松阳县，北靠金华市金东区、婺城区及义乌市，南接丽水市区。县域地形西南高、东北低，南部、西部和北部三面环山，峰峦连绵。

武义县域内山脉属浙中山系，包括西南部的仙霞岭山脉、东南部的括苍山脉、以及东北部的八素山脉。中部丘陵蜿蜒起伏，其间樊岭—大庙岭东西向横贯县域中部，把县域内的水流分成北部钱塘江和南部瓯江两大水系。两大水系均系山溪性水系，源短流急，水量丰沛，由此形成了"八山、半水、分半田"的地理格局（图一）。

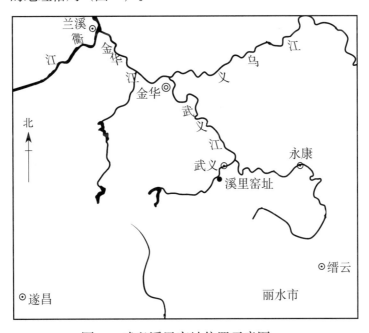

图一 武义溪里窑址位置示意图

武义县在秦汉时属会稽郡乌伤县，三国吴赤乌八年（245 年）置县为武县，属东阳郡，隋废县并入东阳郡，唐天授二年（691 年）析永康西境置武义县[1]，后又改为武成县，唐天祐年间（904 ～ 907 年）武成县复名武义县，属婺州[2]。五代至宋沿袭。元属婺州路，至正十八年（1358 年）改婺州路为宁越府，武义县属宁越府，至正二十年（1360 年）改宁越府为金华府，武义县属金华府。明代至清末一直相沿。

溪里窑址位于金华市武义县熟溪街道温泉小镇溪里村武丽公路北侧的瓦灶山上，是武义县县级文物保护单位。根据调查结果，瓦灶山为一处独立的小山，其南坡自东向西依次存在 4 条龙窑，编号分别为 Y1 ～ Y4，此次发掘的窑炉编号为 Y2（彩版三五）。

二　地层堆积

该窑址保存情况较好，窑业废品堆积区共布设探方 2 个，分别为 TS01W02 和 TS02W02。其中 TS01W02 地层堆积情况较为理想，可以代表该窑址的整体地层堆积，该探方地层呈斜坡状堆积，整体上自北向南倾斜。现以 TS01W02 的南壁和北壁剖面为例，介绍地层堆积的情况（图二）。

根据土质、土色及包含物的不同，该探方的地层可划分为：

第①a 层：表土层。全探方分布，厚 0.1 ～ 1.2 米。其土质疏松，土色杂乱，包含物有大量植物根系及瓷片匣钵。出土瓷片可辨器形有碗、盘等，施青釉，胎色呈现灰白色等，窑具有 M 型匣钵、垫饼等。

第①b 层：山体滑落堆积。分布于探方东北部，厚 0 ～ 1 米。该层土质疏松，土色呈灰黑色，包含物有大量植物根系及瓷片匣钵。出土瓷片可辨器形有碗、盘等，施青釉，胎色呈现灰白色等，窑具有 M 型匣钵、垫饼等。

第②层：扰土层。分布于探方中部以北，厚 0 ～ 1.2 米。该层土质疏松，土色呈暗黄色色，包含瓷片、匣钵残块及其大量植物根系。出土瓷片可辨器形有碗、盘等，釉色青釉、黄青釉等，胎色呈现灰白色，窑具有 M 型匣钵、垫饼等。

第③a 层：窑业废品堆积。分布于探方中南部，厚 0 ～ 0.35 米。该层土质较疏松，土色呈暗黄色。包含物有少量瓷片及窑具残块，瓷片可辨器形有碗、盘等，窑具有 M 型匣钵、垫饼。

第③b 层：窑砖窑渣堆积。分布于探方西南部，厚 0 ～ 0.4 米。该层土质较疏松，土色呈红褐色。包含物有少量瓷片及窑具残块，瓷片可辨器形有碗、盘等，窑具有 M 型匣钵、垫饼。

第④层：窑业废品堆积。分布于探方西部，厚 0 ～ 1.7 米。该层土质较疏松，土色呈暗黄色。包含较多瓷片及窑具残块，瓷片可辨器形有碗、盘等，窑具有 M 型匣钵、垫饼。

第⑤层：窑业废品堆积。分布于探方南部，厚 0 ～ 0.65 米。该层土质疏松，土色呈红褐色。包含较多瓷片及窑具、窑砖残块，瓷片可辨器形有碗、盘等，窑具有 M 型匣钵、垫饼。

第⑥层：窑业废品堆积。分布于探方南部，厚 0 ～ 0.35 米。该层土质较疏松，土色呈黄褐色。包含较多瓷片及窑具残块，瓷片可辨器形有碗、盘等，窑具有 M 型匣钵、垫饼。

第⑦层：窑业废品堆积。分布于探方中部，厚 0 ～ 0.65 米。该层土质疏松，土色呈黄褐色。

---

[1]　（唐）杜佑：《通典》卷182，州郡十二，中华书局标点本，1988年。

[2]　《旧唐书·地理志》：天授二年，分永康置武义县，又改为武城。中华书局标点本，1988年。

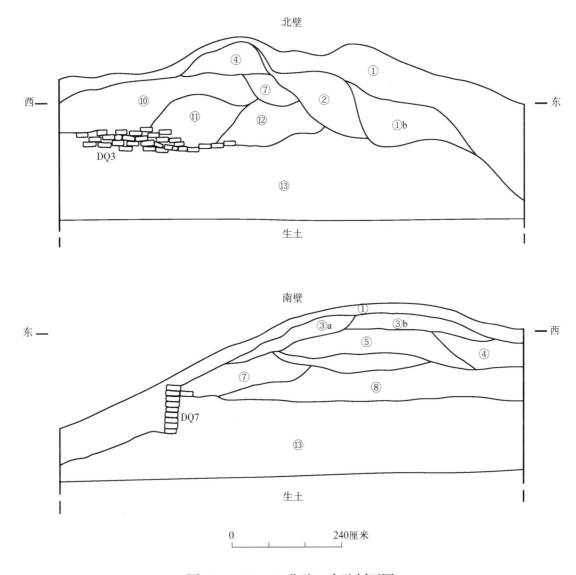

北壁

西 ④ ⑦ ① 东
⑩ ② ①b
⑪ ⑫
DQ3
⑬
生土

南壁

东 ① 西
③a ③b
⑤
⑦ ④
⑧
DQ7
⑬
生土

0 240厘米

图二 TS01W02 北壁、南壁剖面图

包含较多瓷片及窑具残块，瓷片可辨器形有碗、盘等，窑具有 M 型匣钵、垫饼。

第⑧层：窑业废品堆积。分布于探方西南部，厚 0 ～ 0.75 米。该层土质较疏松，土色呈红褐色。包含较多瓷片及窑具残块，瓷片可辨器形有碗、盘等，窑具有 M 型匣钵、垫饼。

第⑨层：窑业废品堆积。分布于探方中西部，厚 0 ～ 0.75 米。该层土质疏松，土色呈红褐色。包含较多瓷片及窑具残块，瓷片可辨器形有碗、盘等，窑具有 M 型匣钵、垫饼。

第⑩层：窑业废品堆积。分布于探方西北部。厚 0 ～ 1 米。该层土质较疏松，土色呈黄褐色。包含较多瓷片及窑具残块，瓷片可辨器形有碗，窑具有 M 型匣钵、垫饼。

第⑪层：窑业废品堆积。分布于探方中北部，厚 0 ～ 1.1 米。该层土质较疏松，土色呈黄褐色。包含较多瓷片及窑具残块，瓷片可辨器形有碗，窑具有 M 型匣钵、垫饼。

第⑫层：窑业废品堆积。分布于探方北部，厚 0 ～ 0.9 米。该层土质较疏松，土色呈暗黄色。包含较多瓷片及窑具残块，瓷片可辨器形有碗，窑具有 M 型匣钵、垫饼。

第⑬层：工作面。分布于整个探方，厚 0～1.5 米。该层土质疏松，土色呈深紫色，整体呈水平分布。土质较纯净，仅包含少量垫饼。

⑬层以下为生土。

本次发掘共揭露龙窑 1 座，挡墙 7 道，以及疑似人工铺筑的工作面（彩版三六）。

三　重要遗迹

（一）龙窑窑炉

龙窑遗迹位于整个发掘区的中部，编号为 Y2。窑炉水平全长 52.3、斜长 53.3 米，窑炉前段宽度约 1.74、中段和后段宽约 2、高约 1.7 米，方向 173°，坡度约 12°。窑头部分的火膛和窑尾局部拱顶尚存，保存较完好。考虑到窑址后期展示的需要，并未对窑炉进行解剖。整条窑炉由窑前工作室、火膛、窑室和排烟室组成（图三；彩版三七，1）。

窑前工作室位于火膛前面，是一块较为平整的地面，高度与火膛底面基本一致。两侧有匣钵石块筑成的护墙。

火膛平面呈卵圆形，进深 0.5、火膛后壁宽 1.1、高 1.35 米。进柴口和送风口位于火膛前部的中央，进柴口位于送风口的上方，呈椭圆形（彩版三七，2）。火膛后壁因长期火烧而形成了坚硬的烧烤面，局部有窑汗。炉栅位于火膛的中部，以长方形砖侧立而成，平面布局自进柴口向窑室呈放射状分布，上面倒置 M 型匣钵的凹底部分，凹底之间存有缝隙，形成箅孔，其功用在于通风和除灰。火膛两侧有通风道，为去底后的 M 型匣钵侧立前后衔接而成（彩版三八，1）。

窑室呈斜坡式长条形，由窑顶、投柴孔、窑墙、窑门和窑底组成（彩版三八，2）。大部分窑顶均已坍塌，只有火膛和窑尾上方局布拱顶依然保留。窑炉后端保存较好，两侧的投柴孔清晰可见，共残存 5 个，其中东侧 3 个，西侧 2 个，两侧投柴孔对称间距从前向后依次为 0.6 米和 1米（彩版三九，1）。窑墙为长方形土坯砖错缝平砌而成，最高处残存约 1.35 米，其中排烟室前方两侧的窑墙由土坯砖和装满泥土的匣钵砌筑而成（彩版三九，2），窑顶起拱部分交错使用梯形土坯砖，以保持窑炉结构的稳定（彩版四〇，1）。窑底以 M 型匣钵作为支烧具使用，每排放置6 个匣钵，少数放置 7 个匣钵。现存窑室的后段中，还保留有窑炉废弃后尚未取出的匣钵，均为成摞放置，至多残存 10 个匣钵（彩版四〇，2）。

窑炉东西两侧均有匣钵砌成的曲尺形窑门，共计 11 座，从前至后依次编号为 1～11。其中窑炉前三分之一段的窑门共有四座，均位于东侧，窑门宽度从前到后依次为 0.62、0.72、0.68、0.5米，窑门间距依次为 5.2、4.12、3.1 米；后三分之二段共有 7 座窑门，均位于西侧，窑门宽度从前到后依次为 0.43、0.46、0.56、0.44、0.53、0.67、0.54 米，窑门间距依次为 4.22、4、4.2、3.2、3.7、4.26 米。其中最后一座窑门（即 11 号窑门）（彩版四一，1）保存最为完好，根据其形制，窑门上部呈拱形，两侧有填满泥土摞成的匣钵作为门柱，下方有门槛，门槛高 0.2～0.3 米（彩版四一，2）。窑门周围均发现了石块，可能作为柱础使用。另外，窑炉后半段还发现了废弃的窑门（9 号窑门）以填土匣钵封堵的现象（彩版四二，1）。

窑炉窑尾的排烟室包括挡火墙和后壁，由 2～3 道匣钵组成半倒焰结构。位于前部的挡火墙

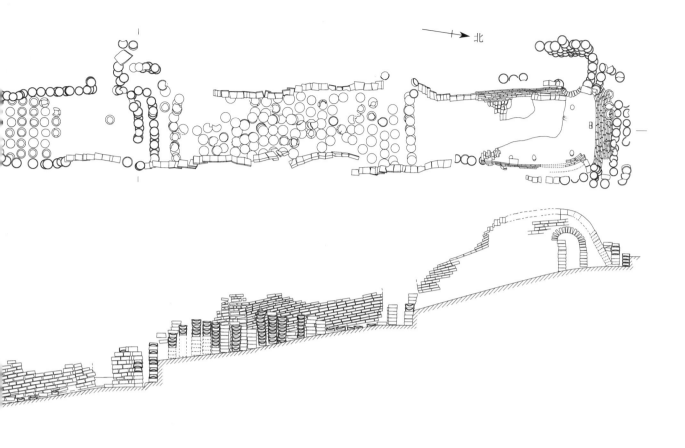

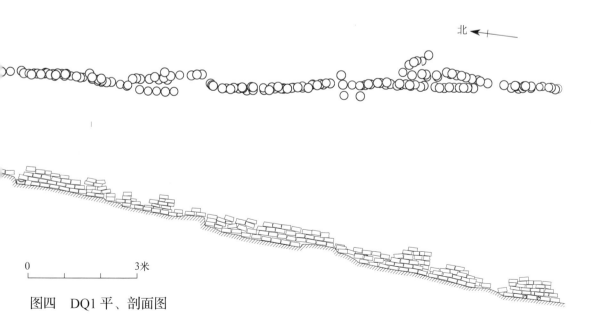

图四 DQ1 平、剖面图

0　　　　　　　3米

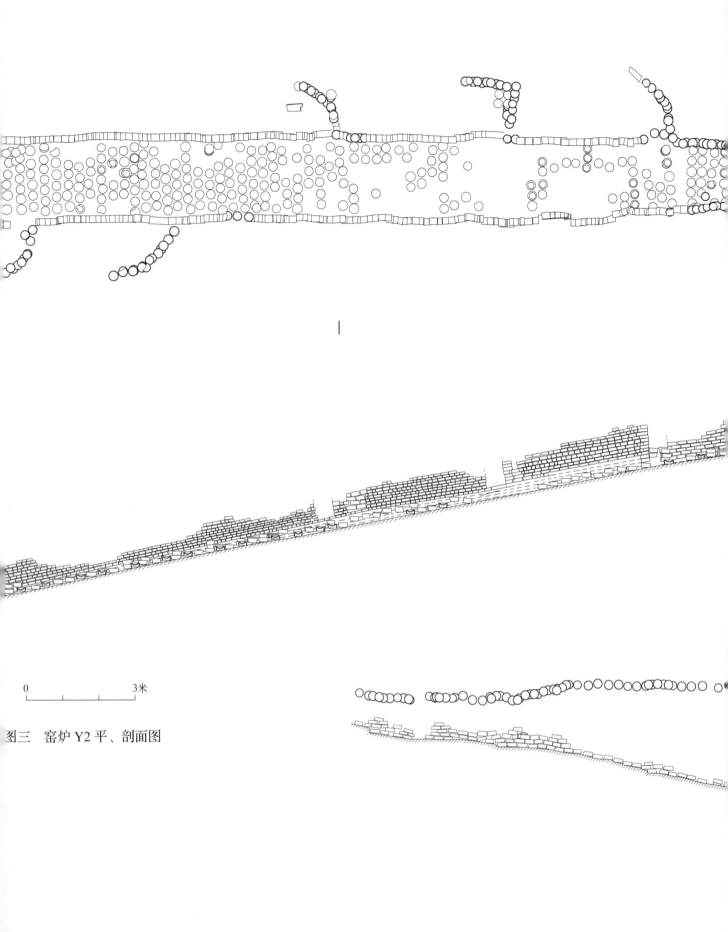

0   3米

图三　窑炉 Y2 平、剖面图

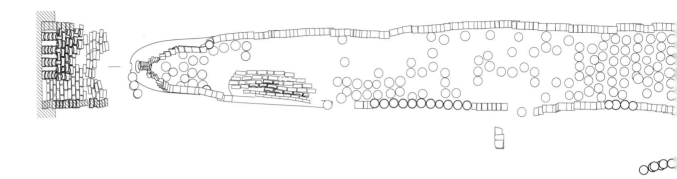

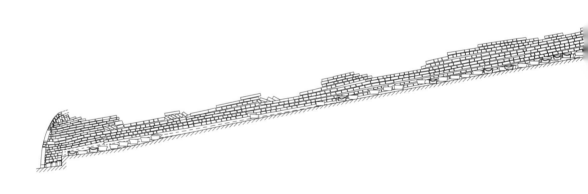

上部直达窑顶，下部的匣钵柱之间留有缝隙，形成排烟孔；排烟室的后壁呈弧形，挡火墙和后壁顶部之间形成一处操作面，上面放置匣钵用来调节火候。整个排烟室表面有明显的烟炱痕迹，并未发现烟囱的迹象。窑炉后段内共发现三处排烟遗迹，依据排烟遗迹的数量，大致可将窑炉分为三期，三期窑炉的范围从现存的窑尾到窑头依次缩减。其中第一期窑炉年代最早，窑炉的长度最长，水平长度可达 53.3 米（彩版四二，2）；第二期的年代略晚，窑炉长度为 47.2 米（彩版四三，1）；第三期窑炉的年代最晚，长度也最短，为 40.2 米（彩版四三，2）。

（二）挡墙

发掘区内共发现 7 道挡墙，编号分别为 DQ1 ～ DQ7，均由倒置的 M 型匣钵错缝平砌而成。7 道挡墙均分布于窑炉的两侧，用于隔挡窑炉两侧的废品堆积。

1. DQ1

位于窑炉东侧，方向与窑炉大致平行，约为 173°，保存较好，水平全长约 25.68、斜长 26.4 米，坡度约 10.4°，最高处残存 6 层匣钵，残高约 0.7 米（图四）。

2. DQ2

位于窑炉西侧，方向与窑炉大致平行，约为 173°，保存较好，水平全长约 8.12、斜长 8.4 米，坡度约 14.1°，最高处残存 6 层匣钵，残高约 0.62 米（图五）。

3. DQ3

位于窑炉西侧，方向 94°，保存较差，水平残长 4.13 米，最高处残存 5 层匣钵，残高约 0.45 米（图六）。

4. DQ4

位于窑炉西侧，方向 68.7°，保存较差，水平残长约 5 米，最高处残存 4 层匣钵，残高约 0.46 米（图七；彩版四四，1）。

5. DQ5

位于窑炉西侧，方向 39.6°，保存较好，水平残长 3.45 米，最高处残存 13 层匣钵，残高 1.15 米（图八）。

6. DQ6

位于窑炉西侧，方向 23.5°，保存较好，水平残长 2.33 米，最高处残存 10 层匣钵，残高 1.24 米（图九；彩版四四，2）。

7. DQ7

位于窑炉西侧，方向 22.1°，保存较好，水平全长 4.14、斜长 4.2 米，坡度 9.9°，最高处残存 9 层匣钵，残高约 0.78 米（图一〇）。

在窑炉西侧还发现了人工平整过的工作面。整个工作面由紫色砂土铺筑而成，使原来倾斜的山体形成一个平面。由于 Y2 两侧均存在其他的窑炉遗迹，所以尚不能确定该工作面与 Y2 是否存在一一对应的关系，而且周边也未发现辘轳坑、储泥池等作坊遗迹，因此推测该工作面可能作为堆放坯件和燃料的临时工棚。

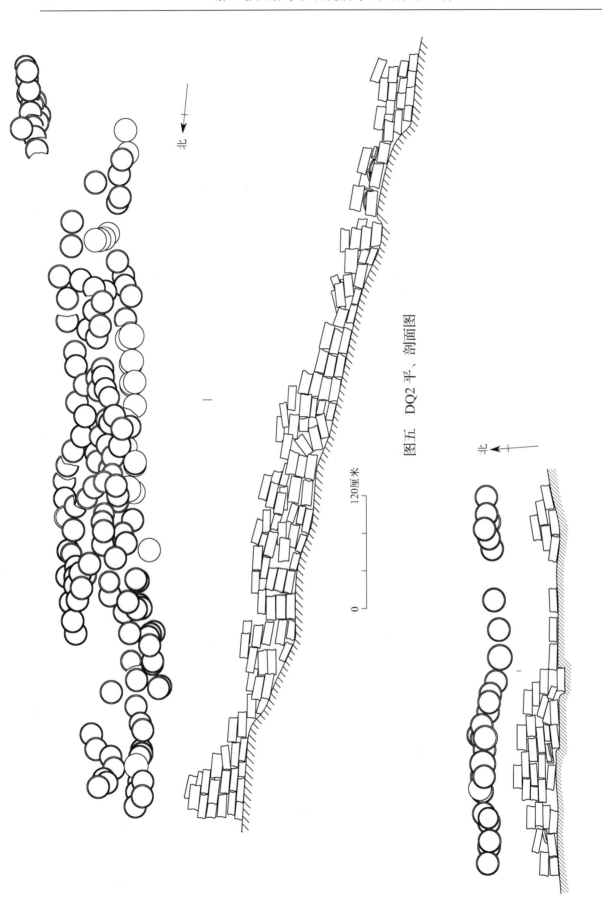

图五　DQ2 平、剖面图

图六　DQ3 平、剖面图

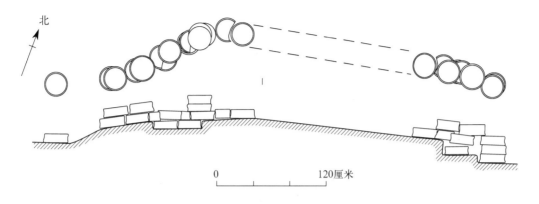

图七 DQ4 平、剖面图

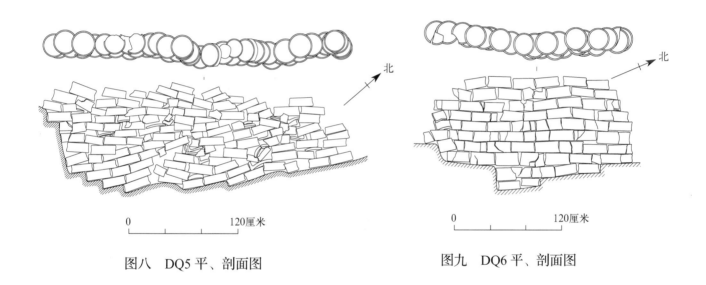

图八 DQ5 平、剖面图

图九 DQ6 平、剖面图

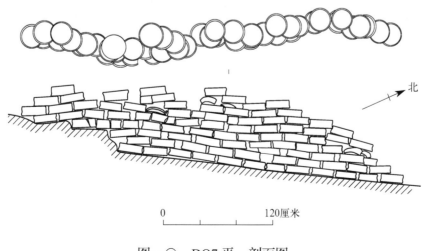

图一〇 DQ7 平、剖面图

四　典型遗物

溪里窑址中出土了大量青瓷标本、窑具和制瓷工具（附表一～三）。

青瓷可辨器形以碗为主，形制单一，另有少量盘、钵、高足杯等。胎色灰白，釉色以青黄和青绿色为主，或有开片，少数生烧器物胎色深红，釉色浅黄；碗、盘类器物普遍使用匣钵装烧，匣钵和器物之间以小泥饼作为垫具；单件装烧的器物多为满釉，多件叠烧的器物最上面一件满釉，其余内底中心刮釉，器物之间直接叠烧，只在最下面一件的外底放置小泥饼；多件叠烧的器物，每个匣钵内多放置 2～3 件；多数器物以素面为主，少量内底有印花，题材有荷花、牡丹、梅花、菊花、葵花、金刚杵等，有少数内底印"吞（疑似）""天""入"字，另外发现个别器物内底可有"天下太平"字样（图一一；彩版四五）。窑具包括匣钵、垫具、火孔塞、火照。

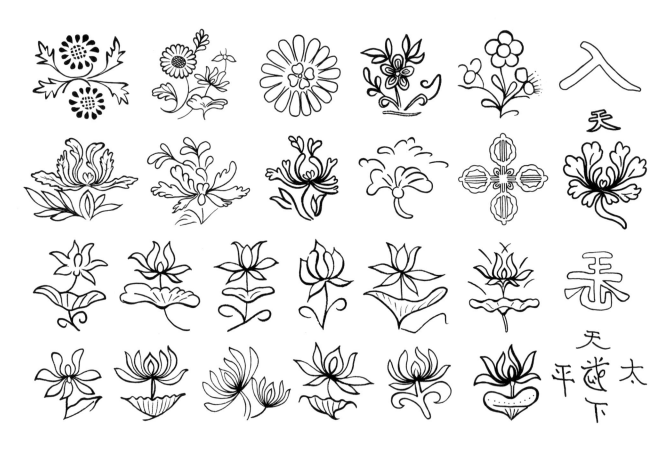

图一一　标本内底纹饰、文字

（一）瓷器

1. 碗

出土数量最多，根据口部特征不同分三型。

A 型　敞口，圆唇，弧腹，矮圈足。

标本 TS02W02 ⑥：4，外壁局部粘连窑渣。青釉，外底未施釉。胎色灰。口径 15、底径 4.8、高 5.4 厘米（图一二，1；彩版四六，1）。

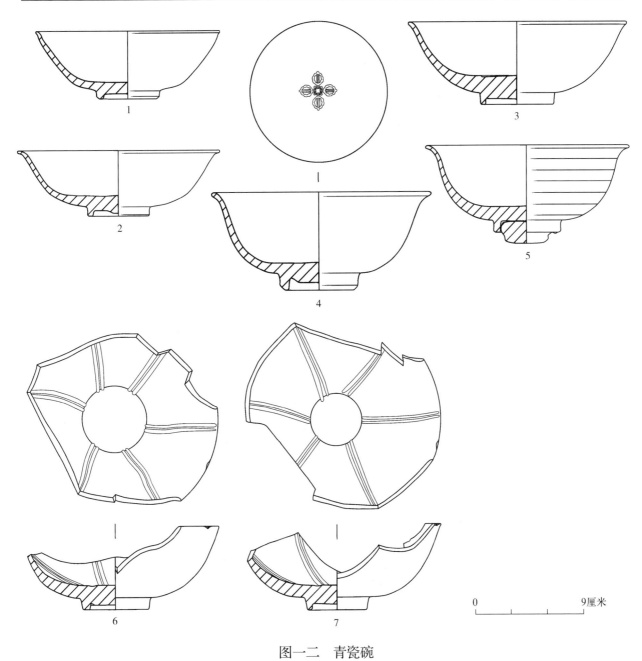

图一二 青瓷碗

1.A型TS02W02⑥：4   2、3.Ba型TS02W02⑥：29、TS02W02⑧：10   4、5.Bb型TS02W02⑧：3、TS02W02⑧：8   6、7.C型
TS02W02⑤：2、TS02W02①：8

B型 根据腹部特征不同分两亚型。

Ba型 敞口，卷沿，圆唇，浅弧腹，矮圈足。

标本 TS02W02 ⑥：29，外壁粘接有叠烧器物残片。青釉，外底未施釉。灰胎。口径16.5、足径5.1、高5.4厘米（图一二，2；彩版四六，2）。

标本 TS02W02 ⑧：10，青绿釉，釉面有细密开片，内底刮釉，外底未施釉。深灰胎。口径18、足径6.1、高6.55厘米（图一二，3）。

Bb 型　敞口，卷沿，圆唇，深弧腹，矮圈足。

标本 TS02W02 ⑧：3，内底有一周凹弦纹，内底中间模印金刚杵纹饰。青黄釉，外底未施釉。红褐色胎。口径 17.6、足径 6.2、高 7.6 厘米（图一二，4）。

标本 TS02W02 ⑧：8，外壁有轮制形成的拉坯痕迹，内底有一周凹弦纹。外底粘接小垫饼。青黄釉，足端未施釉，釉面有开片。深灰胎。口径 16.8、足径 5.7、高 7.7 厘米（图一二，5；彩版四六，3）。

C 型　花口，圆唇，弧腹，矮圈足。内壁饰六组竖向弧线纹。

标本 TS02W02 ⑤：2，通体施青绿釉，釉层有细密开片，外壁施釉不及底。灰胎。口径 18.5、足径 5.4、高 6.3 厘米（图一二，6）。

标本 TS02W02 ①：8，通体施青绿釉，釉层有细密开片，外壁施釉不及底。灰胎。口径 18.8、足径 5.1、高 6.6 厘米（图一二，7；彩版四六，4）。

2. 盘

根据口部和腹部特征分两型。

A 型　弧腹盘。敞口，卷沿，圆唇，弧腹，矮圈足。

标本 TS02W02 ③：9，内底中心粘连窑渣。青绿釉，内底有一周凹弦纹，外底未施釉。灰胎。口径 18.9、足径 10.8、高 4.3 厘米（图一三，1；彩版四六，5）。

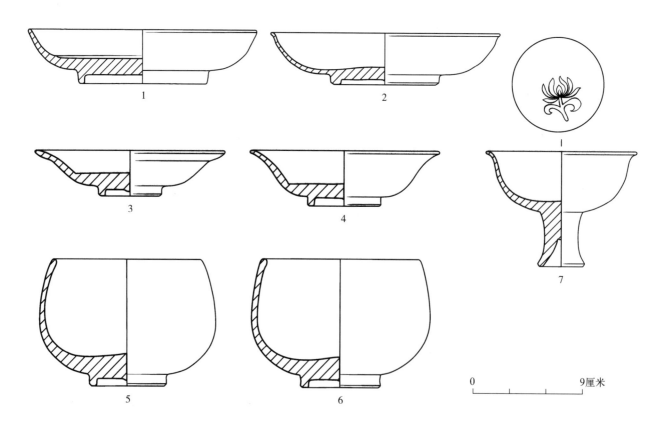

0　　　　　　　　　9厘米

图一三　青瓷盘、钵、高足杯

1、2.A型青瓷盘TS02W02③：9、TS02W02⑥：14　3、4.B型青瓷盘TS02W02⑥：28、TS02W02⑧：27　5、6.青瓷钵Y2①：2、Y2①：3
7.青瓷高足杯TS02W02⑧：14

标本 TS02W02 ⑥：14，外壁局部粘连窑渣。青绿釉，内底有一周凹弦纹，外底未施釉。灰胎。口径 18.8、底径 8.4、高 4.1 厘米（图一三，2；彩版四六，6）。

B 型　折腹盘。敞口，圆唇，斜弧腹外坦，平底，矮圈足。

标本 TS02W02 ⑥：28，青釉，釉面有开片，内底刮釉，外底未施釉。红褐色胎。口径 15.6、底径 5、高 3.6 厘米（图一三，3；彩版四六，8）。

标本 TS02W02 ⑧：27，釉面干枯，内底刮釉，外底未施釉。红褐色胎，生烧。口径 15.5、底径 6、高 4.5 厘米（图一三，4；彩版四六，7）。

3. 钵

数量不多，均出土于窑炉内堆积。形制统一，敛口，圆唇，垂腹，矮圈足。

标本 Y2 ①：2，下腹部有因拉坯形成的轮制痕迹。青灰釉，釉面干枯。灰胎。口径 12、最大腹径 14.4、足径 6.3、高 10.2 厘米（图一三，5）。

标本 Y2 ①：3，外腹遍布因拉坯形成的轮制痕迹。青灰釉，釉面干枯。灰胎。口径 12.9、最大腹径 12.3、足径 6.6、高 10.2 厘米（图一三，6；彩版四六，9）。

4. 青瓷高足杯

标本 TS02W02 ⑧：14，敞口，卷沿，圆唇，深弧腹，高圈足。内壁有一周凹弦纹，内底模印荷花纹。青釉，缩釉严重，釉面干枯无光泽。红褐色胎。口径 12.4、足径 3.8、高 9.1 厘米（图一三，7；彩版四六，10）。

（二）窑具

1. 匣钵

均为 M 型，直口，方唇，平顶下凹，陶质，胎质较粗。

标本 TS02W02 ⑧：25，口径 25.2、顶径 26.6、高 9.5 厘米（图一四，1；彩版四七，1）。

标本 TS02W02 ①：38，口径 23.4、顶径 24、高 11 厘米（图一四，2）。

2. 垫具

分为两型。

A 型　垫饼。整体呈扁圆形，顶面较平，底面下凹，大小、薄厚不一。碗和钵下的垫饼体量较小，盘下的垫饼体量较大。胎色多呈砖红色，粗砂质。

标本 TS02W02 ⑤：35，直径约 5.4、厚 1.2 厘米（图一四，3；彩版四七，2 左一）。

标本 TS02W02 ①：40，直径 8.8～9.5、厚 3.85 厘米（图一四，4；彩版四七，2 右一）。

B 型　垫环。整体呈扁平状，环形。红褐色胎，粗砂质。

标本 TS02W02 ⑧：29，内径 1.8～2、外径约 4.2、厚 0.8 厘米（图一四，5；彩版四七，3）。

3. 火孔塞

整体呈橄榄形，其中一面有小凹窝，另一面较为圆滑。胎色或呈红褐色，或深灰色，胎质较粗。

标本 TS01W01 ③：1，长 16.6、宽 12、厚 7.5 厘米（图一四，6；彩版四七，4 中）。

标本 Y2 ②：1，长 20、宽 13.1、厚 8 厘米（图一四，7；彩版四七，4 左一）。

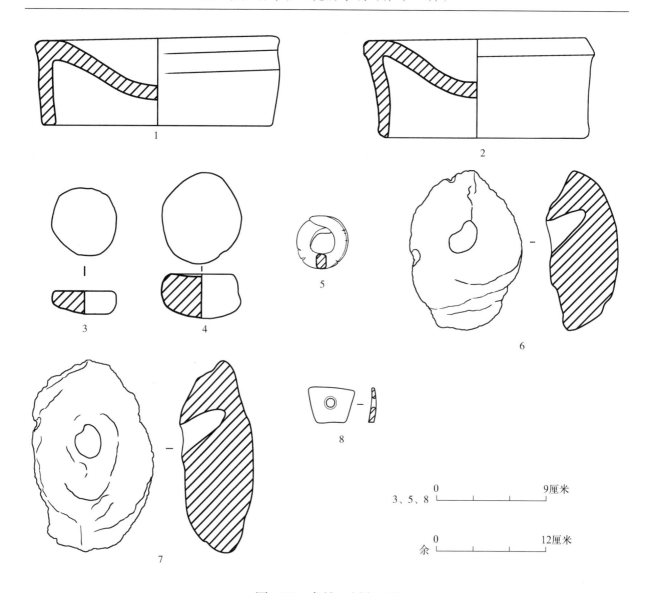

图一四　窑具、制瓷工具

1、2.M型匣钵TS02W02⑧：25、TS02W02①：38　3、4.A型垫具TS02W02⑤：35、TS02W02①：40　5.B型垫具TS02W02⑧：29　6、
7.火孔塞TS01W01③：1、Y2②：1　8.火照TS02W02①：1

4. 火照

标本 TS02W02 ①：1，平面呈梯形，中间有一圆形穿孔。青绿釉。灰胎。上边长 2.4、下边长
3.7、高 2.7、厚 0.2～0.5、孔径 0.7 厘米（图一四，8；彩版四七，5）。

五　结语

通过对出土标本的整理，发现溪里窑址不同探方内各地层的出土遗物无论在器类、器形，还
是装饰技法、装烧工艺（彩版四七，6）等方面，并无明显差别，特征较为一致，因此可将其归为
一期。窑址中发现的窑炉遗迹与龙泉地区发现的窑炉在形制上具有高度的一致性，出土器物在胎

釉特征上也有明显的龙泉窑风格，其中多数出土标本与龙泉东区各窑址第三段第七期的产品特征相似[1]。此外，窑址中出土 C 型花口碗，内壁饰六组竖向弧线纹，与杭州朝晖路元代窖藏[2] 出土龙泉窑青瓷碗形制吻合，因此推断溪里窑址的年代为元代中晚期。

溪里窑址揭露的窑炉，全长 52.3 米，该窑炉前部的火膛和窑尾局部拱顶尚存，两侧窑门和排烟室均保存完好，是武义地区历次调查和发掘中所见的长度最大、结构最清晰、保存最完整的窑炉。

值得一提的是，在瓷窑址的发掘中，绝大多数古代窑炉的窑顶均已坍塌，只有极少数窑顶能够保留下来，且在邻近的福建地区比较常见，而溪里窑址中发现的窑炉，根据窑炉局部拱顶，可以清晰判断窑炉的高度，这是浙江目前发现的最为完整的窑炉，在瓷窑址的发掘中实属罕见。窑炉周边发现了匣钵挡墙和疑似人工辅助的地面等周边设施，反映了更加丰富的窑场信息。

在遗物方面，溪里窑址中清理了厚达 3 米的废品堆积，出土了大量标本、窑具，其中青瓷产品以碗为主，占比达 95% 以上，说明在元代晚期，这一地区的窑业生产呈现出专门化和集中化的趋势，并且产品风格由越窑系转为龙泉窑系，这一转变和龙泉窑在元代的扩张密切相关。

元代受外销等因素的影响，龙泉东区的瓯江两岸因便利的水运条件等，规模不断扩大。以龙泉东区紧水滩水库的调查结果为例，在已发现的 218 处窑址中，属宋代的 21 处，宋元时期 12 处，元代 114 处，元明时期 47 处，明代 23 处，足见元代龙泉窑的发展盛况。随着水路体系的构建和贸易需求的扩张，龙泉窑的影响力不仅沿瓯江辐射到庆元、云和、景宁、遂昌、松阳、丽水、缙云[3]、武义[4]、永嘉[5]、文成等周边地区，同时也随着商贸活动影响到闽浙交界处的浦城、松溪、政和等地区和江西省部分地区，形成了有共通特征、规模巨大的龙泉窑系。

综上所述，溪里窑址的发掘为研究古代窑炉结构、营建方式、窑场布局等问题，提供了新的角度和实物资料，进一步丰富了对于武义地区元代窑业生产和类型的认知。

领队：王海明
发掘：张英帅、龚军
绘图：张馨月、张英帅、邓粤富、陈春名
摄影：邓粤富、陈春名
执笔：张馨月、龚军、沈秋英

[1] 浙江省文物考古研究所：《龙泉东区窑址发掘报告》，文物出版社，2005年。
[2] 桑坚信：《杭州市发现的元代瓷器窖藏》，《文物》1989年第11期。
[3] 黄彩红、陈福：《缙云大溪滩窑址群地面调查简报》，《东方博物》第三十三辑，浙江大学出版社，2009年。
[4] 李知宴：《浙江武义发现三处古窑址》，《中国古代窑址调查发掘报告集》，文物出版社，1984年。
[5] 金祖明：《温州地区古窑址调查纪略》，《文物》1965年第11期。

附表一　武义溪里窑址各探方出土碗类数量统计表

探方号	地层	满釉	内底刮釉	单件装烧	多件叠烧	小计	合计
TN01W01	④	57	27	168	10	262	1450
	③	19	3	32	4	58	
	②	52	77	232	25	386	
	①	221	99	391	33	744	
TS01W01	③	469	203	65	56	793	1727
	②	112	42	7	5	166	
	①	333	225	140	70	768	
TS01W02	⑫	123	5	29	6	163	2514
	⑪	30	1	11	6	48	
	⑩	288	7	21	8	324	
	⑨	79	5	12	2	98	
	⑧	283	27	34	12	356	
	⑦	91	13	17	8	129	
	⑥	39	10	2		51	
	⑤	28	12	8		48	
	④	126	281	59	21	487	
	③	76	62	21	4	163	
	②	66		14	3	83	
	①	202	172	155	35	564	
TS02W01	③	81	65	32	19	197	1137
	②	5	2	1	2	10	
	①b	10	3	3	2	18	
	①	361	431	62	58	912	
TS02W02	⑨	30	13	15	5	63	598
	⑧	109	21	37	5	172	
	⑥	27	23	14	37	101	
	⑤	152	32	22	56	262	
TS03W01	③	34	19	4	5	62	624
	②	40	91	33	89	253	
	①	145	112	25	27	309	
TS04W01	②	9	9	21	4	43	48
	①			5		5	
合计		3697	2092	1692	617	8098	8098

附表二 武义溪里窑址各探方出土盘类数量统计表

探方号	地层	满釉	内底刮釉	单件装烧	多件叠烧	小计	合计
TN01W01	④	11	2			13	42
	③	2				2	
	②	10	3	1		14	
	①	13				13	
TS01W01	③	31	2	1		34	182
	②	101	1			102	
	①	34	12			46	
TS01W02	⑨	4				4	68
	⑧	12	1			13	
	⑦	5				5	
	⑥	4				4	
	⑤	1				1	
	④	12	7	1	1	21	
	③	2	4		1	7	
	①	12		1		13	
TS02W01	③	5	1			6	19
	①	3	10			13	
TS02W02	⑨	13	2	1		16	56
	⑧	9	1			10	
	⑥	21	2	1		24	
	⑤	6				6	
TS03W01	③	4				4	40
	②	2				2	
	①	23	9	2		34	
合计		340	57	8	2	407	407

附表三　武义溪里窑址各探方出土窑具数量统计表

探方号	地层	垫饼	合计	M 型匣钵	合计
TN01W01	④	4	14	3	12
	③	5		2	
	②	3		2	
	①	2		5	
TS01W01	③	45	150	3	24
	②	12		4	
	①	93		17	
TS01W02	⑬	12	2241		391
	⑫	235		45	
	⑪	345		53	
	⑩	333		34	
	⑨	123		57	
	⑧	542		36	
	⑦	112		68	
	⑥	26		45	
	⑤	46		34	
	④	30		7	
	③	214		5	
	②	149		4	
	①	74		3	
TS02W01	③	14	116	5	27
	②	36		8	
	①b	45		5	
	①	21		9	
TS02W02	⑧	45	136	5	18
	⑥	49		8	
	⑤	42		5	
TS03W01	③	1	11	2	16
	②	3		6	
	①	7		8	
TS04W01	②	5	13	2	6
	①	8		4	
合计		2681		494	

丽水市处州府城行春门遗址发掘简报

浙江省文物考古研究所、丽水市博物馆

一 发掘概况

　　行春门是宋元明清处州府城的东南门，早年已毁，且后期在其遗址上建造民宅。近年，在绿城房产开发城市拆迁及城市交通建设的过程中发现了该遗址。当地政府与民间呼吁保护行春门，为增添历史人文内涵，探明"处州府城墙"的文化内涵与格局，并为城墙保护规划提供依据，以便对其实施有效保护，2010 年经国家文物局批准，浙江省文物考古研究所、丽水市博物馆联合组成考古队对行春门遗址进行了考古发掘清理（图一）。5～8、11～12 月两次共发掘面积 3000 平方米，揭露出行春门瓮城、瓮城内道路、瓮城两端城墙 250 米。发掘的主要收获和认识有：行春门地上建筑现已基本损毁殆尽，地下建筑部分保存尚好；行春门为东西走向；瓮城呈半月形，

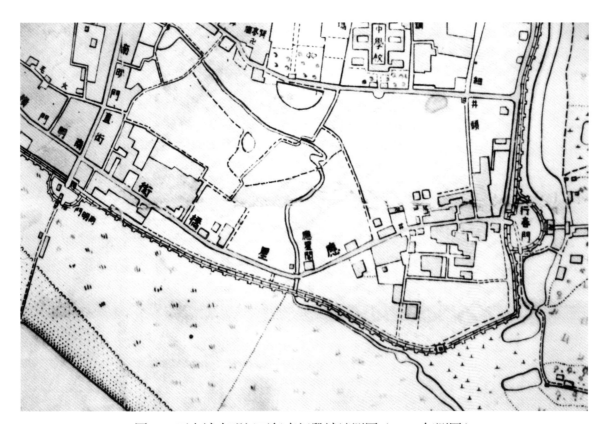

图一　丽水城南明门至行春门段城墙测图（1935 年测图）

南部设小门；瓮城内有元明时期步道一条；城墙由墙基、地栿、地面墙体三部分构成；墙体内部以土石混合物堆筑，两侧包以采石；出土有少量元明清瓷器、建筑石构件、铜镞、石弹、铜钱等。

为进一步探明行春门城门结构及其与城内街道的关系，城墙的修补增筑迹象、附属设施，城墙的走向及其与外侧道路、护城河的关系，2011 年 4 ~ 7 月联合考古队又对行春门至南明门段城墙进行了发掘，并对古城内文物古迹进行了调查。发掘表明，行春门门楼有 1 门洞，门洞与城内应星桥街直通；东城墙与南城墙交接处呈委角弯转，东南圆角处东部设角楼，西部设巽峰阁；南城墙南明门以东设 2 马面；城墙外包边采石呈楔形，"人"字错缝砌筑，坡面规则平整，内包边采石直立叠砌，石材的选用杂乱随意，墙面不甚规则平整，有多处增筑修补的迹象。另外，在行春门瓮城南门以南城墙外侧发现一段步道，原应与东南角处的行春桥相通。在南明门—行春门沿城墙区域发现了护城河（大溪、大洋河）、城中渠、应星桥、古水闸、南明门横街（大猷街西段）、应星桥街（大猷街东段）、关帝庙、观前井、清代民居等多处文物古迹（彩版四八，1、2）。

现将行春门门址与瓮城遗址考古发掘情况简报如下。

二　遗迹

（一）行春门城墙结构

行春门遗址城墙的构建结构为砖、土、石混合结构。城墙平面呈长条形（行春门主城墙）、半月形（瓮城城墙），截面呈梯形。城墙内、外侧以单层采石包边，墙体内部以熟土、卵石、沙砾等混合物堆筑。城墙内侧包边较直，外侧包边斜度略大，城墙内、外坡高相当。

城墙由墙基和地上墙体构成，外包边另设有地栿。墙基构筑方法是：先于地面向下挖掘深度约 1.2、宽度约 12 米的沟槽，再于沟槽内堆筑基础墙体；墙基外侧包边斜直平整，所选石料精当考究，外包边系用端面呈菱形的楔形块石和方形块石人字错缝叠砌而成，墙基砌筑高度与当时地表平齐；地栿铺设于墙基包边采石之上，系用长方形条石平铺一层而成，条石规格以长 30、宽 25、厚 18 厘米者多见；地栿以上为地上墙体，其外包边底层先用三角形块石平铺一层，其意在于上部包边采石叠砌时人字错缝的方便，也可增强墙体稳固性，上部采石系用端面呈菱形的楔形块石、长方形块石叠砌（彩版四九，1）。地上墙体高度不详，依明清时期《处州府志·城池图》和丽阳门现存的部分城墙段判断，城墙上方以长方形灰陶砖砌筑女墙。

城墙内包边砌筑不甚平整，走向有如蛇形。采石的选用也较为随意，规格大小不一，石材有楔形块石、长方形条石、不规则块石、河卵石、建筑石构件等。包砌方式多样：如行春门门楼北段内包边以长方形石板错缝平砌；行春门瓮城城墙内包边以楔形块石人字错缝叠砌，或以长方形条石错缝平砌，均以薄砖、卵石或瓦片填垫缝隙；有些城墙段则多种包砌方式间隔出现，这些迹象表明城墙包边历史上经过了多次修补。

（二）行春门门址

位于处州府城的东南部，又称厦河门。据清光绪三年《处州府志·府城图》和 1935 年丽水城图所示，行春门为东西走向，城楼建在城墙上方，为重檐歇山顶建筑，城楼下方中央位置设一门洞，为拱形顶。行春门西与城内应星桥街接连，东与瓮城接连，出瓮城南门向东绕行 50 余米为大士阁，阁前大洋河上设单孔石平梁桥一座；出瓮城南门沿城墙根步道南行约 80 米为跨河行春桥，明代时桥边有迎春亭，官吏迎春东郊，咸会于此。迎春亭清时已毁，行春桥则因 2010 年丽水市内河整治工程拆毁。

考古发掘显示，行春门地上建筑部分无存，地下部分损毁严重，仅余城门内门道和门槛石（彩版五○，1、2）。门洞进深约 14 米，宽不详。门道以石板铺底，自西向东低斜，在距外侧城墙 4.85 米处设城门，今尚存石门槛及门臼石。门槛为长方形石条，呈南北向铺设于门道底部，距行春门外侧城墙 4.6 米，残长 1.8、宽 0.25 ~ 0.32、厚 0.2 米。门槛中部有车辙槽 1 处，槽宽 0.2、深 0.03 ~ 0.12 米，西深东浅。门臼石位于门槛南端西侧，平面呈长方形，正面中央有臼窝，门臼石长 0.43、宽 0.38 米。臼窝直径 0.2、深 0.03 米。

据丽水市民叶秋生老人回忆，中华人民共和国成立初行春门尚存，为双开木门扉，门后设门闩，两侧墙壁上有门闩孔。20 世纪 50 年代行春门毁弃，筑城块石多被城内居民拆用，原门道铺底石板也遭拆用，易之以卵石。

（三）行春门瓮城

位于行春门址外。平面呈半月形，截面呈梯形，墙体外侧面自下向上斜收，内侧面较直。城墙内外侧以单层采石包边叠砌，墙芯内填乱砖、沙砾、土，夹杂有少量青花瓷、青瓷、酱釉瓷片和瓦片等。墙体由地下墙基、地栿、地上墙体三部分构成；但墙体内侧未设地栿，石料选用较随意，长方形石板、楔形块石、不规则块石均有，总体上看，瓮城外侧面石料的选用及砌筑方式相对于内侧严谨。砌筑方法为先在地面上用块石铺筑基石，然后用石条或石板在基石上铺筑一层地栿，再用楔形块石在地栿上错缝垒砌主墙体，以块石平整的一面朝向外侧，可视面呈长方形、三角形或菱形。砌筑过程中以卵石、瓦片填垫缝隙。瓮城南北直径 65.2、东西半径 43.5、残存高度 0.4 ~ 3.85 米，墙基厚度 7 ~ 13.7 米，现存顶部宽 7 ~ 13 米，部分墙基的外侧突出于地上墙体外，形成基台，最宽处 0.45 米。

砌筑城墙的规则块石以长 40 ~ 80、宽 30 ~ 40、厚 30 厘米者居多，石板以长 30 ~ 90、宽 30、厚 20 厘米者居多。不规则块石也多为中小型。

瓮城城门开于瓮城南端，西侧与主城墙东侧的马面接连，城门南北走向，现仅余东、西两侧残存门壁和门道（图二）。据清光绪三年《处州府志·府城图》所示，瓮城城楼为单檐歇山顶建筑，瓮城顶部原有城垛。门道宽 2.5、进深 4.8 米，东侧门壁用长方形、楔形块石错缝叠砌 2 ~ 3 层，残高 0.3 ~ 0.65 米；西侧门壁用长方形块石平砌 1 层，残高 0.4 米，自南向北 1.7 米处出土一件长方形门臼石。

瓮城内底部发现路面 3 处。

第一处路面位于瓮城内东南部，略成 S 形，走向大致与瓮城城墙一致，残长 17、宽 1.7 ~ 3.5 米。步道系用河卵石于平地铺设一层而成，道路中线铺一列大石块，两侧以乱石铺垫（彩版四九，2）。步道南端断残，推测应通往瓮城城门外，与行春门南段城墙外侧道路相连；北端叠压在月城中部墙垣下。此段路叠压在明清行春门月城下，时代当较早一些，考虑到月城底部同一层面曾出土元代香炉，又行春门及瓮城曾于元至元二十七年和明景泰年间修筑，故推测该步道为元代处州府东

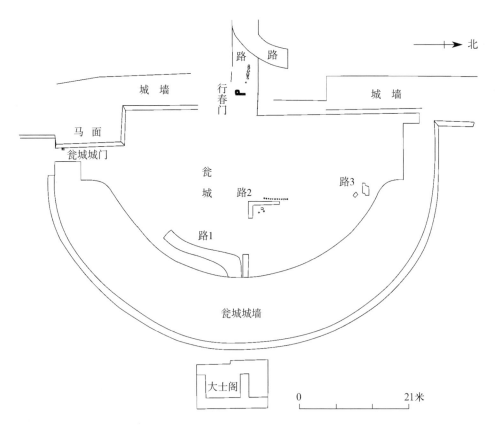

图二　行春门门址及瓮城平面图

城墙外侧步道之一段。

　　第二处路面位于瓮城内中部，平面略成曲尺形，走向不明。道路系用河卵石于平地铺设一层而成，现存路面长 9、宽 3.5 米。

　　第三处路面位于瓮城内北部，系用灰砖人字错缝铺砌一层而成，走向不明。残存面积约 4.8 平方米。灰砖长 23、宽 13、厚 3 厘米。

（四）行春门西侧道路

　　在行春门门道西侧，揭露出 2 段道路。其铺筑方法相同：先用稍大的石板、块石、灰砖铺筑三道平行路径，再用大小不等的卵石填铺成路面。从铺路石表面高磨光度看，行春门当为古人活动频繁之地。2 段道路交汇于原大猷街街口，一段呈直线与行春门门道接连，长 15、宽 4.8～5.3 米，为古应星桥街；另一段呈弧曲状沿主城墙走向向北延伸，长 16、宽 6～8.5 米，当为登城楼之步道。

（五）行春门东侧建筑

　　在行春门瓮城东侧，揭露出房屋基址 1 处。平面呈长方形，长 13.8、宽约 8.8 米。残存卵石铺砌墙基 3 段，其中东西向 2 段，南北向 1 段，墙基宽约 2 米。

　　据方志记载，处州府城行春门外观音阁，又名大士阁，始建于明天启四年（1624 年），为县人光禄卿王一中追荐亡女所建。清嘉庆五年坏于水，十九年里人醵金重建。清光绪年间，时任处州知府赵亮熙监督重修。2006 年，适遇滨江公园建设，是阁年久失修，衰败不堪，几近拆除。

　　大士阁东侧为护城河，河上有单孔石平梁桥，桥墩内填筑夯土，外包砌块石（彩版五一，1）。明清方志中无此桥之记载，但在 1935 年丽水处州府城实测图上有此桥，疑为民国桥梁。此桥于 2011 年 5 月拆毁。

（六）城壕

　　行春门瓮城外侧的护城河（今名大洋河），开挖于清同治六年（1867 年）。因咸丰八年（1858 年）和十一年（1861 年）太平军曾三次攻入处州府，处州知府清安为加固城防，征用处州十县民工，修了护城河。行春门外的大洋河是仅存的一段，也是处州古城墙水面最为宽阔的一段（彩版五一，2）。据清光绪《处州府志·城池》记载：咸丰八年、十一年，贼两次居城。同治元年，官军攻克，城大坏。六年，知府清安集民资暨罚锾，修城壕。自北而东者，绕岩泉门（俗呼虎啸门），迳行春门（俗呼厦河门），抵外教场；自北而西者，绕通惠门入城；南临大溪（即瓯江），无濠（濠即城壕、护城河）。

三　遗物

　　行春门遗址基本无原生文化层堆积，考古勘探发掘出土器物均出于扰土层中，共采集各类器物 83 件，器类分瓷器、陶器、石器、铜器等，以瓷器为主；器形以盘、碗、杯为主。为便于描述，行春门器物编号以"X"代表，大士阁器物编号以"D"代表。

（一）行春门城墙、门址采集器物

　　共 75 件。分为瓷器、陶器、铜器、石器等。具体分青瓷碗、青瓷盘、青瓷杯、青瓷器盖、青瓷炉、青瓷烛台、韩瓶、青瓷瓶、酱釉瓷器、青白瓷扁壶、青花碗、青花杯、陶脊兽、铜钱、铜镞、石器等。

　　（1）青瓷碗

　　21 件。

　　标本 X：10，残，可复原。菊瓣形口腹，直口，方唇，浅斜弧腹壁，隐圈足。腹外壁饰一周凸弦纹。足内刮釉一圈，余皆施釉，露胎处呈火石红色，釉色青绿，釉面开片。胎体灰白色，质地细密。口径 10.8、足径 7.5、高 3.5 厘米（图三，1；彩版五二，1）。年代判定为元代中晚期。

　　标本 X：11，残，可复原。侈口，圆唇，斜弧腹壁，圈足，足端外缘斜削。腹内壁及内底外缘各划一周弦纹，底心阴印折枝菊花纹。腹外壁近底部划一组弦纹。足端及足内无釉，余皆施青釉。釉层莹润，有缩釉现象。胎体呈灰白色，质地细密。口径 19.2、足径 6.8、高 7.5 厘米（图三，2；彩版五二，2）。年代判定为元代中晚期。

　　标本 X：12，残，可复原。侈口，圆唇，斜弧腹壁，圈足，足端外缘斜削，足心凸起。腹内外壁刻划简洁花草纹。足内刮釉一圈，露胎处呈火石红色，余皆施青釉，釉层多细密气泡，开片稀疏。胎体呈灰白色，质地细密。口径 15.6、足径 6.5、高 7.7 厘米（图三，3；彩版五二，3）。年代判定为元代中晚期。

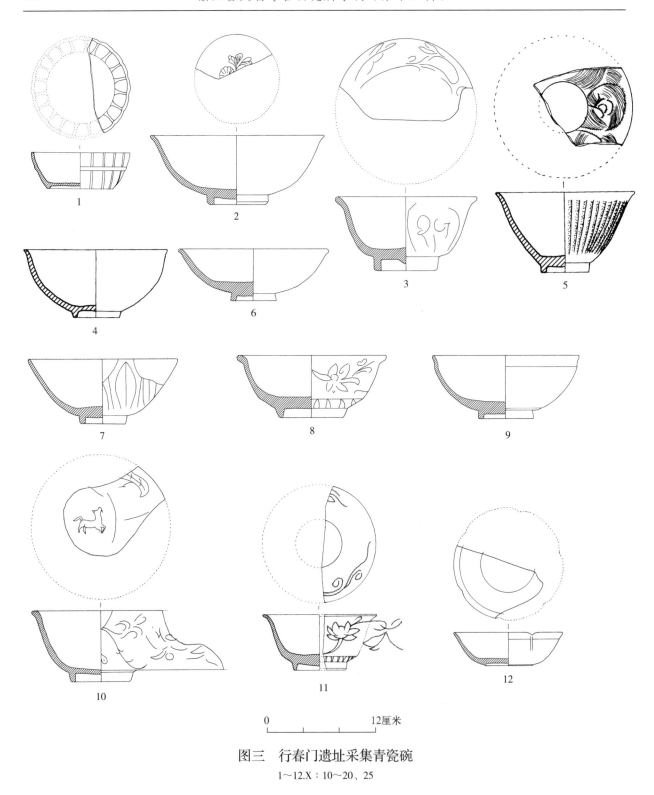

图三　行春门遗址采集青瓷碗

1～12.X：10～20、25

标本 X：13，残，可复原。侈口，弧腹壁，圈足。足墙外壁斜直收，内壁微撇。足端无釉，余皆施釉，釉色青绿、莹润，釉面开面。胎体呈灰白色，质地细密。口径 15.8、足径 5、高 7.4 厘米（图三，4；彩版五二，4）。年代判定为南宋晚期至元初。

标本 X：14，残，可复原。微侈口，尖圆唇，斜弧腹壁，圈足。腹内壁刻划简洁卷草纹，内填以篦划纹，腹外壁刻一周折扇纹。足内无釉，余皆施釉，釉色青绿，釉面开片。胎体呈浅灰色，质地细密。口径15.2、足径5.2、高8.3厘米（图三，5；彩版五二，5）。年代判定为北宋末至南宋早期。

标本 X：15，残，可复原。敞口，浅斜弧腹壁，圈足，足端外缘斜削。内底外缘划一周弦纹，底心纹饰模糊不明。腹外壁近底部划一周弦纹。足端及足内无釉，余皆施青黄釉，釉层浑浊、干涩、开片细密。胎体呈浅灰色，质地细密。口径16.5、足径5.2、高5.5厘米（图三，6；彩版五二，6）。年代判定为元代中晚期。

标本 X：16，残，可复原。敞口，斜弧腹壁，圈足，足端外缘斜削，足心微凸，内底部隆起。腹外壁刻一周莲瓣纹，瓣脊突出。足端及足内无釉，余皆施青灰釉。胎体呈浅灰色，质地细密。口径16.3、足径5.5、高6.2厘米（图三，7；彩版五三，1）。年代判定为南宋晚期。

标本 X：17，残，可复原。侈口，圆唇，上腹壁斜直，下腹壁折收，圈足，足端外缘斜削。口内刻划简洁卷草纹，上腹外壁刻划蔓枝莲花纹，下腹外壁刻一周莲瓣纹。足内无釉，余皆施青釉。胎体呈灰白色，质地细密。口径16.5、足径7、高6.7厘米（图三，8；彩版五三，2）。年代判定为明代中期。

标本 X：18，残，可复原。微侈口，圆唇，斜弧腹壁，圈足，足端外缘斜削。腹内壁划一周弦纹，腹外壁近足部划一周弦纹。足端及足内无釉，余皆施青釉，釉层乳浊。胎体呈灰白色，质地细密。口径16、足径5.9、高6.6厘米（图三，9；彩版五三，3）。年代判定为元代中晚期。

标本 X：19，残，可复原。侈口，斜弧腹壁，圈足，足端外缘斜削，足心微凸。腹内壁饰竖划纹、花叶纹；腹外壁刻一周蔓枝莲花纹；底心阴印马纹。足内刮釉一圈，露胎处呈火石红色，余皆施青绿釉，釉层莹润，开片稀疏。胎体呈浅灰色，质地细密。口径15.2、足径6.6、高7.5厘米（图三，10；彩版五三，4）。年代判定为元代中晚期。

标本 X：20，残，可复原。侈口，圆唇，上腹壁斜直，下腹近底部折收，圈足，足端斜削。腹内壁刻划一周简洁卷草纹，内底外缘划一周弦纹，腹外壁刻划一周蔓枝莲花纹，下腹壁刻一周莲瓣纹。足内无釉，余皆施釉，釉色青绿，釉面开片。胎体呈灰白色，质地细密。口径12.8、足径5.6、高6厘米（图三，11；彩版五三，5）。年代判定为元代中晚期。

标本 X：25，残，可复原。六瓣敞花口，尖圆唇，浅斜弧腹壁，隐圈足。内底外缘饰一周弦纹，腹外壁与花口对应处压印短竖线纹。通体施釉，釉色青黄，釉面开片细密。胎体呈灰色，质地细密。口径12.3、足径5.2、高3.6厘米（图三，12；彩版五三，6）。年代判定为晚唐至五代。

标本 X：21，残，可复原。直口，圆唇，斜弧腹壁，圈足，足心凸起。腹内壁刻划简洁卷草纹，内底外缘划一周弦纹，底心阴印草纹；腹外壁上部刻一周雷纹，下部刻划简洁卷草纹。足内刮釉一圈，余皆施青釉，釉色莹润。胎体呈灰白色，质地细密。口径12、足径5.3、高6厘米（图四，1）。年代判定为明代。

标本 X：24，残，可复原。敞口，圆唇，斜直腹壁微外弧，壁底，外底心微凸。外底无釉，余皆施釉，釉色青灰，釉层薄且干涩。胎体呈浅灰色，质地细密。口径12.6、底径6、高3.9厘米（图四，2；彩版五四，1）。年代判定为晚唐至五代。

标本 X：26，残，可复原。敞口，圆唇，斜直腹壁，平底微凹。底外无釉，余皆施青灰釉，釉层较薄、浑浊。胎体呈浅灰色，质地细密。口径11.5、底径4.4、高3.8厘米（图四，3；彩版

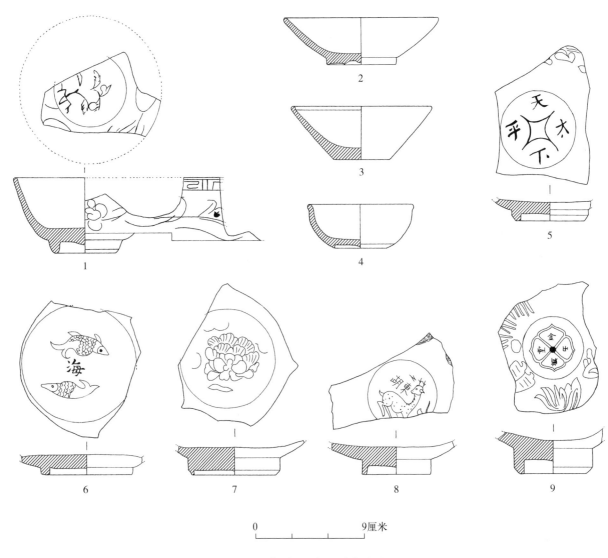

图四　行春门遗址采集青瓷碗

1～9.X：21、24、26、27、65～69

五四，2）。年代判定为晚唐至五代。

　　标本 X：27，残，可复原。直口，圆唇，上腹壁较直，下腹壁弧收，隐圈足，足心凸起。内底外缘划一周弦纹，腹外壁近底部划一周弦纹。足内无釉，余皆施釉，釉色青中泛黄、莹润。胎体呈灰白色，质地细密。口径8.8、足径4.5、高3.5厘米（图四，4；彩版五四，3）。年代判定为元代中晚期。

　　标本 X：65，腹底部残片，不可复原。斜弧腹壁，圈足，足端外缘斜削。内底部阴印钱纹，钱文为"天下太平"。足端及足内无釉，余皆施粉青釉，釉层莹润。胎体呈灰白色，质地细密。足径6.3、残高1.8厘米（图四，5；彩版五四，4）。年代判定为明代中期。

　　标本 X：66，底部残片，不可复原。平底，矮圈足，足端外缘斜削。内底部阴印双鱼纹，底心阴印"海"字。足端及足内无釉，余皆施青釉，釉层莹润，开片稀疏。胎体呈灰白色，质地细密，中有气孔。足径7.5、残高1.9厘米（图四，6；彩版五四，5）。年代判定为元代中晚期。

　　标本 X：67，底部残片，不可复原。平底，圈足，足端外缘斜削，足心微凸。内底部阳印折枝牡丹纹。足端及足内无釉，余皆施青釉，釉层浑浊，开片细密。胎体呈浅灰色，质地细密。足径7.8、残高2.7厘米（图四，7；彩版五五，1）。年代判定为元代中晚期。

　　标本 X：68，底部残片，不可复原。平底，圈足，足心微凸。内底部刻划回首奔鹿纹，鹿首处刻写"东湖"两字。腹外壁近足部划一周弦纹。腹内壁施釉，内底部刮釉，腹外壁施釉不及底，釉色青黄，釉面开片细密。胎体呈浅灰色，质地细密。足径5.7、残高2.8厘米（图四，8；彩版五五，2）。年代判定为元代中晚期。

　　标本 X：69，腹底部残片，不可复原。斜弧腹壁，平底，圈足，足端外缘斜削，足心凸起。腹内壁阴印不明纹饰，内底部划一周弦纹，底心阴印四瓣花纹，花瓣内文字顺时针读为"金玉满堂"。足内刮釉一圈，足端无釉，余皆施青黄釉，釉层玻璃质感强，开片细密。胎体厚重，呈灰白色，质地细密。足径6.6、残高4厘米（图四，9；彩版五五，3）。年代判定为明代中期。

　　（2）青瓷盘

11件。

　　标本 X：1，残，可复原。敞口，圆唇，浅斜弧腹壁，矮圈足聚收，足端外缘斜削，内底面微隆起。内底外缘饰一周凸弦纹，底心阴印折枝花纹。足内刮釉一圈，露胎处呈火石红色，余皆施青黄釉，釉层莹润。灰褐色胎体，质地细密。口径24.8、足径15、高5.3厘米（图五，1；彩版五五，4）。年代判定为元代中晚期。

　　标本 X：2，残，可复原。平折沿，圆唇，浅斜弧腹壁，圈足。内底部贴饰双鱼纹，腹外壁刻划一周单层莲瓣纹，瓣体窄长，中脊突出，瓣尖以双线刻。足内饰一周凸弦纹。足端无釉，余皆施青黄釉，釉层玻璃质感强，内有细密气泡，开片稀疏。胎体呈灰白色，质地细密。口径22.5、足径10.4、高4.8厘米（图五，2；彩版五五，5）。年代判定为元代中晚期。

　　标本 X：3，残，可复原。侈口，圆唇，浅斜弧腹壁，矮圈足，足端外缘斜削。内底部划一周弦纹；底心阴印折枝花纹；腹外壁划三周弦纹。足端及足内无釉，余皆施青黄釉，釉层浑浊，有细密气泡。胎体呈灰色，质地细密。口径16.2、足径6、高4厘米（图五，3；彩版五六，1）。年代判定为元代中晚期。

　　标本 X：4，残，可复原。花口微侈，尖圆唇，浅斜弧腹壁，矮圈足。内底心乳突，腹内壁及内底部刻划菊花纹，内填以篦划纹。足端无釉，余皆施釉，釉色青黄、莹润。胎体呈浅灰色，质地细密。口径16、足径5、高3.5厘米（图五，4；彩版五六，2）。年代判定为元代中晚期。

　　标本 X：5，残，可复原。敞口，圆唇，浅斜弧腹壁，圈足，足端外缘斜削。内底外缘饰一周凸弦纹。足内无釉，余皆施粉青釉，釉层玻璃质感强，有细密气泡。胎体呈灰白色，质地细密。口径16.5、足径9.5、高4.4厘米（图五，5；彩版五六，3）。年代判定为元代中晚期。

　　标本 X：6，残，可复原。敞口，圆唇，浅斜弧腹壁，圈足聚收，足端外缘斜削，足心微凸。内底外缘饰一周凸弦纹，底心阴印朵花纹。足内刮釉一圈，余皆施粉青釉，釉层乳浊、莹润。胎体呈灰白色，质地细密。口径16.4、足径9.8、高4.4厘米（图五，6；彩版五六，4）。年代判定为元代中晚期。

　　标本 X：7，残，可复原。菱口，圆唇，浅腹，上腹壁斜内弧，下腹壁折收，圈足。口内划三周菱线纹，腹壁内外刻划简洁卷草纹。足内无釉，余皆施青釉，釉色莹润。胎体呈灰白色，质地细密。

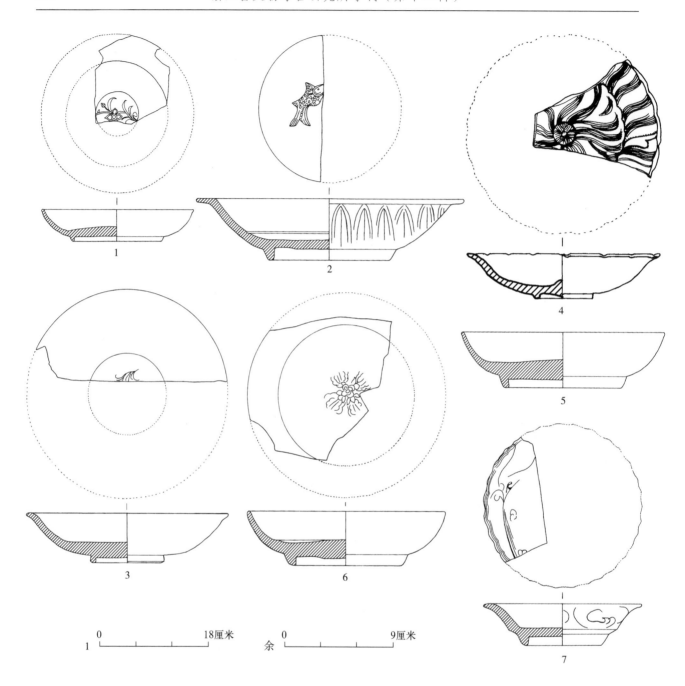

图五　行春门遗址采集青瓷盘
1～7.X：1～7

口径 12.9、足径 6.6、高 3.3 厘米（图五，7；彩版五六，5）。年代判定为明代中期。

标本 X：8，残，可复原。敞口，圆唇，浅斜弧腹壁，圈足。足内无釉，余皆施青釉，釉层莹润。胎体呈灰白色，质地细密。口径 12.6、足径 6.9、高 2.9 厘米（图六，1；彩版五六，6）。年代判定为元代中晚期。

标本 X：9，残，可复原。敞口，圆唇，浅斜弧腹壁，圈足。内底外缘饰一周弦纹，底心阴印莲花纹。足内刮釉一圈，露胎处呈火石红色，余皆施青釉，釉色莹润。胎体呈灰白色，质地细密。

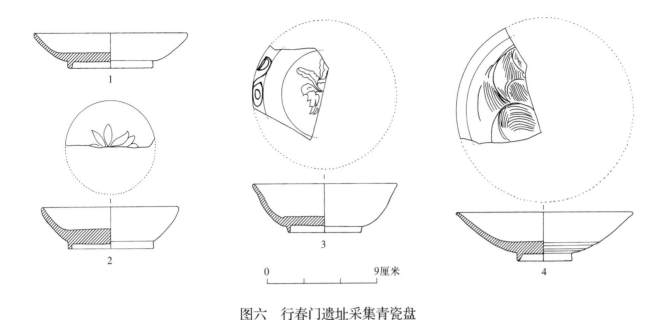

图六　行春门遗址采集青瓷盘

1～4.X：8、9、22、23

口径 11.5、足径 7.1、高 3.1 厘米（图六，2；彩版五七，1）。年代判定为元代中晚期。

标本 X：22，残，可复原。敞口，圆唇，浅斜弧腹壁，近底处收，圈足，足端平齐，足心微凸。口内刻一周卷草纹，内底心阴印折枝牡丹纹。足内有垫烧痕迹。足内刮釉一圈，露胎处呈火石红色，余皆施釉，釉色青绿、莹润。胎体呈灰白色，质地细密。口径 12、足径 6、高 4 厘米（图六，3；彩版五七，2）。年代判定为元代中晚期。

标本 X：23，残，可复原。敞口，圆唇，浅斜弧腹壁，小圈足。腹内壁及底部刻划朵花纹，内填以篦划纹。足内无釉，余皆施浅青釉，釉层较薄，玻璃质感强，有细密气泡。腹外壁有拉坯痕。口径 14.5、足径 4.5、高 3.8 厘米（图六，4；彩版五七，3）。年代判定为元代中晚期。

（3）青瓷高足杯

3 件。

标本 X：29，残，可复原。敛口，圆唇，浅弧腹壁，柄足较短，足端呈喇叭口形，足内上部实心，下部旋空，足外缘旋削。腹内壁饰卷草纹、篦划纹，内底部划一周弦纹。腹外壁上部划弦纹组，以短双斜线隔成若干段；中部划三周弦纹；下部饰单层莲瓣纹，瓣体三线刻划，四瓣肥硕。足端无釉，余皆施青灰釉，釉层玻璃质感强，开片细密。胎体呈浅灰色，质地细密。口径 11.5、足径 4.7、通高 7.8 厘米（图七，1；彩版五七，4）。年代判定为元代中晚期。

标本 X：30，残，可复原。微侈口，圆唇，圆弧腹壁，柄足较短，足端呈喇叭口形，足内上部实心，下部旋空，足外缘旋削。内底部划一周弦纹，底心阴印莲花纹。足端无釉，余皆施粉青釉，釉层莹润。胎体呈灰白色，质地细密。口径 12.8、足径 3.9、通高 9 厘米（图七，2；彩版五七，5）。年代判定为元代中晚期。

标本 X：31，残，可复原。侈口，圆唇，圆弧腹壁，高柄足，足端呈喇叭口形，足内上部实心，下部旋空，足外缘旋削。内底部划一周弦纹。足端无釉，余皆施粉青绿釉，釉层莹润，开片细密。胎体呈灰白色，质地细密。口径 12.6、足径 4.3、通高 10.5 厘米（图七，3；彩版五七，6）。

年代判定为元代中晚期。

（4）青瓷八角杯

1件。

标本 X：32，残，可复原。八方形口腹，敞口，弧腹壁，小圈足，足心凸起。足端无釉，余皆施青釉，釉层乳浊，多气泡。胎体呈灰白色，质地细密。口径8.8、足径3、高5厘米（图七，4；彩版五八，1）。年代判定为元代。

（5）青瓷器盖

7件。

标本 X：33，残，可复原。子口微敛，盖面圆隆，瓜蒂纽，盖沿平折。盖顶心内无釉，余皆施青釉，釉层玻璃质感强，莹润。胎体呈灰白色，质地细密。口径11.2、盖径14.1、高4.2厘米（图七，5；彩版五八，2）。年代判定为南宋早中期。

标本 X：34，残，可复原。子口微敛，盖面圆隆，顶心设乳丁纽，盖沿舒展。盖沿内无釉，余皆施粉青釉，釉层莹润。胎体呈灰白色，质地细密。口径7.6、盖径13、高3.3厘米（图七，6；彩版五八，3）。年代判定为南宋早中期。

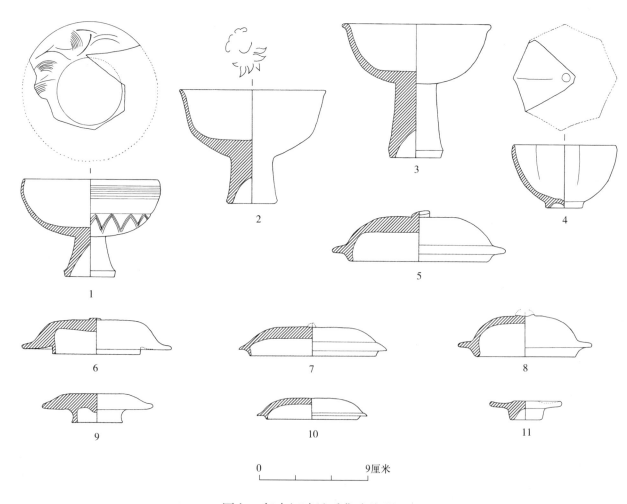

0　　　　　　　9厘米

图七　行春门遗址采集青瓷器

1～3.青瓷高足杯X：29～31　　4.青瓷八角杯X：32　　5～11.青瓷器盖X：33～39

标本X：35，残，可复原。子口微敛，盖面圆隆，纽残缺，盖沿舒展。盖沿内无釉，余皆施粉青釉，釉层玻璃质感强，莹润。胎体呈灰白色，质地细密。口径10.6、盖径12.5、高2.6厘米（图七，7；彩版五八，4）。年代判定为南宋早中期。

标本X：36，残，可复原。子口微敛，盖面圆隆，纽残缺，盖沿平展。盖内顶部无釉，余皆施青绿釉，釉层玻璃质感强，莹润，开片稀疏。胎体呈灰白色，质地细密。口径7.6、盖径10.6、高3.8厘米（图七，8；彩版五八，5）。年代判定为南宋早中期。

标本X：37，残，可复原。子口较直，盖面圆隆，无纽，盖缘舒展。盖内露胎呈火石红色，盖面施青绿釉，釉层浑浊，开片细密。胎体呈浅灰色，质地细密。口径4.4、盖径9.4、高2.5厘米（图七，9；彩版五八，6）。年代判定为南宋早中期。

标本X：38，残，不可复原。子口微敛，盖面圆隆，失纽，盖沿舒展，圆唇。盖沿内无釉，余皆施浅青釉，釉层莹润。胎体呈灰白色，质地细密。口径7.5、盖径9.2、残高1.8厘米（图七，10；彩版五九，1）。年代判定为南宋早中期。

标本X：39，残，可复原。子口较直，盖面略平，圆唇，顶部微凸形成圆台面。盖面划数周弦纹。盖面及唇部施青黄釉，釉层玻璃质感强，开片稀疏。胎体呈灰白色，质地细密。口径2.6、盖径5.9、高1.4厘米（图七，11；彩版五九，3）。年代判定为元代。

（6）青瓷炉

2件。

标本X：73，鼎式炉，足部略残，可复原。束口，平唇，口部设云朵状环形立耳，浅鼓腹，三兽面形足着地，外底心附小圈足，足墙外壁直，内壁撇，足心凸起。底内外局部无釉，露胎呈火石红色，余皆施粉青釉，釉色莹润。腹外壁有拉坯痕。口径9.3、腹径9.8、圈足径2.5、通高6.3厘米（图八，1；彩版五九，4）。年代判定为元代中晚期。

标本X：64，炉足，残。兽面形足微外撇，足内面中上部凹进。内外施青绿釉，釉层莹润，开片稀疏。胎体厚重，呈白色，质地细密。足宽3.6～7.3、高4.8厘米（图八，2；彩版五九，2）。年代判定为元代中晚期。

（7）青瓷烛台

1件。

标本X：62，残，不可复原。圆形直口烛管，下接圆柱形烛柄。烛柄上部设烛盘，折沿，尖圆唇，浅腹，平底。烛柄下部饰以齿轮。烛管内局部无釉，余皆施粉青釉，釉层莹润，开片稀疏。白色胎体，质地细密。柱径3.8、盘口径10、轮径5.9、通高8厘米（图八，3；彩版六〇，1）。年代判定为元代中晚期。

（8）韩瓶

1件。

标本X：41，口残，可复原。小口，卷沿，短颈，溜肩，长鼓腹，平底微凹。腹部饰瓦楞纹。外底无釉，余皆施青灰釉，釉层较薄，斑驳不均。口径5.6、腹径11.7、底径4.2、高23.8厘米（图八，4；彩版六〇，2）。年代判定为南宋。

（9）青瓷瓶

2件。

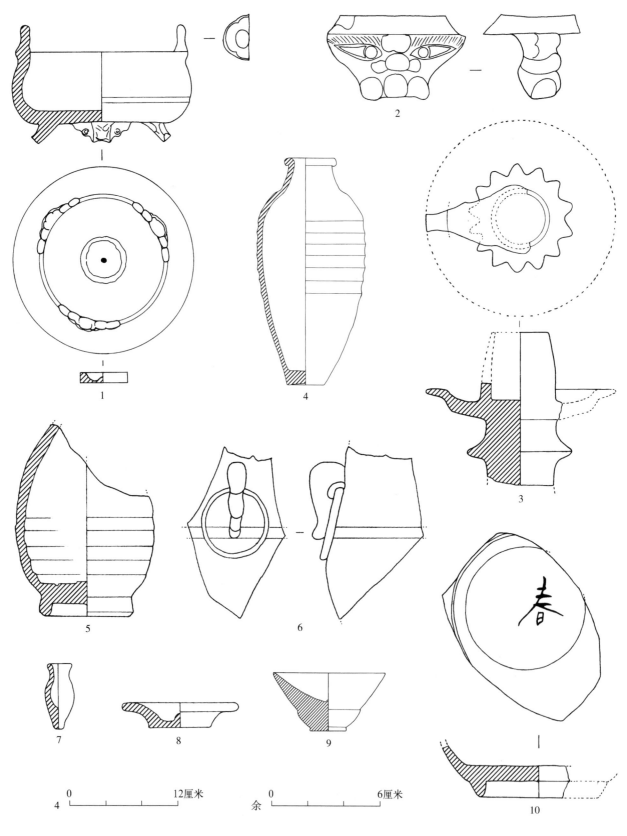

图八　行春门遗址采集器物

1、2.青瓷炉X：73、64　3.青瓷烛台X：62　4.韩瓶X：41　5、6.青瓷瓶X：61、63　7.青白瓷扁壶X：46　8.酱釉斗笠碗X：28　9.酱釉器盖X：40　10.青花碗X：70

标本 X：61，腹底部残片，不可复原。耳部残缺，鼓腹，圈足，足端外缘斜削。腹内壁有拉坯痕，腹外壁饰一周凸弦纹。器内局部施釉，外壁施釉及底，足端无釉，足内施釉，釉色青绿，釉层浑浊，开片稀疏。胎体呈灰白色，质地细密。腹径 7.9、足径 5.1、残高 10.2 厘米（图八，5；彩版六〇，3）。年代判定为元代中晚期。

标本 X：63，颈腹部残片，不可复原。长颈，溜肩，鼓腹。颈、肩部贴附龙耳衔环。颈、肩交界处饰两周凸弦纹。内外壁施粉青釉，釉层莹润，开片稀疏。胎体呈灰白色，质地细密。颈径 4.9、残高 9 厘米（图八，6；彩版六〇，4）。年代判定为元代中晚期。

（10）青白瓷扁壶

1 件。

标本 X：46，器形较小。侈口，束颈，扁鼓腹，饼足。口部施酱釉，余皆施白釉。白色胎体，质地细密。口径 1.1～1.4、腹径 1.3～1.8、足径 0.7、高 3.4 厘米（图八，7；彩版六〇，5）。年代判定为清代。

（11）酱釉斗笠碗

1 件。

标本 X：28，敞口，浅腹，腹壁弧曲，小平底。釉层脱落殆尽，可能为酱釉或黑釉。红褐色胎体，质地较粗疏。口径 6、底径 2.1、高 4.6 厘米（图八，8；彩版六〇，6）。年代判定为宋代。

（12）酱釉器盖

1 件。

标本 X：40，盖面凹陷，盖心设乳丁形纽；盖内中部凸起，平割形成盖口。酱釉脱落殆尽。红褐色胎体，质地较粗疏。口径 3.5、盖径 6.5、高 1.4 厘米（图八，9；彩版六一，1）。年代疑为宋代。

（13）青花碗

1 件。

标本 X：70，腹底部残片，不可复原。斜弧腹壁，圈足，足端外缘斜削，足心凸起。腹内壁绘两周弦纹，底心书写"春"字；腹外壁绘花草纹，足墙外侧绘三周弦纹。内底部有涩圈，足端无釉，余皆施釉，釉色浅青灰，莹润。胎体浅灰色，质地细密。足径 6.8、残高 3 厘米（图八，10；彩版六一，2）。年代判定为清代。

（14）青花杯

1 件。

标本 X：71，腹底部残片，不可复原。腹壁弧收，圈足聚收。内底部及腹外壁绘水草纹、弦纹，足内书写"大明□□"四字。足端无釉，余皆施浅青白釉。胎体匀薄，呈白色，质地细密。足径 2.2、残高 1.8 厘米（彩版六一，3）。年代判定为明代晚期。

（15）陶脊兽

1 件。

标本 X：72，残，不可复原。略呈半圆柱形，中空。正面浮雕兽面，面目狰狞。额心贴附短凸柱，中空。弧形粗眉，圆眼，眼球呈柱状突出，宽鼻大孔，方口齐齿。泥质灰陶。长 16.5、上端厚 1.8、下端厚 9、内部孔径 5 厘米（图九；彩版六一，4）。年代疑为明代。

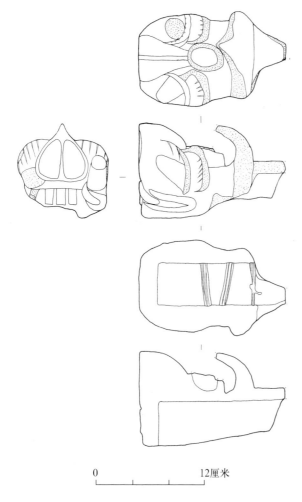

0　　　　　　　　　12厘米

图九　行春门遗址采集陶脊兽 X：72

（16）铜钱

4 枚。

标本 X：42，圆形方孔，宽缘微凸起。正面钱文为"康熙通宝"，背面为二字满文。直径 2.8、孔径 0.55、缘宽 0.3、厚 0.1 厘米（彩版六一，5 左 1）。

标本 X：43，圆形方孔，窄缘微凸起。钱文为"大观通宝"。直径 2.45、孔径 0.7、厚 0.15 厘米（彩版六一，5 左 2）。

标本 X：44，圆形方孔，宽缘微凸起。钱文为"景德元宝"。直径 2.5、孔径 0.5、厚 0.15 厘米（彩版六一，5 右 2）。

标本 X：45，圆形方孔，宽缘微凸起。钱文模糊不明。直径 2.4、孔径 0.6、厚 0.2 厘米（彩版六一，5 右 1）。年代不明。

（17）铜镞

11 枚。年代不明。

标本 X：47，不可复原。细长尖锋，镞首断面呈菱形。长 5.6、宽 0.9 厘米（图一〇，1）。

标本 X：48，细长尖锋，镞首与铤断面均呈菱形。首长 6.2、宽 0.8、铤长 2.8、通长 9 厘米（图一〇，2；彩版六一，6）。

标本 X：49，仅存镞首残段，不可复原。细长尖锋，镞首断面呈菱形。残长 3.4、宽 0.8 厘米（图一〇，3）。

标本 X：50，仅存镞首，不可复原。细长尖锋，镞首断面呈菱形。残长 5.4、宽 0.8 厘米（图一〇，4）。

标本 X：51，仅存镞首，不可复原。细长尖锋，镞首断面呈菱形。残长 5.3、宽 0.7 厘米（图一〇，5）。

标本 X：52，仅存镞首，不可复原。细长尖锋，镞首断面呈菱形。残长 5.5、宽 0.7 厘米（图一〇，6）。

标本 X：53，镞铤残断，不可复原。细长尖锋，镞首与铤断面均呈菱形。首长 4.5、宽 0.8、铤长 0.9、通长 5.4 厘米（图一〇，7）。

标本 X：54，镞铤残断，不可复原。细长尖锋，镞首与铤断面均呈菱形。首长 5.5、宽 0.9、铤长 0.9、通长 6.4 厘米（图一〇，8）。

标本 X：55，仅存镞首，不可复原。细长尖锋，镞首断面呈菱形。残长 6.7、宽 0.8 厘米（图一〇，9）。

标本X：56，细长尖锋，镞首与铤断面分别呈菱形、圆形。首长5.5、宽0.8、铤长3、通长8.5厘米（图一○，10）。

标本X：57，镞铤残断，不可复原。细长尖锋，镞首断面呈菱形，圆铤。首长5.5、宽0.8、铤长1、通长6.5厘米（图一○，11）。

（18）石砚

1件。

标本X：58，残，不可复原。呈簸箕形，打磨精细。砚面中部微凹陷，尾端刻月牙形墨槽；背面中部竖向刻划"刘德进"三字。黑色页岩。宽11.7、厚2.3、残长10.7厘米（图一○，12；彩版六二，1）。年代疑为清代至民国。

（19）石弹

2件。

标本X：59，灰褐色粗砂岩，略呈圆球形。径10.4～12.7厘米（图一○，13；彩版六二，2）。

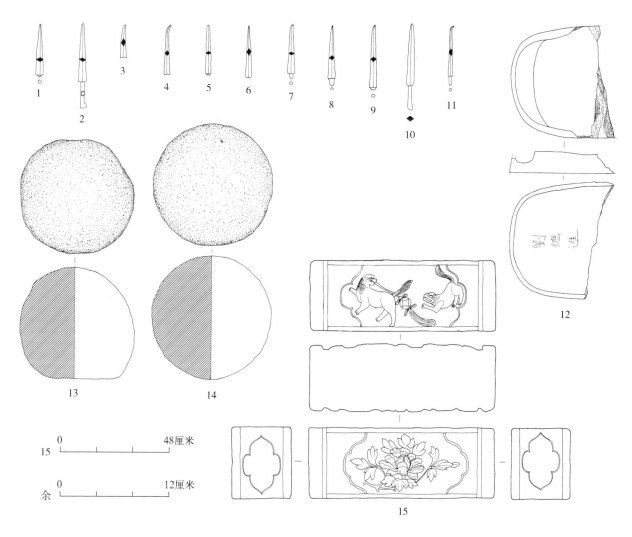

图一○　行春门遗址采集器物

1～11.铜镞X：47～57　12.石砚X：58　13、14.石弹X：59、60　15.建筑石构件X：75

年代不明。

标本X：60，灰褐色粗砂岩，呈圆球形。径12.5厘米（图一〇，14；彩版六二，3）。年代不明。

（20）门臼石

1件。

标本X：74，略残，可复原。灰色砂岩。整体呈长方体形。下半体呈盝形，上半体顶面近中部凿一圆窝，是为门臼。上半体边缘凿三个半深凹槽，其中二凹槽与门臼成一条直线，另一凹槽与门臼呈90°夹角；通长55、宽41.5、厚27厘米；门臼径10、深5厘米；二凹槽长14、宽11、深8.5厘米，另一凹槽长3.5、宽13、深13厘米（彩版六二，4）。年代疑为清代至民国。

（21）建筑石构件

1件。

标本X：75，利用于砌筑城墙内包边。灰色砂岩质地。整体呈长方体形。正面减地雕双狮戏绣球图像，背面减地雕折枝牡丹图像，端面雕花形图框。长81、宽26、厚29.5厘米（图一〇，15；彩版六二，5）。年代判定为明代。

（二）大士阁遗址采集器物

共8件。分青瓷碗、青花碗、青花盘3类。

（1）青瓷碗

1件。

标本D：1，残，可复原。侈口，圆唇，斜弧腹壁，圈足，足端外缘斜削。内底外缘划一周弦纹，底心阴印折枝花纹，腹外壁划数周弦纹。足内无釉，余皆施釉，釉色青绿，釉层浑浊干涩。胎体呈浅灰色，质地细密。口径17.8、足径6.8、高6.8厘米（图一一，1；彩版六三，1）。年代判定为元代中晚期。

（2）青花碗

3件。

标本D：2，残，可修复。微侈口，尖圆唇，弧腹壁，圈足。腹内壁绘弦纹、底心绘花叶纹，腹外壁绘三朵折枝菊花纹及茎叶纹，足心写"□制"字款。足端无釉，余皆施釉，釉色浅青白、莹润。白色胎体，质地细密。口径9.7、足径3.6、高5厘米（图一一，2；彩版六三，3）。年代判定为清代中晚期。

标本D：3，残，可修复。微侈口，圆唇，浅斜弧腹壁，圈足。腹内壁、内底部绘卷草纹、弦纹，腹外壁绘草叶纹、弦纹，足内绘两周弦纹。足端无釉，余皆施釉，釉色浅青白、莹润。白色胎体，质地细密。口径8.9、足径4.4、高3.4厘米（图一一，3；彩版六三，4）。年代判定为清代早中期。

标本D：8，底部残片，不可复原。内底部隆起，矮圈足，足端外缘斜削。内底外缘绘弦纹两周，底心书写"寿"字。足端及足内无釉，余皆施釉，釉色浅青白、莹润。白色胎体，质地细密。足径5.1、残高0.9厘米（图一一，4；彩版六三，2）。年代判定为明代晚期。

（3）青花盘

4件。

标本D：4，残，可复原。敞口，浅斜直腹壁，圈足聚收。口内绘一周草叶纹弦纹，内底外缘

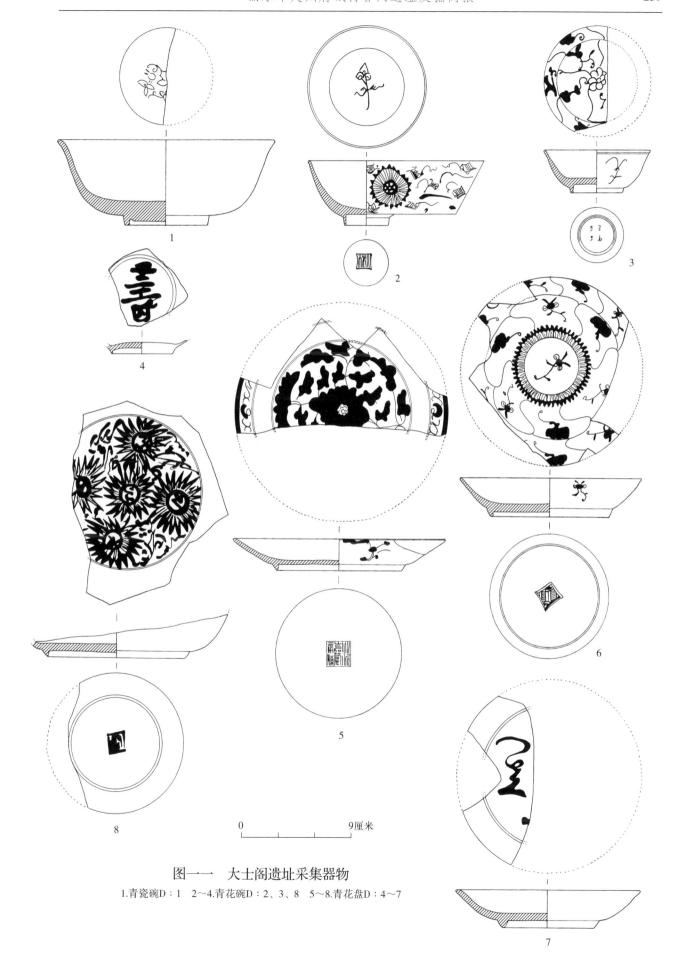

图一一　大士阁遗址采集器物

1.青瓷碗D：1　2～4.青花碗D：2、3、8　5～8.青花盘D：4～7

绘两周弦纹，底心绘蔓茎花草纹，口外绘弦纹、草叶纹，内底心篆体书"□□嘉□堂顺"字款。口径17.6、足径10.2、高2.7厘米（图一一，5；彩版六四，1）。年代判定为清嘉庆时期。

标本D：5，残，可复原。敞口，浅斜弧腹壁，圈足聚收。腹内壁绘卷草纹，内底心绘菊花纹，内填绘花叶纹，腹外壁绘三朵花叶纹，足内绘两周弦纹、足心绘不明方形图案。足端无釉，余皆施釉，釉色浅青白、莹润。白色胎体，质地细密。口径15、足径9.8、高3厘米（图一一，6；彩版六四，2）。年代判定为清代早中期。

标本D：6，残，可复原。敞口，浅斜弧腹壁，圈足。内底外缘绘两周弦纹，底心绘卷草纹。足端无釉，余皆施釉，釉色浅青白、莹润。白色胎体，质地细密。口径15.4、足径8、高3厘米（图一一，7）。年代判定为明代晚期。

标本D：7，腹底部残片，不可复原。浅斜弧腹壁，圈足聚收。内底外缘绘两周弦纹，底心绘五朵菊花纹，足内外底部绘两周弦纹、足心绘窗棂纹。足端无釉，余皆施釉，釉色浅青白、莹润。白色胎体，质地细密。足径12.1、残高3.6厘米（图一一，8；彩版六四，3）。年代判定为明代晚期。

四　结语

行春门遗址全部被当代城市建筑叠压打破，地上城墙部分基本无存，墙基部分内填筑花土和砾石、外以采石包边，城墙内外基本无文化层堆积。考古工作可以揭示处州府城址的形态、布局、文化遗存、沿用年代等，但城墙的始筑、修缮、废弃年代因各种主、客观原因，短时间内很难解决。目前的相关认识只能综合阶段性考古发现和方志记载取得。

第一，据明成化《处州府志》载宋人黄裳《处州重修郡城记》一文，"栝苍依山为城，凭带冈阜，旁连大溪，借胜于崖壁，下矢石如建瓴然，险固而难攻。惟东南一面，形势稍缓，下接平陆，旧为门二，以通□□，缓急有警，则精兵锐士得专力于一隅，故要而易守。询之故老，或云僭伪时，卢约所筑。历岁既，无碑碣文字可考，盖所存者，遗基而已……今兹城也，要而易守，险而难攻，则为之捍御者，岂不优为之哉？"此文是黄裳为宋宣和间州守黄烈因唐旧址修筑郡城所写的记。据文义可知，宋代重修处州郡城时，之前的城墙（可能为唐末卢约所筑）仅剩遗基，旧城东南城门可能已有行春门。

第二，有迹象表明，宋代处州城东南面城墙即为今"万象山—南明门—行春门"一段城墙基址，东南二城门为行春门、南明门。例证如：① 2011年出土于丽水市卢镗街南侧、大洋路东侧某建筑工地的南宋《叶文圹志》，志文有"诸孤卜以宝祐二年良月丁酉，合祔行春门外城之南隅"文字，证明宋代处州城有行春门。②据光绪《处州府志》所收《南明门桥埠记》一文载："宋乾道五年，郡守范公得废寺租若干缗，创设浮桥于南明之浒，夷若坦途，四民称便。"南明之浒设平政桥，从交通上考虑，桥路必与处州城南明门连通。③ 2004年南明门考古勘探采集有宋代青瓷碗、盘。2010～2011年行春门考古勘探采集有宋代青瓷碗、器盖、韩瓶，"大观通宝""景德元宝"铜钱等遗物。这些宋代遗物多采集于城墙内侧底部或近底部，应为宋代城内居民所抛弃的生活用品。

第三，元至元二十七年（1290年），处州路总管斡勒好古、万户石抹良辅议欲修筑，因旧址之半，委丽水县尹韩国宝督役，东、北掘地为池，因土为城；南以溪为池，雍堤为城；西就山为城，即溪为池。为门六：北曰望京，东曰岩泉，东南曰行春，南曰南明，西南曰栝苍，西北曰通惠。城垣周围九里三十步，高阔不等，城身长计一千五百八十六丈七尺，分军守焉，郡藉以为固。府治则从唐宋时期的小栝苍山迁至府城中枣山南麓。继元之后，明、清至民国，处州府城池、府治历朝因旧修补增筑，然再无迁徙之役。

第四，结合考古发现和历史文献记载推断，行春门城门有 1 个门洞，呈拱形顶；城楼设于门洞上方城墙上，为重檐歇山顶建筑。瓮城城门位于瓮城南端与主城墙交接处，也有 1 个门洞，呈拱形顶，城楼设于门洞上方，为单檐歇山顶建筑。瓮城东侧大士阁为明清建筑，大士阁东侧的跨大洋河桥为近现代出入城门的交通道。出行春门瓮城城门沿城墙根步道南行约 80 米原有跨河行春桥，明代时桥边有迎春亭，官吏迎春东郊，咸会于此。迎春亭清时已毁，行春桥则因 2010 年丽水市内河整治工程拆毁。

第五，行春门至南明门段城墙的走向在明清府、县志的程式化城池图里未能准确表现，现考古发掘已准确揭露出城墙走向；临瓯江的南城墙保存尚有数百米长、8 米高，砌筑工整，修补迹象明晰，该段城墙最能体现防洪、御敌的功能，也最具恢宏气势。另外，该段城墙的角楼、巽峰阁、马面、水闸等附属建筑遗存位置明确且保存基本完整，殊为难得。

第六，据历史文献记载，处州府东南城墙外围以大洋河（今名）和瓯江为护城河。现存城墙内外以采石包边、区块修补的做法可能是元、明、清、民国时期修缮城墙的一贯做法。

第七，处州府城行春门遗址考古发掘比较系统地揭示出行春门、瓮城、城墙、敌楼、城墙护坡、步道等重要遗迹，基本探明了行春门城门结构及其与城内街道的关系，城墙的修补增筑迹象、附属设施，城墙的走向及其与外侧道路、护城河的关系。发掘结果大大深化和提升了对处州府城池的认识，也为行春门遗址的保护利用提供了可靠依据。

发掘：郑嘉励、刘建安、梁晓华、吴剑锋、李文艺、齐红军、潘颖瑞、罗伟盛
修复：潘颖瑞、罗伟盛
绘图：齐红军、潘颖瑞、李文艺
摄影：刘建安
执笔：刘建安、郑嘉励

温州府学孔庙遗址考古调查与勘探

浙江省文物考古研究所、温州市文物考古研究所*

一 工作概况

温州府学孔庙位于浙江省温州市鹿城区府学巷西首路北（图一），由西向东包含孔庙、府学学宫、学官衙署三组建筑，中华人民共和国成立后被拆除，改建为温州市工人文化宫及人民大会堂。为配合温州市名城广场建设，2014年3～5月，浙江省文物考古研究所联合温州市文物保护考古所，对该地块进行前期考古调查勘探，并在随后的施工过程中进行持续的跟踪调查。现将工作情况简报如下，并作初步分析，以期对温州城市考古工作的深化研究有所助益。

遗址地块平面略呈南北向长方形，南为府学巷，西邻万寿巷，北隔公园路（原县城隍殿巷）与新华书城相望。因东侧原温州市人民大会堂等建筑当时尚未拆除，本次工作重点放在工人文化宫区域。前期揭去表层现代地面之后，开始部分露出文化宫建设前的建筑基址。在大范围清掉地表建筑垃圾及现代硬化层之后，孔庙区域最晚一期的建筑基址逐渐显露出来。勘探工作采用长探沟的方式，选择部分区块进行重点试掘解剖，逐步探清孔庙区域主要建筑分布及中轴线格局。南部布东西向2米宽探沟2条（编号TG1、TG2）；中部布南北向6米宽探沟1条（编号TG3），东西向7.5米宽探沟1条（编号TG4）。后续调查则主要沿着围护基坑的范围展开。此次工作发现的主要迹象有房址、道路、砖墙（图二；彩版六五，1），出土遗物有碑刻、柱、础、石板等。

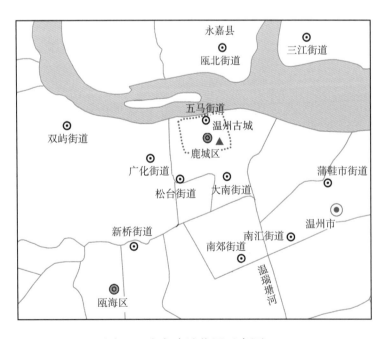

图一 孔庙遗址位置示意图

---

* 温州市文物考古研究所：原温州市文物保护考古所。

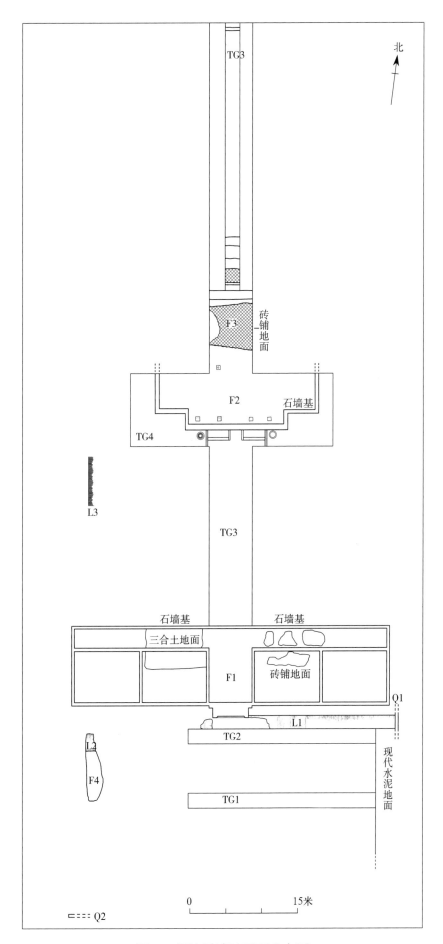

图二　探沟及遗迹平面分布图

二　遗迹

勘探共发现房屋遗迹3处，自南向北依次编为F1～F3；砖铺道路1条，编号L1；砖砌墙基1道，编号Q1。后续调查中又发现房址1座，编号F4；砖铺道路2条，编号L2、L3；砖砌墙基1道，编号Q2。

1. F1

位于场地南部TG2北侧（彩版六五，2），平面呈东西向长方形，开间5间，进深6.80、面阔42米，房基北侧有宽约2.60米的回廊。墙基为块石砌筑，大小不等，趾阔0.65、顶阔0.35米，逐层收分。房址北部及回廊内距现代地表0.6米深处局部位置发现零散分布的南北向侧铺小青砖地面，底部为三合土夯筑，厚约0.08米，南北进深近5、东西跨度约24米，被F1墙基及柱础打破。

2. F2

位于场地中部（图三；彩版六六，1），台基平面呈"凸"字形。大殿东西宽22.60米，TG4内可见进深3.40米；抱厦东西宽14.20、南北进深2.4米（含墙），前部有四组磉墩呈东西向排列；南端正中分设4级踏道2列，东西总宽7.80米，垂带为花岗岩材质，踏跺石板散乱，中间阶条石为一块覆莲瓣须弥座石条，两侧各置覆盆式柱础石1块。墙基为不规则块石砌筑，南侧厚0.75、东西两侧厚0.45米。

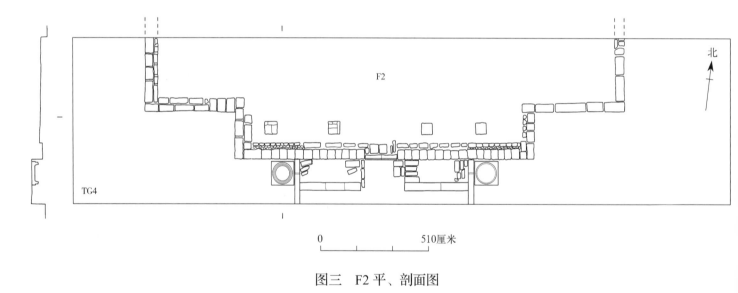

图三　F2平、剖面图

3. F3

位于场地中北部（图四；彩版六六，2），南端被F2打破，北部被4道晚期石墙基打破。TG3内仅见残存铺地砖，南北进深约15.40米，探沟内可见宽度为6.00米，实际宽度远不止于此。铺地砖为斜线正方形，边长29、厚6厘米。

4. F4

位于地块西南（彩版六七，1）。基坑断面观察发现，距文化宫地面0.7米深处有一层红黄色三合土夯筑层，厚约0.08、南北跨度残存约6米，其下为厚0.20米的瓦砾垫层。南端发现青砖墙基，北端外接L2。

5. L1

位于 F1 南部 1.40 米处（图五；彩版六七，2），东西走向，中部被扰断。东段长 20.40、宽 2.06 米，东端被 Q1 截断，收口处略显参差；西段残长 1.2、残宽 1.48 米。路内部南北向砌筑侧砖，南北两边沿东西向侧砌两砖，外镶牙砖一列，路面中部略鼓，呈虹面结构，大部分牙砖及东西向砌砖被扰不存。砖长 26、宽 7.5、厚 3.5～5 厘米。

6. L2

位于 F4 北侧，东西走向，南北跨度约 2 米，比 L1 深约 0.6 米。青砖东西向侧砌，两侧未见牙砖。

7. L3

位于 F2 西南侧，南北走向。距地表深约 0.5 米。断面可见长度在 7 米以上。结构与 L1 类似，北部残存少量牙砖。

8. Q1

位于 L1 东端（图五；彩版六七，2），南北走向，将 L1 完全截断。条砖沿南北向两边平砌，内填少量黄土、碎石。残长 1.8、宽 0.4、残高约 0.1 米，用砖规格与 L1 相同。

9. Q2

位于地块西南角，紧靠府学巷，东西走向，青砖平砌，宽约 0.4、残高约 0.3 米，东西长度不清，距地表深约 0.5 米。

三　遗物

本次勘探以及周边施工中出土部分碑刻、碑额、碑座和柱、础、雕花石板等石构件等文物，具有一定文化历史价值。分述如下。

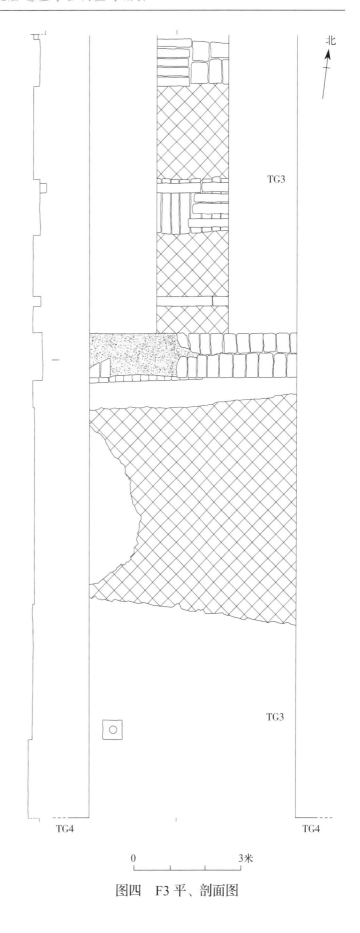

图四　F3 平、剖面图

（一）碑刻类

共发现 4 方。

1. 元至正《重修温州路谯楼记》碑

此碑残存 2 段，分别发现于 F1 回廊东、西两侧墙基内。其一（图六）平面形状近方形，残长约 60、宽约 62、厚约 22 厘米；其二（图七）平面形状近方形，残长约 58、宽约 60、厚约 22 厘米。碑石为红砂岩质，碑文楷书阴刻，剥蚀严重，根据碑文及材质推测，二者属同一碑刻。

碑刻于元至正二十五年（1365 年），原永嘉县丞、时任福建行中书省检校官丽水人林彬祖撰，全文 732 字，残碑仅余 106 字，碑文收录于清光绪《永嘉县志》卷二十二《金石》篇，“碑在府学乡贤祠”，附注“高一丈一尺余，广六尺四寸二分，篆额无存，文二十三行，四十一字，行末陷入土中”，据此推测，残碑不足原碑 1/5，且光绪重修县志时，该碑仍完好的保存于孔庙乡贤祠中。碑刻记载了元末方明善重修谯楼的始末，工程始于至正癸卯年（1363 年）十月，于乙巳年（1365 年）正月竣工。全文如下。

重修温州路谯楼记

从仕郎福建行中书省检校官林彬祖撰

集贤直学士亚中大夫兼皇太子赞善陈达喇嘛實理书并篆额

至正二十有五年，江浙行省右丞方公既新温郡之谯楼，士民鲍铉等以状请彬祖记其事。按谯楼建自□宋之淳熙中，高六楹，左右翼各四楹，联以两庑，东西百步，累甓为址，下通广逵，上设更鼓，千里耳目攸属。□延祐中，郡守赵凤仪尝一缮修，更历四纪，风雨陊剥，每惮其役重，因循弗理。公既分镇，署郡治，顾而叹曰：□何得不葺，然不可劳吾民。乃遂出帑金治之。于是工师遴才，山泽出藏，陆输水转，远近毕达。陶人冶师，咸□子来，梓匠效能，出机若神。弱变为强，腐化而坚，仆者以植，攲者以贞。缺折以完，梁柱桓桓，栋危聿隆，巨细□能，因材庇庸。新故相赞，交致其功。屹如虎踞，翼若翚翥。周阿峻直，中通外饬。涂之丹雘，辉彩交烛。无异撤□旧而新是作。是役之费，白金以两计者二千有奇，诸匠以工计者二万五千有奇，役始癸卯冬十月，至是□功而民不知扰。郡属文武官吏与其民士环列仰视，莫不叹息而颂公之德，咸谓公之报国也忠，故其恤民也勤。

公之镇温也，内清山贼，外遏淮寇，岁督海艘转漕于京师。每念僭乱未平，寐不安枕，□游卒以为劲兵，斥浮费以充军实，礼贤任能，务农通贾，武备增修而功实益著矣。至正十八年，公以行省都镇抚来镇，明年擢行枢密院判官，又明年升同佥。二十一年，进佥书院事。公之弟元帅亦升判枢佐，公镇□明年，拜闽省参政兼佥院，镇御如故，院判亦进秩同佥。二十三年，公升江浙左丞，同佥升佥院。明年进公右丞，赐分省印章，佥院升副枢。朝廷倚任日隆，公报效弥至。公知邦本在民，故劳民之事惟恐及焉。况丽谯，政令所出，而□□无事治之充□□也，人其有宁矣。彬祖以己亥冬来是邦，凡士民所状，多亲见而知之者，又兹役之美，宜书以示后来者。彬祖不文辞，乃遂载其事于石。公名明善，副枢名文举，是年岁在乙巳，正月八日记。

荣禄大夫温州路总管府达鲁花赤兼劝农防御事八十六。

□顺大夫温州路总管兼劝农防御鲍与俦、鲍与侃、士民蔡德明、何元叶、

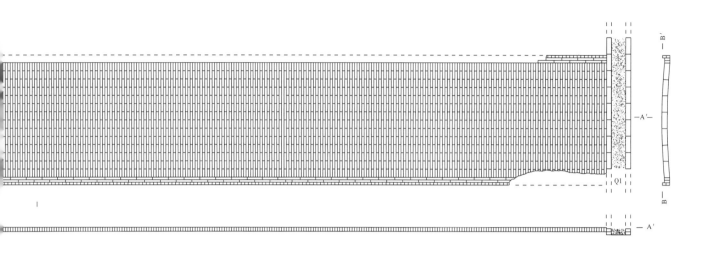

图七　重修温州路谯楼记碑 2

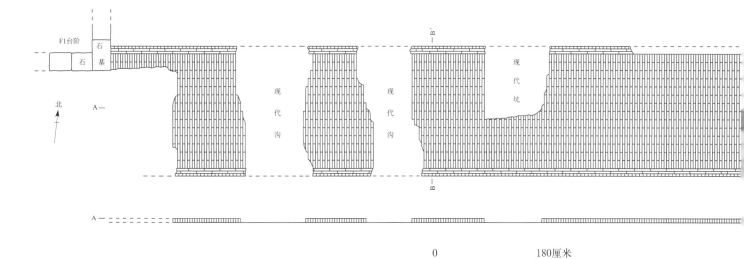

图五 L1、Q1平剖面图

图六 重修温州路谯楼记碑1

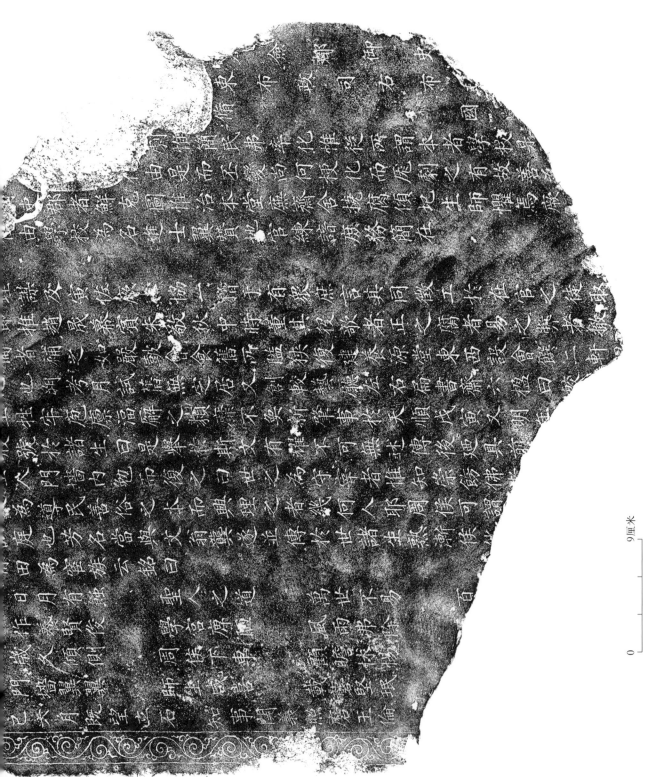

图八 温州府重修庙学记碑拓片

□□□□□□□、张友□、□□□、朱新福、林炳宗立石。

根据碑文内容推测，此碑为元末方明善据温重建谯楼后所刻，初时应立在子城谯楼前，方氏纳款归降之后，因碑文言辞及立场问题而被转移至府学乡贤祠内，作为金石史料得以保存下来。2013年温州子城古谯门遗址的勘探表明，元末子城南门确有重建，但位置比五代谯门向东偏移约16.5米，即今谯楼位置，并于左右建对称翼墙两堵，作登临步道及装饰之用，"东西百步"，以象旧时子城谯楼之雄风。"下通广逵，上设更鼓，千里耳目攸属"，此时谯楼已彻底演变成专为城市报时的鼓楼和地标性建筑景观，不再具备防御功能。此碑为元代温州子城拆毁之后谯楼兴废沿革的研究提供了重要实证依据。

2. 明天顺《温州府重修庙学记》碑

此碑（图八）发现于地块西侧L3以南，F1西北部地表下约0.1米深处，碑下为水泥板层，原立于府学孔庙前大成门左，文庙拆除时毁弃至此，用以奠基。碑为青石材质，立面为抹角长方形，中间断为两截，底部及右侧残缺。拼接后残高164、宽104、厚23厘米，约占原碑2/3强。碑首篆书"温州府重修庙学记"，篆额周边满刻云龙纹，碑文楷书阴刻，四周边框细线刻条带状卷草纹。

碑刻于明英宗天顺五年（1461年），由原中宪大夫、都察院左佥都御史黄岩人李匡撰，全文734字，残碑尚存486字。清光绪《永嘉县志》卷二十三《金石》篇有载，碑文记述了明代天顺年间时任温州知府周琠到任后重视教化，与咨少府杨与、通守曹玺等人重建大成殿两庑、明伦堂四斋及复建养源堂、创建校艺厅等庙学建筑之始末，补齐了县志记载中的4处缺漏。工程始于天顺二年（1458年），历时3年，于天顺五年（1461年）六月告竣。全文如下。

温州府重修庙学记　　　　　王汝覃镌
中宪大夫都察院左佥都御史致仕黄岩李匡撰
正奉大夫正治卿广东布政司右布政使郡人阮存书
徵事郎中书舍人同修国史郡人胡宗韫篆

施治贵知本，能知本则政庞惟醇，事剧惟简，民弗率化惟从。所谓本者，学校是也。于以祗严圣灵，乐育英俊，忠孝礼义，于是而讲习，风俗教化由是而丕变，尚何梗化而庞剧之有！故善为治者，必以学校为首。

温郡旧有学，历岁既久，主吏部者，鲜克图惟治堂庑斋舍。挠腐倾圮，生师惧焉，厥力稚莫能为。天顺改元，太守周侯来专郡。侯由学校，为名进士，翼赞地官，练谙庶务，简在帝心，拜今官。始至，谒宣庙，顾瞻兴怀，蔽志经理，谋及寅佐，厥心协一，稽于有众，庶言其同。征工于在官之徒，取材于在山之良，咨少府杨与、通守曹玺、节推赵晟，幕宾朱敬、狄中时董其役。敬者正之，腐者易之，散者撤之，如大成殿两庑、明伦堂四斋是也。未修者补之，如严鼓会食旧所隘狭，复建养源堂，东西设会馔二轩。曰养源者，欲士子食于斯而思养其良心也。朔考月试，旧无定居，又创校艺厅，左右偏书斋六楹。曰较艺者，欲士子列于斯而思策其惰气也。以至牲牢、庖廪、湢廨之类靡不焕新。肇事于天顺戊寅，又明年辛巳而释菜告成。

郡簿周益、司训周魁、刘世殿号于诸生曰：是举于斯文有耀，不可无述传后，乃具前事颠末，致书来求予记。予非能文者，窃喜附名圣人门墙，因勉而复之。曰：世之为守宰者，惟知崇饰佛老宫观以邀福田利益，其知宣圣为万代所当尊，学校为导民善俗之本，而董理之者几何人耶？周侯可谓知所本亦！宜其德化大行于属邑，而人用不犯于讼庭也。芳名当与文翁、龚遂并传于世。诸生熟渐侯化，其必有所感夫！其必有所勉夫！侯名琰，字廷璨，在莆田为宦族云。铭曰：

山川有更，日月有蚀。圣人之道，万世不易。

百里之邑，千里之郡，罔不建学，作养贤俊。

学宫庳陋，风雨弗除，不有君子，其何能居！

曰惟温庠，岁久倾侧。周侯下车，顾瞻怵惕。

乃询寅寀，乃召匠石。完旧益新，门墙翼翼。

师生咸喜，载碞坚珉。微我铭诗，以贻后人。

大明天顺五年龙集辛未六月既望立石

知事关义、照磨王伦、永嘉县知县马善、老人叶稠生、林思远。

3. 明成化《温州府儒学新立名宦乡贤二祠记》碑

此碑（图九）发现于TG2东部。青石材质，平面形状近直角三角形，碑文楷书阴刻。石碑残长95、残宽37、厚约12厘米，碑身残损严重，估计不足原碑1/4。原题名保存完整，为"温州府儒学新立名宦乡贤二祠记"碑。

二祠记碑刻于明成化十六年（1480年），原礼部侍郎、明代乐清名臣章纶撰文，初立在文庙大成门前乡贤祠中。原文900余字，现仅存170余字，不知何时被毁。清光绪《永嘉县志》卷二十三《金石》篇有载，碑文记录了温州知府项澄到任之初，在祭拜孔子之间隙，与贰守姚骏、通守桑榆商定重修名宦乡贤二祠的过程。工程始于成化己亥（1479年）年十一月，次年二月竣工。光绪年间永嘉县志重修之时，碑刻本身可能已埋没地下，编纂人员仅根据收集到的文献资料进行抄录，因此造成了一定的脱漏。此碑的发现，补充了光绪《永嘉县志》中有关书写、篆额等人员部分的记载。全文如下。

温州府儒学新立名宦乡贤二祠记

赐进士正议大夫资治尹南京礼部左侍郎致仕乐成章纶撰

朝请大夫直隶长芦都转……运盐使司同知……（碑刻有，县志无）

赐进士奉议大夫南京……刑部郎……（碑刻有，县志无）

大成殿戟门西旧有祠，祀郡名宦及乡贤之有功于民彝世教者。名宦若王羲之、谢灵运、颜延之、刘述、杨蟠、印应雷、何文渊诸公是已，乡贤若王景山、周行己、刘安节、许景衡、王十朋、陈埴、黄淮诸公是已。或匡君而庇民，或讲道而释经，或惇行实，或著死节，其出处事业虽殊，其有功于民彝世教则一。

夫于民彝世教有功，则不悖于圣人之道，祀之于此宜也。奈何历年既久，椽栋蠹坏，必待大施设者，然后乃能新之。廼成化丙申，三山项侯来守，下车初，兴废去蠹，一新郡事，而尤重学政。凡遇朔望，谒见先圣先师，仍率僚属以谒是祠，虽祁寒暑雨不少懈。间与贰守安成姚侯骏、通守东吴桑侯瑜等议曰：崇祀先哲，我儒分内事也。睹是祠之卑隘敧挠，不但无以揭虔，且将不日倾颓矣。况戟门东之地，直深横袤与西偏等，改作分为二祠，俾名宦、乡贤各有攸宁，不亦辅翼圣门而称祀有功乎！众皆忻然和之。侯因虑材用，计徒庸，量事期之毕，遂牒通守三山徐侯瓘总其纲，命耆老章蕴明辈董其事，以成化己亥腊月望日鸠工，越明年二月朔日毕工。仓楹研楠，焕然维新。东祠以为名宦，增祀刘谦、王允、王全、尹宏四公，

图九　温州府儒学新立名宦乡贤二祠记碑

凡二十有一人。西祠以为乡贤，增祀刘清、朱谧、张文选、周旋四公，凡三十有二人。其规模之宏壮，位置之端饬，视昔大不侔矣。

　　于时郡博浔阳李君华、司训合沙陈君端进诸生言曰：吾侯举此盛事，其作新学校，风励斯人也至矣。使无文以纪其实，其何以示今传后耶？兹永嘉令安成刘君逊由进士来举新政，盍与谋之？诸生诺，往白焉。刘君遂捐俸具石来征文记之。予辞弗获，乃作而言曰："吾圣人之道与天地参而四时同，乃民彝世教之赖以永存者。然非贤者不明，非达者不行，使出处交得其人以续之，则万事如一日也。苟续之非其人，虽彼在万事者固无恙，而此于斯世也实无功，将何以列于圣人门墙间乎？今诸公既明且行之，以不悖于圣人，而有功于斯世，如此非表章而崇祀之，则后人于何取法而劝勉耶？故项侯历考其当世行事之迹，见其果皆有功于民彝世教，以列祀于圣门之侧，非特诸公之功因以著，抑亦俾士之有志于斯道以淑世者知所取法劝勉，而由此以入也。是则二祠之立岂小补哉！况侯持身廉谨、宽惠爱民、文章政事卓然可称，又安知他日之守是郡者，不以侯今日之祀诸公者祀侯乎！"

　　侯名澄，字□□，登庚辰进士第，历官民部郎中，擢今职，附载于此云。

　　成化庚子夏五月望日，县丞单进、主簿刘永、教谕廖诚、训导陈新、郑瑞同立。

4. 清康熙《御制训饬士子文》碑

　　2019 年 8 月下旬，公园路南侧原府学场地内施工中，出土龙纹青石残碑 1 块（图一〇），残高 65、宽约 50、厚约 18 厘米，圆角长方形，背面及侧面均较粗糙，推测原应嵌在墙内。碑额刻细线云龙纹，中间竖刻篆书"御制"二字，碑文四周刻细线方框，两侧饰卷云纹。根据残存碑文内容推测，当为清康熙皇帝玄烨亲自撰文、书写并下诏颁行各学的《御制训饬士子文》碑。原碑文应分为上下五段，自右至左竖刻，每段 19 行，每行 8 字，楷书阴刻，全文 658 字，残碑 79 字，体量不足原碑（包括碑额）的 1/6。据光绪《永嘉县志》卷二十四《金石》篇记载，此碑为康熙四十三年（1704 年）立，原立于府学明伦堂，碑文未录。现根据西安碑林同题碑刻拓片全文摘录如下。

　　御制训饬士子文

　　国家建立学校，原以兴行教化，化育人才，典至渥也。朕临御以来，隆重师儒，加意庠序。

图一〇　御制训饬士子文碑及拓片

近复慎简学使，厘剔弊端，务期风教修明，贤材蔚起，庶几棫朴作人之意。乃比来士习未端，儒效罕著，虽因内外臣工奉行未能尽善，亦由尔诸生积锢已久，猝难改易之故也。兹特亲制训言，再加警饬，尔诸生其敬听之。

从来学者先立品行，次及文学，学术事功，源委有序。尔诸生幼闻庭训，长列宫墙，朝夕诵读，宁无讲究？必也躬修实践，砥砺廉隅，敦孝顺以事亲，秉忠贞以立志。穷经考业，勿杂荒诞之谈；取友亲师，悉化憍盈之气。文章归于醇雅，毋事浮华；轨度式于规绳，最防荡轶。子衿佻达，自昔所讥，苟行止有亏，虽读书何益？

若夫宅心弗淑，行己多愆，或蜚语流言，胁制官长；或隐粮包讼，出入公门；或唆拨奸猾，欺孤凌弱；或招呼朋类，结社邀盟。乃如之人，名教不容，乡党弗齿，纵幸逃褫扑，滥窃章缝，返之于衷，能无愧乎？

况乎乡会科名，乃抡才大典，关系尤钜。士子果有真才实学，何患困不逢年？顾乃标榜虚名，暗通声气，夤缘诡遇，罔顾身家；又或改窜乡贯，希图进取，嚣凌腾沸，网利营私，种种弊情，深可痛恨！且夫士子出身之始，尤贵以正，若兹厥初拜献，便已作奸犯科，则异时败检瑜闲，何所不至？又安望其秉公持正，为国家宣猷树绩、膺后先疏附之选哉？

朕用嘉惠尔等，故不禁反复惓惓。兹训言颁到，尔等务共体朕心，恪遵明训。一切痛加改省，争自濯磨，积行勤学，以图上进。国家三年登造，束帛弓旌，不特尔身有荣，即尔祖父亦增光宠矣。逢时得志，宁俟他求哉？

若仍视为具文，玩愒弗徼，毁方躐冶，暴弃自甘，则是尔等冥顽无知，终不能率教也。既负栽培，复干咎戾，王章具在，朕亦不能为尔等宽矣。自兹以往，内而国学，外而直省乡校，凡学臣师长，皆有司铎之责者，并宜传集诸生，多方董劝，以副朕怀。否则职业弗修，咎亦难逭，勿谓朕言之不预也，尔多士，尚敬听之哉！

康熙四十一年正月

（二）石构件

1. 云龙纹碑额

1件。

发现于大成门东南侧空地。青石质，残，平面形状近长方形，碑面浮雕云龙纹。残长约50、高约48、厚约18厘米（彩版六八，1）。

2. 碑座

1件。

发现于地块西南部围护基坑中，距地表深约2米。麻石质地，残，碑座顶小底大，纵向剖面呈梯形，底长114、宽46厘米，顶部长100、宽32、高48厘米，顶部中间凿长方形凹槽，长50、宽18、深15厘米（彩版六八，2）。

3. 覆盆式柱础

4件。

均为青石材质，周身素面。F2台基踏道两侧各1件。东侧柱础（彩版六八，3左）方座边长94、厚20厘米；覆盆直径90、高13厘米，柱础通高33厘米。地块西侧基坑中也发现2件，形制相同，略有残缺。西侧柱础（彩版六八，3 右）方座边长 108、厚 20 厘米；覆盆内部凿空，整体呈敞口浅盆式，侧有一流孔，可能为二次利用所致。覆盆外径 102、高 13 厘米，盆内口径 71、底径 61、深 11 厘米；流孔径约 4 厘米。根据样式推测，这对柱础可能属于元明时期大殿遗物，清代先师殿 F2 重建时加以改造并沿用至此。

4. 其他类型柱础

5 件。

包括方形柱础 1 件，圆角方凳形柱础 3 件，鼓墩式柱础 1 件（彩版六八，4），均为素面，零星发现于 TG1、TG2 内及 Q1 东侧。

5. 方石柱

2 件。

其一为麻石质，柱身素面，发现于地块西南角，距地表深逾 1 米处。石柱断为两截，总高 590 厘米，柱身横截面呈抹角正方形，上下分段，下段宽 60、中上段宽约 47 厘米，顶端残缺，柱身上部开有卯孔 4 个（彩版六九，1）。

其二为花岗岩材质，发现于地块南部，残高 225、宽 53、厚 48 厘米，两侧开方形卯孔，孔间及下方划斜方格纹，一侧竖向开榫槽。根据出土位置及府学宫图，推测此类石柱应是不同时期孔庙棂星门的门柱（彩版六九，2）。

6. 浮雕荷叶纹石柱

2 件。

发现于地块西南（彩版六九，3），据现场工程人员反映，此二者为原工人文化宫南部偏中挖泥浆池时发现，其大体位置，南距府学巷、西距万寿巷均在 25 米左右。石柱为麻石质，长方柱状，柱身横截面呈抹角正方形。底部有卯孔，柱头呈半圆状，下饰一周浮雕荷叶纹。石柱残高 120、柱身宽 40 厘米。2 件石柱质地、形制、保存状况基本相同。从出土位置及石柱形状来看，推测为孔庙棂星门门柱（即彩版六九，1）的柱头部分。

7. "宋熙宁"石板

1 块。

2019 年 8 月中旬公园路与兴文里交汇路口下水管道施工中出土。花岗岩材质，略有残缺，长 180、宽 45、厚 20 厘米，侧面竖行楷书阴刻"□宋熙宁三年庚戌六月"字样。根据出土位置及构件形制，推测为府学北向通往开元寺的万寿桥或让善桥（又名尚膳桥、上善桥）上的桥板（图一一）。

8. 雕花石板

9 件。

全部为青石材质（彩版七〇、七一），雕刻精致，

图一一　宋熙宁三年石板及拓片

多数为房屋墙基中发现，部分为后期施工中出土。其中浮雕狮子戏球纹石板 2 件（其一长 106、宽 29、厚 18 厘米；其二残长 64、宽 29、厚 14 厘米）、浮雕缠枝牡丹纹石板 1 件（残长 87、宽 29、厚 25 厘米）、浮雕折枝牡丹纹石板 1 件（残长 55、宽 27、厚 27 厘米）；浮雕卷草纹石板 5 件。根据石板样式，推测为明清时期孔庙先师殿须弥座台基的石构件。

9. 覆莲瓣纹须弥座石构件

1 件。

发现于 F2 抱厦台基阶沿石位置。青石材质，残长 67、宽 16、厚 17 厘米（彩版六九，4）。

10. 其他

除此之外，勘探及调查中还零星出土或采集到少量明代龙泉窑青瓷炉、碗、青白瓷盏等瓷片标本及兽面纹、莲花纹瓦当残件（彩版六九，5），年代较晚，多为明清时期器物，与各类遗迹年代一致。个别龙泉窑青瓷高足杯等器物可能早至南宋或元代，但因近现代人为活动扰乱严重，难以作为判断地层年代的依据。早期文庙拆毁时，曾有较多雕刻精美的明清时期石柱、磉石、雕花石板等石质文物流落民间，后被征集；后期施工中曾有人在北部私自挖出部分宋代龙泉窑莲瓣纹碗、盘及建窑黑釉盏等瓷片标本，幸得警方侦破，终归入温州博物馆库房。

四 几点认识

1. 年代性质判断

根据上述各类遗迹位置、建筑样式、出土文物及遗迹间叠压打破关系，结合乾隆《温州府志》卷首《温州府学宫图》（图一二）[1]，我们认为，F1 为文化宫南部大楼基础，其北部叠压打破的青砖地面及三合土夯筑层则是清代民国时期的大成门基址残迹；F2 打破 F3，分属两个不同时期的先师殿（早期称大成殿），是孔庙核心大殿，但两处遗迹内均未发现明显标识年代的遗物，推测 F2 为清代最晚一期的先师殿基址，F3 则为明清甚至更早时期早于 F2 的一期先师殿基址；F4 为明清时期乡贤祠残存的室内地面；L1 为清代民国时期形成的大成门通往东侧名宦祠的道路；L2 为明代大成门外西侧乡贤祠北部道路；L3 为先师殿西侧廊庑前方道路；Q1 为清代孔庙与府学间的隔墙遗迹；Q2 则是孔庙南侧围墙或乡贤祠南墙之所在。各类遗迹的位置、类型与学宫图记载基本吻合。

以上发现主要集中于孔庙区域中前部，北部因靠近沿街店面，后期人为扰动严重，加之本次勘探范围相对较小，未能发现与崇圣祠有关的遗迹。东侧的儒学及学官衙署因当时仍覆压在原市人民大会堂等现代楼房之下，未能勘探，遗址保存状况不甚乐观。

碑刻是本次勘探的重要收获。府学孔庙是古城中碑碣集中区域，是学宫沿革的重要实证。光绪《永嘉县志》内有记载的碑刻就达 32 方之多，主要集中于文庙大成门外及儒学明伦堂区块，本次勘探及调查仅发现 4 方，且全数被凿毁用于奠基，未勘探区域存在数量当更多。

2. 庙学历史沿革

儒学孔庙是中国古代社会尊奉儒学、崇祀贤哲、培养人才的文教圣地，为历朝历代统治者所

---

[1] （清）李琬修，齐召南等纂：乾隆《温州府志》卷七《学校志》，同治丙寅重镌版。

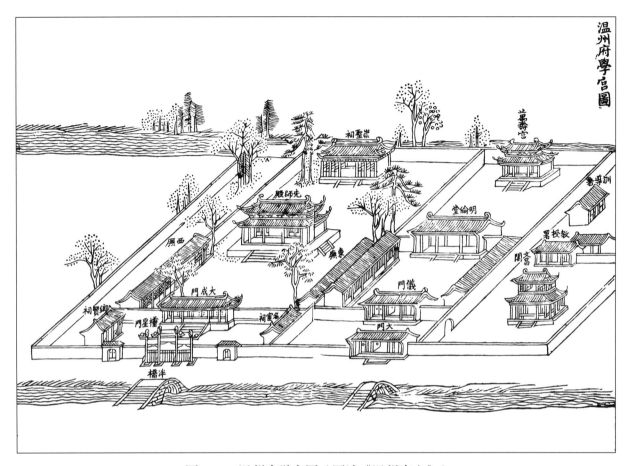

图一二　温州府学宫图（同治《温州府志》）

重视，其建筑群落一般布局严谨、气势庄严、规模宏大。古代吏治以教化为先，历任地方官员到任必先拜谒，常有缮修、重建，并立碑刻以记之。明清以来温州府志、永嘉县志及《温州历代碑刻集》等文献中保留了东晋永嘉立郡以降至清代乾隆年间有关温州府学孔庙沿革的诸多记载，本文摘要汇总于后（附表）。

　　府学孔庙是温州地方官学最高学府和重要礼制性建筑，其创设由来已久。东晋太宁元年（323年）永嘉置郡时已经设有郡学，原在华盖山麓，是为府学孔庙之前身。唐贞观四年（630年），"太宗诏州县皆立孔庙，学在州治东南"[1]，庙学合一从此成为定制，历代沿袭。北宋重文抑武、崇儒兴学，文教之风渐盛，天禧三年（1019年），知州叶温始迁府学于唐代九星宫故址，即今遗址所在，传承900余载，期间虽短暂迁出（1068～1090年），后又复回归，成为宋代以来温州文脉之所在，南侧的府学巷、学前河等也因此而得名。南宋绍兴十年（1140年），知州程迈重建，仿太学制，右为庙，左为学，从此确立了此后8个世纪府学孔庙的基本格局。其后因台风、火灾或战乱之故屡有损毁、修缮或重建，建筑规模也在不断扩大，到明清时已发展成自西向东包含孔庙、儒学和学官衙属在内的建筑群落。民国时成为联立中学、县党部和日报社所在。结合本次调查勘探及《温州府学宫图》等的记载，基本可以确定府学孔庙遗址的整体范围，西接万寿巷、东至大会堂以东，南起府学巷，北到城隍殿巷（即今公园路），涵盖原温州市工人文化宫及人民大会堂，

---

[1]　（明）王瓒、蔡芳编纂，胡珠生校注：《温州文献丛书·弘治温州府志》，上海社会科学院出版社，2006年。

占地面积逾 15 亩，建筑规模宏大。

3. 孔庙格局变化

《温州府学宫图》显示，清代孔庙由南向北建有泮桥、棂星门、名宦祠（左）、乡贤祠（右）、大成门、东西两庑、先师殿、崇圣祠等建筑。从本次考古勘探发现的各类遗迹位置来看，孔庙内主体建筑由南往北沿同一中轴线对称分布，虽历代屡有修缮或重建，但基本都是在前代殿址基础上复建，只是各代建筑形制、规模有所差异，未能完全覆盖，因此出现前后偏移的现象。先师殿（明嘉靖前称大成殿）是孔庙核心建筑，F2、F3 两组先师殿基址早晚相继，南北略有错位，但整体位置和孔庙主体建筑的南北向中轴对称格局基本保持不变。

根据出土碑刻及方志记载，大成殿西侧原有先贤祠，但"卑隘欹挠……且将不日倾颓"。明成化十六年（1480 年），知府项澄将先贤祠改建为名宦、乡贤两座祠堂，分置孔庙大成门外东、西两侧，进行祭祀。弘治十六年（1503 年），知府邓淮"以宫墙之内恐非乡贤所安，且湫隘弗称"，"非所以妥名宦"，将二祠改创于东侧府学前东西两侧。乾隆府志《温州府学宫图》及卷七《学校志》名宦、乡贤祠附注显示，至迟在清乾隆二年（1737 年）庙学重建时，名宦、乡贤二祠又从府学前迁回到孔庙大成门外。

遗憾的是，由于种种原因，府学孔庙遗址仅在孔庙地块随工程建设进行局部勘探和后续调查，未作完整揭露，也未能探及唐宋时期遗存。如今府学孔庙地块已改建为 We+ 名城广场城市综合体，仅在二楼西南设温州府学文庙展示馆，地下挖空修建停车场，庙学遗址荡然无存，实为温州古城之殇。

附记：参加本次勘探的有李晖达、刘团徽、赵忠信、薛亚强、刘福刚等，后续跟踪调查由刘团徽完成。遗迹线图由赵忠信、薛亚强、刘团徽绘制，现场照片由刘团徽拍摄，碑刻拓本由沙隆制作，本文为 2020 年度温州市哲学社会科学规划课题"温州城市考古探略"阶段性成果之一（课题编号：20wsk407）。

执笔：刘团徽、李晖达

附表　温州府学孔庙沿革大事记（东晋太宁—清乾隆）

朝代	年号纪年	公元纪年	主要事件
东晋	太宁元年	323 年	自永嘉置郡时已有学，原在华盖山麓。
南朝刘宋	永初三年	422 年	谢灵运招学士讲经。
唐	贞观四年	630 年	唐太宗诏"州县以下皆立孔庙"，学在州治东南。
北宋	天禧三年	1019 年	知州叶温迁于九星宫故址，即今庙学是也。
	庆历八年	1048 年	庆历四年（1044 年），郡校官始有赐田。知州刘立言即今庙新之。
	治平二年	1065 年	八月，火。
	熙宁初年	1068 年	知州周延隽改筑于州治西南元封观故址，守黄贲继成之。
	元祐五年	1090 年	知州范峋复迁于九星宫址。
南宋	绍兴十年	1140 年	火。知州程迈重建，仿太学制：右为庙，曰大成之殿，庙后有阁曰稽古；左为学；中为养源堂，两庑翼以肄业之斋，庖廪列其东。
	绍兴十六年	1146 年	教授王宾建广心堂。
	乾道年间	1165～1173 年	教授楼钥建风雩亭，教授陈绅建仓。
	淳熙十四年	1187 年	知州谢源明增学田。
	嘉定七年	1214 年	知州留元刚（茂潜）重修，食增田。
元	至元三十年	1293 年	浙东王宪副建明德堂。
	大德七年	1303 年	守廉希仲修稽古阁，改名兴文。
	元祐元年	1314 年	八月，火。十一月，建大成殿、棂星门。
	元祐三年	1316 年	建明伦堂。
	元祐五年	1318 年	建养源堂，并斋六：东曰进德、常德、兴贤，西曰守中、育材、说礼，门内凿泮池，立桥其上；又立门台、两庑、大小学、稽古阁；凿一镜池，改建舞雩亭。为屋凡百有四楹，棂星门三，南为亭二，缭以周垣。郡守赵凤仪重建。
	泰定四年	1327 年	教授韦辰建教授厅及仓。
	至正十七年	1357 年	飓风，稽古阁摧废。
	至正二十七年	1367 年	冬，教授厅、咏春堂罹兵火，书籍、书版、祭服、祭器、乐器悉毁。

朝代	年号纪年	公元纪年	主要事件
明	洪武四年	1371 年	知府汤逊重建。
	永乐年间	1407～1409 年	知府黄信中重建。
	宣德元年	1426 年	飓风，仅存礼殿，门庑从祀皆毁。
	宣德九年	1434 年	知府何文渊重修门庑堂舍，重新从祀。后飓风再至，各有毁坏。
	正统三年	1438 年	知府刘谦重修，倾坏者加固修缮，重建养源堂。
	天顺五年	1461 年	知府周琰重修，修缮加固大成殿两庑、明伦堂四斋等；复建养源堂，东西设会馔二轩；创校艺亭，左右设书斋六楹。
	成化十六年	1480 年	知府项澄改建先贤祠为名宦、乡贤二祠，分置孔庙大成门前东、西两侧。
	成化二十一年	1485 年	知府项澄重修缮，重建明伦堂，扩学舍，浚学前河。
	弘治十三年	1500 年	知府邓淮购民间地，开拓宰牲房基并号房，复浚广学前河，石砌旧堤出焉，人以为奇。
	弘治十六年	1503 年	知府邓淮改创名宦、乡贤二祠于府学前东西两侧。
	嘉靖九年	1530 年	易大成殿曰先师庙，建启圣祠、敬一亭。
	嘉靖十三年	1534 年	七月飓风，郡庠倾坏。次年（1535 年），知府郁山重修文庙，作戟门，庙左仍旧址重建明伦堂，堂之南作学门，左作养源堂，廊庑斋以次修葺。
	万历七年	1579 年	郡人参政王叔杲重建堂舍，辟门之前衢树屏。
	万历三十一年	1603 年	邑人王光美（王叔杲子）重建尊经阁，下设文昌祠，重修敬一亭。
	天启四年	1624 年	知府施鹏重立学田，以七都新洲之地补学田额。
清	康熙十一年	1672 年	巡道许重华护、巡道陈遇主率属同修戟门，教授李璋率诸生黄芳卿等重修尊经阁。
	康熙二十三年	1684 年	巡道杨懋绪、诸定远相继率属重建先师庙。
	康熙二十五年	1686 年	知府汪爌重修明伦堂。
	康熙五十八年	1719 年	教授凌雪续修。
	雍正十三年	1735 年	民居火延及，庙祠尽毁，巡道吴士端、知府庄柱清出庙墟为民居旧所侵地。
	乾隆二年	1737 年	道府率永嘉知县金广培委贡生……等董理重建先师庙……内外门庑祠阁焕然一新，复即敬一亭旧址建万寿亭，为朝贺之所。
	乾隆十六年	1751 年	训导童基移建尊经阁于学之巽位。
	乾隆十七年	1752 年	教授王执玉率诸生补建泮池桥。
	乾隆三十年	1765 年	训导朱叶瑛重建尊经阁于明伦堂左。

海宁市盐官安澜园遗址考古勘探简报

浙江省文物考古研究所、海宁市文物保护所

一 概况

安澜园，位于盐官老城区的西北隅，为明清两代江南名园（图一）。安澜园原系南宋安化郡王王沆故园，明万历间，清内阁大学士陈元龙（民间称陈阁老）曾伯祖陈与郊即故址建"隅园"，

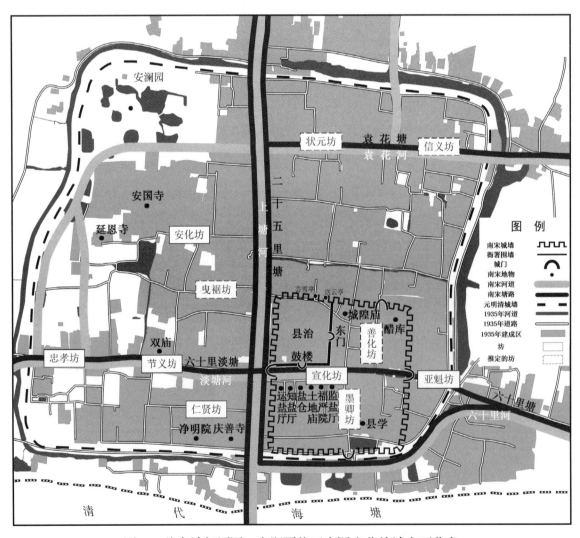

图一 盐官城复原图，安澜园位于安国寺北的城内西北角

（海宁市文物保护所徐超复原）

也称"陈园"。清雍正十一年（1733 年），陈元龙归里扩建，其子陈邦彦续有建设，称"遂初园"。

　　乾隆皇帝六次南巡，后四次均驻跸该园。乾隆二十七年（1762 年）第三次南巡时赐名"安澜"，并将安澜园景物仿造到北京圆明园。安澜园先后四次为乾隆行宫，因此名声大噪，其规模在乾隆四十九年（1784 年）第六次南巡前后达到鼎盛。此后，安澜园开始衰落，至同治十二年（1873 年）前后，园内"蔓草荒烟，一望无际"，几乎全废。中华人民共和国成立后，除若干池塘（大池、东池、南池、西池）和大池与东池之间的六曲桥（金波桥）尚存外，尽成桑田，遗址范围占地约 100 亩。2011 年安澜园遗址被公布为"浙江省省级文物保护单位"。

　　安澜园有丰富的文献和图像资料传世，张镇西先生根据乾隆三十六年刊本《南巡盛典》所附《安澜园图》与中国第一历史档案馆藏《安澜园图》等，结合遗址现状复原的《安澜园考证复原平面图》（图二），是认识全盛时期的安澜园建筑平面布局、园林规划的重要依据。

　　因为盐官音乐小镇（盐官古城）项目的开发工程涉及遗址范围，2020 年 9 ～ 12 月，浙江省文物考古研究所会同海宁市文物保护所对安澜园遗址进行考古勘探，目的主要为评估遗址保存状况，并拟探明园门、寝宫、太子宫等主要建筑节点的位置，为安澜园平面格局复原提供更坚实的考古学依据。

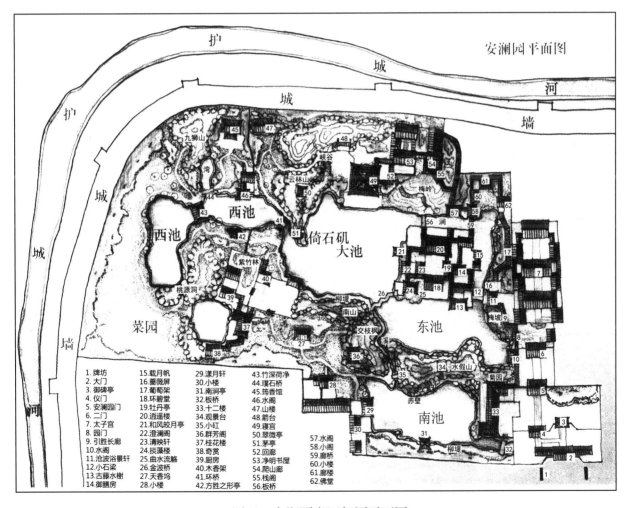

1. 牌坊　　15. 载月帆　　29. 漾月轩　　43. 竹深荷净
2. 大门　　16. 蔷薇屏　　30. 小楼　　　44. 璞石桥
3. 御碑亭　17. 葡萄架　　31. 南涧亭　　45. 筠香馆
4. 仪门　　18. 环碧堂　　32. 板桥　　　46. 水阁
5. 安澜园门 19. 牡丹亭　　33. 十二楼　　47. 山楼
6. 二门　　20. 逍遥楼　　34. 观景台　　48. 箭台
7. 太子宫　21. 和风皎月亭 35. 小矼　　　49. 寝宫
8. 园门　　22. 澄阑阁　　36. 群芳庵　　50. 翠微亭
9. 引胜长廊 23. 清映轩　　37. 桂花楼　　51. 茅亭
10. 水阁　　24. 淡藻楼　　38. 奇赏　　　52. 回廊
11. 沧波浴景轩 25. 曲水流觞 39. 厨房　　　53. 净明书屋
12. 小石梁　26. 金波桥　　40. 木香架　　54. 爬山廊
13. 古藤水榭 27. 天香坞　　41. 环桥　　　55. 栈阁
14. 御膳房　28. 小楼　　　42. 方胜之形架 56. 板桥

57. 水阁
58. 小阁
59. 廊
60. 小楼
61. 廊楼
62. 佛堂

图二　安澜园考证复原平面图

（据张镇西：《失落的安澜园》，科学出版社，2008 年）

二　考古勘探成果

安澜园遗址的西、北边界为盐官旧城墙，园内池塘如大池、东池、南池、西池和六曲桥尚存，为判断园林平面格局、空间肌理提供了可靠的参照系。在此基础上，分9个区域（编号为A～I）对遗址进行有针对性的考古勘探，发现保存状况不一的遗迹掩埋在地下约0.4米（彩版七二，1）。现分区域汇报如下。

（一）A区（园门区域）

由大门、仪门、安澜园门、二门基址等组成，位于安澜园遗址东南区域，是安澜园的主要入口（彩版七二，2）。

大门基址：大门平面呈"凸"字形，西侧基础保存一般，局部保存青砖铺地遗迹，东侧基础保存较差。大门前面阔9、后面阔17、总进深9.8米。

仪门：未发现遗迹。

安澜园门：三开间，四周石筑墙基，中间4个柱础石基础，中间北侧留有台阶基础，南侧台阶基础不明显。安澜园门面阔10.5、进深8.1、中间开间阔3.5米，台阶基础长2.3米。

二门基址（东界围墙）：二门南距安澜园门9.8米。二门建筑为三开间，四周石筑墙基，中间4个柱础石基础，中间北侧留有不规则大石3块，南侧留有台阶基础。二门面阔7.0、进深5.3、中间开间阔3.1米，台阶基础长2.3米（彩版七三，1）。

二门东侧2.3米为安澜园东围墙，揭露东围墙长约10.0米。二门北侧为鹅卵石铺地遗迹，中间有宽1.0米的空地把鹅卵石铺地遗迹分割成东、西两块，鹅卵石边界用青砖包边。东侧鹅卵石铺地应该通往太子宫，西侧鹅卵石铺地通往园门，揭露鹅卵石铺地遗迹约26平方米。

（二）B区（太子宫区域）

乾隆四十九年（1784年）弘历第六次南巡，偕十五子颙琰（嘉庆皇帝）、十一子永瑆及十七子永璘同来，园内曾设有"太子宫"等建筑作为诸皇子之居所。太子宫东为东围墙，即安澜园之东界（彩版七三，2）。

太子宫基址：太子宫位于安澜园的东北角，共三进建筑。考古勘探揭露了第二进建筑的基础，坐北朝南，三开间，四周石筑墙基。面阔9.6、进深9.8米。

第二进建筑南为院子，院子内有南北向青砖排水沟一条，6.5米处有东西向石筑基础一条，西南角有鹅卵石铺地遗迹，揭露面积约20平方米。

第二进建筑西北角为三开间建筑，四周石筑墙基。面阔9.7、进深8.8米。西侧揭露南北向石筑基础，长12.0、宽2.0米。

（三）C区（环碧堂区域）

位于大池东部，东池北部，东、北面环河，形成一个湖心岛（彩版七四，1）。

环碧堂基址：遗迹保存较差，仅见环碧堂西侧部分石筑墙基。环碧堂北侧为现代建筑墙基，未揭露。环碧堂西北为逍遥楼建筑，仅见零星石筑基础。

（四）D区（金波桥区域）

金波桥是安澜园遗址中唯一一处保存下来的地面古建筑，俗称六曲桥或九曲桥。考古清理显示为五曲桥，曲角呈 145°，每曲由 3 块条石并列组成，条石为黄色花岗岩石质（金山石），每曲的交接处石板上凿有燕尾榫孔，以便安装桥栏杆。北侧两曲石板均长 2.75 米，中间一曲石板长 3.5 米，南侧第二曲石板长 2.75 米，南侧第一曲石板长 3.5 米。金波桥直线总长 14.8、宽 1.5 米。推测南侧第一曲石板有改动（彩版七四，2）。

金波桥桥堍有假山石堆筑，南侧假山石遗留较多，为石灰岩石质的太湖石。

（五）E区（小楼区域）

位于大池南侧，南池西侧。小楼位置大致能分辨出三个单元。从北往南依次排列。

第一单元为四周石筑基础的房子，坐北朝南，面阔 16.5、进深 8.0 米，应是五开间。第一单元与第二单元之间有东西向青砖小石块铺地遗迹两条，每条宽 1.7 米（彩版七五，1）。

第二单元为四周石筑基础的房子，坐北朝南，面阔 9.1、进深 5.2 米，应是三开间。该建筑南侧是一条东西向青砖铺砌的排水沟，南 3 米处为第三单元。

第三单元为四周石筑基础的房子，坐西朝东，面阔 9.0、进深 6.0 米，应是三开间。

小楼区域西侧是一条南北向石筑基础，在第二单元处有两个直角转弯，向南延伸。第三单元西侧有青砖铺地遗迹，再西侧靠池塘。这条南北向石筑基础长约 50 米，应是围墙的基础。围墙北端西侧有零星石筑基础，保存较差。小楼区域东南也有零星石筑基础，保存较差。小楼区域最南面探沟显示为河道，河道内有一定数量的宋代瓷片，应是安国寺的北界郭马笕河道。南池的西南有园林道路小石块铺地遗迹，小石块为金山石，青砖包路边。局部保存较好。

（六）F区（厨房区域）

位于大池的西部，西池的南部。坐北朝南，五开间，其中东面三间与西面二间之间的石筑基础有连贯性，应是砖墙，东面三间的南侧有院子，后面有园林道路鹅卵石铺地遗迹。五开间面阔 20.0、进深 9.0 米，院子东西长 13.0、南北宽 5.0 米（彩版七五，2）。

（七）G区（寝宫区域）

位于大池北部，弘历四次驻跸园内，均以寝宫为居所，由中国第一历史档案馆藏《安澜园图》观之，应为五间楼阁（彩版七六，1）。

寝宫基址：平面呈正方形，石筑基础边长 19.0 米，南、西基础较清楚。

寝宫东侧回廊南北长 21.0、东西宽约 8.0 米。

寝宫北侧 10 米处有假山石块，石质有太湖石和黄石两种。

寝宫西南角 7 米处有小石子铺地遗迹，青砖包边，面积约 12 平方米，铺地遗迹西南为进入云林山的入口处，有假山石和台阶。

（八）H区（南围墙）

考古勘探发现的南围墙，在安澜园的东南部位。南围墙的发现为安澜园遗址的四至，得以全部确定（彩版七六，2）。

南围墙遗址：总长约 160 米，局部破坏，可辨围墙基础合计长约 100、宽 0.45 米。墙外为东西向道路，路中用青砖和小石块铺筑，两侧用大石块包边，路宽 1.4 米。路外为宽约 1.1 米的水沟。

（九）I 区（园内河道、水网）

河道水网是园林的灵魂，水池和主要建筑之间原由游廊与河道串联一体，为园林创造了曲折幽远的游览路径。因条件所限，本次勘探只对部分河道遗迹进行了解剖。

1. 环碧堂北、东河道

环碧堂北、东两侧布探沟 6 条，探明河道位置，河道内废弃的假山石较多，河道两岸有假山石护岸。北侧河道靠近大池附近发现一排木桩和梅花桩，应是板桥的位置，东侧河道向南延伸与东池相连。河道宽 7 ～ 10 米。

2. 东池

东池东侧布探沟 2 条，探沟内大部分为瓦砾和假山石，探明东池东岸靠近二门位置。原来东池的面积比现在看到的东池面积大一倍还多。

3. 南池

南池布探沟 1 条，探明南池的范围比现在的南池更大一些，在东南角有河道向东延伸，河道内都是瓦砾，河岸边有假山石。

4. 西西池

西西池位于西池西侧，故暂名为西西池。西西池布探沟 3 条，探明西西池面积比现在西西池的面积大一倍还多，探沟内有较疏松的黄土，应是城墙上扒拉下来填埋池塘的。西西池东边探沟内发现木桩，推测岸边原来有建筑，西边探沟表明，西西池离城墙的距离约 3 米。

本次考古勘探成果丰硕：确定安澜园的四至范围；遗址不同区域的保存状况，已有较清晰的了解；寝宫、太子宫、环碧堂、小楼、河道水网等主要节点的位置、规模的确定，为安澜园遗址平面格局复原、园林规划研究、遗址展示利用提供了坚实的学术基础。

三 相关建议

安澜园为明清名园，在中国造园史中占有重要一席；"海内望族"盐官陈氏，在历史和民间具有较高知名度，安澜园作为陈氏私家园林，是盐官陈氏鼎盛时期的历史见证；安澜园因为乾隆皇帝的四次驻跸名噪四海，堪称盐官县（今海宁市）和盐官城最重要的文化地标；据考古勘探，安澜园遗址的相关建筑和水网遗迹，在地下普遍有不同程度的保存，具有全面还原安澜园格局和规模的可能性。总之，安澜园是盐官乃至海宁最著名、最有人文内涵的文化遗产之一。

建议在全面保护遗址的基础上，深入研究安澜园的历史、文化和文物内涵，加以合理展示和利用，以合理的形式全面提升安澜园的历史文化价值，必将取得良好的社会效益。

摄影、制图：徐超
执笔：郑嘉励、周建初

汉六朝时期的鄮县
——以"都市圈"与"都市圈社会"为方法的研究

许超（宁波市文化遗产管理研究院）

鄮县是汉六朝时期会稽郡下东部滨海的一个边远小县，先前研究中学者多撰文对鄮县的沿革、治所予以考证[1]，林昌丈曾利用书信材料对鄮县的风俗人情进行考察，并进而探讨这一时期行政区域与地方社会的互动过程[2]。这些研究为进一步开展对鄮县的研究打下了良好的基础。

2018～2020年，宁波市文物考古研究所组织力量开展了鄮县故城考古调查与勘探工作。工作首要目标是确定汉六朝时期鄮县县城的具体位置。从结果来看，这一目标并未实现，调查与勘探工作没有发现与鄮县县城直接相关的城市遗存，更无法进一步探讨城址的规模形制和文化内涵。按照传统的研究思路，以城址本身为对象的考古学研究面临无法开展的局面。

近年来中外学者在中世纪城市考古领域提出了"都市圈"与"都市圈社会"的理论方法[3]。在这一理论中，"都市圈"聚焦于都市自身以及支撑其运作范围内的各类功能要素、各类要素间的交流网络，"都市圈社会"则关注在这一空间范围内人的活动。该理论对古代城市的研究，在空间范围和人的活动上予以拓展，关注了更多的要素，因而在对辐射地域广大的都城或区域性都市的研究中更能凸显其价值。结合既往的考古发现与历史文献，笔者希望能够利用"都市圈"与"都市圈社会"的研究方法，尝试着对这一时期的普通县城做一番考察。

一 鄮县的治所与县域

尽管考古工作未能确认鄮县县城的具体位置，但为了开展以"都市圈"与"都市圈社会"为方法的研究，还是要明确鄮县县城可能的位置和管辖的范围。

对于汉六朝时期鄮县的治所，历来志书的记录都比较明确。南宋《乾道四明图经》载："（明州）旧治鄮县，今阿育王山之西，鄮山之东，城郭遗址犹存。"[4]《宝庆四明志》载："鄮县东三十里，

---

[1] 陈丹正：《隋唐时期宁波地区州县沿革三题》，《中国历史地理论丛》第23卷第2辑，2008年。王结华：《文献记载中的宁波古城》，《宁波文物考古研究文集》（二），科学出版社，2012年。

[2] 林昌丈：《地方社会的融汇——以秦汉时期的剡县、鄮县为例》，《历史研究》2014年第6期。

[3] 张学锋：《"都市圈"与"都市圈"社会研究文集——以六朝建康为中心》前言，《"都市圈"与"都市圈"社会研究文集——以六朝建康为中心》，南京大学出版社，2021年。

[4] （南宋）张津等纂：《乾道四明图经》卷一《总叙》，《宋元方志丛刊》（五），中华书局，1990年，第4877页。

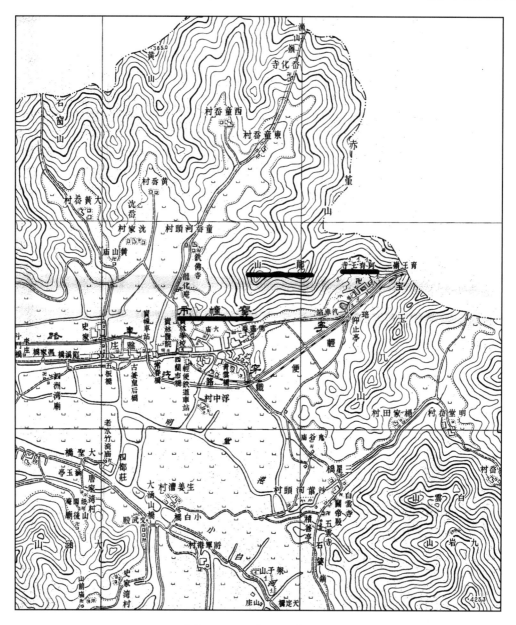

图一　鄮山位置示意图

阿育王山之西，鄮山之东有古鄮城，初鄮县治也。"[1]南宋方志中记载的"阿育王山之西，鄮山之东"，从绘制于1935年的《鄞县通志》附《鄞县分图·戊》来看（图一），应当处于今阿育王寺与宝幢之间的山岙间。在复旦大学历史地理研究中心主办的中国历史地理信息系统（CHGIS）中，对汉六朝时期鄮县治所的记录也是位于"今鄞县东宝幢乡鄮山附近"[2]。宝幢、育王一带是近宁波城郊最大的公墓区，山间遍布公墓，原始地貌的改变极大。山下又是密集的居住区，没有开展考古勘探与发掘的空间。这也是考古调查、发掘工作一无所获的客观原因。

[1]　（南宋）方万里、罗濬纂：《宝庆四明志》卷十二《鄞县志》，《宋元方志丛刊》（五），中华书局，1990年，第5140页。

[2]　中国历史地理信息系统（CHGIS），复旦大学历史地理研究中心，2003年6月。

图二　汉六朝时期句章、鄞、鄮三县境域示意图

西晋陆云在《答车茂安书》中曾这样描述鄮县："县去郡治，不出三日，直东而出，水陆并通。西有大湖，广纵千顷，北有名山，南有林泽；东临巨海，往往无涯……"[1]从这一段描述中，可以看出鄮县的一些地理特征：西有大湖、北有名山、东临巨海。所谓"西有大湖"所指当为位于宝幢西南的东钱湖，考虑到汉六朝时期东钱湖水域范围当更为广阔，也可以视作"西有大湖"；"北有名山"所指当系佛教名山阿育王山，据传西晋太康二年（281年），并州僧慧达于鄮县得阿育王塔[2]。刘宋时期，会稽太守孟顗"于鄮县之山建立塔寺"[3]。可知当时鄮县阿育王山已经具有了相当的名气。将鄮县治所推定在宝幢、育王一带是符合《答车茂安书》中对鄮县地理特征的描述的。

汉六朝时期在今宁波地区设有鄞、句章、鄮三县，《宝庆四明志》载："今奉化县东五十里有广福院，旧名鄞城院，初鄞县治也。慈溪县南十五里句余山之东有城山，初句章县治也。鄮县东三十里，阿育王山之西，鄮山之东有古鄮城，初鄮县治也。"[4]考古工作表明，鄞县县治位于今奉化白杜的鄞城山，句章县治位于今江北慈城余姚江北岸的王家坝村。依据宁波地区的山川形便，笔者推测鄮县的县域西不过甬江、奉化江，南不过东钱湖，东、北临海（图二）。

[1]　（西晋）陆云撰，黄葵点校：《陆云集》卷一〇《答车茂安书》，中华书局，1988年，第174、175页。

[2]　（唐）释道世撰，周叔迦、苏晋仁校注：《法苑珠林校注》卷三八《故塔部第六》，中华书局，2003年，第1209页。

[3]　（梁）释僧佑撰，苏晋仁、萧炼子点校：《出三藏记集》卷一四《昙摩蜜多传第七》，中华书局，1995年，第546页。

[4]　（南宋）方万里、罗濬纂：《宝庆四明志》卷一二《鄮县志》，《宋元方志丛刊》（五），中华书局，1990年，第5140页。

在这一空间范围内，主要分布了三列西南—东北向的山地，第一列为自宁海西南入境，经象山港展延而来的天台山支脉，主峰太白山海拔 653 米；第二列为双峰山—灵峰山—老鹰山—四顾山，主峰灵峰山海拔 387 米；第三列为低缓的龙山—沈家山—陈山—戚家山，主峰龙山海拔 133 米。鄞县县城所在的宝幢，位于第一、第二两列山系的交界处。发源于第一组山系北坡的小白河、宝幢河于宝幢汇流后，沿第二列山系南缘，经第二、第三列山系间北折入海，是为小浃江。

二　鄞县周边的考古发现

在大体推定了鄞县县治与县域之后，就可以进一步考察这一空间范围内的考古遗存分布情况。

历年考古工作和针对鄞县故城开展的考古调查发现的考古遗存主要有墓葬和窑址两类（图三）。墓葬的分布呈条带状集中于两个区域：沿着东钱湖东北丘陵与第一列山系的西北坡麓地带，以及从宝幢开始沿着小浃江两侧的第二列与第三列山系的山前坡麓地带。

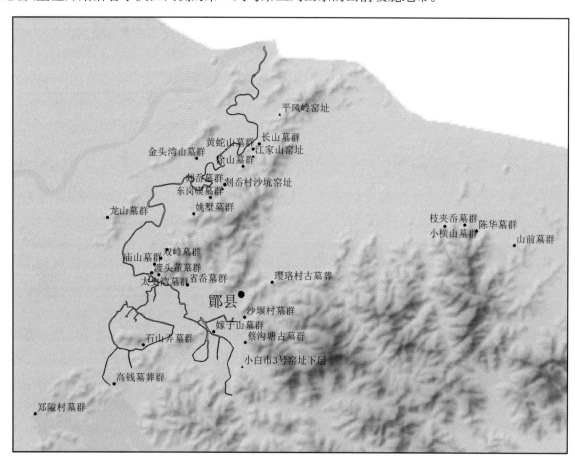

图三　鄞县周边墓葬、窑址分布图

1. 沿东钱湖东北丘陵与第一列山系西北坡麓地带的主要墓葬群

（1）郑隘村墓群

位于东钱湖镇郑隘村，墓葬年代为汉代，山坡墓葬较多，采集有釉陶壶、罐等 10 余件[1]。

---

[1]　国家文物局主编：《中国文物地图集·浙江分册》（下），文物出版社，2009 年，第128页。

（2）高钱墓葬群

位于东钱湖东北岸丘陵地带，1983 年考古发掘东汉早期至东晋时期土坑墓、砖室墓 18 座[1]。

（3）石山弄墓群

位于鄞州区五乡镇石山弄村西南，墓葬年代为东汉，暴露墓葬多为"凸"字形砖室墓，采集有罍、壶等陶器[2]。

（4）嫁子山墓群

位于鄞州区东吴镇生姜漕村东，墓葬年代为汉代，陆续发现墓葬 10 余座，出土遗物有五管瓶、釉陶壶、青瓷器等 10 余件[3]。

（5）沙堰村墓群

位于鄞州区五乡镇沙堰村赵王坟山、石婆岭山及蔡沟塘山。1984 年考古发掘东汉晋墓 9 座，出土有青瓷器、铜器、石器 21 件[4]。

（6）蔡沟塘墓群

位于鄞州区东吴镇少白村蔡沟塘西坡，2006 年发掘西晋砖室墓 5 座，其中纪年墓葬 2 座，纪年铭文有"元康四年八月造富贵昌保万年"（294 年）、"元康□□□□□"两种[5]。

（7）璎珞村古墓葬

位于北仑区大碶街道璎珞村四眼坑山山脚，2013 年发掘有东汉土坑砖椁墓 1 座[6]

（8）小横山墓群

位于北仑区大碶街道吕鉴村，2009～2010、2016 年度发掘两汉时期至两晋墓葬 42 座，有土坑墓、砖椁墓、砖室墓三种[7]。

（9）枝夹岙墓群

位于北仑区霞浦街道枝夹岙，2009～2010 年度发掘两汉时期墓葬 39 座，有土坑墓、砖椁墓、砖室墓三种[8]。

（10）陈华墓群

位于霞浦街道陈华村，1991、1993 年发掘两汉时期墓葬 18 座[9]，2009～2010 年度在穿山疏港高速公路建设项目抢救性考古中又发掘两汉时期墓葬 24 座[10]，墓葬形制有土坑墓、砖椁墓、砖室墓三种。

（11）山前墓地

---

[1]　浙江省文物考古研究所、南京大学历史系考古学专业：《浙江省鄞县高钱古墓发掘报告》，《浙江省文物考古研究所学刊（第七辑）》，杭州出版社，2005 年。

[2]　国家文物局主编：《中国文物地图集·浙江分册》（下），文物出版社，2009 年，第 128 页。

[3]　国家文物局主编：《中国文物地图集·浙江分册》（下），文物出版社，2009 年，第 128 页。

[4]　施祖青：《鄞县宝幢乡沙堰村几座东汉、晋墓》，《东南文化》1993 年第 2 期。

[5]　许超、王结华：《浙江宁波鄞州蔡沟塘晋墓发掘简报》，《南方文物》2013 年第 3 期。

[6]　雷少、冯毅、毕显忠：《浙江宁波北仑大碶璎珞东汉墓葬与五代窑址发掘简报》，《南方文物》2014 年第 3 期。

[7]　宁波市文物考古研究所发掘材料。

[8]　宁波市文物考古研究所发掘材料。

[9]　林士民：《浙江宁波北仑古墓发掘报告》，《再现昔日的文明——东方大港宁波考古研究》，上海三联书店，2005 年。

[10]　宁波市文物考古研究所发掘材料。

位于霞浦街道山前村象头山南麓，墓葬年代为西汉，墓群面积约 700 平方米，土坑墓居多，出土有釉陶罐、陶壶、铁剑、铜镜等多件[1]。

2. 分布于小浃江两侧，第二列与第三列山系坡麓地带的墓群

（1）省岙墓群

位于鄞州区五乡镇省岙村山地南坡，2018 年调查发现汉六朝时期砖室墓葬盗洞 3 处。

（2）太史湾墓群

位于鄞州区五乡镇太史湾自然村山地南坡，2018 年调查发现砖室墓葬盗洞 10 处，采集墓砖中见有西晋"永宁二年"（302 年）纪年铭文。

（3）渡头董墓群

位于小港街道渡头董村山坡上，墓葬年代为西晋，墓群面积约 500 平方米，砖室墓中出土青瓷熏炉、盆、罐、水盂、瓷灶等[2]。

（4）庙山墓群

位于北仑区小港街道黄家漕自然村裴将军庙山西麓，2018 年调查发现砖室墓葬盗洞 3 处。

（5）双峰墓群

位于北仑区小港街道前漕自然村双峰墓园，2018 年调查发现砖室墓葬盗洞 3 处。

（6）丁家山墓群

位于北仑区小港街道后漕自然村山地西麓，2018 年调查发现砖室墓葬盗洞 8 处，采集有东晋南朝时期青瓷罐、钵、唾盂、盘口壶等器物（图四）。

（7）姚墅古墓葬群

位于北仑区小港街道姚墅村，2008 年在钱家坟山发掘有孙吴"永安七年"（264 年）古墓 1 座[3]；2013 年在凤凰山发掘东汉至明清时期墓葬 8 座，其中两晋时期纪年墓葬 4 座，纪年铭文有"太康八年"（287 年）、"太熙元年"（290 年）、"太安三年"（304 年）、"宁康三年"（375 年）和"泰元元年"（376 年）五种，还见有"晋故都尉　君"铭文砖[4]。

（8）东岗碶墓群

位于北仑区小港街道东岗碶村山体北坡，2018 年调查发现砖室墓葬盗洞 3 处。

（9）剡岙墓群

位于北仑区小港街道剡岙村，2018 年调查发现砖室墓葬盗洞 2 处。

（10）徐山墓群

位于北仑区小港街道堰山村前徐自然村徐山西麓，2018 年调查发现砖室墓葬盗洞 2 处。

（11）黄蛇山墓群

位于小港街道兴岙村黄蛇山东南坡，面积 1000 平方米。1975 年平整土地时，发现西汉土坑墓，东汉、三国吴砖木、砖室墓[5]。

[1]　国家文物局主编：《中国文物地图集·浙江分册》（下），文物出版社，2009年，第123、124页。

[2]　国家文物局主编：《中国文物地图集·浙江分册》（下），文物出版社，2009年，第128页。

[3]　许超、毕显忠：《浙江宁波北仑小港姚墅东吴、唐代纪年墓葬》，《南方文物》2012年第3期。

[4]　王光远、王太一、陈卫立：《浙江宁波北仑凤凰山两晋纪年墓葬发掘简报》，《南方文物》2013年第3期。

[5]　国家文物局主编：《中国文物地图集·浙江分册》（下），文物出版社，2009年，第128页。

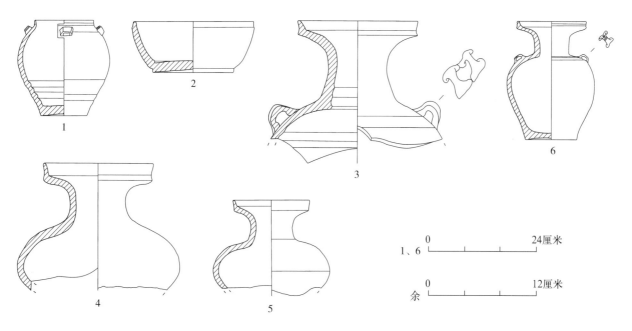

图四　丁家山墓群采集青瓷器

1.罐　2.钵　3、6.盘口壶　4、5.唾盂

（12）长山墓群

位于小港街道长山村黄蛇山麓，面积约 300 平方米，有土坑墓、砖室墓，墓葬年代为汉代，出土陶耳杯、碗和三足鐎斗等[1]。

（13）龙山墓群

位于鄞州区梅墟街道、五乡街道与北仑区小港街道接壤处。龙山较为狭长，历史上在梅墟上王村王夹岙山坡发现汉墓 2 座，周围尚有大量墓葬埋存，1978 年曾征集堆塑人物五管瓶 1 件[2]。在梅墟龙山村东北龙山头上，在山坡周围约 1 千米范围内暴露墓葬较多，历年零星出土钟、罍、壶等 20 余件陶瓷器[3]。2008 年在龙山北坡又发现东晋时期纪年墓葬 3 座，出土有青瓷四系罐、钵、盏，纪年铭文有"永和十一年七月十日吴仲作"（355 年）、"太元十四□□□"（389 年）、"太元十八闰月十六日作"（393 年）、"晋太元廿一年八月作"（396 年）数种[4]。2018 年在龙山村林岙井西北坡，发现砖室墓葬盗洞 4 处。2021 年 4 月在龙山南部山脊发现有西汉至六朝时期墓葬盗洞数处，西汉墓葬为土坑墓，盗洞扰土中见有硬陶片、容器内随葬的毛蚶。

（14）金头湾山墓群

位于小港街道下倪桥村金头湾山南坡，1975 年清理 1 座东晋太元十四年（389 年）砖室墓，出土褐色点彩青瓷壶、银镯等[5]。

[1]　国家文物局主编：《中国文物地图集·浙江分册》（下），文物出版社，2009年，第128页。

[2]　国家文物局主编：《中国文物地图集·浙江分册》（下），文物出版社，2009年，第128页。

[3]　国家文物局主编：《中国文物地图集·浙江分册》（下），文物出版社，2009年，第128页。

[4]　许超、王结华：《浙江宁波梅墟龙山东晋纪年墓群的发掘》，《南方文物》2011年第4期。

[5]　国家文物局主编：《中国文物地图集·浙江分册》（下），文物出版社，2009年，第128页。

3. 沿小浃江分布的窑址

（1）平风岭窑址

位于北仑区小港街道王家溪口村南，平风岭西北坡。窑址为龙窑，残长11.85、内宽3.1～3.8米。窑首部分已不存，可见有窑床、窑墙、窑尾挡火墙、烟道等结构（图五）。窑墙为泥土烧结而成的红烧土，窑尾挡火墙由废弃窑具和泥土垒砌而成，挡火墙上开有4个烟道。产品主要有泥质陶罐、罍、釉陶罍，窑具有垫饼、依窑床坡度而放置的双足垫具、束腰喇叭形垫具（图六）。烧制年代为东汉时期[1]。

图五　平风岭窑址

（2）江家山窑

位于北仑区小港街道江家山村东北山坡。窑址废弃堆积为西南—东北向，长约19、宽约5米，厚度东侧约0.8、西侧约1.3米，见有灰色、红色烧结面。烧制产品有硬陶罍、罐，黄褐色釉陶罍，青瓷钵等类。器表装饰有各类几何纹饰。窑具有束腰喇叭形垫具、覆钵形垫具（图七）。烧制年代为东汉时期。

（3）剡岙窑

位于北仑区小港街道剡岙村剡岙山泗州禅寺西北。废弃堆积南北长约10、宽约3、厚约0.4米。窑址主要烧制青瓷罐、壶、盆等，该窑产品胎质细腻，胎色纯白，釉色盈绿，主要饰水波纹、弦纹、铺首等（图八）。烧制年代为孙吴至西晋时期。

（4）小白市（少白）3号窑址下层

位于小白河上游，东吴镇东，小白村饭甑山西北。1963年在这里发现有东晋时期青瓷碗、碟、盆、罐、壶、盒、砚等，窑具有齿形垫托[2]。

[1] 宁波市文物考古研究所发掘材料。

[2] 朱伯谦、梅福根：《浙江鄞县古瓷窑址调查纪要》，《考古》1964年第4期。

图六　平风岭窑址部分产品与窑具

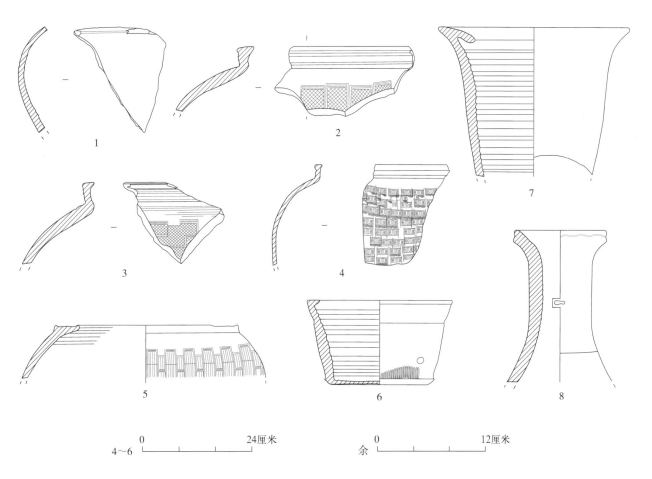

图七　江家山窑产品与窑具

1.青瓷钵　2～4.硬陶罐　5.釉陶罍　6～8.窑具

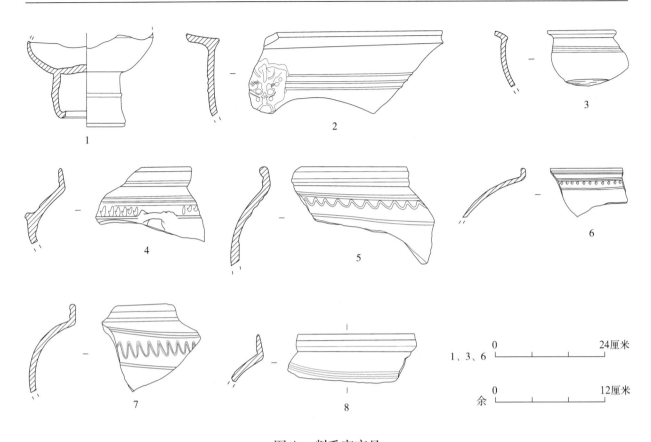

图八　剡吞窑产品

1.青瓷壶　2、3.青瓷盆　4～8.青瓷罐

从墓葬与窑址的空间分布来看，呈现出沿着水系与山前坡地分布的规律性。山地提供了窑业生产所需要的瓷土和燃料，临近河流则便于产品的运输。埋葬于山前坡地也是本地区这一时期墓葬选址的规律。在研究区域的东北部，以陈华为中心分布着小横山、枝夹吞、陈华、山前4处墓群，已发掘墓葬百余座，是一处墓葬分布较为密集的区域。20世纪50年代在陈华村曾发现一处面积3000平方米的汉代遗址，出土有陶井圈、木桩、瓦等遗物[1]。这一现象表明，山前地带是这一时期民众的主要活动区域。

从考古发现来看，墓葬与窑址的年代，集中于东汉至两晋时期。这一时期墓葬中随葬的陶瓷器，在本地窑址中大多可以找到同类产品，形成一个完整的生产、消费网络。窑址的分布由早及晚从小浃江溯源而上，也暗示了当地陶瓷烧制技术的传播路径。

推测鄞县县城的位置，位于两个墓葬集中分布带的交界处，利用小浃江的通航条件，也可以很便利地出海。《答车茂安书》中记载："（鄞县）北接青、徐，东洞交、广，海物惟错，不可称名。"[2] 南朝顾野王在《舆地志》中称："邑人以其海中物产于山下贸易，因名鄞县。"[3] 文献中提及的海物，在龙山古墓葬群中发现有毛蚶这类海生贝类，在高钱古墓葬群的发掘中出土有一

[1] 国家文物局主编：《中国文物地图集·浙江分册》（下），文物出版社，2009年，第123页。

[2] （西晋）陆云撰，黄葵点校：《陆云集》卷一〇《答车茂安书》，中华书局，1988年，第175页。

[3] （北宋）李昉等撰：《太平御览》卷一七一《州郡部一七·明州》引《舆地志》，中华书局，1960年，第833页。

类以钾钠玻璃为原料的耳珰，发掘者认为当属海外舶来品[1]。以贸易活动解释鄞县得名不免附会，但在一定程度上应该也能反映出当时海上贸易的历史实情。沿小浃江分布的窑址所产出的陶瓷器，应当也是贸易物品的一种。

三 鄞县的民间信仰

《后汉书》中记载，"会稽俗多淫祀，好卜筮。"[2]《新辑搜神后记》"吴望子"条曰："会稽鄞县东野有一女子，姓吴，字望子。年十六，容姿可爱。其乡里有鼓舞解事者要之，便往。"注文称："鼓舞解事者谓以歌舞祈祷鬼神禳除灾病，巫之职也。"[3]林昌丈引用此条，指出鄞县所在的浙东滨海区域，东汉时期的巫祝与地方祭祀之风盛行[4]。

2020年在余姚城区的考古发掘中出土了一件木觚，有墨书："永平十七年六月癸丑朔海（晦）日壬午，天帝使者信臣告余姚县官稷令临江里社君，社界中有不道之老物，贼病临江里男子孙少伯……"[5]从墨书内容来看，这是在公元74年，由天帝使者为孙少伯祈福禳病而告当地官稷与社君的文书。简文中多次提及"老物"，王充在《论衡·订鬼篇》曰："鬼者，老物精也。"[6]这一发现也反映了当时浙东地区鬼神思想、民间祭祀活动的盛行。

唐宋时期在浙东地区流行鲍郎神信仰，《乾道四明图经》引用《舆地志》记载了这一信仰的起源：

> 鲍郎名盖，后汉鄞邑人，为县吏。县尝俾捧牒入京，留家酣饮，踰月不行。县方诘责，已而得报，章果上达，审究实然。既死，葬三十年，忽梦谓妻曰："吾当更生，盍开吾冢。"妻疑不信，再梦如初，乃发棺，其尸俨然如生，第无气息耳。冥器完洁，若日用者。冢之四旁，灯然不灭，膏亦不销。郡人聚观，咸怪神之，立祠以祀。[7]

这一故事的核心是鲍盖生前有神迹，死后形体不灭。文字虽然出自南宋志书的转录，但类似的主题在六朝志怪小说中却极为流行，《太平广记》以再生为题，收录了众多类似的故事[8]。故事中鲍盖死后三十年，"其尸俨然如生"，因而郡人"咸怪神之，立祠以祀"，反映出了当时对自然死亡后成仙的追求。

这种崇信鬼神、追求不死的信仰在民间流行，逐渐被道教吸收利用，形成了一种自杀求仙的尸解思想。东晋晚期孙恩利用五斗米道于浙东沿海发动起义，败亡之际，"赴海自沉，妖党及妓妾谓之水仙，投水从死者百数。"[9]投水而成仙，正是尸解中的水解。

[1] 浙江省文物考古研究所、南京大学历史系考古学专业：《浙江省鄞县高钱古墓发掘报告》，《浙江省文物考古研究所学刊》第七辑，杭州出版社，2005年，第429页。

[2] （刘宋）范晔：《后汉书》卷四一《第五伦传》，中华书局，1965年，第1397页。

[3] 李剑国辑校：《新辑搜神记·新辑搜神后记》，中华书局，2007年，第504、505页。

[4] 林昌丈：《地方社会的融汇——以秦汉时期的剡县、鄞县为例》，《历史研究》2014年第6期，第77页。

[5] 宁波市文物考古研究所发掘材料。

[6] 黄晖撰：《论衡校释》卷二二《订鬼篇》，中华书局，1990年，第934页。

[7] （南宋）张津等纂：《乾道四明图经》卷一《祠庙》，《宋元方志丛刊》（五），中华书局，1990年，第4878页。

[8] 如《太平广记》卷三五七《再生一》中收录的史姁、范明友奴、陈焦等，中华书局，1961年，第2979、2980页。

[9] （唐）房玄龄等撰：《晋书》卷一○○《孙恩传》，中华书局，1974年，第2634页。

《广异记》中记载了一则发生在鄮县的盗墓故事：

> 酂（鄮）县有后汉奴官冢。初，村人田于其侧，每至秋获，近冢地多失穗不稔。积数岁，已苦之。后恒夜往伺之，见四大鹅从冢中出，食禾，逐即入去。村人素闻奴官冢有宝，乃相结开之。初入埏前，见有鹅，鼓翅击人，贼以棒反击之，皆不复动，乃铜鹅也。稍稍入外厅，得宝剑二枚，其他器物不可识者甚众。次至大藏，水深，有紫衣人当门立，与贼相击。贼等群争往击次，其人冲贼走出，入县大叫云："贼劫吾墓！"门主者曰："君墓安在？"答曰："正奴官冢是也。"县令使里长逐贼，至皆擒之。开元末，明州刺史进三十余事。[1]

鄮县又名官奴城[2]。故事中的"酂县"，今本多作"酂县"，但从文末的"明州刺史进三十余事"可知当为"鄮县"。如果剥离故事中的神秘色彩，其实质是一个发生在唐代的墓葬盗掘事件。墓冢上的庄稼收获不好，是因为墓葬的封土经过了夯打，不利于作物生长。进入墓葬后发现的铜鹅、宝剑以及不知名的其他器物，俱是随葬品。当门而立的紫衣人，或是随葬的人形俑。由埏道至外厅、大藏，反映了这座墓葬的结构。大藏内积水颇深，也体现了宁波地区地下水位高的事实。这则故事充满了神秘气息，承袭着六朝以来志怪小说的风格。尽管进入唐代鄮县在行政区域和治所上都有所变迁，但依然可以反映出六朝以来当地民间信仰的延续。

孙吴、西晋时期，佛教已经在浙东广泛传播。相传太康二年，并州僧慧达于鄮县得阿育王塔[3]。永康元年（300年），太白祖师义兴于鄮县东南山之东谷结茅庵，渐成精舍[4]。但"（会稽）东境旧俗，多趣巫祝"[5]，在西晋墓葬中出土的魂瓶上常见有佛陀形象，表明当时佛教的传播还需要借助民间信仰的力量。

上述传说故事在鄮县的发生、佛教在鄮县的传播，表明汉六朝时期的鄮县是多种信仰融汇之地，这应该是由鄮县处于滨海，易于接受各种新事物的传播所形成的。

四 结语

鄮县地处浙东沿海，从汉六朝时期墓葬、窑址的空间的分布来看，沿着河流的山前坡地是这一人们的主要生产、生活区域，县城的位置处于两条主要分布区的交汇处。不少墓葬、窑址的分布，即便以今天的海岸线来看，也已经处于濒海的位置，墓葬中的随葬品也见有海洋物产与舶来品。沿着河流的山前坡地，是构筑起鄮县都市圈的主体，濒海的自然环境，为都市圈的向外延伸提供了更多的可能。民间巫祝活动、鬼神思想的长期盛行，道教、佛教在当地的传播，为我们揭开一个濒海县城社会风貌的一角。

[1] （北宋）李昉等编：《太平广记》卷三九〇《冢墓二》，中华书局，1961年，第3112页。

[2] 鄮县名官奴城的记载，《十道四藩志》认为与宋武帝刘裕有关，《太平寰宇记》认为与光武帝刘秀有关。见《乾道四明图经》卷二《鄮县·古迹》，《宋元方志丛刊》（五），中华书局，1990年，第4893页。

[3] （唐）释道世撰，周叔迦、苏晋仁校注：《法苑珠林校注》卷三八《故塔部第六》，中华书局，2003年，第1209页。

[4] （清）闻性道，释德介撰：《天童寺志》卷二《建置考》，明文书局，1980年，第77页。

[5] （梁）释僧佑撰，苏晋仁、萧炼子点校：《出三藏记集》卷一四《昙摩蜜多传第七》，中华书局，1995年，第546页。

浙江地区东汉中晚期至清代瓷窑遗址考古概述

谢西营（浙江省文物考古研究所）

大量的考古材料以及科学测试表明，成熟瓷器诞生于东汉中晚期，其中浙江地区是重要诞生地之一，以浙江上虞小仙坛窑址为代表的一组东汉中晚期窑场在工艺技术上已经达到了现代标准成熟瓷器水平的标准。自东汉中晚期至清代，浙江地区制瓷业不断发展，其中以青釉瓷器的生产最为重要，此外还生产出黑釉、酱釉、褐釉、彩绘、青白釉、青花瓷等多种类型的产品。从地理区块来看，基于自然和人文资源等方面因素上的相似性，浙江地区可分为六区，即宁绍地区、杭嘉湖地区、金衢地区、温州地区、台州地区和丽水地区。据相关学者研究，早于六朝时期，浙江地区的窑业生产面貌已呈现出此种区域性布局[1]。这种窑业区域性格局自六朝时期发端，至唐代继续发展，区域性特征更趋明显，一直延续至明清时期。此外，以往的学术研究中，学术界多将浙江地区东汉中晚期至清代的窑业历史划分成东汉中晚期至隋代和唐宋至明清时期两个阶段。鉴于此，本文在对浙江东汉中晚期至清代瓷窑遗址考古工作的梳理过程中，拟通过分区域与分时段相结合的形式来进行介绍。

一 宁绍地区

（一）东汉中晚期至隋代

宁绍地区东汉中晚期至隋代的窑业，学术界一般称之为早期越窑，窑业中心地处以上虞为中心的曹娥江中游地区。其中，东汉中晚期早期越窑窑址主要分布以上虞为中心的曹娥江中游和宁波地区的余姚、慈溪上林湖、鄞州东钱湖等地，此外在绍兴、诸暨等地区也有少量分布。三国两晋时期，早期越窑迎来了自成熟瓷器创烧以来的第一次生产高峰。上虞地区制瓷业生产规模成倍扩大，境内遗存的这一时期窑址多达 140 余处，主要分布在梁湖、上浦、驿亭、百官、曹娥等地，其中梁湖、上浦和驿亭是窑址相对集中的地区。东晋至南朝时期，早期越窑走向衰落，这一状况一直延续到隋代。这一时期上虞曹娥江中游地区仍是越窑的中心产地。考古调查资料显示，上虞境内东晋南朝时期窑址锐减到 18 处，集中分布在梁湖、上浦和驿亭三个镇。

1. 考古调查与勘探

对于这一地区早期越窑窑址的调查始于 20 世纪 30 年代。当时陈万里先生曾七次到绍兴和萧

---

[1] 施文博：《浙江地区六朝时期制瓷手工业遗存初步研究》，北京大学2008年硕士论文。

山一带调查青瓷窑址，先后调查了绍兴九岩、慈溪上林湖窑址，搜集了大量的瓷器标本，撰写了《瓷器与浙江》[1]《越器图录》[2]《中国青瓷史略》[3]等。此外，1937年日本学者小山富士夫调查了上林湖窑址，之后在他的书中列举了越窑的若干资料并做了论述。在上述调查工作中都有早期越窑窑址的发现。

　　20世纪50年代，文物考古工作者对萧山上董窑[4]、上林湖水库区窑址[5]、鄞县东南部窑址[6]等进行调查，初步把握越窑窑址分布情况，并将越窑的烧造时代上限定在晋代。1972～1977年，上虞县文化馆在全县进行文物调查，发现了多处东汉瓷窑遗址，将越窑成熟青瓷的烧制年代推至东汉中晚期，并找到了产地[7]。20世纪80年代，浙江全省境内开展了一次大规模的瓷窑址调查，其中涉及宁绍地区的早期越窑。上虞县文化馆在此次窑址调查中发现早期越窑窑址200余处[8]。其他地区也通过此次调查，基本掌握各地的窑址分布情况，并做了详细的调查记录[9]。林士民先生还在此次调查基础上，出版《青瓷与越窑》一书，首次全面、系统、科学介绍浙东地区早期青瓷及其发展历程。与此同时，为了配合中国硅酸盐学会《中国陶瓷史》一书的出版，朱伯谦先生等学者在宁绍地区发掘了一批东汉、三国、西晋时期的窑炉，发表了一系列文章[10]，其中朱伯谦先生的《试论我国古代的龙窑》[11]揭开了浙东龙窑结构的面貌。

　　为了弥补之前地面采集标本获取资料的局限性，在文物调查基础上，这一阶段开展了大规模考古勘察和测绘工作。1990年，浙江省文物考古研究所与慈溪市文管会对上林湖及其周围上岙湖、白洋湖、杜湖、古银锭湖等越窑遗址进行了考古调查、勘察、发掘活动，上林湖库区窑址增加至115处，其中少量为东汉、三国、东晋和南朝窑址，未见西晋窑址[12]。此外，上虞地区窑址也在此

　　[1]　陈万里：《瓷器与浙江》，中华书局，1946年，第119～138页。后收录在紫禁城出版社编：《陈万里陶瓷考古文集》，紫禁城出版社，1997年，第5～82页。

　　[2]　陈万里：《越器图录》，中华书局，1937年。

　　[3]　陈万里：《中国青瓷史略》，上海人民出版社，1956年。后收录在紫禁城出版社编《陈万里陶瓷考古文集》，紫禁城出版社，1997年，第83～113页。

　　[4]　党华：《浙江萧山县上虞越窑窑址发现记》，《文物参考资料》1955年第3期，第66～73页。王士伦：《浙江萧山进化区古代窑址的发现》，《考古通讯》1957年第2期，第24～29页。陈万里：《最近调查古代窑址所见》，《文物参考资料》1955年第8期，第111～113页。陈万里：《故宫博物院十年来对古代窑址的调查》，《故宫博物院院刊》1960年总2期，第104～126页。

　　[5]　金祖明：《浙江余姚青瓷窑址调查报告》，《考古学报》1959年第3期，第107～120页。

　　[6]　浙江省文物管理委员会：《浙江鄞县古瓷窑址调查纪要》，《考古》1964年第4期，第182～187页。

　　[7]　朱伯谦：《浙江上虞县发现的东汉瓷窑址》，《文物》1981年第10期，第33～35页。

　　[8]　上虞县文化馆资料未刊。参见杜伟：《上虞越窑窑址调查》，《东方博物》第二十四辑，浙江大学出版社，2007年，第6～15页。

　　[9]　林士民：《浙江宁波瓷窑遗址概述》，《中国古陶瓷研究》第二辑，紫禁城出版社，1988年，第14～20页。林士民：《青瓷与越窑》，上海古籍出版社，1999年。沈作霖：《绍兴越窑概述》，《南方文物》1993年第4期，第59～63页。浙江省文物考古研究所、温州市文物管理处：《温州地区瓷窑址的考古调查》，《东方博物》第四辑，浙江大学出版社，1999年，第255～270页。姚桂芳：《杭州地区古窑址调查概况与认识》，《东方博物》第四辑，浙江大学出版社，1999年，第108～119页。

　　[10]　林士民：《浙江宁波汉代瓷窑调查》，《考古》1980年第4期，第343～346页。林士民：《浙江宁波汉代窑址的勘察》，《考古》1986年第9期，第800～809页。

　　[11]　朱伯谦：《试论我国古代的龙窑》，《文物》1984年第3期，第57～62页。

　　[12]　慈溪市博物馆：《上林湖越窑》，科学出版社，2002年。

期得到充分关注。2001 年 12 月至 2002 年 6 月，上虞市文物管理所对全市进行第二次文物普查，此次窑址普查是建立在第一次普查基础之上的，杜伟等结合这两次普查成果，对上虞越窑窑址进行了详细统计 [1]。此外，章金焕曾多次对上虞地区的窑址进行考察研究，结合自身考古发掘调查经历，出版了《瓷之源：上虞越窑》一书，全面介绍上虞越窑东汉至唐宋时期，各阶段窑址分布情况 [2]，这是迄今关于早期越窑分布情况的重要著述。

2. 考古发掘

在上述考古调查和勘探考古工作之外，文物考古工作者曾对这一区域内的许多窑址进行过考古发掘，涉及东汉晚期的帐子山窑址和大园坪窑址、东汉晚期至西晋时期的禁山窑址、三国时期的鞍山窑址和凤凰山窑址、三国西晋时期的尼姑婆山窑址等。截至目前，宁绍地区的东晋南朝时期窑址还未进行过系统的考古发掘工作。

1978 年，为了配合基本建设，文物考古工作者曾对上虞帐子山窑址进行考古发掘。本次发掘揭露出 2 条东汉时期龙窑，东西向并列，龙窑的前段已遭破坏。东边的一号窑残长 3.9、宽 1.97～2.08 米，窑床坡度前段为 28°、后段为 21°，前后段交接处有明显的一道凸棱；窑底用黏土抹成，底面铺砂两层，下层经火焙烧而黏结变硬，上层质地松软，圆筒形和喇叭形窑具的底部插入上层砂内，证明砂层起固定窑具的作用。窑墙用黏土筑成，残高 0.32～0.42 米，经过长期高温焙烧，壁面有熔融成玻璃状的窑汗。出土器物有碗、盏等，胎色淡红，质地疏松，说明部分器物因所处窑位不佳而温度偏低。二号窑的结构和建筑用材与一号窑相同，只是窑床的坡度不同。烧制产品主要以印纹罍、双耳罐、碗等，另外还有双唇罐、碟、壶等 [3]。

2004 年 11 月至 2005 年 1 月，浙江省文物考古研究所联合上虞博物馆、上虞文保所等单位对大园坪窑址（图一）进行了考古发掘。大园坪窑址位于上虞区上浦镇石浦村（现为四峰山村）的四峰山南麓，南距小仙坛窑址 200 余米。此次考古发掘揭露出龙窑 2 条，并获得大量瓷器标本 [4]。一号龙窑，窑残长 6.6、宽 2 米，窑头和窑尾部均遭墓葬破坏，火膛较大，残长 1.46 米，火膛后壁高 0.66 米，窑底、窑壁以黏土抹成，具有良好的烧结面，从火膛、窑腔等部分考察，其火膛较大，也未有投柴孔痕迹，窑门位置也不清，可能是当时窑炉尚未完备，其火力主要由火膛完成，所以窑身也不能太长，有利于窑温的提高和分布均匀，使窑温提高到 1300℃ 左右，窑炉结构的成熟是瓷器得以诞生的最重要外因。出土器物种类十分丰富，有碗、钵、洗、锺、瓿、罍、虎子（彩版七七，1）、托盘、鬼灶、五管瓶等。此外，还出土了 1 件镌刻有"谢胜私印"的青瓷，为东汉时期出土瓷器中首次发现的款识 [5]。出土产品大致分两类，即日常生活用器和专用陪葬冥器。后者如五联罐、水井 [6]、鬼灶等在奉化白杜熹平四年（175 年）墓 [7] 中有出土。此外，奉化白

[1] 杜伟：《上虞越窑窑址调查》，《东方博物》第二十四辑，浙江大学出版社，2007 年 9 月，第 6～15 页。

[2] 章金焕：《瓷之源：上虞越窑》，浙江大学出版社，2007 年。

[3] 宋建明主编：《早期越窑：上虞历史文化的丰碑》，中国书店，2014 年，第 24～25 页。

[4] 浙江省文物考古研究所：《浙江考古新纪元》，科学出版社，2009 年，第 219～220 页。浙江省文物局编：《发现历史——浙江新世纪考古成果展》，中国摄影出版社，2011 年，第 385 页。

[5] 浙江省文物局编：《发现历史——浙江新世纪考古成果展》，中国摄影出版社，2011 年，第 386 页。

[6] 浙江省博物馆编：《浙江纪年瓷》，文物出版社，2000 年，图版 2。

[7] 奉化县文管会、宁波市文管会：《奉化白杜汉熹平四年墓清理简报》，《浙江省文物考古所学刊》第一集，文物出版社，1981 年，第 208～211 页。

图一　大园坪窑址窑炉

杜熹平四年墓中还出土有熏炉等。此时器物胎釉结合紧密，瓷胎硬度强，吸水率低，已经具备了成熟瓷器所有的物理特征。装饰简洁明快，已经较为普遍地采用划刻、模印、镂空等技法。纹饰种类有弦纹、水波纹及各种几何形纹饰，如麻布纹、窗棂纹、网纹、杉叶纹、重线三角纹、方格纹等。大园坪窑址出土器物釉色青绿滋润，器形规整，制作精美，与小仙坛窑址一样，代表了东汉越窑瓷器生产的最高水平。

　　2006 年，浙江省文物考古研究所等单位对上虞尼姑婆山窑址（图二）进行了发掘，揭露出龙窑 1 条（图三），类似作坊遗迹 1 处，并获得大量瓷器及窑具标本[1]。尼姑婆山窑址一号窑（编号 06 上尼 Y1），为斜坡式平焰龙窑，由火膛、窑室、窑尾三部分组成，方向 120°，全长约13.4、窑宽约 2.2 米。前段坡度较缓，约 12°，后段坡度较陡，约 22°。该窑是在自然山坡上掘

---

　　[1]　浙江省文物考古研究所：《浙江考古新纪元》，科学出版社，2009 年，第 223～224 页。郑嘉励、张盈：《三国西晋时期越窑青瓷的生产工艺及相关问题——以上虞尼姑婆山窑址为例》，《东方博物》第三十五辑，浙江大学出版社，2010 年，第 6～17 页。

图二　尼姑婆山窑址

一浅槽，然后紧贴基槽以土坯砖砌成。土坯砖窑的出现，使窑身的加高具备了更多结构上的可能。上虞尼姑婆山窑的产品集中代表了越窑在三国西晋时期的总体面貌和最高工艺和艺术水平。这一时期产品种类十分丰富（彩版七七，5），有碗、钵、罐、双唇罐、盘口壶、罍、水盂、三足圆砚、扁壶、虎子、各式器盖、三足樽、平底樽（鑑）、洗等。器物胎质细腻，胎体厚实坚硬，釉色多为青绿、青黄，胎釉烧结程度良好。

图三　尼姑婆山窑址龙窑

2014 年 5 ～ 10 月，浙江省文物考古研究所、上虞博物馆、上虞越窑青瓷发展研究中心等单位对上虞禁山窑址进行了考古发掘。禁山窑址（图四）位于上虞区上浦镇大善村北的禁山南麓，地处凤凰山窑址群北部。发掘面积 800 平方米，揭露了包括窑炉、灰坑、灰沟等在内的丰富遗迹，并出土了大量高质量、高档次的成熟青瓷器。其中一条龙窑的年代应为东汉晚期，该窑炉为半地穴式长方形斜坡状龙窑，保存较为完整，由火膛、窑床、排烟室三部分组成。长 13.6、宽

图四　东汉晚期龙窑窑炉

2.2 米，前端为近长方形的大火膛，低于窑床 0.50 米，底部与四壁均有黑色的坚硬烧结面；斜坡状窑床坡度整体较陡，近 20°，底部铺砂；窑尾是长方形排烟室，高于窑床 0.25 米，后底部有 6 个排烟孔；窑炉内的窑具包括大型的支烧具与三足钉形间隔具两种，支烧具顶端一般叠置盂形托垫具 [1]。2014 年禁山窑址考古发掘曾揭露出 2 条三国至西晋时期的龙窑窑炉，分别编号为 Y2 和 Y3。其中 Y2 的大小、结构及窑具与 Y1（东汉晚期窑炉）基本接近，最大的变化在于窑床的坡度，从单一的坡度演变成前缓后陡；Y3 则明显加长，达到了近 16 米，窑具丰富多样，支烧具高矮粗细不一，间隔具除三足支钉形外，新出现各种形状与规格的锯齿形 [2]。

2015 年 10 ～ 12 月，浙江省文物考古研究所、上虞博物馆和上虞越窑青瓷发展研究中心对凤凰山窑址进行了主动性考古发掘。该窑址位于绍兴市上虞区上浦镇大善村北的凤凰山东南麓，北边距禁山窑址直线距离不足 800 米。发掘面积 300 平方米，揭露窑炉 1 处，并出土了大量高质量、高档次的成熟青瓷器。该窑炉为长条形斜坡状龙窑，保存较为完整，包括了火膛、窑床、窑尾等完整的结构。与以往发掘的汉六朝时期窑炉相比，本窑炉最大的区别或改进在于窑尾部分：以往发现的窑炉其窑尾与窑床之间有一道极高的断坎，而本次发掘的凤凰山窑炉断坎消失，呈弧形向窑尾过渡，断坎之上平坦的贮烟室消失，窑床铺砂一直延续到排烟孔位置。排烟孔位于底部，砖

　　[1]　郑建明：《浙江上虞禁山早期越窑遗址的调查与发掘——发现东汉三国两晋时期完整的龙窑系列》，《中国文物报》2015年2月27日第5版。郑建明：《浙江上虞禁山早期越窑遗址考古发掘：青瓷溯源》，《大众考古》2017年第5期，第26～33页。

　　[2]　郑建明：《浙江上虞禁山早期越窑遗址的调查与发掘——发现东汉三国两晋时期完整的龙窑系列》，《中国文物报》2015年2月27日第5版。郑建明：《浙江上虞禁山早期越窑遗址考古发掘：青瓷溯源》，《大众考古》2017年第5期，第26～33页。

坯砌成竖长方形，排烟孔上为挡烟墙，排烟孔后为横向狭窄的排烟室。这种结构与后期唐宋时期越窑的龙窑更为接近，不仅节约了窑内的空间、提高装烧量，而且在建造上也更加简便易行，代表了龙窑技术的不断提高过程。器物种类相当丰富，以碗、罐、盆、洗、盘口壶等为主，也包括双唇罐、鸡首壶、唾壶、盂、钵、镳斗与火盆、砚台、罍、器盖、狮形烛插、蛙形烛插、灯、虎子、篮、盘、俑、樽、纺轮、堆塑等近三十种，每种器类又有很多种器形[1]。

（二）唐宋时期

宁绍地区这一阶段的窑业，学界一般称之为越窑，窑业中心地处以上林湖为中心的慈溪地区。上林湖越窑窑址群又可细分为四个片区，分别是上林湖片区、白洋湖片区、里杜湖片区和古银锭湖片区。其中，上林湖片区窑业始于东汉晚期，一直延续到北宋晚期；白洋湖片区和里杜湖片区窑业始于晚唐，延续至北宋晚期；古银锭湖片区窑业始于东晋早期，一直延续至南宋早期。此外，在上林湖越窑窑址群东西两侧还包括两个次中心，即以窑寺前为中心的上虞地区和以东钱湖为中心的鄞州地区。

1. 早期考古调查工作

前文已述，20 世纪 30 年代，陈万里先生曾多次前往绍兴、慈溪上林湖进行专题调查，采集了大量瓷片标本。尽管这些调查工作显得比较初步，但它揭开了通过田野考古调查的方法来研究越窑的序幕，为之后的深入研究奠定了基础。

20 世纪 50 年代以来，文物考古工作者对宁波、绍兴地区的越窑窑址进行了多次调查，如余姚地区的上林湖、上岙湖、白洋湖、东岙游源区[2]、杜湖[3]，上虞窑寺前[4]、龙浦[5]、窑山与黄蛇山[6]，绍兴地区的上灶官山[7]，宁波地区的鄞县郭家峙、沙叶河头、小白市[8]、镇海小洞岙[9]、象山鲁家岙[10] 等，通过调查获得了丰富的瓷片标本，对于越窑窑址的分布、窑址范围、烧造年代和产品特征等问题有了比较清楚的认识。

20 世纪 80 年代以来，随着第二次全国文物普查工作的开展，1982 年和 1984 年浙江省文物

[1] 郑建明：《上虞凤凰山窑址发现新窑炉形制》，浙江文物网，2016年2月4日。

[2] 金祖明：《浙江余姚青瓷窑址调查报告》，《考古学报》1959年第3期，第107～120页。

[3] 林士民、俞敏敏：《上林湖窑场杜湖窑区调查与研究》，《东方博物》第二辑，浙江大学出版社，1998年，第317～330页。

[4] 汪济英：《记五代吴越国的另一官窑——浙江上虞窑寺前窑址》，《文物》1963年第1期，第43～49页。

[5] 章金焕：《上虞龙浦唐代窑址》，《东南文化》1992年第3、4期合刊，第121～137页。

[6] 章金焕：《上虞窑山、黄蛇山古窑址》，《江西文物》1990年第4期，第31～34页。

[7] 绍兴市文物管理委员会：《绍兴上灶官山越窑调查》，《文物》1981年第10期，第43～47页。沈作霖：《绍兴上灶官山越窑》，《东南文化》1989年第6期，第155～159页。

[8] 浙江省文物管理委员会：《浙江鄞县古瓷窑址调查纪要》，《考古》1964年第4期，第182～187页。李辉柄：《调查浙江鄞县窑址的收获》，《文物》1973年第5期，第30～37页。

[9] 林士民：《勘察浙江宁波唐代古窑的收获》，《中国古代窑址调查发掘报告集》，文物出版社，1984年，第15～21页。

[10] 李知宴：《浙江象山唐代青瓷窑址调查》，《考古》1979年第5期，第435～439页。

工作者对上林湖青瓷窑址群进行过系统调查和复查，并对重点窑址做了测绘记录[1]。

2. 近期考古调查与发掘工作

20世纪90年代以来，为了更科学地把握越窑的发展轨迹，文物考古工作者开始对这一区域的越窑窑址进行系统考古发掘，以期通过明确的地层关系，揭示越窑产品在胎、釉、纹饰、装烧工艺等方面的时代变化，为器物断代和其他方面的研究提供可靠的地层依据。

（1）慈溪上林湖窑区

1990年，浙江省文物考古研究所组织上林湖窑址考察组，对上林湖青瓷窑址又进行了调查和勘探，共发现窑址110余处，并进行了详细的窑址分布及地形图测绘。同年，浙江省文物考古研究所在对古银锭湖低岭头窑址的试掘工作中，发现了一类与传统越窑青瓷不同、而与北宋晚期汝窑御用瓷相似的一类产品，该类产品（彩版七七，2）被称为"低岭头上层类型官窑型产品"。该发现第一次将越窑的烧造下限推到南宋时期[2]。

图五　寺龙口窑址龙窑窑炉

1993～1995年，浙江省文物考古研究所与慈溪市文物管理委员会对上林湖荷花芯窑址进行了发掘，该次发掘揭露出窑床2条（Y36、Y37），并出土了大量的瓷器及窑具标本。经分析该窑址时代为9世纪初至10世纪初，相当于晚唐五代时期[3]。这次发掘是对越窑窑址的首次正式考古发掘，明确的地层划分为考古学研究提供了基础材料。期间1994年浙江省文物考古研究所与慈溪市文物管理委员会还联合对马溪滩窑址进行了发掘。

1998、1999年，浙江省文物考古研究所、北京大学考古文博学院、慈溪市文物管理委员会联合对寺龙口窑址进行了两期发掘，清理出龙窑遗迹1条（图五）、作坊2座、匣钵墙4处，出土

[1]　林士民：《浙江宁波古代瓷窑遗址概述》，《中国古陶瓷研究》第2辑，紫禁城出版社，1988年，第14～20页。林士民：《浙江宁波东钱湖窑场调查与研究》，《中国古陶瓷研究》第3辑，紫禁城出版社，1990年，第47～53页。林士民著：《青瓷与越窑》，上海古籍出版社，1999年，第132～207页。

[2]　沈岳明：《修内司窑的考古学观察——从低岭头谈起》，《中国古陶瓷研究》第4辑，紫禁城出版社，1997年，第84～92页。

[3]　浙江省文物考古研究所等：《慈溪上林湖荷花芯窑址发掘简报》，《文物》2003年第11期，第4～25页。

图六　寺龙口窑址废品堆积层

各类瓷器、窑具 5 万余件。经分析该窑址时代为晚唐至南宋早期[1]。这次发掘以明确的地层关系（图六）将窑业发展划分为晚唐、五代、北宋早期、北宋中期、北宋晚期、南宋早期，为把握唐宋越窑产品在胎、釉、装饰风格、装烧工艺等方面的发展规律提供了丰富的资料，并进一步从地层上纠正了"越窑衰亡于北宋"的传统观点，证实了南宋初年该地区烧制过贡瓷，解决了烧造宫廷用瓷的窑炉和"官窑型"瓷器（彩版七七，3）的性质。该项目曾分别获得"1998 年度全国十大考古新发现"和 1996 ～ 1998 年度全国"田野考古奖"二等奖。

　　1999 年，浙江省文物考古研究所、慈溪市文物管理委员会对白洋湖石马弄窑址进行了发掘，清理龙窑 1 条、作坊 1 座、釉料缸 1 个，并获得大量瓷器、窑具等标本。经分析该窑址时代为唐代中晚期至北宋初期[2]。

　　2014 年，为了配合考古遗址公园建设与世界文化遗产申报，浙江省文物考古研究所与慈溪市文物管理委员会办公室联合制定《上林湖越窑遗址 2014 ～ 2018 年考古工作计划》，并于 2014 年 6 月获国家文物局批准。

　　2014 年 9 月至 2015 年 10 月、2017 年 3 ～ 6 月，浙江省文物考古研究所与慈溪市文管办联合对荷花芯窑址进行了两次主动性考古发掘工作，发掘总面积 1443 平方米。两次发掘揭露出丰富

　　[1]　浙江省文物考古研究所等：《浙江越窑寺龙口窑址发掘简报》，《文物》2001年第11期，第23～42页。浙江省文物考古研究所等：《寺龙口越窑址》，文物出版社，2002年。

　　[2]　浙江省文物考古研究所等：《浙江慈溪市越窑石马弄窑址的发掘》，《考古》2001年第10期，第59～72页。宁波市文物考古研究所、国家水下文化遗产保护宁波基地：《发现：宁波地域重要考古成果图集（2001～2015）》，宁波出版社，2016年，第172～177页。

的制瓷作坊遗迹（图七），包括活动面 1 个、房址
9 座、储泥池 1 个（图八）、辘轳坑 1 个（图九）、
釉料缸 2 个（图一〇）、挡墙 9 道、台阶路 2 条等；
揭露出较为丰富的地层堆积，时代属于晚唐和北宋
中期；出土了大量瓷器产品，器类丰富，其中不乏
质量高超的秘色瓷器。该窑址揭露出来的遗迹，功
能涵盖备料、成型、上釉、烧成等制瓷工艺的多个
环节，为复原唐宋时期越窑窑场布局提供了详尽的
资料[1]。该项目获评为 2015 年度 "浙江考古重要
发现"。

　　2015 年 10 月至 2017 年 12 月，浙江省文物考
古研究所、国家文物局水下文化遗产保护中心、宁
波市文物考古研究所与慈溪市文管办联合对后司岙
进行了主动性水陆考古发掘[2]，其中陆地发掘总面
积 2350 平方米（图一一、一二）。本次发掘共揭
露出龙窑窑炉 2 条、房址 2 座（图一三）、储泥池
2 个、釉料缸 4 个、挡墙 8 道、排水沟 5 条等丰富
遗迹，探明了古水坝、古水道等重要的水下遗迹（图
一四）；出土了大量青瓷产品，器类丰富，质量高超，
其中尤以秘色瓷品质最高（图一五；彩版七七，4）。
考古发掘结果表明，该窑场从初唐开始烧造，至北
宋中期停烧，延续时间较长，窑场布局和分区明确，
为探索唐宋时期越窑窑场布局提供了翔实资料；同

图七　荷花芯窑址发掘区（2014～2015）

时该窑址地层中出土若干纪年匣钵如 "大中三年四月十一日" "大中十二年" "咸通" "中和" 等，
为探索越窑青瓷尤其是秘色瓷的发展历程、工艺技术演变等问题提供了直接的证据。该项目先后
获评 2016 年度 "浙江考古重要发现" 和 "2016 年度全国十大考古新发现"。

　　2019 年 4～12 月，浙江省文物考古研究所联合慈溪市文物管理委员会办公室对上林湖片区
的普济寺遗址和狗头颈窑址、古银锭湖片区的张家地窑址进行了主动性考古发掘。发掘目的主要

　　[1]　沈岳明、郑建明、谢西营：《2014年浙江慈溪上林湖荷花芯窑址考古发掘主要收获》，《陶瓷考古通讯》2015
年第1期，第7～11页。沈岳明、郑建明、谢西营：《2015年慈溪上林湖荷花芯越窑遗址考古发掘概况》，《陶瓷考古通
讯》2015年第2期，第21～23页。郑建明、沈岳明、谢西营：《浙江上林湖荷花芯窑址发掘作坊区》，《中国文物报》
2015年12月4日第8版。宁波市文物考古研究所、国家水下文化遗产保护宁波基地：《发现：宁波地域重要考古成果图集
（2001～2015）》，宁波出版社，2016年，第204～211页。

　　[2]　沈岳明、郑建明：《浙江上林湖发现后司岙唐五代秘色瓷窑址》，《中国文物报》2017年1月27日第8版。谢西
营、张馨月、林国聪：《水陆考古并进共探秘色瓷窑——专家点评浙江宁波慈溪上林湖后司岙窑址》，《中国文物报》
2017年4月4日第8版。郑建明、沈岳明、谢纯龙：《夺得千峰翠色来——上林湖后司岙窑址出土的秘色瓷器》，《紫禁
城》2017年第5期，第53～67页。浙江省文物考古研究所、慈溪市文物管理委员会办公室：《秘色越器——上林湖后司
岙窑址出土唐五代秘色瓷器》，文物出版社，2017年。

图八　荷花芯窑址储泥池

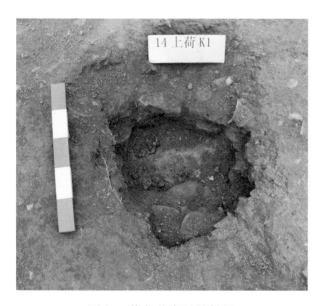

图九　荷花芯窑址辘轳坑

图一〇　荷花芯窑址釉料缸

图一一　后司岙窑址发掘现场

图一二　后司岙窑址窑场布局（2015 ～ 2016）

图一三　后司岙窑址房址

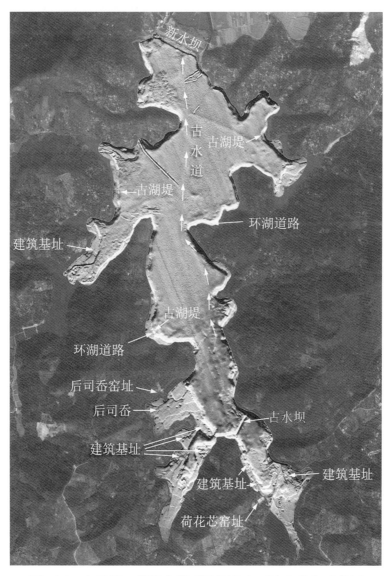

图一四　上林湖三维数字模型及部分水下遗存分布示意图

图一五　后司岙窑址瓷质匣钵层

图一六　普济寺遗址发掘场景

图一七　狗头颈窑址发掘照

是基于探索窑业管理机构、深化五代时期越窑窑业内涵和探索南宋早期低岭头类型的窑业面貌。其中,普济寺遗址(图一六)揭露出初唐、晚唐、南宋、明清至民国时期的地层堆积,发掘出晚唐、南宋、明清至民国时期的建筑基址,为探索普济寺历史沿革、结构布局、建筑方式等提供了丰富资料。狗头颈窑址(图一七)揭露出丰富的地层堆积,时代涵盖晚唐和五代时期,尤以五代地层堆积(图一八)最为丰厚,出土大量瓷片和窑具标本,完善了上林湖越窑晚唐五代尤其是五代时期的窑业生产历史。此外,还揭露出晚唐墓葬1座,券顶砖室墓,出土越窑瓷器6件、铜镜1枚、陶砚1件。张家地窑址揭露出南宋早期龙窑窑炉1条,残长20.2米,为探索南宋早期越窑烧制技术提供了重要资料;出土大量瓷器和窑具标本,其中瓷器可分为青釉瓷器和汝浊釉瓷器,时代为南宋早期[1]。

　　(2)鄞州东钱湖窑区

　　2007年,宁波市文物考古研究所对东钱湖南端的郭童岙窑址(图一九)进行了考古发掘,清理出五代至北宋中晚期窑址11座,其中龙窑7条,馒头窑4座,出土各类器物标本2万余件[2]。此次发掘为东钱湖越窑窑址的首次考古发掘,为唐宋时期越窑三大产区之间的对比研究提供了资料。

　　2016年2～11月,宁波市文物考古研究所对上水岙窑址实施了抢救性考古发掘,共揭露龙窑窑炉2条,出土大批精美的越窑青瓷和窑具等。遗存时代为北宋中期,少量遗存年代可能早到

[1]　浙江省文物考古研究所、慈溪市文物管理委员会办公室:《慈溪南宋越窑址》,文物出版社,2019年。

[2]　王结华、褚晓波:《宁波地域考古的回顾与展望》,《宁波文物考古研究文集》,科学出版社,2008年,第9页。李永宁:《东钱湖郭童岙窑址发掘的主要收获》,《宁波文物考古研究文集》,科学出版社,2008年,第163～164页。宁波市文物考古研究所:《郭童岙——越窑遗址发掘报告》,科学出版社,2013年。宁波市文物考古研究所、国家水下文化遗产保护宁波基地:《发现:宁波地域重要考古成果图集(2001～2015)》,宁波出版社,2016年,第186～197页。宁波市文物考古研究所、国家水下文化遗产保护宁波基地:《宁波考古六十年》,故宫出版社,2017年。

图一八　狗头颈窑址 TN01W01 南壁剖面

图一九　郭童岙窑址窑炉

10 世纪晚期。上水岙窑址的发现，拓展了对东钱湖窑址群面貌的认识，出土了大量精美器物，发现了大量铭文字款尤其是"大""内""官样"等款识的发现，突破了以往的认识[1]。该项目获评 2016 年度"浙江考古重要发现"。

（3）其他地区

1998 年，宁波市文物考古研究所与宁海县文管会办公室对宁海县岔路宋代窑址进行了发掘，揭露出残窑底基 1 处、石墙 2 段、明代墓葬 6 座，出土大量瓷器及窑具。经分析该窑址时代为北宋中晚期[2]。该窑址远离唐宋越窑三大中心产区，出土的绝大多数产品在慈溪上林湖和鄞县东钱湖地区的北宋窑址中都能找到同类产品，因而理应属于越窑体系。但是出土品中也存在着一类独具特色的产品为其他窑址所罕见，这一发现提示今后要加强对越窑地方类型的认识。

2006 和 2009 年，浙江省文物考古研究所、宁波市文物考古研究所分别联合奉化市文物保护管理所对于家山窑址进行了两次发掘，清理出北宋中晚期龙窑 7 条，出土了大批瓷器标本和各类窑具。该窑址产品、造型、釉色、烧造方法均与同时期东钱湖窑场产品相近[3]。

2012 ～ 2013 年，浙江省文物考古研究所与上虞博物馆联合对上虞窑寺前和凌湖窑址群进行了主动性考古调查，其中涉及众多唐宋时期越窑窑址[4]。

二　杭嘉湖地区

这一区域是传统意义上的德清窑分布区。据调查资料显示，德清窑的窑址主要分布于湖州地区的德清和杭州地区的余杭一带。在这一地区范围内，除了上述德清窑之外，还有南宋官窑、临安天目窑以及余杭瓶窑等。

（一）德清地区

1. 早期调查工作

20 世纪 30 年代，日本小山富士夫曾对德清老县城城关镇（现为乾元镇）一带窑址进行过实地调查，并在其著作中专门列有"德清古窑"，但是将其归入"越州古窑址"中。1956 年，因工程建设等原因，汪扬、冯信敳、王士伦等先生于德清县城关镇（现乾元镇）附近的丁山、小马山、城山、焦山 4 处地点发现窑址，并将其作为最早烧造黑釉瓷器的窑址而受到古陶瓷界的瞩目，并

[1]　罗鹏：《宁波东钱湖上水岙窑址发掘取得重要成果——为越窑青瓷生产中心之一的东钱湖窑场提供珍贵研究资料》，《中国文物报》2017年6月30日第8版。罗鹏：《浙江宁波东钱湖上水岙窑址考古发掘概况》，《陶瓷考古通讯》2016年第1期，第23～33页。王结华、罗鹏：《青瓷千年映钱湖》，宁波出版社，2020年。

[2]　宁波市文物考古研究所、宁海县文管会办公室：《浙江宁海县岔路宋代窑址》，《考古》2003年第9期，第50～60页。

[3]　宁波市文物考古研究所等：《于家山——越窑遗址发掘报告》，科学出版社，2021年。中国考古学会编：《奉化市于家山窑址》，《中国考古学年鉴·2007》，文物出版社，2008年。宁波市文物考古研究所、国家水下文化遗产保护宁波基地：《发现：宁波地域重要考古成果图集（2001～2015）》，宁波出版社，2016年，第178～185页。

[4]　郑建明：《浙江上虞2012～2013年窑址调查收获》，《陶瓷考古通讯》2014年第1期，第3页。

首次提出德清窑概念，并为许多学者所接受[1]。1974年，在余杭原大陆一带又发现了类似窑址[2]。日本学者三上次男曾于1986年考察浙江省内的青瓷窑址，他认为德清窑也是属于越窑的一部分，东汉时期杭州北部的德清窑已经生产出黑釉瓷器，六朝时期青瓷技术进一步发展，并受到了中国贵族阶层的青睐[3]。

由于在德清老县城发现的窑址年代跨度不大，当时的调查者提出"德清窑"的概念时，主要以焦山、小马山、城山和丁山窑址为代表。后来随着二都青山坞、黄角山、洛舍墅元头等东汉至初唐时期窑址的发现，说明德清窑自东汉创烧以来直至唐代，瓷业生产延续不断，是我国又一个历史悠久且自成体系的瓷窑[4]。

20世纪80年代，随着第二次全国文物普查工作的开展，德清县博物馆对德清县内的窑址进行了系统调查，共发现隋唐时期窑址14处，分别为洛舍乡何家坝村墅元头（彩版七八，1）、张家湾村下东山、砂村东山、塘头、章家桥村龙头山、乾山、宅前窑址和龙山乡洋口村东山、窑田里、施宅村窑墩山、王母山、东坡牧场周围的南山窑址。通过对上述窑址产品对比与分期，大致可以确定德清窑的烧造年代下限约为中唐时期[5]。

2. 考古发掘

1995年经浙江省文物局批准，德清博物馆对德清县乾元镇小马山东晋南朝窑址进行了清理。尽管本次发掘并没有发现窑炉等遗迹，但第一次出土了大量的德清窑产品的标本。该窑址产品分为青釉瓷器和黑釉瓷器两种，窑具包括垫具与间隔具两种[6]。

2000年4～7月，为配合杭宁高速公路建设，浙江省文物考古研究所与德清县博物馆联合对德清宅前窑址进行了发掘，这也是对德清窑窑址的第一次正式考古发掘。这次发掘共揭露唐代龙窑5条，堆积厚达4米以上，共分6个层位，产品有碗、盘、缸、钵、壶、碟、砚、灯等，早期以黑釉为主，一部分为青釉；晚期除继续烧造黑釉、青釉外，还出现了青釉褐彩产品。宽短的窑炉是这一时期德清窑的重要特征，其中Y2宽度已达4.75米，属全国罕见。根据此次发掘的标本可以断定，宅前窑址的时代为唐代中晚期[7]。

2001年8月，浙江省第三次文物普查工作期间，在第二次全国文物普查的基础上，新发现隋唐窑址1处[8]。

2004年9月至2005年7月和2007年10～12月，浙江省文物考古研究所曾对余杭区良渚镇西南的石马斗窑址进行考古发掘。该窑址时代为东晋南朝时期。该窑址的主体堆积应已被破坏，

[1] 汪扬：《德清窑调查散记》，《文物参考资料》1957年第10期。浙江省文物管理委员会：《德清窑瓷器》，《文物》1959年第12期。

[2] 朱伯谦：《浙江瓷业的新发现与探索》，《河南钧瓷、汝瓷与三彩》，紫禁城出版社，1987年。姚桂芳：《杭州地区古窑址调查概况与认识》，《东方博物》第四辑，浙江大学出版社，1999年。

[3] 三上次男：《浙江青瓷窑之专访》，《江西文物》1991年第4期，第118～121页。

[4] 朱伯谦：《浙江瓷业的新发现与探索》，《河南钧瓷、汝瓷与三彩》，紫禁城出版社，1987年。郑建明：《德清窑略论》，《文物》2011年第7期，第50～60页。

[5] 朱建明：《隋唐德清瓷窑址初探》，《中国古陶瓷研究》第3辑，紫禁城出版社，1990年，第72～78页。

[6] 周建忠：《德清小马山窑址清理简报》，《东方博物》第二十六辑，浙江大学出版社，2008年，第47～59页。

[7] 浙江省文物考古研究所：《德清宅前窑址发掘》，《浙江文物年鉴》2000年，第142～143页。

[8] 袁华：《德清古代窑业的考古发现与研究综述》，《东方博物》第三十四辑，浙江大学出版社，2010年，第20～26页。

但在山坡与平地的过渡地带,仍保留了部分堆积,并且在两次发掘中出土了大量的瓷片标本和窑具,在山坡下平地上发现了可能与制瓷作坊相关的遗迹现象,包括一处灰沟(编号为G1)和一处灰坑(编号为H1)[1]。G1近似于曲尺形,主体由北部的近东西向的狭长坑与南部近南北向的狭长坑组成,两坑之间有较窄的渠相连,形状均不甚规则,坑壁呈倾斜状下收,底部不平,两坑最深处均位于邻近的位置。北坑底部由西向东倾斜,南坑则由南向北倾斜。H1位于G1的南边,平面呈圆形,坑壁较直,底部近平。结合遗迹迹象和出土物形态来判断,G1应为淘洗瓷土的练泥池,H1也应为制瓷作坊遗迹的一部分。窑址出土的器物包括青釉与黑釉两种,其中以青釉占大多数,黑釉比例较低。

2007年,浙江省文物考古研究所与德清县博物馆联合对余杭东馒头山窑址进行考古发掘,首次揭露德清窑东晋南朝时期完整的龙窑窑炉,窑炉结构与同时期越窑窑炉结构相似,窑炉宽度较窄。此外,2008年对余杭窑顶上窑址的发掘,出土了部分德清窑产品的标本[2]。

2009年7月中旬至9月上旬,为配合杭宁高铁建设,浙江省文物考古研究所和德清博物馆对乾山窑址进行了抢救性发掘,共清理窑炉遗迹4处,其中1号龙窑保存相对完整,长40、宽达4.7米,是浙江已发掘的历代古窑炉遗迹中最宽的一处。遗物堆积丰富,产品主要有日用品的青瓷碗、盘、灯、罐、注壶、枕等。根据器形特征断定其年代为唐代中期前后[3]。

2014年4～5月,浙江省文物考古研究所与德清县博物馆联合对窑墩窑址进行了抢救性考古发掘。发掘面积近200平方米,发掘窑床痕迹3条,清理其中2条,出土大量瓷片和窑具标本。产品种类丰富,主要器形有碗、盘、罐、盆、盏、小水盂、钵、灯盏、灯座等。釉色以青釉为主,酱黑釉为辅。年代为唐代[4]。

2014年4～5月,浙江省文物考古研究所、德清县博物馆联合对德清县开发区的大圣堂窑址进行了发掘。本次发掘共清理出唐代窑炉一处两座(图二○;彩版七八,4),出土大量瓷器标本。窑炉为长条形龙窑,窑床短小;产品以青釉为主、黑釉为辅;器形较为单一,以碗占绝大多数,其次是少量的碟、盆、盘、盘口壶、多足砚、高柄豆、鸡首壶等,产品保留了东晋南朝时期的遗风[5]。

(二)杭州城区

1. 早期调查工作

最早通过实地踏查对杭州城区内窑址进行研究可追溯至20世纪20年代。时任日本驻杭总领事的米内山庸夫在杭州凤凰山的报国寺、地藏殿等地采集到大量的瓷片标本及匣钵、支钉、支座、

[1] 浙江省文物考古研究所:《余杭石马圸东晋窑址发掘简报》,《东方博物》第二十六辑,浙江大学出版社,2008年,第60～75页。

[2] 郑建明:《德清窑略论》,《文物》2011年第7期,第50～60页。

[3] 朱建明:《探索中国瓷之源——德清窑》,西泠印社,2009年,第191～195页。

[4] 周建忠:《浙江德清发掘唐代窑墩窑址》,《陶瓷考古通讯》2014年第2期,第27～29页。郑建明:《浙江德清窑历年考古工作与德清窑的基本特征》,《陶瓷考古通讯》2014年第1期,第1～2页。

[5] 浙江省文物考古研究所、德清县博物馆:《浙江省德清县大圣堂青瓷窑址发掘简报》,《东南文化》2016年第1期,第55～65页。

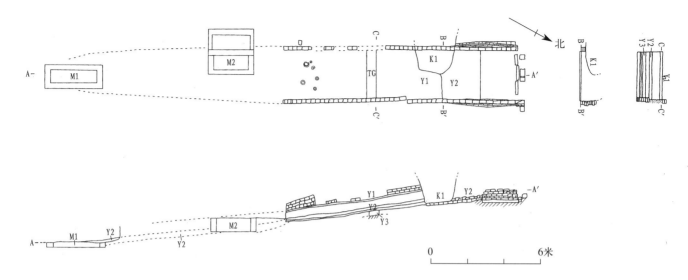

图二〇　大圣堂窑址平、剖面图

垫托等窑具，并据此认为修内司官窑就在凤凰山一带[1]。

1930～1932 年，原中研院周仁先生曾三次赴杭进行实地调查与试掘，并撰写《发掘杭州南宋官窑报告书》，这是关于南宋官窑的第一篇报告，并据调查成果认为"乌龟山官窑为内窑似无可疑"[2]。

1937 年，朱鸿达先生在调查采集的基础上，编写《修内司官窑图解》，并认为乌龟山窑就是文献记载的南宋官窑[3]。

20 世纪 50 年代初期，陈万里先生明确提出，"郊坛下官窑旧址在杭州南郊乌龟山下，其产品以薄胎厚釉、黑胎或灰褐胎为特征"[4]，从而否定了乌龟山窑址就是修内司官窑的观点。

2. 考古发掘

（1）乌龟山窑址

1956 年春，浙江省文物管理委员会对乌龟山窑址进行了首次局部考古发掘，发掘清理了龙窑 1 条以及部分瓷片堆积。在堆积中发现了高低两档产品。高档产品制作精良，胎质细腻，胎体极薄，釉层丰厚，器形丰富，除了碗、盘、杯等日用器外，还有各类瓶、炉、奁、洗、鸟食罐等观赏陈设器。低档产品胎质粗厚，釉层薄而呈黄褐色，产品单一，仅见碗，内壁有粗放的刻划花草纹，采用叠烧法烧制而成。两类产品未见地层叠压关系，但可以明确低档产品多见于窑室后段。乌龟山窑址的发掘对进一步辨认杭州地区出土瓷片窑口提供了线索，也为研究宋代官窑烧造技艺提供了可靠依据[5]。

[1] 米内山庸夫：《南宋官窑古窑址的发现》，《世界陶磁全集》第十卷（宋辽篇），河山书房，1995年，附录第319页。

[2] 周仁：《发掘杭州南宋官窑报告书》，《国立中央研究院总报告》第四册，国立中央研究院，1932年。

[3] 朱鸿达：《修内司官窑图解》，杭州宾鸿堂，1937年。

[4] 陈万里：《中国青瓷史略》，《陈万里陶瓷考古论文集》，紫禁城出版社，1997年，第134页。

[5] 浙江省博物馆：《三十年来浙江文物考古工作》，《文物考古工作三十年（1949～1979年）》，文物出版社，1981年，第233页。

1984年，为防止乌龟山窑址遭到进一步破坏，中国社会科学院考古研究所、浙江省文物考古研究所和杭州市园林文物局组成南宋临安城考古队，决定对乌龟山窑址进行全面、系统的考古发掘。之后，根据普查资料在进行全面调查和钻探的过程中，发现了第2条龙窑，并在山岙平地试掘中发现探沟T1第③层有南宋时期的建筑遗迹，为全面进行考古发掘提供了依据。

1985年10月初，南宋临安城考古队正式对乌龟山窑址进行发掘，发掘工作至1986年1月底结束。1988年冬，为配合南宋官窑博物馆的建设工程，又对作坊遗迹进行了补充发掘。考古发掘共布设探沟、探方22个，发掘面积近1400平方米。考古发掘揭露出龙窑1条、作坊遗迹1处。其中作坊遗迹包括房基3座、练泥池1个、辘轳坑2个、釉料缸2个、堆料坑1处、素烧炉1座，另有遗迹素烧坯堆、排水沟、道路等。发掘出土瓷片三万余片，窑具数千件[1]。该窑址是文献中的郊坛下窑址所在地，现已被保护展示为南宋官窑博物馆。

（2）老虎洞窑址

1996年11～12月，杭州市文物考古研究所对老虎洞窑址进行了考古调查与试掘。共布设探沟7条，试掘面积约100平方米。考古发掘揭露出大量遗迹，包括龙窑2条、墙基、素烧坯堆积等，证实了该遗址确实为一处古代窑址。出土了具有宋元风格的部分瓷片和窑具标本。瓷器可辨器形有碗、盘、炉、瓶等；窑具主要为各类匣钵和支钉等，在部分支钉上还发现有八思巴文。该窑址地理位置十分特殊，在南宋时期恰好为修内司营驻地，与文献中记载的南宋修内司官窑相吻合[2]。

1998年5～12月，杭州市文物考古研究所对老虎洞窑址北区进行第一次大规模的考古发掘，取得重大收获。此次发掘布设探方31个，发掘面积约800平方米。考古揭露出北宋、南宋和元代三个时期的地层堆积，清理出龙窑1条、小型素烧炉3座、作坊遗迹1处。特别是在窑址东部发现1处瓷片堆积坑（编号为H3），出土了大量瓷片标本，器形有碗、盘、杯、罐、碟、壶、洗、觚、琮式瓶、香炉、熏炉、器座、筷架、花盆、灯盏等。以厚胎厚釉和厚胎薄釉为主，薄胎厚釉者少，胎色呈现为香灰、深灰、紫色、黑色等；釉色以粉青、米黄色为主，另有翠绿、灰青、黄褐色等。根据考古发掘及史料考证，初步认定“老虎洞南宋层窑址为叶寘《坦斋笔衡》所记的‘内窑’，也即通常所认为的修内司官窑”[3]。

1999年10月至2001年3月，杭州市文物考古所又对老虎洞窑址南区进行了第二次大规模考古发掘，共布设探方57个，发掘面积近1500平方米。本次发掘，除保留发掘区西部部分探方外，考古工作者对整个窑址进行了全面的揭露。考古发掘揭露出大量遗迹，包括南宋时期的采矿坑、澄泥池、房基、道路、瓷片堆积坑、元代房基、素烧炉等。其中南宋时期瓷片堆积（坑）达21处，出土了数以万计的南宋瓷片及窑具标本（彩版七八，2）。出土瓷片标本造型规整、胎薄釉厚，特别是在发掘区西南部的瓷片堆积（坑）中，出土了大量制作精巧、釉层肥厚的粉青釉瓷

[1] 中国社会科学院考古研究所、浙江省文物考古研究所、杭州市园林文物局编著：《南宋官窑》，中国大百科全书出版社，1996年。

[2] 邓禾颖、唐俊杰：《南宋官窑》，杭州出版社，2008年。

[3] 杭州市文物保护管理所、杭州市文物考古所：《杭州老虎洞窑址考古获重要成果》，《中国文物报》1999年1月6日第1版。

片标本[1]。鉴于老虎洞窑址的重要价值，该窑址发掘工作入选"2001年度全国十大考古新发现"。

（三）临安地区

为配合第二次全国文物普查工作，1982年5月，杭州市文物考古研究所与临安市文物馆于临安县凌口乡松毛坞一带发现有青白瓷与黑釉瓷同窑合烧的宋元时期窑址。随着考古调查的推进，又于於潜镇的松毛坞、磨石岭、敖干水库、窑厂边、大坞坪等地以及绍鲁乡、西天目乡等地发现多处窑址，窑址年代均属宋元时期[2]。

2013年3～4月，杭州市文物考古研究所与临安博物馆联合对天目溪流域瓷窑址进行了主动性考古调查，在以往工作的基础上，对天目溪上游的东关溪和丰陵溪沿线33处瓷窑址进行了复查和系统调查，并在东关溪上游发现了公东坞、柯家坞、高园头等新窑址。调查显示，天目窑产品有青釉、黑釉和酱褐釉三种，并以青瓷为大宗。器形有碗、盘、壶、罐、钵、盆、瓶、炉、碟、盒、灯、托、洗等，窑具主要有M形匣钵、支圈、支钉、垫饼、条状垫圈、筒形垫圈、鼓形垫饼、支柱等，烧造年代为南宋和元初[3]。

2014年4月18～20日，杭州市文物考古研究所与临安市文物馆在对临安地区窑址考古调查的过程中，于南苕溪下游沿岸的太湖源镇浪口村新发现1处窑址（倒畈窑址）。该窑址产品为青瓷，器类有碗、盏、瓶、罐等，窑具以支柱为主，可分为圆柱和钵形两类。据窑址出土瓷片和窑具特征推断该窑址的烧制时代应该是五代至北宋时期。该窑址产品不论胎釉特征，还是装烧工艺和装饰技法，均与当地天目窑瓷器存在很大差异[4]。

2020年，杭州市文物考古研究所开始有计划地对天目窑址群进行主动性考古发掘。其中2020年主要是针对敖干2号窑。该窑址位于天目窑遗址群分布区内敖干水库西北侧，是一处烧造时间较长、产品类型多样、堆积丰富的具有代表性的宋元时期瓷窑遗存。2020年度主要的发掘对象为龙窑和产品废弃堆积，发掘面积500平方米。龙窑窑床位于山谷西北侧坡地，依山势而建，坡度为6°～9°，方向约为北偏西20°。龙窑于山坡上开凿而成，长21.4、宽2～2.7米，分室建成，前后共7间。窑室面积由北向南逐间扩大，产品主要分布在后三间窑床上。西侧窑壁保存较好，窑壁残留有一到三层砖，东侧窑壁较残，多数仅余一层砖。窑床底部普遍垫一层黑色沙土，部分方在黑色沙土下还有高岭土的痕迹。窑头处内收，呈刀把形。窑尾处清理出排烟道共19个，未发现烟囱痕迹。除龙窑主体部分外，对龙窑东侧的废弃堆积也进行了全面的发掘，产品废弃堆积主要集中在后两间窑室。窑址产品以青釉碗、盏类为主，灰白胎，大多数为青黄色釉。明火叠烧于窑床之上，黑釉瓷器多叠烧于青釉瓷器上。窑具有窑柱、垫圈等，以窑柱为主[5]。

---

[1] 杭州市文物考古所：《杭州老虎洞南宋官窑址》，《文物》2002年第10期，第4～31页。

[2] 姚桂芳：《论天目窑》，《中国古陶瓷研究》第4辑，紫禁城出版社，1997年，第63～75页。

[3] 郎旭峰：《浙江临安天目窑窑址调查》，《陶瓷考古通讯》2013年第2期，第7～8页。郎旭峰、王征宇、朱晓东、倪亚清、沈国良、陶初阳：《杭州市临安天目窑址2013年度考古调查简报》，《东方博物》第五十三辑，浙江大学出版社，2014年，第40～55页。朱晓东、郎旭峰：《天目窑窑址的调查与发现》，《天目国际学术研讨会论文集》，中国文史出版社，2015年，第17～23页。

[4] 孙媛：《杭州临安南苕溪流域窑址考古调查简报》，《杭州文博》2016年第2期，第15～21页。

[5] 《发现杭州，2020杭州考古大盘点》，https://hwyst.hangzhou.com.cn/xwfb/content/2021-01/25/content_7899603.htm.

（四）萧山地区

2006 年 8 月，萧山博物馆在所前镇东山夏村青牛湾一带发现 1 处窑址。瓷片可辨器形有青瓷碗、韩瓶等，另有少量支烧窑具及素烧瓷器残片。据此可大致推断该处为宋代民窑[1]。

（五）余杭地区

2018 年 4～8 月，浙江省文物考古研究所对余杭瓶窑窑山遗址进行了抢救性考古发掘。发掘面积为 1000 平方米（图二一）。考古发掘揭露出龙窑窑炉 3 条、砖砌挡墙 1 道，为复原窑场布局提供了较为丰富的资料；清理出高达 2 米的窑业废品堆积，出土了包括瓷片和窑具等大量遗物，瓷器产品类型丰富，器类以韩瓶（彩版七八，3）为主，形制多样，另有罐、四系罐、多系执壶、执壶、虎子、漏斗、碗、盏、盘、擂钵、灯等。胎质粗糙，多施半釉，釉色以青褐色为主。窑具有垫柱、垫具和轴顶碗等。装烧方式为裸烧、叠烧，少量器物套烧。该窑址年代为南宋早期。此外，在发掘过程中，浙江省文物考古研究所还对整个窑山片区进行了主动性考古调查，共发现窑址（点）12 处，且各处窑址产品差异较大，分工较为明确（彩版七九，1）。

图二一　窑山窑址发掘现场

三　金衢地区

一直以来，因其地处古代婺州地域范围内，学术界习惯于将这一区域的窑业统称为婺州窑。

[1]　崔太金：《萧山发现宋代窑址》，《浙江文物》2006年第5期。

但据考古调查资料，实际上这一区域内的窑业遗存类型相当庞杂，除了传统青瓷之外，还有乳浊釉、彩绘、青花、青白釉、黑釉瓷等多种类型。这一区域的窑业始于东汉中期，一直延续到明代，均属于民间窑场。截至目前，对于这一地区的窑址的考古工作主要集中于唐宋至明清时期，对于东汉晚期至隋代的窑址仅限于龙游白洋垄窑址的考古发掘。为了便于总结，以下将按照产品类型进行梳理。

（一）青瓷窑址

学术界对这一地区青瓷窑址的考古调查工作始于 1936 年，以陈万里先生对金华古方一带窑址进行调查为标志，通过调查认为婺州窑是"釉亦青色，并有种种接近天目的变色"[1]。

1963 年 2 月，张翔先生对金华古方和厚大庄等地窑址进行了调查，共确认了包括窑岗山、外山、大垅、瓦叶山一号、瓦叶山二号、窑瓶湾、叶马山、窑岗头、瓦塘山、古塘、厚大庄 11 处窑址。调查资料显示，上述窑址产品均以碗、杯类器物为主，均为实用器。根据器物制作工艺，可分为精粗两类。年代为北宋时期[2]。

1963 年 5 月，朱伯谦先生对东阳象塘村南侧和东侧的 9 处窑址进行了复查，发现了龙窑窑炉遗迹 3 座，并在骆夏山东南部发现了瓷土矿。采集标本可辨器形以碗、瓶为主，另有盘、盆、壶、盅及器盖等，胎釉质量较差，部分标本上可见莲瓣、荷花等纹样。窑具有匣钵、垫座、垫圈等。综合来看，该窑址始于唐代中晚期，延续到北宋[3]。

1980 年 5 ～ 7 月，金华地区与东阳县文管会对歌山村窑址进行了考古调查和发掘。考古发掘揭露出龙窑窑炉 1 处，且存在叠压关系，从唐代早期延续至北宋时期；清理出早唐、中晚唐、北宋三个时期的地层堆积，出土大量瓷片及窑具标本；揭露出瓷土洞坑遗迹 1 处。其中唐代地层中出土 1 件带有"己未遂晨载陵乡"铭文的瓷砚，宋代窑床底部出土 1 件带有"天圣六年造自使也"铭文的碾轮[4]。

1983 年，季志耀和沈华龙先生在对衢县大川乡、湖南乡和白坞口进行文物普查的过程中发现多处窑址。其中青瓷窑址有大珠村广坞、庭屋村管家塘、湖南村里坞、大麦地坞、包鲁山和泥塘窑址 6 处，时代为元代[5]。

1983 年，金华地区文管会对武义县泉溪乡水碓周村窑址进行了复查。该窑址存在两处窑业堆积，遗存丰富，产品和时代基本相同，产品有盘、碗、杯、执壶、盒、钵等，窑具有 M 形匣钵、钵形匣钵和垫具。产品胎釉质量较为高超，纹样以划花、印花和刻花为主。时代为五代、北宋时期[6]。

1987 年，金华地区和兰溪县文管会对嵩山窑址进行了调查。该窑址堆积丰富，瓷片可辨器形以碗为主，另有夹层碗、杯、盏托、执壶、瓶、罐、水盂、扣盒等，窑具有匣钵、支烧具和垫圈等。

[1]　陈万里：《追记吴兴金华永嘉三处所发现的古代窑基》，《瓷器与浙江》，中华书局，1946年，第27～30页。
[2]　张翔：《浙江金华青瓷窑址调查》，《考古》1965年第5期，第236～242页。
[3]　朱伯谦：《浙江东阳象塘窑址调查记》，《考古》1964年第4期，第188～190页。
[4]　贡昌：《记浙江东阳歌山唐宋窑址的发掘》，《婺州古瓷》，紫禁城出版社，1998年，第73～91页。
[5]　季志耀、沈华龙：《浙江衢县元代窑址调查》，《考古》1989年第11期，第994～998页。
[6]　贡昌：《浙江武义水碓周五代北宋窑的调查》，《婺州古瓷》，紫禁城出版社，1998年，第107～114页。贡昌：《浙江武义县水碓周五代北宋窑址调查》，《考古》1987年第5期，第449～452页。

图二二　武义蜈蚣形山窑址龙窑

瓷器纹样丰富，以刻划花为主。此外还发现有残存的窑炉和作坊遗迹。年代为北宋时期 [1]。

2000 年 4 ～ 6 月、2001 年 11 月至 2002 年 1 月，浙江省文物考古研究所与武义县博物馆联合对陈大塘坑窑址群进行了两次抢救性考古发掘，共发掘和试掘 4 处窑址，分别为蜈蚣形山窑址、乌石岗脚窑址、缸窑口窑址和叶李坑窑址。发掘面积 1050 平方米 [2]。其中蜈蚣形山窑址发掘面积 530 平方米，揭露出龙窑窑炉 1 处（图二二）、馒头窑 1 处（图二三）；清理出较为丰富的地层堆积，出土大量瓷片和窑具标本。瓷器产品器形丰富，有碗、盏、盘、灯盏、盆、杯、盅、执壶、盏托、盒、盖、熏炉、砚、带板等；装饰手法丰富，多细线划花，也有少数模印、刻划、压印、镂空等；装饰题材以花卉、荷叶居多，另有鹦鹉纹、凤凰纹、莲瓣纹、波浪纹等。窑具以 M 形匣钵为主，支垫具以环状垫圈为多。时代为五代晚期至北宋中晚期 [3]。乌石岗脚窑址发掘揭露出具有叠压打破关系的阶梯式分室龙窑 1 座（图二四），出土的瓷器多数为日常生活用具。产品制作较为粗糙，釉色以青釉产品为主，其次为酱釉瓷，乳光釉瓷、灰白浊釉瓷相对较少。窑址年代可能为元代早

[1]　贡昌：《记浙江兰溪高山北宋瓷窑》，《婺州古瓷》，紫禁城出版社，1998年，第115～122页。周菊青、吴建新：《兰溪嵩山窑器物》，《东方博物》第五十三辑，浙江大学出版社，2014年，第73～76页。

[2]　浙江省文物考古研究所：《武义陈大塘坑婺州窑址》，文物出版社，2014年。

[3]　浙江省文物考古研究所：《武义陈大塘坑婺州窑址》，文物出版社，2014年，第5～70页。浙江省文物考古研究所：《武义县蜈蚣形山五代北宋瓷窑遗址发掘》，《浙江文物年鉴》2000年，第143～144页。

图二三　蜈蚣形山窑址馒头窑及其附属遗迹

图二四　乌石岗脚窑址阶级式分室龙窑

图二五　龙游白羊垄窑址龙窑

期[1]。叶李坑窑址器形、胎釉、釉色品种以及装烧方式都与乌石岗脚窑址相同，仅出土器类比乌石岗脚窑址少。窑址年代约在南宋晚期至元代早期[2]。缸窑口窑址出土遗物以青瓷为大宗，另有少量窑变或局部窑变的青釉瓷器。窑址年代为北宋中晚期到南宋早期[3]。

　　2004年8月，为配合浙赣线电气化铁路建设工程，浙江省文物考古研究所对龙游白羊垄窑址进行了抢救性考古发掘。本次发掘揭露出东汉斜坡式龙窑1条（图二五），清理了大量废品堆积，出土了大量硬陶残片、支垫窑具及少量青釉陶残片[4]。该窑址群是迄今浙江省发现的保存最为完整的东汉中期陶瓷窑址群，是金衢两地东汉中期墓葬出土器物的重要来源地，同时对于探索成熟瓷器的起源也具有重要价值。此外，在义乌金鸡笼山和武义石锁头山一带也存在这一时期的窑址群。东汉中期龙游白羊垅窑址出土遗物以硬陶为主，偶见釉陶。器物种类有罐（彩版七九，2）、盘口壶（彩版七九，3）、盂、坛、罍、壶、锺、钵、盆等，其中又以罐类占绝大多数，可分为直腹双耳罐和弧形腹罐两类。窑具有两足垫座、垫饼和垫柱等。出土遗物胎质粗糙，颜色泛灰，含杂质

[1]　浙江省文物考古研究所：《武义陈大塘坑婺州窑址》，文物出版社，2014年，第71～141页。

[2]　浙江省文物考古研究所：《武义陈大塘坑婺州窑址》，文物出版社，2014年，第164～183页。

[3]　浙江省文物考古研究所：《武义陈大塘坑婺州窑址》，文物出版社，2014年，第142～163页。

[4]　浙江省文物考古研究所：《浙江龙游白羊垅东汉窑址发掘简报》，《东南文化》2014年第3期，第53～58页。

较多，器物表面凹凸不平，施釉器物极少（彩版八〇，1），但有少量釉陶残片上的釉质已接近青釉釉质。器物多拍印纹饰，印纹采用手工拍印方式。白羊垅窑址发掘显示，东汉中期器物制作多数使用轮制法，且经过修整，也有少数器物采用泥条盘筑法。产品烧制为明火裸烧。窑炉为斜坡式龙窑结构，斜长14.8、宽1.98～2.04米，窑头方向为300°，窑床平均坡度为18°（其中窑床前段12°、中段21°、尾段3°）。窑床顶部坍塌，底部保存较为完整，由火膛、窑床和排烟室三部分组成。火膛前部置通火口，后部置火膛后壁。通火口残留两层砖。火膛呈梯形，前窄后宽。窑床宽度2米左右，窑壁保存较差。窑壁基本连续，未发现窑门迹象。排烟室尾部置4个烟道。

　　2008年4月上旬至6月中旬，浙江省文物考古研究所、东阳市文物办与东阳博物馆联合对伏虎山窑址进行抢救性发掘，发掘揭露龙窑1条，出土大量瓷片和窑具标本。瓷器产品种类丰富，有碗、碟、壶、杯、盘、盏托、熏炉等，质量较为高超。时代为北宋中期[1]。

　　2008年3～6月，浙江省文物考古研究所对东阳葛府茶园窑址进行了考古发掘。发掘面积为1500平方米，揭露龙窑1条，并出土大量瓷器及窑具标本。瓷器产品种类丰富，有碗、盘、盏、钵、执壶、灯、熏炉、腰鼓等。装饰技法以细线划花、刻划花和镂空工艺为主，题材有鹦鹉纹、对蝶纹、龟荷纹、莲瓣纹、蕉叶纹和各式花卉等。窑具主要有匣钵、垫具、支具等。年代为北宋中期[2]。

　　2015年11月至2016年10月，浙江省文物考古研究所与浦江县文物保护管理所联合对前王山窑址进行了抢救性考古发掘。共布设探方17个，发掘面积为930平方米，揭露龙窑1条（图二六）、房址1处、匣钵挡墙9道及灰坑2个，并出土大量瓷器和窑具标本。通过整理，发现前王山窑址的产品分为精粗两类：精制产品有碗、盘、盒、钵、执壶、盏、碾臼、碾轮、炉、盏托、水盂、孔明碗、枕、盆、多管灯、瓶、器盖、罐等；粗制产品种类有碗、盘、炉、瓶等。年代为北宋中期[3]。

　　2018年11月到2019年5月，浙江省文物考古研究所与武义县文保所联合对武义溪里窑址进行了抢救性考古发掘，并对周边的抱弄口、柏树堂以及蜈蚣形窑址进行了调查。发掘面积500平方米，揭露出龙窑1座及多道匣钵挡墙、窑业生产工作面等遗迹。出土产品类型较为单一（彩版八〇，2），以碗类为主，另有少量盘、碟、高足杯、钵、三足炉、擂钵等。器物装饰以素面为主，偶见花卉纹和文字。窑具主要为M形匣钵。该窑址属于龙泉窑系，时代为元代中晚期。

　　2021年7～9月，浙江省文物考古研究所与武义县文保所联合对履坦窑址进行了考古发掘。通过发掘确认，该窑址为一处南宋晚期至元代早期的窑址，揭露了灰坑、澄泥池、韩瓶挡墙、釉料缸等作坊遗迹，出土大量南宋时期的瓷片标本和窑具[4]。

（二）乳浊釉瓷窑址

　　对于该类型窑址的考古工作仅限于20世纪80年代的调查。当时金华地区文管会在窑址调查

[1]　卢淑珍：《伏虎山窑发掘获重大成果》，《东阳年鉴（2005～2008）》，方志出版社，2009年，第419页。

[2]　郑嘉励：《东阳市葛府茶园北宋青瓷窑址》，《中国考古学年鉴·2009》，文物出版社，2010年，第210页。

[3]　谢西营等：《浙江浦江前王山窑址发掘获重要收获》，《中国文物报》2016年12月2日第8版。谢西营等：《浦江县前王山窑址考古发掘及周边地区窑址调查主要收获与认识》，《陶瓷考古通讯》2016年第2期。浙江省文物考古研究所、浦江县文物保护管理所：《浙江浦江县前王山窑址考古发掘简报》，《华夏考古》2018年第4期，第25～41页。

[4]　张馨月等：《武义县金温铁路外迁工程工地遗址考古发掘报告》，浙江考古，2021年10月21日。

图二六　浦江前王山窑址龙窑

过程中，首先发现金华铁店窑有乳浊釉瓷器产品，之后又于武义泉溪乡水碓周[1]、赵宅、浦江县礼张、衢县大川乡西塘村等窑址发现该类产品。

1983 年，季志耀与沈华龙先生在衢县大川乡调查时发现庭屋村管家塘窑址除了烧制黑釉、青釉等产品，还生产乳浊釉瓷器[2]。

1983 年，为全面了解乳浊釉瓷的窑口及产品面貌，金华地区文管会又对铁店窑进行了重点复查，发现铁店村共有窑址 9 处，其中青瓷窑址 6 处、乳浊釉瓷窑址 3 处。这 3 处窑址均以烧制乳浊釉瓷为主，兼烧少量黑釉瓷和褐釉瓷。产品种类较多，有花盆、三足鼓钉洗、鬲式炉、盂、灯台、灯盏、敞口鼓钉罐、长腹罐、带流瓶、贯耳瓶、壶、高足杯、束口碗、盘、器盖等。装饰以素面为主，少量器物有纹样装饰。窑址年代为元代。

1984 年贡昌先生对衢州地区古窑址进行重点复查，于龙游和衢州两地分别发现了唐代乳浊釉瓷窑址 2 处，即龙游方坦（彩版八一，1）和衢州市上叶窑址。调查资料显示，2 处窑址均以生产乳浊釉瓷器为主，同时兼烧少量褐釉瓷。产品以碗为主，盏、罐次之，窑具有垫柱、垫珠等。装饰方面流行堆贴和褐斑装饰[3]。

[1]　贡昌：《浙江武义水碓周五代北宋窑的调查》，《婺州古瓷》，紫禁城出版社，1998年，第107～114页。贡昌：《浙江武义县水碓周五代北宋窑址调查》，《考古》1987年第5期，第449～452页。

[2]　季志耀、沈华龙：《浙江衢县元代窑址调查》，《考古》1989年第11期，第994～998页。

[3]　贡昌：《唐代乳浊釉瓷窑——龙游、衢州两处古窑址的调查》，《婺州古瓷》，紫禁城出版社，1998年，第64～72页。贡昌：《浙江龙游、衢县两处唐代古窑址调查》，《考古》1989年第7期，第607～610页。朱土生：《浙江龙游方坦唐乳浊釉瓷窑址调查》，《考古》1995年第5期，第403～406页。

2000～2002 年，浙江省文物考古研究所对武义陈大塘坑窑址群进行考古发掘时，在缸窑口、乌石岗脚和叶李坑窑址中也发现了少量"乳光釉"产品[1]。

（三）彩绘瓷窑址

1984 年秋，金华地区与衢州市文管会对衢州全旺乡境内的窑址进行了多次调查，于尚轮岗村冬瓜潭窑址发现有彩绘瓷产品。该窑址彩绘瓷数量不多，但极具特色：釉下彩绘以缠枝纹、菊花、牡丹、鱼等为题材，粗犷简练；釉上彩绘则以刻划花卉纹为主，并在刻划纹饰上绘以釉上彩。时代为北宋晚期到南宋[2]。

1988 年春，浙江省文物考古研究所对衢州常山港、乌溪江和衢江诸水系的瓷业遗存做了重点复查，并在全旺、岩头两乡发现了包括两弓塘、冬瓜潭、紫胡垅、太后堂等在内的十几处彩绘瓷窑址，其中两弓塘窑址群分布最为密集。

1988 年 9～12 月，浙江省文物考古研究所与衢县文物管理委员会对两弓塘 1 号窑址进行了发掘。发掘清理龙窑 1 条，堆积厚度约 1 米，可分为三个文化层。出土器物有单色釉瓷和彩绘瓷两大类，其中前者见于所有的文化层中，主要器形有执壶（彩版八一，2）、瓶、碗、盆（彩版八一，3）、罐等，包括青、褐、黑等各种釉色瓷器和类似紫砂器的汗釉瓷；后者仅见于第一、二两层，主要器形有盆、罐、瓶、钵、壶、盘、器盖、腰鼓等，包括施化妆土的青釉彩绘瓷和不施化妆土的银灰色釉彩绘瓷。彩绘瓷所使用的绘画手法有笔绘、平涂剔划花、划花填彩、平涂、勾绘、划花勾绘等，题材有牡丹、忍冬、鱼纹、荷花和文字等，且全部采用釉上彩一次烧成。根据对出土遗物的整理和分析，两弓塘 1 号窑址年代应为元代[3]。

（四）青花瓷窑址

1982 年，开化县文物普查小组在苏庄乡调查时，首次在龙坦村对面的茶山上发现多处瓷片堆积。1985 年 10 月开化县文管会对该窑址进行了复查，发现龙坦窑址器物种类多，有碗、盘、炉、盏、把杯、钵、瓶等。釉色品种丰富，以青花最多，纹饰多为花草树木、海水波浪、变体梵文、蕉叶和团花等。窑具有匣钵和垫饼两类。当地文物工作者将其时代认定为元末至清代[4]。

1983 年，季志耀和沈华龙先生在衢县大川乡调查古窑址时，发现了 2 处青花瓷窑址，即明代塘坞村碗窑窑址和清代前林村窑山窑址[5]。

1992 年 8～9 月，浙江省文物考古研究所和江山市博物馆对碗窑桐籽山窑址进行了抢救性考古发掘。考古揭露了上下叠压两层的作坊遗迹（图二七），清理出房基、卵石路面和院墙基、淘洗池和贮泥池、陶车坑和料缸等。该窑址产品（图二八）以青花瓷为主，器形以盅、碗数量最多，另有盘、碟、炉、壶、罐、器盖等。胎色灰白，釉色青灰或青白，青花色调略暗、偏紫，画法潦

[1] 浙江省文物考古研究所：《武义陈大塘坑婺州窑址》，文物出版社，2014年，第185～186页。

[2] 贡昌：《浙江衢县尚轮岗彩绘瓷窑》，《婺州古瓷》，紫禁城出版社，1998年，第123～132页。

[3] 浙江省文物考古研究所、衢县文物管理委员会：《衢县两弓塘绘彩瓷窑》，《浙江省文物考古研究所学刊（建所十周年纪念1980～1990）》，科学出版社，1993年，第275～286页。

[4] 陆苏君：《浙江开化龙坦窑址调查》，《考古》1995年第8期，第767～768页。

[5] 季志耀、沈华龙：《浙江衢县元代窑址调查》，《考古》1989年第11期，第994～998页。

图二七　碗窑乡桐籽坞瓷窑址下层工场

草，题材以花卉为主，另有"福""状元"等文字。均采用明火叠烧，窑具仅见圆柱形黏土支座。根据整理和对比分析，桐籽山窑址可分为早晚两期，年代分别推断为明末清初和清代早中期[1]。

2017 年 8 ～ 12 月，浙江省文物考古研究所与开化县文物管理所对龙坦窑址进行了考古发掘。共布设探方 7 个，发掘面积为 350 平方米（图二九），发现龙窑窑炉 1 座、储泥池、淘洗池各 1 处，匣钵挡墙 2 道。其产品的种类丰富，以釉色区分为青花瓷、白釉瓷、青釉瓷、紫金釉瓷等 4 类，以青花瓷占绝大比例，产品有碗、盘（彩版八一，4）、盏、器盖、高足杯、执壶、砚、炉、瓶、笔架、罐、钵等。该窑场产品字款丰富，有 90 余类之多。根据窑址地层中出土的"正德庚午年造"（彩版八一，5）字款和产品面貌，推测龙坦窑址的时代为明代中期，是目前已探明年代最早的青花瓷窑址。此外，考古人员还对其周边进行了调查，发现该区域内存在 5 处窑址点，分别为龙坦、太官岭、韩家坊、窑墩和碗垃山窑址[2]。

（五）青白瓷窑址

贡昌先生在早期文物普查过程中，发现 2 处青白瓷窑址，即金华县华南乡沐尘塘和江山县石达河乡前坞窑址。沐尘塘窑址除青白瓷之外还兼烧青瓷，窑址范围内发现龙窑 1 座，青白瓷产品器形有碗、盘、盒等，均为素面，年代应为北宋。前坞窑址专烧青白瓷，窑址范围内发现窑炉 1 座，

[1]　浙江省文物考古研究所、江山市博物馆：《江山碗窑窑址发掘报告》，《浙江省文物考古研究所学刊》第三辑，长征出版社，1997年，第178～218页。

[2]　谢西营、沈岳明、陆苏军：《浙江开化龙坦明代青花瓷窑址考古发掘取得重要收获》，《中国文物报》2018年6月20日第8版。

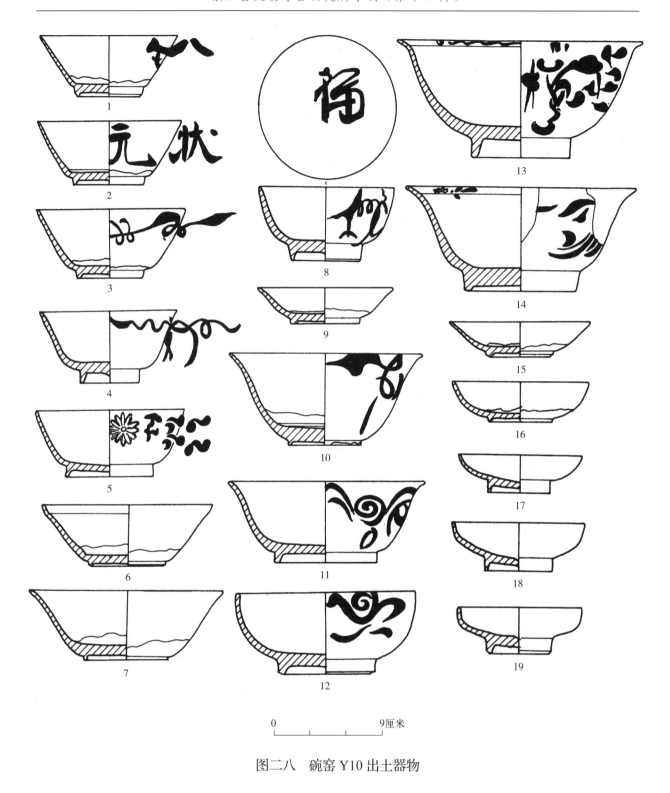

0　　　　　　　9厘米

图二八　碗窑 Y10 出土器物

废品堆积内以窑具为主，瓷片较少，产品器类有碗、粉盒、器盖、八卦炉、执壶、瓶、小罐等，其中碗类均素面无纹，瓶、壶、盒等产品多模印纹饰，纹饰有凤尾草纹、八封坟、缠枝纹、花草纹、圆圈纹、云纹等，年代为南宋。

1983 年，季志耀和沈华龙先生在衢县大川乡调查古窑址时，发现明代塘坞村碗窑窑址除青花

图二九　开化龙坦窑址发掘现场

瓷产品外，还烧造青白瓷器[1]。

　　1992年7~9月，浙江省文物考古研究所与江山市博物馆对碗窑窑区内的坝头、龙头山窑址进行了抢救性考古发掘。其中龙头山窑址发掘面积1200平方米，清理出上下叠压龙窑遗迹3条，其中最上一条为分室龙窑（图三〇）。废品堆积区位于窑体南坡。瓷器产品种类较多，以釉色区分为青白釉、青灰釉、黑釉和酱釉瓷四类。青白釉产品主要器形为盒，另有壶、壶盖、炉、灯等，盛行印花。盒类产品采用塔式组合窑具托烧。年代为元代中晚期。坝头窑址仅作局部清理，产品类型与龙头山窑址相似，时代为北宋末到南宋晚期[2]。

　　[1]　季志耀、沈华龙：《浙江衢县元代窑址调查》，《考古》1989年第11期，第994~998页。

　　[2]　浙江省文物考古研究所、江山市博物馆：《江山碗窑窑址发掘报告》，《浙江省文物考古研究所学刊》第三辑，长征出版社，1997年，第178~218页。

图三〇　碗窑龙头山窑址分室龙窑

（六）其他窑业类型

1982 年开化县文管会对下界首窑址进行了调查并作试掘，产品主要为韩瓶，另有少量碗，窑具有喇叭形支座和垫饼。时代应为南宋时期[1]。

1984 年，浙江省文物考古研究所和江山县文物管理委员会在对江山窑址进行专题调查的过程中，对前窑山窑址做了小规模试掘。考古发现龙窑 1 座。瓷器产品有黑釉类瓷器，器形包括碗、盏、罐、盘等，窑具有匣钵、支座、垫饼、喇叭形支垫等[2]。

四　温州地区

温州地区的窑业一向被学界视为瓯窑，其生产年代始于东汉晚期，一直延续至北宋时期。元明时期，在天下龙泉的时代潮流下，永嘉地区开始烧造龙泉窑系产品。此外，在温州南部，由于受到福建地区和北方地区窑业技术的影响，还烧造青白瓷和褐色彩绘瓷器。

（一）青瓷窑址

早于 1937 年，陈万里先生就曾到达永嘉三角门外的将军桥一带，对瓯窑遗址进行考察[3]。

1956～1961 年，浙江省文物管理委员会曾在温州地区做过三次调查，发现大坦村、大坦坟山、瓦窑山、西山、上寺前、下寺前、石头面山等 19 处唐至五代时期的窑址，发现老坟山等 3 处宋代窑址以及平山寺、上坟山、桥脚、大山和罗溪乡的南岙 5 处元明时期的窑址[4]。

1981 年，温州市文物管理处对永嘉桥头眠牛山和钟山窑址进行了调查。调查显示，窑址产品均为青瓷。器形有碗、盘、罐、炉、盂、盏、洗、水注、器盖及高足杯等。装饰技法有印花，刻花、划花三种。印花题材有牡丹、葵花、菊花、草花、荷花、水藻、双鱼等，刻花主要为缠枝草花或写意束花，划花主要为平行弦纹和直线纹。此外还见有褐色点彩装饰。匣钵装烧。窑址年代均为元代，属龙泉窑系[5]。

1984 年，温州市文物管理处对文成县珊溪镇顶竹垟窑址进行了考古调查。发现龙窑 1 座。产品为青瓷，器形有碗、壶、盏、洗、碟、樽、缸及研磨碗等，纹饰有弦纹、双鱼纹和莲瓣纹等。时代为南宋，属龙泉窑系[6]。

1985 年 3～5 月、10～12 月，1986 年 3～6 月，浙江省文物考古研究所和温州市文物管理处，对温州地区古代瓷窑遗址做了三次专题考古调查。调查分三期完成，以历次发现和文物普查

---

[1]　开化县地方志编纂委员会编著：《开化县志》，方志出版社，1988 年，第 494 页。

[2]　柴福友：《衢州市古窑址出土陶瓷器情况简介》，《衢州古陶瓷探秘》，浙江人民美术出版社，2012 年，第 380～384 页。

[3]　陈万里：《追记吴兴金华永嘉三处所发现的古代窑基》，《瓷器与浙江》，中华书局，1946 年，第 27～30 页。

[4]　浙江省文物管理委员会：《温州地区古窑址调查纪略》，《文物》1965 年第 11 期，第 21～34 页。

[5]　金柏东：《浙江永嘉桥头元代外销瓷窑址调查》，《东南文化》1991 年 Z1 期，第 218～222 页。

[6]　金柏东等编著：《温州名胜古迹》，作家出版社，1998 年，第 75 页。

图三一　龙下窑址窑炉

成果为工作基础，共发现不同历史时期各类型窑址 100 余处 [1]。

1986 年，浙江省文物考古研究所与温州市文物处对西山窑址进行了调查和抢救性考古发掘。经调查，西山窑址群范围包括护国岭脚、乌岩庙、小山儿和正和堂等多处窑址。釉色淡青，主要器形有碗、盘、盏、钵、罐、壶、器盖等。装饰纹样有莲瓣纹、牡丹、蕉叶、朵云等。窑具有匣钵、垫饼、垫圈、支烧具等。年代为晚唐至北宋时期 [2]。

2005 年 12 月至 2006 年 1 月，浙江省文物考古研究所、温州市文物保护考古所与永嘉县文化馆联合对龙下窑址进行了抢救性发掘。发掘面积 100 平方米，清理龙窑 1 座（图三一），出土大量的青瓷器残片。器物种类丰富，器形有壶、碗、盏、罐、盘、盆、粉盒、碟、碾轮、水盂、钵、灯盏等，器物装饰较少，偶见刻划荷叶纹，少量器物有褐斑装饰。年代为唐代晚期 [3]。

2006 年 4～6 月，浙江省文物考古研究所、温州文物保护考古所与永嘉县文化馆联合对启灶窑址进行了考古发掘。清理出龙窑 1 座，出土大量青釉瓷。器形有盆、盘、碟、钵、灯盏、盂、壶、

[1]　浙江省文物考古研究所、温州市文物管理处：《温州地区瓷窑址的考古调查》，《东方博物》第四辑，浙江大学出版社，1999 年，第 255～270 页。任世龙：《温州地区瓷窑址的考古调查》，《瓷路人生——浙江瓷窑址考古的实践与认识》，文物出版社，2017 年，第 48～68 页。

[2]　瓯海区文化广电新闻出版局、瓯海区文博馆编著：《遗珍：瓯海区第三次全国文物普查成果选粹》，西泠印社，2011 年，第 29 页。

[3]　浙江省文物考古研究所、温州市文物保护考古所、永嘉县文化馆：《浙江永嘉龙下唐代青瓷窑址发掘简报》，《文物》2012 年第 11 期，第 16～36 页。

图三二　坦头窑址发掘区

瓶、罐等品种，装饰纹样有刻划莲瓣纹和鱼纹，另有褐色点彩装饰。年代为唐代晚期[1]。

2014年10月至2015年5月，浙江省文物考古研究所与永嘉县文物馆联合对乌牛溪下游流域古窑址进行了专题调查，发现窑址9处，并对龟山窑址进行了局部发掘。龟山窑址发掘揭露出龙窑3条，并出土大量青瓷产品。器类丰富，有碗、盘、罐、壶、执壶、钵、洗、盏、盏托、炉、粉盒、器盖、擂钵、甑具、茶碾和碾轮等，窑具有匣钵、垫圈、支具等，纹饰多样，多为刻划花，种类有荷花、蕉叶、垂云等。窑址年代为晚唐至五代时期[2]。

2017年5～12月，浙江省文物考古研究所、温州市文物保护考古所与永嘉县文化馆联合对坦头窑址进行了发掘。发掘面积950平方米（图三二）。揭露较为丰富的遗迹，包括龙窑、贮泥池、辘轳坑、釉料缸、窑炉、房子、石砌地面等；出土了大量青瓷残片及各类窑具。产品以碗类为主，另有执壶（彩版八一，6）、罐、瓶、钵、盆、盒、碟、灯盏、盏、碾轮等。纹样装饰较少，少量器物有刻划荷花荷叶纹和褐彩装饰。此外窑址中还出土铭文字款，如"□中十一年"和"罗七官作碗"等。年代为晚唐时期[3]。

[1]　孟国平、刘惠民、周圣玉：《温州永嘉发掘启灶窑址》，《浙江文物》2006年第5期。

[2]　郑嘉励、周圣玉、楼泽鸣：《浙江永嘉乌牛溪流域古窑址的调查与发掘》，《陶瓷考古通讯》2015年第1期，第15～18页。周开阳、林时友：《浙江乐清龟山五代十国窑址出土器物文化综述》，《北方文学（下）》2016年第2期，第167页。

[3]　郑建明、周圣玉、许洁琼、张馨月：《东瓯缥碧》，《中国文物报》2018年1月26日第4版。

2020 年 4 月，为配合杭温高铁建设，温州博物馆与永嘉县文物馆联合对永嘉马鞍山窑址进行考古发掘工作。该窑址位于永嘉县三江街道南奔村马鞍山南麓，西距楠溪江约 1.5、南距瓯江约 4 千米，在其北侧不过 500 米处即为第八批全国重点文物保护单位坦头窑址。本次发掘揭露面积近 230 平方米，揭露出龙窑 1 处（不同时期窑尾 3 处）、储泥池 1 处。马鞍山窑址年代为元代中晚期，产品特征与龙泉东区窑场较为相似，产品类型包括盘、碗、洗、高足杯、炉、小口罐、粉盒等[1]。

（二）青白瓷窑址

1961 年，浙江省文物管理委员会对温州地区古窑址进行专题调查时，于泰顺县玉塔发现了 2 处青白瓷窑址，分别为四季青山和园子岭窑址。从现场调查来看，应存在早晚两期产品。年代均为北宋时期[2]。

1978 年，浙江省博物馆、温州市文物管理处和泰顺县文物馆联合对泰顺玉塔窑址群中的 2 处青白瓷窑址进行了考古发掘。清理出龙窑 1 条及大量青白瓷残片。器形有碗、盘、碟、盏、罐、壶、瓶、灯盏、水盂等。纹饰少见，仅于碗、盘类器物上发现有刻划卷草、梳篦或莲瓣纹。窑具有覆烧具、垫圈、垫饼等。芒口覆烧。年代应为北宋中晚期至南宋早期[3]。

1985 年 10 月，浙江省文物考古研究所与温州市文物处联合对苍南县大、小星垟窑址和乐清县瑶奔窑址进行了考古调查。这 3 处窑址中均有青白瓷类产品，另有青釉和黑釉瓷烧造。以明火叠烧为主，少量采用匣钵。年代应为北宋中晚期至南宋时期[4]。

（三）褐色彩绘瓷窑址

1961 年，浙江省文物管理委员会在对温州地区古窑址进行调查时就于乐清屿后村发现了一处褐色彩绘瓷窑址。彩绘瓷器物只发现壶、瓶两种，器形较大在器物肩腹间饰褐色彩绘图案和文字如"东岩"等。年代为宋代[5]。

20 世纪 80 年代初，温州市文物管理处对温州地区的潘岭山、屿后、下山坟、含金山及杨府山 5 处彩绘瓷窑址进行了重点调查。这几处窑址发现有绘褐彩、褚红、黑褐彩的瓷器产品。褐彩一般饰于瓶、壶及罐类器物肩腹部、洗、碗类器物内底以及盖面等；题材有云霞、花草、兰花、荷花等。少数瓶类器物上有"作五泉""蕊"等字样。明火叠烧。窑址年代应为两宋时期，其中下山坟窑址或可延续至元代[6]。

2005 年 11 月初，温州市文物保护考古所与乐清市文物馆联合对大坟庵窑址进行了调查和抢

[1] 《2020 年度浙江考古重要发现揭晓，永嘉马鞍山龙泉窑遗址成功入选》，https://www.sohu.com/a/440099595_100014198.

[2] 浙江省文物管理委员会：《温州地区古窑址调查纪略》，《文物》1965 年第 11 期，第 21～34 页。

[3] 玉塔窑址群共计有青瓷窑址 3 处，青白瓷窑址 7 处。参浙江省考古所、温州地市文管会：《浙江泰顺玉塔古窑址的调查与发掘》，《考古学集刊·1》，中国社会科学出版社，1981 年，第 212～223 页。金柏东等编著：《温州名胜古迹》，作家出版社，1998 年，第 74 页。温州市志编纂委员会编著：《温州市志（下册）》，中华书局，1998 年，第 2655 页。玉塔窑址群共计有青瓷窑址 3 处，青白瓷窑址 7 处。

[4] 王同军：《浙江温州青瓷窑址调查》，《考古》1993 年第 9 期，第 861～864 页。

[5] 浙江省文物管理委员会：《温州地区古窑址调查纪略》，《文物》1965 年第 11 期，第 21～34 页。

[6] 温州市文物管理处：《温州市宋代褐彩青瓷窑址调查》，《考古》1988 年第 3 期，第 231～235 页。

救性发掘。采集了部分瓷片标本。经发掘，大坟庵窑址瓷器以褐釉瓷为主，其次为青瓷，部分器表绘饰褐彩。器类主要有壶、罐、碗、钵、小盏、器盖、灯具等，窑具仅有垫具，不见匣钵。青釉褐彩瓷图案较为简易草率，多为卷云纹或卷草纹。年代为南宋时期[1]。

五　台州地区

考古调查资料显示，至迟于东汉晚期，台州地区已经开始了窑业生产，并成功烧造出成熟瓷器。位于黄岩高桥街道的三童岙窑址和椒江太和山窑址于这一时期就已经开始生产瓷器[2]。三国西晋时期台州地区的窑业生产开始起步，生产规模较小，窑址主要集中于临海和路桥两个地区。临海地区窑址主要是溪口窑址群内的岙里坑窑址。路桥地区窑址主要是桐屿窑址群内的虎头山窑址。东晋时期，台州地区窑业进入兴盛时期，窑业生产仍主要分布在临海和路桥两地，但生产规模扩大。临海地区窑址主要分布在溪口和涌泉两地，其中溪口窑址群包括岙里坑、鲶鱼坑口、安王山、官田山和开井村等窑址点[3]；涌泉窑址群包括西岙、岭下、里沙巷等。路桥地区窑址主要分布在桐屿街道埠头堂村、盐岙村、杜岙村、高峰村等地，地处永宁山南麓及其余脉大仁山、王家山山坡上，并形成一定的窑址集群。据最新野外调查资料来看，该区域内共有窑址9处，分别为大畈坦窑址、红砂岭窑址、虎头山窑址、茅草山窑址、岭岗头窑址、纱帽岩窑址、黄家山窑址、前后屿窑址，产品质量高超，其中茅草山窑址为这一时期的代表性窑址。唐宋时期的窑业遗存主要分布于临海、温岭和黄岩地区，其中临海地区以五孔岙、王安山、西洋里、许市窑址为代表，温岭地区以下圆山窑址为代表，黄岩地区以沙埠窑址群为代表。

（一）早期考古调查

台州地区下辖黄岩、路桥、椒江、温岭、临海、三门、天台和玉环，其中黄岩、路桥和临海三地窑址较多，地位也最为重要。

资料显示，学界对于这一区域内的窑址调查工作始于20世纪50年代，尤以黄岩沙埠窑址所做工作最多。1956年浙江省文物管理委员会对黄岩秀岭水库六朝墓葬进行考古发掘时，经当地群众反映沙埠乡珊溪村一带存在青瓷窑址，墓葬发掘工作结束后冯信敩、金祖明先生对这一区域内窑址进行实地调查，发现窑址8处，分别为竺家岭、牌坊山、瓦屑堆、金家岙、下山头、双板桥、俞成庙和麻车窑址，并根据器物特征将其归属于越窑系统，时代暂定为五代或宋代[4]。1958年牟永抗先生又于麻车村磁山上发现一处窑址。20世纪80年代，浙江省文物考古研究所牟永抗、王明达等先生先后对沙埠窑址实地考察。1989年浙江省文物考古所任世龙先生带队赴黄岩对沙埠窑址群进行了专题调查。金祖明先生结合早期窑址调查资料对台州地区的窑业遗存的位置、产品构成、

[1]　温州市文物保护考古所、乐清市文物馆：《乐清大坟庵窑址的调查与认识》，《东方博物》第三十三辑，浙江大学出版社，2009年，第74～81页。

[2]　台州市文化和广电旅游体育局、台州窑陶瓷研究课题组编著：《丹丘瓷韵：台州窑陶瓷简史》，文物出版社，2020年，第62页。

[3]　马曙明、任林豪：《临海溪口涌泉窑址群考析》，《台州文物考古论集》2014年第3、4期。

[4]　金祖明：《浙江黄岩古代青瓷窑址调查记》，《考古通讯》1958年第8期，第44～47页。

产品外运等方面问题进行了专题梳理[1]。2018年9～10月，为全面了解沙埠青瓷窑址的分布、产品构成、窑业技术与时代等信息，并为制定《黄岩沙埠青瓷窑址2019年考古发掘与保护方案》，浙江省文物考古研究所与黄岩区博物馆联合对沙埠窑址群进行了主动性考古调查工作。此外当地文物工作者也曾对黄岩地区窑址进行过考古调查，并发表相关调查报告[2]。除上述沙埠窑址群外，文物考古工作者还对温岭地区窑址进行过专题调查，并发表了相关资料[3]。

　　除了黄岩地区之外，1956年浙江省文物管理委员会朱伯谦先生曾对临海许墅一带窑址进行考古调查，并对临海箱版纸厂建设涉及范围内的窑址进行过发掘清理[4]。金祖明等先生曾对温岭地区窑址进行考古调查，于温岭城区西北30千米处的山市、冠城和照洋三乡发现窑址群，其中以山市乡窑址群最为集中，规模最大。山市乡窑址群共有8处，都分布在下圆山村呈"人"字形的山岙里[5]。

（二）考古发掘工作

1. 路桥地区

　　2018年12月至2019年6月，因台州市城市绿心路桥区工程建设，浙江省文物考古研究所与路桥区博物馆联合对路桥茅草山窑址进行了抢救性考古发掘，并取得重要收获[6]。本次发掘揭露丰富的遗迹（图三三），包括龙窑窑炉1条、灰坑3个和灰沟1个，为探索窑场布局、生产工艺流程、龙窑窑炉工艺技术等方面问题提供了重要资料。龙窑窑炉编号为Y1，由窑前活动面、火膛、窑床、排烟室和排水沟等结构组成。尽管保存状况不佳，但各部位结构均存，且局部结构特殊，如窑床的中段和后段之间设挡火坎，高20厘米；窑床后端设有由砖坯砌筑的分火柱，共7个，形成8个火孔，分火柱宽10～18、残高6～22厘米。火孔宽15～20厘米；排烟室西侧设排水洞，并向西南部延伸，分为两部分，前部仅接排烟室，长3米，系生土内暗洞，宽0.4、高0.35米；后部为明沟，长2.8、宽0.35、深0.5米。瓷器产品类型丰富，可辨器形以碗类为主，大小不一，另外有钵、折沿洗、敞口洗、双唇罐、直口罐、敞口罐、盘口罐、鸡首壶、盘口壶（彩版八二，1）、盘、砚台（彩版八二，2）、器盖（彩版八二，3）等。胎釉质量普遍较高，器物口沿及外腹部流行褐色点彩装饰，布局较为规矩。窑具主要为圆形锯齿状和覆盂状支烧具。据对比研究，黄岩秀岭水库东晋墓葬出土瓷器绝大多数应该为路桥桐屿街道一带产品。如黄岩秀岭水库22号东晋墓出土瓷盖与10号永和三年（347年）东晋墓出土的唾壶，外腹或口沿处饰褐色点彩装饰，在桐屿窑址群器物中均能找到原型。

2. 黄岩地区

　　2019年度，浙江省文物考古研究所、北京大学和黄岩区博物馆联合对沙埠青瓷窑址群中的竹家岭窑址（窑炉区域和废品堆积区域）进行了主动性考古发掘工作。本次发掘主要是针对窑炉区

[1] 金祖明：《台州窑新论》，《东南文化》1990年第6期，第152～156页。

[2] 宋梁：《黄岩宋代青瓷窑址调查》，《东方博物》第四十二辑，浙江大学出版社，2012年，第39～46页。

[3] 金祖明：《浙江温岭青瓷窑址调查》，《考古》1991年第7期，第614～620页。

[4] 发掘资料未公布，现存于浙江省博物馆和临海市博物馆。

[5] 台州地区文管会、温岭文化局：《浙江温岭青瓷窑址调查》，《考古》1991年第7期，第614～620页。

[6] 浙江省文物考古研究所、路桥区博物馆：《浙江省台州市路桥区桐屿街道茅草山窑址考古发掘简报》，待刊。

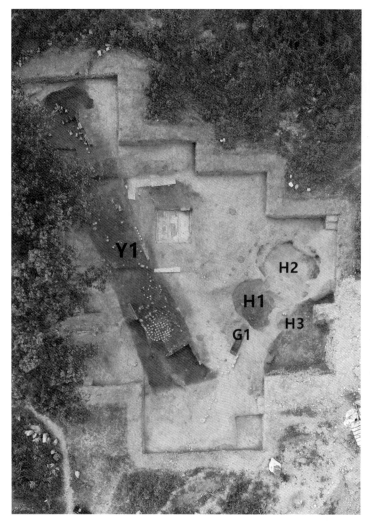

图三三　茅草山窑址

图三四　竹家岭窑址窑场格局

域和废品堆积区域（图三四）。窑炉区域揭露出规模庞大的龙窑窑炉（编号为 Y1）（图三五），全长 72.32 米，为浙江地区目前已发掘的两宋时期保存最为完好的窑炉遗迹，其使用年代下限为南宋早期。该窑炉除窑顶坍塌外，其他结构保存良好、布局清晰，由窑前工作室、火膛、窑床、排烟室、窑门、窑棚等结构组成。废品堆积区揭露出丰厚的地层堆积，出土大量瓷器和窑具标本，初步构建起沙埠窑北宋中期末段至南宋早期的年代序列。器物产品以青瓷（彩版八二，4）为主，另有少量酱釉（彩版八二，5）和釉下褐彩瓷器。鉴于该窑址的重要价值，上述考古工作获得 2019 年浙江省重要考古发现。

　　2020 年，浙江省文物考古研究所、故宫博物院和黄岩区博物馆联合对沙埠青瓷窑址群中的凤凰山窑址（窑炉区域和废品堆积区域）进行了主动性考古发掘。发掘区域位于窑炉区域和废品堆积区域。此外，联合考古队还对竹家岭窑址南部平坦区域进行小规模考古勘探。本次发掘揭露出两条具有叠压关系的龙窑窑炉（图三六），明确了窑场生产的四个阶段（范围），呈现出窑场范围不断缩小的趋势，揭示出窑场的动态生产过程，其中第三阶段的窑场界墙（北墙和东墙）保存较为完整，于东北部发现一处八字形缺口（应为当时窑场出入口）。其中 Y1 斜长 35.9 米，Y2 斜

图三五　竹家岭窑址窑炉遗迹 Y1　　　　　　图三六　凤凰山窑址龙窑

长 50.4 米。揭露出较为理想的地层堆积（图三七），出土了包括瓷器、窑具等大量遗物，基本构建起北宋中期（早段和晚段）至北宋晚期的年代序列，尤其是细化了北宋中期的年代分期，地层上填补沙埠窑址北宋中期早、晚段的年代空白。窑场北部窑业废品堆积整体可分为三期，年代分属北宋中期早段、北宋中期晚段和北宋中期末段至北宋晚期，与窑炉存在着明确的对应关系。窑场东部窑业废品堆积性状和面貌与以往瓷窑址废品堆积存在着明显差别，经与窑场分期结果对比，其出土遗物均属于第二期，故而推测应与窑场空间的系统规划存在着密切关系。对于"透物见人"，探索窑业生产行为模式、窑业废品倾倒模式乃至基层土地所有权归属等方面问题的研究，提供了新的资料。上述考古工作入围"中国社会科学院考古学论坛·2020 中国考古新发现"。

2021 年，浙江省文物考古研究所、北京大学和黄岩区博物馆联合对黄岩沙埠竹家岭窑址进行主动性考古发掘。发掘区位于窑炉保护棚排水沟建设区域和窑炉前部平坦区域。其中，排水沟建设区域新发掘出龙窑窑炉 1 条（图三八），编号为 Y2。与 2019 年揭露的窑炉 Y1 呈平行状。该窑炉整体开凿于基岩内，斜长 52.4 米，南北走向，保存状况较好，由窑前操作间、火膛、窑床、排烟室等部位组成。双侧开窑门，共计 9 处。前部窑门开于西侧，共 5 个；后部窑门开于东侧，共 4 个。其上部叠压有厚约 2 米左右的废品堆积，结合地层中出土遗物判断，Y2 的使用时间为北

图三七　凤凰山窑址窑业废品堆积

宋中期末段至北宋晚期后段。通过 Y2 的发掘，大致可以确定 Y1 的使用时间为北宋末期至南宋早期。前部作坊区域的发掘还在进行中，目前发掘揭露出辘轳坑 1 处、匣钵挡墙 1 处、大型水池 1 处等遗迹。在以往浙江地区瓷窑遗址考古发掘中，年代不同的龙窑窑炉多集中于同一位置，采用不断修整、层层叠压的方式进行连续使用。而竹家岭龙窑窑炉出现的这类平行分布、早晚移位的方式，突破了以往的认识，对于今后的窑址考古工作也提供了新的经验。

3. 临海地区

2021 年 6 ～ 8 月，浙江省文物考古研究所联合临海市文物保护管理所对许墅窑址进行了考古发掘。本次考古发掘总面积为 300 平方米，共布设探方 3 个，其中包含有地层堆积的发掘面积为 114 平方米。其中以 T1 探方，地层堆积和出土遗物最为丰富。本次发掘尽管未发现窑炉、作坊等遗迹，但出土了大量瓷器和窑具标本。初步整理结果显示，许墅窑址年代应为北宋中期，产品可分为青釉和酱釉瓷两类。各类产品又可分为精粗两类产品，其中精细产品均为单件装烧，粗制类产品均为叠烧。从窑业技术来看，青釉瓷器应属于越窑系，其青釉产品主流应属于北宋中期以上林湖为中心的越窑核心区制瓷技术对外传播的结果，但部分产品具备地方特色。酱釉类产品应属外来技术，但质量粗糙，暗示这一区域与外来技术的存在交流与互动关系。总之，该窑址的考古发掘对于探索北宋中期越窑瓷业技术传播、交流与互动等方面问题提供了新的资料。此外，考古队还对梅浦一带窑址进行了主动性考古调查，调查窑址点包括后门山、将军山、大爿山、西山亭、瓦窑头、王安门口、西洋门口和凤凰山 8 处。

图三八　竹家岭窑址龙窑窑炉 Y2

六　丽水地区

考古调查资料显示，丽水地区的窑业兴起于六朝时期，仅限于丽水莲都区的吕步坑窑址1处。至唐代，除了上述吕步坑窑址继续生产以外，松阳水井岭头窑址和庆元黄坛窑址也开始进行生产，但各处窑业规模均不大。北宋中期以后，丽水龙泉窑兴起，生产规模不断扩大，一直持续到明清时期。

（一）早期窑址考古工作

2000年11～12月，为配合公路基本建设，浙江省文物考古研究所联合丽水市文化局对该窑址进行了考古发掘。发掘面积为146平方米。此次发掘布方3处，发掘出窑床2条，编号为Y1、Y2，均为斜坡式龙窑。其中Y1残长38、宽2米，方向为100°，坡度为10°。窑床前段与窑头部分，

图三九　黄坛窑址发掘区

以及窑尾部分已破坏殆尽。窑壁残高最高处有 0.7 米，窑壁上窑汗最厚处达 15 厘米，但窑汗表面凝结块体多气孔，凝结程度也不同。窑门北向，未做清理。Y1 使用期间曾多次翻修，并至少有一次重建。此次发掘，出土大量瓷器和窑具标本，其中瓷器可辨器形有碗、盏、盆、罐、盘口壶、执壶、灯盏、缸、碾轮、碾槽、砚等，都为生活用器。器物多数为灰胎瓷器，少数为陶质器皿；主要是青瓷产品，也有酱釉产品。其下层出土器物造型与六朝墓葬出土物风格相同，推断其烧造年代可能早到六朝晚期，上层出土器物与唐五代时期越窑有许多相似之处 [1]。

2014 年 10 月 16 日至 11 月 17 日，浙江省文物考古研究所与庆元县文物管理委员会办公室联合对庆元黄坛窑址进行了抢救性考古发掘（图三九）。本次发掘清理出唐代残窑炉 1 座、灰坑 1 处，出土大量瓷片和窑具标本，为黄坛窑址及与周边地区窑址对比研究提供了宝贵资料 [2]。窑址出土器物包括瓷器和窑具两种。瓷器产品器形较为多样，有碗、盘、盏、灯盏、钵、盘口壶、罐、多角罐、器盖、高足杯、执壶、碾轮、砚台、擂钵、盏托等，其中以碗类产品为主。窑具有垫柱和匣钵两种。

（二）龙泉窑的考古调查与发掘

1. 早期考古调查与发掘

（1）陈万里先生的早期调查

[1]　浙江省文物考古研究所、丽水市文化局：《浙江省丽水县吕步坑窑址发掘简报》，《浙江省文物考古研究所学刊》第七辑，科学出版社，2005年，第538～558页。

[2]　浙江省文物考古研究所、庆元县文物管理委员会办公室：《浙江省庆元县唐代黄坛窑址发掘简报》，《东方博物》第六十辑，中国书店，2016年，第61～72页。

近代以来对龙泉窑真正科学的考古调查工作是从陈万里先生开始的。从 1928 年开始，陈万里曾八下龙泉，对龙泉窑进行实地考察，对窑基地址及蕴藏显露之材料搜寻而采集，再加以整理研究，并设想其工作顺序为调查（窑基之地点）、搜集（散布地面上及发掘后至整件、碎片，并其他附属器物）、收买（必要时收买已出土之器物）、发掘（窑基及必要时古墓）、摄影、记录（日记）、报告 [1]。

（2）浙江省文物管理委员会的调查和发掘工作

1956 ～ 1961 年，为恢复古代龙泉青瓷制瓷工艺，并在此基础上恢复龙泉青瓷的生产，浙江省文物管理委员会对龙泉窑窑址进行了比较详细的专题调查 [2]。

1957 年，浙江省文物管理委员会对大窑到高际头路段以及大窑、金村、溪口和庆元的古窑址进行了一次系统调查。通过这次调查，得出如下认识——大窑和溪口是两个产品风格有异的瓷业中心；庆元的枫堂和竹口窑址年代较晚，品位也较次；根据造型和釉色，判定庆元的黄坛（坦）窑烧造的年代为唐代，从而证明宋以前，龙泉一带就已经开始烧造瓷器 [3]。

1959 年，浙江省文物管理委员会对保定第 4 号窑址进行清理发掘。发掘面积 358 平方米，发现 3 条窑床，并且发现了素烧器物。保定窑的时代从元延续到明代 [4]。

1959 ～ 1960 年，浙江省文物管理委员会对大窑窑址进行发掘。发掘面积共 627 平方米，发掘窑炉 7 座、探方（沟）11 条，获得了大量的瓷器、窑具标本，年代从北宋一直持续到明初，对了解龙泉窑从北宋到明初各个阶段瓷器的特点、制作工艺及其发展过程提供了重要的资料。此外，工房、住宅、砖池、石杵、轴辘零件等遗迹和遗物的发现，对研究古代制瓷业的生产能力和建筑结构，提供了重要的实物例证 [5]。

1960 年 4 月 13 日～ 5 月 17 日，浙江省文物管理委员会对金村窑址进行发掘。为配合龙泉林业资源开发，修建小梅至瑞垟公路之需，朱伯谦、牟永抗、柯志平等先生，对金村大窑垟 A3-26 号（原省编 16 号）窑址进行了考古发掘。之后又对金村地区窑址做了全面调查。在这次试掘中除发现几座窑炉遗迹外，还发现了"三叠层"，并且可以与大窑乙区地层堆积相对应，对了解龙泉窑各窑之间的关系提供了依据 [6]。

1960 年 3 月，为编著《龙泉青瓷史》在大窑、金村发掘的同时，对溪口窑址进行了调查，并做了小规模的试掘。本次调查发现了瓦窑垟、瓦窑东、骷髅湾、李家山、社址湾、吴下、桐子坪、麻氏潭、文下、分田湾和泉坑上泉户等共 11 处窑址。此外，在这次调查中，比较重要的发现是，

[1]　陈万里：《龙泉青瓷之初步调查》《第二次调查龙泉青瓷所得之观感》《龙泉西南北三乡之古代窑基》《龙泉大窑之新发现》《一年半中三次龙泉之行》《龙泉访古记》，均载《陈万里陶瓷考古文集》，紫禁城出版社，1997年，第46～96页。

[2]　朱伯谦、王士伦：《浙江省龙泉青瓷窑址调查发掘的主要收获》，《文物》1963年第1期，第27～35页。

[3]　牟永抗：《龙泉窑调查发掘的若干往事——〈龙泉青瓷研究〉读后》，《东方博物》第三辑，杭州大学出版社，1999年，第84～93页。浙江省文物管理委员会：《龙泉调查散记》，《浙江省文物考古研究所学刊》第七辑，杭州出版社，2005年，第490～495页。

[4]　牟永抗：《龙泉窑调查发掘的若干往事——〈龙泉青瓷研究〉读后》，《东方博物》第三辑，杭州大学出版社，1999年，第84～93页。浙江省文物管理委员会：《丽水青瓷调查发掘记》，《浙江省文物考古研究所学刊》第七辑，杭州出版社，2005年，第509～537页。

[5]　朱伯谦：《龙泉大窑古瓷窑遗址发掘报告》，《龙泉青瓷研究》，文物出版社，1989年，第38～67页。

[6]　张翔：《龙泉金村古瓷窑址调查发掘报告》，《龙泉青瓷研究》，文物出版社，1989年，第68～91页。

在瓦窑垟窑址试掘过程中发现南宋时期器物有两种不同风格：一是黑胎青瓷，二是白胎青瓷。这为研究龙泉窑两种风格的瓷器提供了线索[1]。

1958、1959 和 1961 年，对龙泉东区窑址进行了三次调查。1958 年对龙泉东区以及云和县紧水滩坝址以上即将淹没地区实地调查，共发现古代瓷窑址 73 处，时代基本是属于明代。通过此次考古调查发现，明代龙泉瓷器制作在质量上有所下降，但在生产规模上却比以前大有发展。1959、1961 年为配合瓯江水电站建设工程，又对东区进行了全面系统调查，发现窑址 80 余处，时代主要是元明时期。三次调查引起了人们对龙泉东区的关注，对了解龙泉东区窑址的规模、分布以及器物造型和装饰提供了重要的资料，表明龙泉东区在龙泉青瓷生产上占有重要的地位，尤其是元明时期[2]。

1956 ～ 1961 年的调查和发掘是对龙泉窑窑址进行的第一次正式考古工作。这些调查和发掘发现了大量遗迹（窑床、砖池、工房等）和遗物（瓷片、窑具等），为研究不同时期龙泉窑的窑炉结构、烧制工艺、瓷器产品特征、装饰技法以及各个时期龙泉窑的生产状况等方面研究提供了重要的实物资料。此次龙泉窑的调查和发掘主要是以恢复生产为目的，试图通过考古的手段找到古代遗物和遗迹，以便了解古代龙泉窑的产品特征和烧制方法；这种为生产服务的目的与科学考古学的研究方向存在着一定的偏差，因此在实际调查和发掘中也就不能做到完全符合科学研究的要求。还有就是由于受当时社会动荡的影响，许多调查和发掘报告没有及时整理或发布出来，这在一定程度上阻碍了龙泉窑研究的发展。

（3）紧水滩工程考古队的调查和发掘

1979 年，为了配合紧水滩水库的建设，由中国社会科学院考古研究所、中国历史博物馆、故宫博物院、上海博物馆和浙江省博物馆（1979 年成立浙江省文物考古研究所）五个单位组成浙江省紧水滩工程考古队，对龙泉窑址进行了一次大规模的调查和发掘。这次发掘采用各个单位单独发掘、自行整理和发表材料的原则。

中国社会科学院考古研究所对龙泉东部安福村至安福口一段进行了考古调查和发掘，共调查了 60 多处古窑址。发掘了金坝坨、金岙湾、石大门山和大栗山 4 处民间窑场。每个窑场都是由窑室和作坊两部分组成。其中宋、元、明窑床共 15 条，窑头、窑室、窑门以及窑尾保存较好，对研究龙泉窑的窑炉形制提供了重要的资料。作坊内有淘制瓷泥用的池子和拉坯用的辘轳基坑，对研究龙泉窑的制作工序和工艺提供了宝贵的实物资料[3]。

中国历史博物馆对上严儿村窑址进行了考古发掘。共清理了 5 座窑址，发现有练泥池、淘泥池和石臼等作坊遗迹，研磨碗、轴顶碗、荡箍等生产工具，火照、匣钵、支钉和垫饼等窑具以及大量的瓷器标本。时代大致可以分为两期：南宋晚期至元代初期和元代中晚期。这些资料对研究

[1] 金祖明：《龙泉溪口青瓷窑址调查纪略》，《考古》1962 年第 10 期。

[2] 牟永抗：《龙泉窑调查发掘的若干往事——〈龙泉青瓷研究〉读后》，《东方博物》第三辑，杭州大学出版社，1999 年，第 84～93 页。浙江省文物管理委员会：《龙泉调查散记》，《浙江省文物考古研究所学刊》第七辑，杭州出版社，2005 年，第 490～495 页。浙江省文物管理委员会：《浙江省龙泉东区青瓷窑址调查报告》，《浙江省文物考古研究所学刊》第七辑，杭州出版社，2005 年，第 496～508 页。

[3] 中国社会科学院考古研究所浙江工作队：《浙江龙泉县安福龙泉窑址发掘简报》，《考古》1981 年第 6 期。

龙泉青瓷在南宋晚期到元代的生产工艺、产品特征具有重要的价值[1]。

故宫博物院对龙泉大白岸的山头窑村的一处窑址进行了发掘。窑床废弃后自然倒塌，发现有窑头、窑床、窑顶、窑尾、窑门和投柴孔，保存较好。从出土器物的釉色、造型和装饰风格看，其年代应为南宋时期（原报告认为是大约为北宋中晚期）[2]。

上海博物馆对安仁口窑址群进行了复查，复查了 17 处古窑址，并对择岭脚、入窑湾和碗圈山 3 个重点窑址进行了发掘。发掘面积共 316 平方米，清理 6 座窑床（其中宋代窑床 1 座，元代窑床 5 座），采集和出土了大量的瓷器标本和窑具。尤其为研究元代龙泉窑的生产状况、工艺水平、器物造型、装饰技法与纹样、窑床结构等提供了珍贵的实物资料。此外元代窑址出土瓷器与韩国新安沉船出土部分瓷器大体相同，为研究元代龙泉窑的外销情况提供了线索[3]。

浙江省文物考古研究所发掘了山头窑、大白岸和源口三大窑址群内的包括上段山、对门山、金钟湾、碗坂山、金窑岗、杉木林、铁炉基等多处窑址，揭露出较为丰富的窑炉和作坊遗迹如储泥池、练泥池、淘洗池、干燥池、辘轳坑、饮水池、房基等，为全面了解龙泉地区制瓷手工业的生产工序和制作方式具有重要意义。此外出土的大量瓷片标本，时代跨度较大，从两宋之际一直持续到明代，为龙泉窑分期提供了大量的资料[4]。

为配合基本建设而开展的大规模的考古调查和发掘，获得了大量宝贵的实物资料，极大地促进了龙泉窑研究工作的深入发展。这次的考古调查和发掘工作比上次有了较大的进步，更加科学地揭露窑址整体情况，尤其是对工场遗迹的清理和发掘，为探讨古代制瓷手工业的生产方式提供了重要依据。基于此，在 1981 年年底在杭州召开的第三次中国考古学会年会上，"青瓷和青瓷窑址"被列入两大主题之一，苏秉琦先生认为这次龙泉窑的发掘标志着我国考古学中一个新的分支学科——"陶瓷窑考古"的崛兴[5]。

（4）第二次全国文物普查期间的窑址调查

1981～1985 年，在第二次全国文物普查期间文物考古工作者对丽水地区窑址进行了调查。文物工作者对丽水地区的古代窑址进行了全面调查取得了丰硕成果。共发现古窑址 412 处，其中龙泉市 342 处、云和县 18 处、庆元县 39 处、丽水市 24 处、缙云县 18 处、遂昌县 2 处、松阳县 4 处、青田县 3 处、景宁县 2 处[6]。

龙泉市博物馆在对龙泉县西北部住龙镇调查时，于龙星村发现一处龙泉窑窑址，定名为潘床口窑址，范围约 600 平方米，时代为明代[7]。龙泉市博物馆在对查田镇石隆村进行调查时，发现

[1]　中国历史博物馆考古部：《浙江省龙泉青瓷上严儿村发掘报告》，《中国历史博物馆馆刊》1986年总8期，第43～72页。

[2]　李知宴：《浙江龙泉青瓷山头窑发掘的主要收获》，《文物》1981年第10期。

[3]　上海博物馆考古部：《浙江龙泉安仁口古瓷窑址发掘报告》，《上海博物馆集刊》第三期，上海古籍出版社，1986年，第102～132页。

[4]　紧水滩工程考古队浙江组：《山头窑与大白岸——龙泉东区窑址发掘报告之一》，载《浙江省文物考古所学刊》，文物出版社，1981年，第130～166页。浙江省文物考古研究所：《龙泉东区窑址发掘报告》，文物出版社，2005年。

[5]　任世龙：《龙泉窑址考古纪行》，《东方博物》第二辑，杭州大学出版社，1998年，第74～79页。浙江省文物考古研究所：《龙泉东区窑址发掘报告》，文物出版社，2005年。

[6]　王国平：《丽水地区龙泉窑遗址概述》，《东方博物》第三辑，杭州大学出版社，1999年，第102～109页。

[7]　尹福生：《龙泉明代潘床口窑址的调查》，《东方博物》第二十六辑，浙江大学出版社，2008年，第33～37页。

龙泉窑窑址 9 处，时代跨度较大，从北宋末期到明代 [1]。

浙江省文物考古研究所与缙云县文物管理委员会联合对大溪滩窑址群进行了为期 2 个月的地面专题调查，在大溪滩行政村西南面小山坡上约 1 平方千米的范围内发现窑床 17 条。从采集的标本来看，时代为南宋至元。以烧制青瓷为主，也有少量黑釉瓷 [2]。

此外，在这一段时间内，任世龙先生在对金村窑址调查时发现了"五叠层" [3]。

2. 近期考古调查与发掘工作

（1）龙泉东区

2004 年 3～5 月，浙江省文物考古研究所等单位对云和县赤石乡麻垟村横山周窑址进行了抢救性考古发掘，揭露窑炉 3 座、作坊遗迹 1 处、辘轳坑基座 2 处，出土大量青釉瓷器与窑具。时代为元代中期至明代中期 [4]。

2013～2014 年，为全面了解紧水滩水库建成之后的窑址淹没情况，浙江省文物考古研究所与龙泉青瓷博物馆联合对东区窑址进行了复查，调查窑址点 80 处。其中在龙渊街道张村苦种湾山的东南坡发现一处烧造黑胎青瓷的窑址（编号为 AY6）。

2014 年 11 月，浙江省文物考古研究所启动了对 20 世纪 80 年代紧水滩水库建设考古发掘资料的系统整理工作。

（2）龙泉南区

A. 大窑片区

2006 年 9 月至 2007 年 1 月，浙江省文物考古研究所联合龙泉青瓷博物馆、北京大学考古文博学院对大窑枫洞岩窑址进行了考古发掘 [5]。对生产作坊遗迹（图四〇）的大规模揭露是本次发掘的重要成果。整个陶瓷工艺流程中的各个环节，诸如烧成窑炉（图四一）、堆料场地、成型车间、居住存货等遗迹，均有大规模的揭露。发掘共揭露房子 6 处（图四二），包括至少有 7 次叠压打破关系的龙窑 1 处，辘轳坑 2 处，素烧炉 1 处，储泥池 3 处，井 1 处，以及与房子配套的卵石铺的路面 11 处、排水沟 14 条、石墙和匣钵墙体 23 处。本次发掘的枫洞岩窑址，其烧成年代主要为元、明时期，其出土了数以吨计的瓷器（彩版八二，6），器类丰富，纹饰多样，为龙泉窑的分期研究，提供了丰富的实物资料，特别是其中"永乐九年"（彩版八三，1）"永乐辛卯""乙卯中"及八思巴文等纪年文字和具有非常明确的使用年代的标本的发现，对龙泉窑的断代研究，具有重要的意义。本次发掘中，出土了一批制作工整、纹样精细、釉色滋润、器形庞大的瓷器，其精美程度是以往龙泉窑瓷器中少见的，特别是有些器形明显的不是一般的日用器，而是祭祀用器，而

[1] 尹福生：《龙泉窑石隆窑址调查》，《杭州文博》2008 年第 1 期，第 33～37 页。

[2] 黄彩红、陈福亮：《缙云大溪滩窑址群地面调查简报》，《东方博物》第三十三辑，浙江大学出版社，2009 年，第 82～88 页。

[3] 任世龙：《龙泉青瓷的类型与分期试论》，《中国考古学会第三次年会论文集（1981）》，文物出版社，1984 年，第 121～127 页。

[4] 浙江省文物考古研究所、云和县文物管理委员会：《云和县横山周窑址发掘简报》，《东方博物》第三十三辑，浙江大学出版社，2009 年，第 89～99 页。

[5] 沈岳明：《中国青瓷史上的最后一个亮点——大窑枫洞岩明代龙泉窑址考古新发现》，《紫禁城》2007 年第 5 期，第 142～151 页。浙江省文物考古研究所、北京大学考古文博学院、龙泉青瓷博物馆：《龙泉大窑枫洞岩窑址出土瓷器》，文物出版社，2009 年。浙江省文物考古研究所、北京大学考古文博学院、龙泉青瓷博物馆：《龙泉大窑枫洞岩窑址》，文物出版社，2015 年。

图四○　大窑枫洞岩窑址

且在现存世的类似实物中，主要见于两岸故宫和土耳其的托普卡比宫等具有高等级规格处，说明其性质不是民用产品，而是官用瓷器。特别是出土器物中，在瓷器上刻有五爪龙、"官"字款（彩版八三，2）等，非常明确了其实物的性质，也对文献中关于处州烧造宫廷用瓷的记载做了很好的诠释。

　　2012 年 6 月至 2013 年 8 月，浙江省文物考古研究所与龙泉青瓷博物馆联合对大窑片区内的各处窑址进行了较为详细的专题调查。在调查过程中，对窑址点进行坐标定位，并系统采集标本。通过对标本的整理研究，龙泉窑大窑片区窑业生产时代始于北宋末期，终于明代。在调查过程中，选取部分窑址点——瓦窑坑（Y38）、亭后（Y34）、黄连坑（Y49）、山头埂（Y50-1）、楔后岗（Y61）、大门岗（Y62）进行了试掘，获得了较为丰富的地层堆积，特别是瓦窑坑第⑥层出土"绍兴十三年"（彩版八三，3）器物群，对于了解龙泉窑南宋早期的生产面貌提供了宝贵资料。通过系统调查与局部试掘，对于大窑片区黑胎青瓷的生产面貌有了一定程度的了解。

　　B. 溪口片区

　　2010 年 11 月至 2011 年 9 月，浙江省文物考古研究所、北京大学考古文博学院、龙泉市博物馆联合对龙泉窑瓦窑垟遗址进行了考古发掘。发掘面积近 800 平方米，揭露出窑炉遗迹 2 处（图四三）、房址 1 处。其中 1 处窑炉存在 4 条窑炉的叠压打破关系，时代最早的窑炉内出土了 2 件黑胎青瓷，较晚的两条窑炉为元代；另外一处窑炉仅发现南宋时期青瓷，出土少量黑胎青瓷残片。发现有支钉窑具。从出土的龙泉窑青瓷残片初步判断为南宋至元代产品，其中南宋时期的青瓷类

图四一　大窑枫洞岩窑址窑炉

图四二　大窑枫洞岩窑址房址 F1

图四三　溪口瓦窑垟窑址发掘远景

型包含有厚胎薄釉白胎类型、薄胎厚釉白胎类型和薄胎厚釉黑胎类型，而元代青瓷类型为厚胎厚釉白胎类型[1]。

2010年11月至2011年9月，浙江省文物考古研究所与龙泉青瓷博物馆联合对溪口窑址进行了专题调查，调查窑址12处，其中大磨涧边、枫树湾口2处窑址已基本被毁，瓦窑垟、傀儡湾、夫人殿湾实际都有2处窑址。金罐地点有少量遗存但未找到窑业堆积和窑炉，推测可能是居住遗址。以上遗存中，仅于瓦窑垟的2处窑址和瓦窑垟对面的大磨涧边发现有黑胎青瓷残片。其余各处窑址除谷下坑一处窑址有南宋早期白胎青瓷出土外，都是元代遗存。元代遗存主要出土梅花盏、菊花盏、葫芦壶、带座吉字瓶、凸线印花双耳罐、鸟食罐等，各窑址器形基本相同。调查试掘表明，溪口一带的窑址多数为元代窑址，南宋时期窑址仅有4处，其中3处窑址有白胎青瓷和黑胎青瓷出土。元代遗存中没有黑胎类型[2]。

C. 金村片区

[1]　徐军：《龙泉窑近年来考古调查和发掘成果简报》，《陶瓷考古通讯》2013年第2期，第3～4页。

[2]　徐军：《龙泉窑近年来考古调查和发掘成果简报》，《陶瓷考古通讯》2013年第2期，第3～4页。

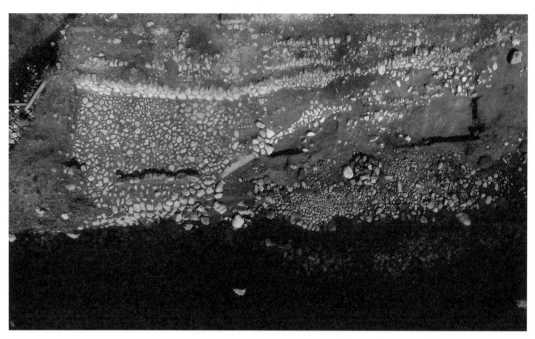

图四四　金村码头遗迹

2013 年 9 月至 2014 年 4 月，浙江省文物考古研究所与龙泉青瓷博物馆联合对金村窑址（包括庆元上垟一带）进行了专题考古调查与勘探。调查窑址点 34 处，通过标本采集、整理并结合典型地层的试掘，可以确认龙泉窑金村片区的窑业生产时间始于北宋中晚期，终于元明时期。通过对后呑、大窑犇 2 处窑址的试掘，获得了较为理想的地层堆积，出土了大量的瓷片和窑具标本，初步建立起龙泉窑金村片两宋时期的年代序列，大致可以分为六期，深化了以往的认识[1]。

2016 年 11 月至 2017 年 1 月，为配合海上丝绸之路申遗及考古遗址公园建设，浙江省文物考古研究所联合龙泉市文保所对金村码头遗址、高际头窑址、大窑碗厂窑址等地点进行了小规模主动性考古发掘工作，发掘面积 400 平方米。本次发掘揭露出规模较大的、布局较为清晰的、由卵石及块石砌造的码头遗迹（图四四），并呈上下五级结构，由南向北依次增高，取得重要收获[2]。

D. 石隆片区

2014 年 5 月至 2014 年 8 月，浙江省文物考古研究所与龙泉青瓷博物馆联合对石隆片区窑址进行了专题调查与勘探。调查窑址点 13 处。通过此次调查与勘探，大致可以判定，石隆片窑业生产时代始于北宋末期，一直延续到元明时期。通过对 Y10 的试掘，清理出龙窑遗迹 2 处、作坊遗迹 2 处，并出土大量瓷片和窑具标本。通过调查与试掘发现，除传统龙泉窑产品以外，石隆片区

[1] 郑建明、谢西营：《浙江龙泉窑金村片区考古调查主要收获》，《陶瓷考古通讯》2014年第1期，第4～5页。浙江省文物考古研究所、龙泉青瓷博物馆：《浙江龙泉金村青瓷窑址调查简报》，《文物》2018年第5期，第26～43页。浙江省文物考古研究所、龙泉青瓷博物馆：《龙泉金村窑址群：2013～2014年调查试掘报告》，2019年。

[2] 谢西营、杨瑞生、周光贵：《浙江龙泉金村发现古代码头遗址》，《中国文物报》2017年8月25日第8版。谢西营、杨瑞生、周光贵：《浙江龙泉金村码头遗址》，《大众考古》2017年第9期，第14～17页。浙江省文物考古研究所、龙泉市文物保护中心：《浙江龙泉金村码头遗址考古发掘简报》，《东方博物》第七十五辑，中国书店，2020年，第1～11页。

图四五　小梅镇瓦窑路窑址龙窑窑炉

还存在两种不同类型黑胎青瓷（彩版八三，4）的生产，并有类似传世哥窑（彩版八三，5）的器物存在[1]。

E. 小梅镇瓦窑路窑址

2011 年 10 月，浙江省文物考古研究所对小梅镇小学后瓦窑路窑址进行了抢救性考古发掘，清理出龙窑窑炉 1 条（图四五），并出土大量黑胎青瓷。瓷胎很薄，釉质严重玻化，釉层开片密集可谓"百圾碎"，釉色主要有灰青色、灰黄色。仅发现 2 件乳浊釉粉青釉瓷器，分别为罐盖和鸟食罐。主要器形有八角杯、八角盘、菱口盘、悬胆瓶、纸槌瓶、鬲式炉、鼓钉炉、碗、盏、杯、洗、碟、瓿、盒、唾盂、盖罐、鸟食罐等，器形小巧，制作工整。多数器形为圈足器，都在足端刮釉，无釉处烧成呈铁色。大圈足器使用瓷质垫饼，小圈足器使用泥质垫饼，匣钵有平底匣钵和凹底匣钵。

F. 竹口溪流域

2011 年 9 ～ 12 月，浙江省文物考古研究所与庆元县文物管理委员会办公室联合对庆元县竹口镇潘里垄窑址进行了抢救性考古发掘。在发掘间隙，还对庆元县竹口溪流域内的窑址进行了专题调查，取得重要收获。潘里垄窑址是浙江境内以烧黑釉瓷茶盏为主的窑址，本次发掘清理出龙

[1] 谢西营：《龙泉窑石隆片区窑址群考古调查的主要收获与认识》，载浙江省博物馆等编《天下龙泉：龙泉青瓷与全球化国际学术研讨会论文集》，文物出版社，2021年，第233～240页。

窑遗迹 1 处，另出土大量窑具（M 形匣钵、漏斗形匣钵、圆形垫饼、手捏垫柱、柱形垫圈等）及瓷片（黑釉瓷盏为主，另有少量擂钵、执壶、罐、青瓷器物等）等。时代为南宋[1]。另外，据发掘人介绍，潘里垄窑址还出土了极少量的龙泉窑风格的青釉莲瓣纹瓷碗。

2011 年 9 月至 2012 年 5 月、2014 年，浙江省文物考古研究所与庆元县文物管理委员会办公室联合对竹口溪流域窑址进行了专题调查。调查窑址点 12 处。该区域窑业面貌较为复杂，产品类型可分为青瓷、黑釉瓷和青花瓷三大类，窑业生产时代上起晚唐，下迄清代[2]。

（3）其他地区

2018 年 12 月，为划定窑址保护范围，应遂昌县文管办邀请，浙江省文物考古研究所对遂昌县湖山窑址群进行了专题调查，本次共调查窑址点 4 处，窑业面貌属龙泉窑系，时代跨度较大，从南宋晚期一直延续至明初。

2019 年 3 月，应莲都区文保所邀请，浙江省文物考古研究所对莲都区保定窑址群进行了专题调查，本次调查窑址点 12 处，时代主要是元明时期。在上述工作的基础上，2020 年复旦大学文博系与莲都区文保所联合又对保定窑址进行了专题调查，并计划出版专题考古调查报告。

2021 年 3～4 月，浙江省文物考古研究所在 1986 年考古调查工作的基础上，对缙云大溪滩窑址群又进行了为期 1 个月的考古调查。考古调查显示，大溪滩窑址群规模较大、保存完好、窑床分布密集，除东面 200 米的虎山（观坛庙行政村管辖）有窑址 1 条，东 500 米的碗窑山（姓汪自然村管辖）有窑址 2 条外，仅大溪滩行政村西南面的小山坡上约 1 平方千米的范围内分布有窑床 17 条，长度在 30～90 米，且每条窑床相隔紧密，较近的仅相隔几米。主要器形有碗、盘、碟、盏、壶、罐、碾钵等。装饰手法有刻、划花、印吉祥语等。装饰纹饰有莲花、水草、云纹、莲瓣、菊瓣等。釉色以青绿、青灰为主，有少量黑釉。装烧工艺以匣钵、垫饼、筒柱、叠烧等方式进行。

七　回顾与展望

截至目前，通过三次不可移动文物普查工作和对重点地区瓷窑址遗存的专题调查，对浙江地区东汉中晚期至清代瓷窑址的分布情况已经有了较为充分的认识。但是由于考古工作的不平衡性，目前对于宁绍地区越窑、丽水地区龙泉窑窑业遗存已经进行了较为充分的、系统的考古发掘工作，对于上述两个区域内的唐宋时期的窑业面貌、分期、时代特征、窑业技术等问题已经有了较为明确的认识；但是对于金衢地区、杭嘉湖地区、温州地区、台州地区考古工作较为零散且不成系统，对于这些地区的窑业整体面貌、产品技术特征与来源等方面问题的认识还相当薄弱，还有待于今后的持续性与系统性考古工作。

纵观浙江地区制瓷业，各地区窑业生产以青瓷为主要品种，从窑业技术来看，东汉中晚期至北宋时期大都可归入越窑窑业技术系统，南宋至明代大都可归入龙泉窑窑业技术系统。在青瓷产

---

[1] 刘建安：《2011 年浙江丽水庆元县潘里垄宋代窑址考古发掘》，《陶瓷考古通讯》2013 年第 1 期，第 14～15 页。刘建安：《庆元县潘里垄宋代窑址出土茶器考论》，《东方博物》第四十八辑，中国书店，2013 年，浙江大学出版社，第 76～81 页。

[2] 郑建明、吴文林、陈化诚：《浙江庆元地区古代制瓷业与庆元瓷文化——2013～2014 年调查收获》，《陶瓷考古通讯》2014 年第 2 期，第 23～25 页。

品之外，各地区还结合当地资源与社会需求生产诸如黑釉、褐釉、褐色点彩、乳浊釉、青花瓷、青白瓷等产品。在以往的研究中多数学者习惯于按照窑址所处地域对窑址进行性质划分，将浙江地区制瓷业简单地划分到越窑、婺州窑、瓯窑、德清窑、龙泉窑等具体窑口。然而，瓷窑址作为一类考古遗址，对其命名及性质判定应按照考古学文化的原则，而不能仅限于其地域，对其定性应该结合考古学文化的命名原则来进行，时间、空间及文化内涵都是对其进行考量的重要指标，文化因素分析方法应在其中发挥重要作用。

此外，尽管浙江地区瓷窑遗址考古已经做了大量工作，积累了大量材料。但是仔细分析，在这大量的考古工作中，95% 以上属于配合基本建设考古。此外，在不足 5% 的主动性考古发掘中，限于发掘面积，对于整个窑场的生产环境的认识也是局部的。上述原因也直接导致了浙江地区瓷窑址考古工作还呈现为碎片化的状态，呈现出还处于资料原始积累的状态。未来通过打造数据库（包括窑场要素 / 产品器类 / 时代特征 / 成分配比等），通过传统考古和科技考古的双重手段，可构建起浙江地区瓷业的生产网络，可以将碎片化的信息整合，通过大数据的分析，可以发现新的课题与新的研究领域。数据库的建设，对于探索国内以及世界各地遗址出土浙江瓷器的产地与贸易路线等问题也将会发挥重要作用。考古资料显示，浙江古代青瓷产品除满足国内需求之外，还大量对外输出，这一过程可上溯至晚唐时期。伴随着产品的对外输出，浙江古代瓷业技术还广泛传播，影响海内外许多地区的瓷业生产，并对当地的生活方式和审美取向产生了重要影响，对世界文明做出了重要贡献。所以，我们也应该走出去，逐步探索并构建起浙江青瓷的世界交流与贸易网络，探索浙江青瓷对世界文明所做的贡献。

湖州凡石桥南宋遗址出土动物遗存鉴定与研究

宋姝、陈云、罗汝鹏

（宋姝、罗汝鹏：浙江省文物考古研究所；陈云：湖州市文物保护管理所）

凡石桥遗址位于浙江省湖州市南浔区石淙镇银子桥村。2015、2018 年，为配合基本建设，浙江省文物考古研究所与湖州市文物保护管理所对凡石桥遗址进行了两次抢救性考古发掘。遗址中出土了瓷器、陶器、漆器、木器、石器、铁器、建筑构件、动植物遗存等 2700 余件。遗址堆积深厚，兼有道路、护岸、水井、灶等公共设施遗迹。从出土物的数量和特征分析，这处遗址已经超出"一家一户"的规模，可作商品集散地之用。出土的大宗龙泉窑高档民用青瓷、大量韩瓶堆积等证据表明，其年代当属于南宋晚期。

湖州地区自古以来就是江浙富庶之地，如《耻堂存稿·宁国府劝农文》中广为流传的谚语"苏湖熟，天下足"，关于湖州物产丰富的相关记载更是不胜枚举。太湖流域地势平坦，土地肥沃，河流纵横，自然环境优越，使苏湖一带成为南宋时期农业的高产区。同样，湖州地区的水产资源丰盈，盛产各种鱼、虾、蟹、蚌、鳖。饲养动物作为日常肉食消费或者役使畜力资源更是寻常现象。

对于该遗址内出土动物遗存的研究有助于从动物考古角度理解当时的社会经济状况，与历史文献的记载内容相互印证，进一步阐释人类对动物资源的具体利用方式。

一 动物遗存出土情况

凡石桥遗址的埋藏环境极佳，饱水状态下动物遗存的保存情况较好。全面手选出 6 个探方（T0102、T0203、T0303、T0304、T0305、T0404）、6 个遗迹单位（G1、G3、G5、G6、J1、H1）及部分地表采集的动物骨骼遗存进行研究，共计 214 件。虽然动物骨骼遗存的出土数量不多，但是种类丰富。软体动物壳体 2 件、爬行动物甲板 4 件、鸟类骨骼 7 件、哺乳动物骨骼 201 件。其中，猪骨 35 件，是可鉴定哺乳动物骨骼中数量最多的，约占 27%。

动物遗存整体风化程度较低，可鉴定部位多，但破碎度较高。骨骼表面有多种显著的人工痕迹，一部分骨骼上还能够观察到食肉动物的咬、抓痕迹。可鉴定种属与部位的标本共 131 件，可鉴定部位不可鉴定种属的标本共 74 件，不可鉴定种属及部位的碎骨标本共 9 件。经形态学鉴定，动物种属较为丰富，包括大型珍珠蚌（*Margaritiana* sp.）、牡蛎（*Ostrea* sp.）、鳖（Trionychidae）、大雁（*Anser* sp.）、家猪（*Sus scrofa domesticus*）、狗（*Canis lupus familiaris*）、水牛（*Bubalus* sp.）、马（*Equus caballus*）、绵羊（*Ovis aries*）、家猫（*Feils silvestris catus*）、小型鹿科（Cervidae）等 11 种。

二　鉴定与描述

（一）软体类（Mollusca）

双壳纲：包括大型珍珠蚌和牡蛎标本。

（1）大型珍珠蚌

标本 2015 湖凡 G5：11，风化程度极高，保存情况差，表面有粉状碎屑剥离，蚌体分层脱落，仅余残断蚌片，最小个体数不可统计。

（2）牡蛎标本仅 1 件，最小个体数为 1。

标本 2015 湖凡 T0305 ②：40，保存基本完整，为左侧壳体，整体近椭圆形，壳体厚重。中度风化，不见角质层，表面呈粉末状脱落。外壳凹凸不平，有多处瘤状突起，生长线清晰，边缘破损。长 156.05mm，宽 104.57mm，厚 10.3mm（彩版八四，a）。

（二）爬行类（Reptilia）

仅发现鳖甲板碎片，共 4 件。标本为椎骨板和腹甲 2 个部位，最小个体数为 1。

（1）腹甲 2 件。

标本 2015 湖凡 G6 ③：21，残，长 80.66mm，宽 32.33mm（彩版八四，b1）。

（2）椎骨板 2 件。

标本 2015 湖凡 G6 ③：27，残，长 43.53mm，最大宽 11.98mm（彩版八四，b2）。

（三）鸟类（Aves）

仅发现大雁肢骨，共 7 件标本，为肱骨和胫骨 2 个部位，最小个体数为 3。骨骼上发现砍痕，及多处啃咬痕迹。

（1）肱骨 1 件，左侧。

标本 2015 湖凡 G3：1，近端残，远端有 1 处砍痕。残长 149.53mm，远端最大宽 24.55mm（彩版八四，c1）。

（2）胫骨 6 件，左侧 3 件，右侧 3 件。

标本 2015 湖凡 T0305 ②：38，近端破损，残长 142.28mm，远端最大宽 15.56mm（彩版八四，c2）。

（四）哺乳类（Mammalia）

哺乳动物骨骼共计 201 件，可鉴定标本 118 件，包括猪、水牛、马、绵羊、狗、小型鹿、猫等 7 种动物。动物遗存整体风化程度较低（除猪以外），可鉴定部位多，但破碎度较高（尤其是水牛和马）。骨骼表面有多种显著的人工痕迹，绝大多数和饮食有关，比如砍砸痕是屠宰和钝器暴力肢解的痕迹，切割一般是剔皮、割肉的痕迹。一部分骨骼上还能够观察到食肉动物的咬、抓痕迹，是饲养狗的证据。

1. 家猪（*Sus scrofa domesticus*）

此类标本共 35 件，最小个体数为 6。是本遗址中出土骨骼数量最多的动物。可鉴定部位 9 处，包括头骨、上颌骨、下颌骨、肱骨、尺骨、桡骨、股骨、胫骨、第Ⅲ跖骨等。

（1）头骨碎片 5 件，均为破碎的小块骨骼。

标本 2015 湖凡 T0102 ②：16 和 2015 湖凡 T0304 ②：19 为稍大块的眶骨，从形态比对和尺寸特征可判断为 1 岁左右的猪。

（2）上颌骨 1 件。

标本 2015 湖凡 T0303 ②：1 为右侧上颌骨，轻度风化，连有部分颞骨、顶骨、额骨、枕骨。牙齿保留有 P3、P4、M1、M2，M2 未磨耗。M3 未萌出，M3 处仅见较小的齿洞，年龄应该在 1 岁左右。枕骨后侧断裂处有食肉动物啃咬痕迹。残长 176.56mm，框内点 - 眶下点 35.57mm，泪骨高 17.05mm，眼眶内部最大长 30.62mm，颊侧齿列长 75.58mm，臼齿列长（M1-M2）31mm，前臼齿列长 45.71mm，P2-P4 齿列长 32mm（彩版八四，d1）。

（3）下颌骨 4 件，皆为右侧。

标本 2015 湖凡 T0304 ②：10，中度风化。上升支及水平支食肉动物啃咬破损，近中水平支断口呈黑灰色，为烧烤所致。余 dp2、m1，m2 未完全萌出，年龄在 6～8 个月。残长 126.14mm。

标本 2015 湖凡 T0304 ②：3，中度风化。上升支食肉动物啃咬破损，m2 未萌出，骨体遍布食肉动物抓咬痕迹。牙齿余 i2，c，dp1-dp3，m1-m2，m2 未完全萌出，年龄在 8～12 个月。残长 162.75mm。

标本 2015 湖凡 G5：2，中度风化。上升支破损，近中连有左侧联合部，断口处有少量食肉动物啃咬痕迹。牙齿余 c、dp2-m1，牙齿 m2 未完全萌出，年龄在 8～12 个月。残长 176.49mm。

标本 2015 湖凡 G6③：10，轻度风化。食肉动物啃咬断裂，髁突上有明显的食肉动物啃咬痕迹。余 m1-m3，m3 未完全萌出，年龄在 18～20 个月。残长 129.87mm（彩版八四，d2）。

（4）肱骨 11 件，左侧 5 件，两端关节面皆未愈合；右侧 6 件，5 件两端关节面皆未愈合，1 件为远端关节面愈合。

标本 2015 湖凡 T0305 ②：30，右侧。中度风化，骨骼表面骨质孔暴露。两端关节面未愈合，缺失，为未成年个体。外侧嵴外侧面有两处明显的砍痕，痕迹平直，系锐器形成。残长 134.62mm（彩版八四，d3）。

（5）桡骨 2 件，左侧 1 件，两端关节面未愈合；右侧 1 件，远端关节面未愈合，未成年。

标本 2015 湖凡 T0304 ②：22，左侧。中度风化，骨骼表面骨质孔暴露，与 2015 湖凡 T0304 ②：26 为同一个体。残长 98.35mm（彩版八四，d4）。

（6）尺骨 5 件，左侧 4 件，右侧 1 件。同样，两端关节面皆未愈合。

标本 2015 湖凡 T0304 ②：26，左侧。中度风化，骨骼表面骨质孔暴露。两端关节面未愈合，缺失，为未成年个体。鹰嘴处有明显的切割痕迹，三处平行划痕。残长 138.25mm（彩版八四，d5）。

（7）股骨 1 件。

标本 2015 湖凡 T0305 ②：17，左侧远端，远端关节面未愈合，断口处有砸击痕迹。中度风化，骨骼表面骨质孔清晰可见，密布食肉动物抓咬痕迹。残长 54.34mm（彩版八四，d6）。

（8）胫骨 5 件，左侧 2 件，右侧 3 件，两端关节面皆未愈合。

标本 2015 湖凡 T0305 ②：33，中度风化。内侧面可见三处砍砸痕迹，两处于近端关节面附近，呈三角形凹陷；另一处为较大的椭圆形凹陷，因砸击力道较大，周围骨体呈断片状内陷，在骨体上形成多处裂痕。残长 160.25mm（彩版八四，d7）。

（9）第三Ⅲ跖骨 1 件。

标本 2015 湖凡 T0305 ②：28，中度风化，远端关节面未愈合。残长 61.21mm，近端最大宽 17.73mm。

2. 狗（*Canis lupus familiaris*）

此类标本共计 29 件，最小个体数为 4。可鉴定部位 10 处，包括头骨、下颌骨、寰椎、肩胛骨、肱骨、尺骨、桡骨、髋骨、股骨、胫骨等。

（1）头骨 4 件。

标本 2015 湖凡 J1：2 和标本 2015 湖凡 J1：3 拼对之后为同一个体，轻度风化，为成年个体。左侧颧骨破损，C 前齿槽缺失；右侧保存相对完好。牙齿皆余 P4-M2。枕骨上方有一处砸击破裂痕迹。颅全长 171.02mm，颅基长 164.4mm，基底长 155.63mm，颅底轴长 45.11mm，面底轴长 86.14mm，颅顶长 82.52mm，脏颅长 68.94mm，面长 97.43mm，鼻骨最大长 65.03mm，口鼻部长 69.67mm，腭正中长 86.94mm，腭水平部长 26.65mm，颊侧齿列长 58.16mm，臼齿列长 16.05mm，前臼齿列长 44.33mm，裂齿长 16.62mm，裂齿宽 8.04mm，裂齿槽长 16.04mm，M1 长 10.8mm，M1 宽 12.74mm，M2 长 5.9mm，M2 宽 7.62mm，鼓泡的最大直径 23.67mm，外听道最大宽 61.2mm，外听道背侧宽 61.26mm，枕髁最大宽 34.66mm，枕骨大孔最大宽 17.78mm，枕骨大孔高 13.8mm，颅骨最大宽 51.27mm，颅骨最小宽 34mm，额骨最大宽 47.17mm，眼眶间最小宽 30.4mm，腭骨最大宽 60.96mm，腭骨最小宽 30.4mm，犬齿槽宽 32.3mm，眼眶内部最大高 29.02mm，颅高 54.37mm，无矢状嵴 46.97mm，枕三角区高 42.98mm（彩版八五，a1）。

（2）下颌骨 4 件，左侧 3 件，右侧 1 件，皆为成年个体。

标本 2015 湖凡 T0305 ②：35，轻度风化。上升支残，上升支根部有 2 处砍痕，水平支下部有黑色烧痕。残长 138.87mm，m3 齿槽远口缘 - 犬齿齿槽远口缘 89.7mm，m3-p1 长 78.56mm，m3-p2 长 72.98mm，臼齿列长 37.18mm，p1-p4 长 42.22mm，p2-p4 长 36.4mm，裂齿长 22.79mm，裂齿宽 9.67mm，裂齿齿槽长 21.58mm，m2 长 10.14mm，m2 宽 6.96mm，颌体最大厚度 13.3mm，m1 后下颌骨高 28.43mm，p2p3 间下颌高 21.91mm（彩版八五，a2）。

（3）寰椎 1 件。

标本 2015 湖凡 T0305 ②：36，轻度风化。右侧翼及前关节面残，砍砸断裂，残长 55.1mm（彩版八五，a3）。

（4）肩胛骨 1 件。

标本 2015 湖凡 G6 ③：1，左侧，远端，轻度风化。食肉动物啃咬断裂，可见齿痕。残长 109.16mm，肩胛颈最小宽 25.29mm，肩臼长 24.48mm，肩臼宽 17.78mm（彩版八五，a4）。

（5）肱骨 5 件，左侧 2 件，右侧 3 件。

标本 2015 湖凡 T0203 ②：11，右侧，完整，轻度风化。全长 128.74mm，近端厚 29.43mm，骨干最小宽 11.74mm，远端最大宽 27mm（彩版八五，a5）。

（6）桡骨 2 件，左侧 1 件，右侧 1 件。

标本 2015 湖凡 T0304 ②：9，左侧，完整，轻度风化。骨干处有轻微抓咬痕迹，以抓痕为主。长 144.69mm，近端最大宽 16.33mm，远端最大宽 21.84mm，骨干最小宽 11.3mm（彩版八五，a6）。

（7）尺骨 2 件，左侧 1 件，右侧 1 件。

标本 2015 湖凡 T0304 ②：12，左侧，完整，轻度风化。最大长 168.92mm，鹰嘴厚 20.06mm，跨过钩突厚 22.2mm，近端关节面最大宽 17.4mm（彩版八五，a7）。

（8）髋骨 1 件。

标本 2015 湖凡 T0303 ②：3，左侧，耻骨破损，轻度风化。一侧最大长 124.43mm，髋臼长 22.23mm，髂骨干最小高 17.4mm，髂骨干最小宽 7.95mm，闭孔内缘长 26.02mm（彩版八五，a8）。

（9）股骨 3 件，皆为右侧。

标本 2015 湖凡 T0203 ②：10，右侧，完整，轻度风化。最大长 146.25mm，近端最大宽 31.72mm，股骨头最大厚 16mm，骨干最小宽 11.46mm，远端最大宽 26.85mm（彩版八五，a9）。

（10）胫骨 6 件，左侧 2 件，右侧 4 件。

标本 2015 湖凡 T0303 ②：4，右侧，完整，轻度风化。长 146.05mm，近端最大宽 26.16mm，骨干最小宽 10.51mm，远端最大宽 17.11mm（彩版八五，a10）。

3. 水牛（*Bubalus sp.*）

此类标本共 33 件，最小个体数为 3。可鉴定部位 16 处，包括角、上颌骨、下颌骨、寰椎、肱骨、尺骨、桡骨、掌骨、髋骨、股骨、髌骨、距骨、跟骨、跖骨、系骨、蹄骨等。

（1）角 3 件，左侧 1 件，右侧 2 件。

标本 2015 湖凡 J1：1，右侧，轻度风化。角尖破损，根部连有部分额骨，不见角质层，砍砸断裂。残长 397.35mm，最大宽（近角心）102.24mm（彩版八五，b1）。

（2）上颌骨 4 件，包括 3 颗左侧游离齿（P3、M2、M3）。

标本 2015 湖凡 T0203 ②：1，左侧，轻度风化。保留部分鼻骨、面骨，牙齿余 P2、P3、M1、M2，砸击断裂。牙齿全部萌出，牙齿 K 级磨耗，可判定为老年个体。残长 266.78mm，M1 长 26.12mm，M1 宽 25.2mm，M2 长 29.42mm，M2 宽 26.47mm（彩版八五，b2）。

（3）下颌骨 2 件，皆为下颌骨联合部，是同一个体的左右两侧。

标本 2015 湖凡 T0304 ②：6，左侧，轻度风化。砸击断裂，骨骼表面有黑褐色烧灼痕迹和食肉动物的抓咬痕迹。残长 145.55mm。

（4）寰椎 1 件。

标本 2015 湖凡 G6 ③：32，保留左半侧，轻度风化。砍砸断裂，断口部有多处砍砸痕迹。残长 109.53mm（彩版八五，b3）。

（5）肱骨 2 件，皆为右侧远端。

标本 2015 湖凡 采：1，关节面愈合，轻度风化。骨干砍砸断裂，一侧有平滑锯面；远端关节面及近端断处有多处食肉动物啃咬和抓挠痕迹；滑车破损，内崤一侧有 5 条基本平行的砍痕。残长 175.76mm，远端关节面残宽 85.44mm（彩版八五，b4）。

（6）桡骨 5 件，左侧近端 1 件；右侧近端 1 件，远端 3 件。

标本 2015 湖凡 G6 ③：43，右侧，远端，关节面愈合，轻度风化。砍砸断裂，残长 100.56mm，远端最大宽 81.6mm（彩版八五，b5）。

（7）尺骨 1 件。

标本 2015 湖凡 T0102 ②：5，右侧，近端，轻度风化。尺骨头断裂处锯断，有 3 条割痕；骨干上有多处砍痕，骨干远端砸断。残长 143.88mm（彩版八五，b6）。

（8）掌骨 3 件，左侧 1 件，右侧 2 件。

标本 2015 湖凡采：9，右侧，完整，轻度风化。两端关节面皆有食肉动物抓咬痕迹。长 196.48mm，近端宽 65.84mm，骨干最小宽 43.66mm，骨干最小厚 29.04mm，远端最大宽 75.52mm（彩版八五，b7）。

（9）髋骨 3 件，破碎程度较高，右侧 2 件，1 件髂骨不可分辨左右。

标本 2015 湖凡 T0102 ②：20，右侧，仅余髋臼，轻度风化。2 处砸断，内有四条砍痕。残长 134.11mm，髋臼 56.25mm（彩版八五，b8）。

（10）股骨 2 件，破碎程度高，皆为左侧。

标本 2015 湖凡 T0102 ②：8，股骨头，关节面愈合，轻度风化。砍砸断裂，骨骼表面有多处砍砸痕迹。残长 130.23mm。

（11）髌骨 1 件。

标本 2015 湖凡 G6 ③：39，髌骨内侧，左侧，砍砸断裂，轻度风化。长 71.33mm，残宽 47.25mm（彩版八五，b9）。

（12）距骨 1 件。

标本 2015 湖凡 T0304 ②：15，右侧，完整，轻度风化。内外髁上至少有 8 条割痕，骨骼表面有一些食肉动物啃咬痕迹。外半部最大长 77.66mm，内半部最大长 69.33mm，外半部最大厚 44.22mm，内半部最大厚 42.99mm，远端最大宽 53.73mm（彩版八五，b10）。

（13）跟骨 1 件。

标本 2015 湖凡 G6 ③：49，左侧，远端，轻度风化。砍砸断裂。残长 105mm。

（14）跖骨 2 件，左侧 1 件，另 1 件不辨左右。

标本 2015 湖凡 T0203 ③：2，左侧，内半侧，轻度风化。砍砸断裂，远端滑车内侧破损，背侧面远端有两处牙齿划痕。长 234.46mm（彩版八五，b11）。

（15）系骨 1 件。

标本 2015 湖凡 G6 ③：40，左侧，完整，轻度风化。远近两端有食肉动物抓咬痕迹，远端 4 条切割痕迹。长 73.78mm，近端最大宽 38.97mm，远端最大宽 36.65mm（彩版八五，b12）。

（16）蹄骨 1 件。

标本 2015 湖凡 G6 ③：6，右侧，完整，轻度风化。骨骼表面有少量轻微食肉动物啃咬痕迹。蹄底最大对角线长 93.25mm，背侧面长 67.12mm，蹄底中部宽 33.64mm（彩版八五，b13）。

4. 马（*Equus caballus*）

此类标本共 9 件，最小个体数为 1。可鉴定部位 7 处，包括头骨、肩胛骨、尺骨、掌骨、髋骨、股骨、胫骨等。马与牛骨的情况相似皆为成年个体，破碎度最高。

（1）头骨 1 件。

标本 2015 湖凡 T0304 ②：1，左侧，颌前骨和鼻骨，轻度风化。犬齿、门齿缺失，鼻骨后侧系砍砸断裂。残长 216.9mm（彩版八六，a1）。

（2）肩胛骨 1 件。

标本 2015 湖凡采：2，右侧，肩臼，关节面愈合，轻度风化。砸击断裂，肩胛冈残。残长 205.11mm，肩胛结节最大长 84.6mm，肩臼长 68.36mm，肩臼宽 50.9mm，肩胛颈最小长 57.09mm（彩版八六，a2）。

（3）尺骨 1 件。

标本 2015 湖凡 T0304 ②：16，右侧，近端，轻度风化。砍断，鹰嘴处有密集割痕。残长 119.73mm（彩版八六，a3）。

（4）掌骨 1 件。

标本 2015 湖凡 T0305 ②：9，右侧，远端，轻度风化。骨干砸断，远端关节面上有 5 道砍断。残长 130.94mm，远端最大宽 47.97mm（彩版八六，a4）。

（5）髋骨 2 件，破碎度较高，不可辨别左右。

标本 2015 湖凡 T0304 ②：28，髂骨，轻度风化。砍砸断裂，4 处砍痕。残长 134mm（彩版八六，a5）。

（6）股骨 2 件，皆为远端，左侧 1 件，右侧 1 件。

标本 2015 湖凡 G6 ③：9，右侧，远端，轻度风化。骨骼表面有多处砍痕。残长 95.08mm（彩版八六，a6）。

（7）胫骨 1 件。

标本 2015 湖凡 T0304 ②：4，右侧，远端，轻度风化。砸击断裂。残长 181.7mm，远端最大宽 68.82mm（彩版八六，a7）。

5. 绵羊（*Ovis aries*）

此类标本共 6 件，最小个体数为 2。可鉴定部位 2 处，包括上颌骨和下颌骨。羊只发现头骨部分，以牙齿为主，未发现其他部位骨骼。

（1）上颌骨 2 件。左侧 1 件，右侧 1 件。

标本 2015 湖凡 T0305 ②：15，右侧，未成年，轻度风化。骨体残，P1-M3，M3 未完全萌出。残长 102.89mm，颊侧齿列长 71.24mm，前臼齿列长 28.21mm，臼齿列长 45.69mm（彩版八六，b1）。

标本 2015 湖凡 T0305 ②：14，左侧，成年，轻度风化。保留上颚及周边骨骼，牙齿余 P1-M3。残长 71.19mm，颊侧齿列长 67.71mm，前臼齿列长 26.31mm，臼齿列长 44.89mm（彩版八六，b2）。

（2）下颌骨 4 件，左侧 2 件，右侧 2 件，包括 1 件右侧 m2。

标本 2015 湖凡 T0304 ②：21，左侧，轻度风化。角突、下颌角、前联合部破损，有食肉动物抓咬痕迹余 p2-m3。m3 未完全萌出，年龄在 12 ～ 18 个月。残长 150.44mm，颊侧齿列长 77.85mm，臼齿列 49.6mm，前臼齿列 27.61mm，m3 后下颌骨高 37.65mm，m1 前下颌高 14.45mm，p2 前下颌骨高 17.02mm（彩版八六，b3）。

6. 猫（*Feils silvestris catus*）

此类标本共 5 件，最小个体数为 1。可鉴定部位 4 处，包括头骨、肩胛骨、肱骨和桡骨等。猫骨骼保存情况较好，破碎率极低。

（1）头骨 1 件。

标本 2015 湖凡 T0304 ②：20，保存部位包括顶骨、额骨、眶骨、颞骨、枕骨和蝶骨，轻度风化。残长 74.45mm，颅顶长 52.15mm，颅底轴长 27.06mm，鼓泡的最大直径 20.25mm，外听道背侧宽 35.43mm，外听道最大宽 39.37mm，枕髁最大宽 21.3mm，枕骨大孔最大宽 13.13mm（彩版八七，a1）。

（2）肩胛骨 1 件。

标本 2015 湖凡 G6 ③：12，右侧，完整，轻度风化。对角线高 66.14mm，背侧最大长 47.35mm，肩胛颈最小长 12.3mm，肩胛结节最大长 13.21mm，肩臼长 10.98mm，肩臼宽 8.37mm（彩版八七，a2）。

（3）肱骨 1 件。

标本 2015 湖凡 G6 ③：25，左侧，完整，轻度风化。长 94.24mm，近端最大宽 15.53mm，远端最大宽 17.94mm（彩版八七，a3）。

（4）桡骨 1 件。

标本 2015 湖凡 T0305 ②：39，右侧，远端关节面未愈合，残长 82.9mm（彩版八七，a4）。

7. 小型鹿科（Cervidae）

仅发现 1 件肩胛骨。

标本 2015 湖凡 T0304 ②：8，右侧，完整，轻度风化。沿肩胛冈高 118.86mm，对角线高 119.9mm，背侧最大长 64.9mm，肩胛颈最小长 10.88mm，肩胛结节最大长 24.06mm，肩臼长 17.64mm，肩臼宽 16.4mm（彩版八七，b）。

三 动物骨骼表面痕迹与破碎度研究

凡石桥遗址内出土的动物骨骼整体保存情况较好，在埋藏过程中受到的自然风化作用并不影响鉴定工作。大型哺乳动物骨骼表面光滑，基本没有在埋藏中形成的裂纹和破损，为轻度风化。中型哺乳动物中，猪骨表面整体较为粗糙，细密的骨质孔清晰可见，为中度风化。造成这种现象的原因除了风化不均外，可能与食用方式相关，即猪肉带骨蒸煮，水牛和马则多为去骨烹调。

动物骨骼表面可以观察到的人工痕迹主要包括砍砸痕、锯痕、切割痕、烧痕、食肉动物抓咬痕迹等，绝大多数痕迹与屠宰和食用有关。屠宰痕迹的分布有一定规律，说明当时具有固定的动物肢解模式。

1. 砍砸痕

砍砸痕是动物骨骼上最常见的痕迹，共有 95 处（彩版八七，c），概率高达 44.6%。本遗址内，砍痕和砸痕通常是相伴出现的，且皆用于肢解动物，因此放在一起分析。砍砸痕迹出现在大型哺乳动物骨骼上的频率最高，共有 84 件标本。其中，肋骨上出现了 30 次，椎骨上出现了 22 次，长骨碎片上出现了 7 次。中型哺乳动物骨骼有 8 件标本，鸟类 3 件。

出现这种不平衡的现象，主要是因为烹饪方式决定肢解方式。大型哺乳动物的骨骼需要通过砍、砸等行为使之变成小块才便于烹饪，因此它们的破碎程度要明显高于中型哺乳动物（猪、狗、绵羊、小型鹿等）。猪虽然是遗址中出现最多的动物，但是其体量明显小于大型哺乳动物，因此肢解步骤并没有水牛和马那样复杂，只需要通过相对简单的过程就可以分解成锅具能够蒸煮的大小。

2. 锯痕

共 5 处（彩版八八，a1），同样是肢解方式，皆出现在大型哺乳动物骨骼上。

3. 切割痕

共 18 处（彩版八八，a2），肢解后的剔肉行为形成，一般出现在关节面附近、长骨骨干或者肋骨表面。大型哺乳动物共 11 件标本，中型哺乳动物 7 件。

通过上文分析，猪肉可能是带骨蒸煮的。虽然猪骨的可鉴定标本数是最高的，但是在上面发现的剔肉痕迹也仅有 5 处。其中，1 处在头骨枕髁部位，头骨由于体量过大且肉少，是唯一难以带肉烹调的部位，出现剔肉现象也并不奇怪；还有 4 处是在猪的肱骨远端发现的，不同于其他平行的细密切割痕迹，而是绕骨干切割一圈，更像是辅助肢解的行为。在大型哺乳动物骨骼上，剔肉作用遗留下的切割痕迹出现频率明显增高，也就是说制作食物的时候用刀具将骨肉分离后再蒸煮。猪骨可能因为蒸煮，保存状况也就明显不如大型哺乳动物的骨骼好。

4. 烧痕

共 10 处（彩版八八，a3），6 件为大型哺乳动物破碎骨块；4 件为下颌骨，猪、狗下颌骨各 1 件，水牛下颌骨 2 件。这种痕迹只是集中在骨骼的某一区域，并没有遍及整个骨体，烧灼程度皆不高。

5. 食肉动物抓、咬痕迹

共 15 处（彩版八八，b），食肉动物的抓痕和啃咬痕迹一般是相伴而生的，这类痕迹是当时码头遗址养狗的直接证据。大型哺乳动物 11 件，中型哺乳动物 4 件。啃咬痕迹一般集中在长骨两端关节面附近，或者骨体较厚的部位；抓痕出现的位置则很不规则，但是很明显是为了辅助啃咬行为而出现的。在遗址中，同时出现了吃狗和养狗的两种现象。

四　人类对于动物资源的利用情况

对于宋代动物资源的利用情况，通过各类历史文献可以了解到多方面的信息。动物骨骼遗存结合文献是研究历史时期出土材料的一个有效方法，两者可以相互印证并互为补充。

1. 家猪

家猪（最小个体数为 6）是遗址中出土最小个体数最多的动物，骨骼上与屠宰和肢解相关的人工痕迹很多。毫无疑问，这些猪骨皆为食用所弃，家猪是这处码头遗址中人们利用的主要肉食资源。通过对遗址中出土家猪骨骼的年龄鉴定与研究，发现一岁左右的个体居多。可鉴定年龄的标本有 4 件下颌骨，分别为 1 例 6～8 个月、2 例 8～12 个月以及 1 例 18～20 个月。另外，有 3 件头骨及上颌骨标本虽然不能鉴定具体年龄，但是根据形态和尺寸估计应该是接近一岁的个体。实际上，猪龄偏小不仅能从头骨与下颌上表现出来，在对于肢骨的研究中发现，两端关节面未愈合的现象也是普遍存在的。按照猪自然生长的规律，一岁半正好是猪的成年时期，达到了一个肉量和体形相对稳定的时期。也就是说，猪到了一岁半肉量基本不会再增长了，在此期间或者更早一段时间是宰杀家猪的最佳时期。虽然此遗址中出土的家猪骨骼并不是很多，但是仍然能够反映出这一特点。可能此处的宋人存在偏食小猪的饮食习惯。

从出土位置来看，猪骨也集中出于几个探方中（T0303～T0305、G6）。可见对于生活垃圾的处理变得集中，动物骨骼集中出土的位置可能为垃圾丢弃场所。骨骼上也有多处砍砸、切割及食肉动物（狗）抓咬痕迹。可能由于骨骼带肉蒸煮的原因，出土骨骼普遍表面粗糙，可见密集的空隙，部分骨骼表面有数条细小裂纹。

长江下游地区饲养家猪的历史十分悠久，在多处新石器时代遗址中发现过家猪骨骼遗存。到了宋代，养猪业已经得到了极大的发展，不仅体现在饲养技术的提高，更反映在人们对于猪肉类食品提出了越来越高的要求。《东京梦华录》中描述了北宋末年农户赶猪到京都进行售卖的场景："唯民间所宰猪，须从此入京，每日至晚，每群万数，止数十人驱逐，无有乱行者。"而当时在开封街头则有众多肉贩出售猪肉，"坊巷桥市，皆有肉案，列三五人操刀，生熟肉从便索唤，阔切，片批，细抹，钝刀之类"。皆说明了城市发展对猪肉的需求程度和宋代养猪业的繁荣。可以说，宋人不仅民间喜食猪肉，贵族皇室也是如此。

宋代对于马、牛、驴和骡等大型家畜普遍实施保护政策，严禁随意宰杀，家猪更是顺理成章地成为宋人餐桌上常见的美食。当时文献中记载的有关猪的食用方式就多达 40 种，包括旋炙猪皮肉、猪肝、须脑子肉、肚肺、赤白腰子、脆筋巴子、灌肠、炒肺、石肚羹、髓饼、精浇肝脏夹子、香药灌肠、膘皮、炙骨头、猪大骨青羹、煎肝等，烹调方法远比现在丰富。在凡石桥遗址中猪骨的出土概率大于其他动物，也验证了历史文献的记载，充分说明了家猪在古代居民经济生活中扮演着主要肉食资源的角色。

此外，宋代在家猪养殖方面因地制宜地采用多种方法，家畜饲养上采取圈养、放牧、圈养和放牧相结合的方式，饲料的种类也变得更加丰富。《农书》中提到："江南水地多湖泊，取萍藻及近水诸物，可以饲之"。当时湖州地区很可能也利用萍藻类植物来喂猪，扩大了饲料来源，节省了粮食。

2. 水牛

遗址中出土的牛都是水牛，最小个体数为 3，可鉴定标本数仅次于家猪。水牛骨骼破碎度很高，从可判断年龄的骨骼来看 1 例为年老个体。

俗话说："牛耕为庄稼之本"，宋代畜力农具的发明和推广以及牛耕的广泛应用，进一步加大对役牛的需求。苏轼在《上韩丞相论灾伤手实书》提到过"农民丧牛甚于丧子"。

1127 年，金灭北宋。赵氏南迁江南，疆域狭小，局限在北纬 20°～32°。然而在内忧外患的情况下，南宋还能存在一百五十余年，并且社会经济和文化仍然能保持汉唐以来的盛世，与畜牧业的发展是不可割裂的。

政府适时地制定了很多与畜牧业相关的法律，比如宋初《宋刑统》和南宋中期《庆元条法事类》，内容涉及牧地管理、牲畜养饲、孳育、损耗、役使等诸多条文，以及牲畜走失、伤人，偷盗、屠杀官私牲畜的处罚措施。从法律上保证了农户对私有畜产的所有权，促进了民间畜牧业的发展。同时，畜病医书大量出现，并建立起一套完备的兽医机构。这些都是宋代畜牧业发展的强大保障。

其中，包括不少扶持农户养牛和保护耕牛的政策。为了加大对役牛的保护力度，政府禁止屠牛，宋初杀牛直接可以判处死刑。如《宋刑统》规定："臣等参详，今后应有盗官私马牛杂畜而杀之，或因仇嫌憎嫉而潜行屠杀者，请并为盗杀。如盗杀马牛，头首处死，从者减一等。如盗割牛鼻，盗祈牛脚者，首处死，从减一等，创合可用者，并减一等。如盗割盗祈至三头者，虽创合可用，头首不在减死之限。""臣等参详，今后故杀官私马牛者，请决脊杖二十，随处配役一年放。杀死自己牛马及故杀官私驼骡驴者，并决脊杖七十。"

遗址中年老个体牙齿的磨耗程度为 K，是重度磨损的证据。从其骨骼上的人工痕迹来推断，役用寿命结束之后食用是水牛的最终利用方式。骨骼破碎度较高，如果单纯食肉不会造成较大的破损，存在大量获取骨髓和脂肪所产生的痕迹。宋人十分看重作为主要畜力资源的耕牛，加之政府大力保护耕牛，能够作为人类饮食的牛肉变得十分稀少。在当时，水牛与家猪或者其他多种形式的肉食资源比较，在供应数量上完全居于劣势，而且流通到市场上合法售卖的牛肉往往是量少质劣的，无论口感还是质量都不具优势。大概也不是多数宋代人所喜爱的饮食。

3. 马

马骨可鉴定标本数量较少，仅 9 件，最小个体数为 1。骨骼遗存上不能指示具体的年龄信息，但是可以判断已经成年，很有可能接近老年。骨骼破碎度与水牛一样很高。

马无论从速度还是承载力，都称得上是最为迅速便捷的交通工具。北宋前期战乱，南宋更是四面受压，为了保证马匹供应充足，政府不仅实施保马法，鼓励民间自愿养马，还像保护役牛一样严禁私自宰杀马匹。在宋代畜力保护制度之下，役使应该是遗址中马和驴的主要甚至是唯一用途，只是没有利用价值的老弱病残的牛马才会被允许宰杀食用。

4. 绵羊

羊骨可鉴定标本 6 件，最小个体数为 2，骨骼系食用后丢弃。从种属鉴定上可以确定为绵羊，与文献记载中"从北方引进绵羊来繁育"的说法相一致，很可能就是现在的胡羊。

宋代的家畜种类十分丰富，得益于品种的改良和新物种的引进。将北方物种引入到南方繁育的成功案例，莫过于浙江地区最具代表性的胡（湖）羊。

胡羊在太湖平原的育成和饲养已有八百多年的历史。由于受到太平湖的自然条件和人为选择的影响，逐渐育成一个特品种。胡羊最初进入了现在的长兴、安吉等地，主要因其具备丘陵、山区、草地等地貌环境与北方较为相似。湖州地区则是典型的江南景观，属于亚热带季风区，不适于习惯了北方干旱地区的绵羊生存。当地人利用了"圈养舍饲"的方式，通过不断的驯化、育种将北方绵羊逐渐培育成了适合本地生长的胡羊。

五 总结

第一，凡石桥遗址中出土动物骨骼遗存 214 件，可鉴定出 11 种动物。软体动物壳体 2 件、爬行动物甲板 4 件、鸟类骨骼 7 件、哺乳动物骨骼 201 件。当时居民的肉食消费对象较为丰富，以家猪为主，也包括狗、水牛、羊、马、鹿、猫、大雁等；鳖、近江牡蛎、珍珠蚌等水生动物会被作为食物补充。

第二，从骨骼上丰富的与饮食有关的人工痕迹来推断，当时的屠宰方式已经变得十分规范，明显已经形成了较为固定的模式。当时这处遗址中有饲养狗的情况，人类食用后的动物骨骼被丢弃给狗。

第三，由于政府和民间对于畜力资源的重视和保护，当时很少食用牛、马、驴等动物，它们的主要功能是役使，只有年老病弱的大型家畜才会被作为食物。

第四，宋代的家畜种类十分丰富，得益于品种改良和新物种的引进、完备兽医体系的建立、因地制宜的养殖方式和饲料种类的增多。

湖州市红里山南宋韩瓶容积的实验考古学探索

王江（湖州市文物保护管理所）

红里山南宋韩瓶堆积位于湖州市吴兴区道场乡红里山村村委会西南 280 米处的菁山北麓。红里山村四面环山，东有上营山，南有菁山，西、北有凉亭山，西南东北流向的东苕溪支流从村庄中间穿过，河堤右岸有施红公路（图一）。

为服务红里山村社会主义美丽乡村建设，湖州市文物保护管理所于 2017 年 11 月 24 日至 12 月 18 日对红里山宋代韩瓶堆积进行了抢救性考古勘探。

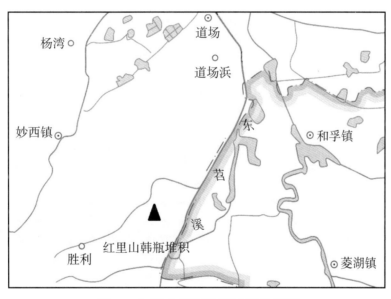

图一　红里山韩瓶堆积地理位置图

一　地层堆积

红里山南宋韩瓶堆积南北长 7.5、东西宽 6 米，面积 45 平方米；堆积最深处距地表 2.3 米，表土农耕层 0.5 米，文化层最厚处 1.8 米。清理过程中发现破碎的韩瓶数量极多，而完整韩瓶 151 个，仅占整个韩瓶数量的一小部分；没有发现窑具，也没有发现窑址，初步认识应该是一处单纯的残次品、破碎韩瓶堆积坑。

另外，此次勘探的韩瓶堆积以东的广阔农田里发现有不少零散的韩瓶碎片，这个区域南面山脚下有没有窑址还未可知，有待以后的考古勘探工作。

二　韩瓶分类

（一）分类

现将此次出土的 151 个韩瓶分为五个大类，每个大类挑选 a 和 b 两个个体并分别注水至颈部（因南宋谷物酒酒精浓度低，同等重量的酒和水的容积基本一致，故以水代酒）。a 为每类中容积最小的，b 为每类中容积最大的，容积介于 a 和 b 之间的个体都归为此类（图二；表一）。

1. 第一类

1a：平沿，束颈，鼓肩，修长直腹，平底，肩部以下 1.5、底部以上 4 厘米区间弧度较大。外口径 6.5、内口径 4.5、腹部最大径 6.6、底径 5.6、通高 19 厘米，容积 441 克（图二，1）。

1b：平沿，束颈，鼓肩，修长直腹，平底，肩部以下 0.5、底部以上 6 厘米区间弧度较大。

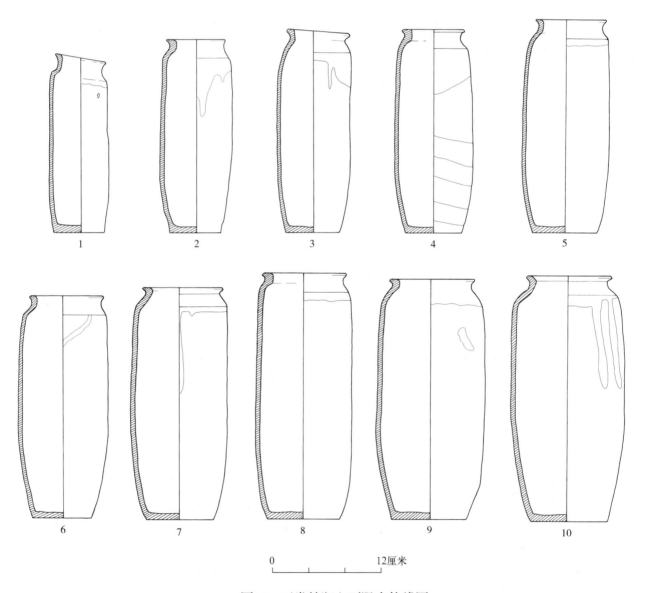

0 ————————— 12厘米

图二　五类韩瓶上下限个体线图

外口径 6.7、内口径 4.3、腹部最大径 8、底径 5.7、通高 20.5 厘米，容积 564 克（图二，2）。

2. 第二类

2a：侈口，束颈，鼓肩，修长直腹，平底，肩部以下 2、底部以上 5 厘米区间弧度较大。外口径 7、内口径 4.8、腹部最大径 8.2、底径 5.9、通高 21.5 厘米，容积 630 克（图二，3）。

2b：平沿，束颈，鼓肩，修长直腹，平底，肩部以下 2、底部以上 6 厘米区间弧度较大。外口径 7、内口径 4.8、腹部最大径 8.6、底径 6.2、通高 21.5 厘米，容积 677 克（图二，4）。

3. 第三类

3a：平沿，束颈，鼓肩，修长直腹，平底，肩部以下 1、底部以上 6 厘米区间弧度较大。外口径 7.8、内口径 5.2、腹部最大径 9.6、底径 7.1、通高 22.5 厘米，容积 922 克（图二，5）。

3b：平沿，束颈，鼓肩，修长直腹，平底，肩部以下 1、底部以上 6 厘米区间弧度较大。外口径 8.3、内口径 6.2、腹部最大径 10、底径 6.5、通高 23.5 厘米，容积 944 克（图二，6）。

4. 第四类

4a：平沿，束颈，鼓肩，修长直腹，平底，肩部以下 2、底部以上 9 厘米区间弧度较大。外口径 6、内口径 6.5、腹部最大径 10.8、底径 7.5、通高 24.5 厘米，容积 1262 克（图二，7）。

4b：平沿，束颈，鼓肩，修长直腹，平底，肩部以下 1、底部以上 6 厘米区间弧度较大。外口径 9.3、内口径 6.7、腹部最大径 10.7、底径 8、通高 26 厘米，容积 1367 克（图二，8）。

5. 第五类

5a：平沿，束颈，鼓肩，鼓腹，平底。外口径 9.3、内口径 6.8、腹部最大径 11.8、底径 8.2、通高 25.5 厘米，容积 1849 克（图二，9）。

表一　五类韩瓶上下限容积分析表

大类	小类	通高（厘米）	最大腹径（厘米）	数量（个）	容积（克）
一类	1a	19	6.6	17	441 ～ 564（南宋时可装半斤酒）
	1b	20.5	8		
二类	2a	21.5	8.2	61	630 ～ 677（南宋时可装 1 斤酒）
	2b	21.5	8.6		
三类	3a	22.5	9.6	19	922 ～ 944（南宋时可装 1 斤半酒）
	3b	23.5	10		
四类	4a	24.5	10.8	39	1262 ～ 1367（南宋时可装 2 斤酒）
	4b	26	10.7		
五类	5a	25.5	11.8	5	1849 ～ 2086（南宋时可装 3 斤酒）
	5b	26	12.5		

5b：侈口，束颈，鼓肩，鼓腹，平底。外口径 9.7、内口径 7、腹部最大径 12.5、底径 8.5、通高 26 厘米，容积 2086 克（图二，10）。

（二）特征

通过分类可以发现以上五类韩瓶（151 个标本）的共同特征和不同特征。

1. 共同特征

（1）高温硬陶，胎土一般就地取材，对胎土要求不高。胎色一般偏黄红，偶有发灰。窑内气氛应以氧化焰为主。

（2）肩部以上、肩部以下 2 厘米左右施以青黄釉，瓶身普遍有流釉现象。

（3）一～四类韩瓶均为修长直腹，肩部以下 2、底部以上 6 厘米区间弧度较大。

（4）所有瓶身内壁均有顺时针旋转的麻花状旋纹，旋纹之间间隔较小。

2. 不同特征

（1）一些瓶身外壁有顺时针麻花状旋纹，旋纹之间间隔较大。

（2）第五类韩瓶鼓腹，与第一～四类韩瓶的修长直腹不同。

（3）个别韩瓶侈口，应是制作稍不注意所致，或者烧造过程变形中，而非有意为之。因平沿宽，有利于封口，密封性较好；侈口则不然。

发现韩瓶瓶身高度与腹部最大径是影响韩瓶容积最重要的两大因素。

三　中国古代计重制度简述

汉承秦制。《汉书·律历志上》："衡权者：衡，平也；权，重也，衡所以任权而均物平轻重也；权者，铢、两、斤、钧、石也，所以称物平施，知轻重也。本起于黄钟之重，一龠容千二百黍，重十二铢，两之为两（二十四铢为两），十六两为斤，三十斤为钧，四钧为石。"

秦汉以来至中华人民共和国成立初期，两千多年时间我国计重单位一直沿用十六进制，即十六两一斤。南宋时期也是十六进制，16 两等于 1 斤，1 两 37.5 克，1 斤等于 600 克。

四　实验考古学视野下的韩瓶装酒容积探索

两宋时期，官府实行"榷酒"制度，官监酒务。官府在州、县设置酒务，酒务主要有两个职能：监管酿酒生产和征收酒税。官府设置酒楼、酒店专门售酒，同时允许小贩和特许的酒户到官府的酒楼和酒店批发酒以扩大酒的销售，覆盖全国。北宋末期，著名的《北山酒经》总结了历代酿酒的理论，详述了十几种酒曲的配料及方法，黄酒酿造的十三道工序及方法。《北山酒经》在我国酿酒史上有着重要的地位，尤其是对黄酒的酿造贡献最为突出。

南宋初，战事频繁，军费激增，以瞻军为名的酒库应运而生，著名的抗金将领韩世忠就经营着十多个酒库。"军费不足，尤借天下酒榷之利"[1]。如此多的酒库当然需要数量庞大的酒瓶来装酒，

---

[1]　李焘：《续资治通鉴长编》卷一三三，庆历元年八月壬辰。

而韩世忠用来装酒的酒瓶就叫韩瓶。

既然酒作为商品出售，那么就应该有严格的度量标准，而韩瓶装酒的容积问题就值得思考。通过对红里山韩瓶容积的考古学实验分析发现以下 5 点：

南宋半斤 300 克可装在红里山第一类韩瓶（容积 441 ～ 564 克）。

南宋 1 斤 600 克恰好接近红里山第二类韩瓶的容积（630 ～ 677 克）下限。

南宋 1 斤半 900 克恰好接近红里山第三类韩瓶的容积（922 ～ 944 克）下限。

南宋 2 斤 1200 克恰好接近红里山第四类韩瓶的容积（1262 ～ 1367 克）下限。

南宋 3 斤 1800 克恰好接近红里山第五类韩瓶的容积（1849 ～ 2086 克）下限（表一）。

实验考古学似乎揭示了一个答案，南宋时期顾客买半斤酒装第一类韩瓶，顾客买 1 斤酒装第二类韩瓶，顾客买 1 斤半酒装第三类韩瓶，顾客买 2 斤酒装第四类韩瓶，顾客买 3 斤酒装第五类韩瓶。

以斤两计算、用韩瓶装酒来出售是南宋售酒最基本的方式。韩瓶作为南宋时期的酒瓶，造型敦厚、简约古朴，大小合适、便于携带，在当时人们的日常生活中扮演者非常重要的角色。当今时代，考古发掘中时常会遇到大量韩瓶的出土，也是对当时韩瓶作为酒瓶的有力证明。例如，宁波月湖宋代都酒务遗址、嘉兴瓶山宋代都酒务遗址等都有大量韩瓶出土[1]。

造型敦厚、制作略显粗糙、朴素的韩瓶在南宋酒文化当中扮演着极为重要的角色，不仅充当了酒这种液体的储存载体；同时也与酒相融、相互依存，提起酒，人们就会想起韩瓶，韩瓶已经是酒的符号，酒文化的一部分。

至于韩瓶是用来插花、装其他东西等等都可以看作是韩瓶的二次利用，或者说是韩瓶的第二个春天。

后记：湖州市红里山韩瓶堆积考古勘探人员有：王江；室内绘图：王江；执笔：王江。本文得到了浙江省文物考古研究所、湖州市文物保护管理所的大力支持，在此一并表示诚挚谢意。

---

[1] 郑嘉励：《考古的另一面》，广西师范大学出版社，2016年。

后　记

　　《浙江省文物考古研究所学刊（第十二辑）》为汉唐宋元考古专辑，组稿以文物考古资料刊布为主，兼及研究论文；内容包括遗址、城市、墓葬、瓷窑址、科技考古、文物研究等，以期较为全面地反映近年来浙江历史时期晚段考古工作的亮点和成果。

　　本书的篇目编排和内容简要述论如下。

　　收录墓葬发掘简报14篇。《上虞积山西晋墓葬发掘简报》公布了3座西晋砖室墓资料，出土有较多当地早期越窑生产的精美青瓷器，为研究西晋时期墓葬形制、早期越窑青瓷生产与消费提供了实物资料。《云和东山头东晋徐氏家族墓地发掘报告》公布了一组东晋纪年砖室墓资料，出土有铜六面印、铜镜等文物，这是浙西地区考古的一次重要发现，表明东晋时期聚族而葬的习俗亦适用于偏远地区的中下阶层。湖州市窑墩头六朝墓葬群、南太湖新区后湾山古墓葬、杭州市余杭区黄泥坞遗址、富阳太平古墓葬、绍兴市上虞区梁湖街道苦竹山墓地、越城区小亭山汉晋墓葬、宁波奉化江口街道龙舌山墓地等多是配合基本建设的考古项目，墓葬保存状况欠佳，同质性强，但涵盖时代自汉至明，墓葬形制各有时代特征，出土器物不乏精品，这些成果反映出我省各地历史时期墓葬所蕴含信息的一般情况，是不可忽视的研究材料。

　　2021年，浙江省委文化工作会议提出实施"宋韵文化传世工程"，形成宋韵文化挖掘、保护、提升、研究、传承的工作体系。浙江省文物考古研究所积极响应，以考古工作擦亮浙江宋韵文化标识。为此，本书收录宋墓发掘简报5篇。《长兴县云峰宋周子美墓发掘简报》公布的宋代周子美夫妇墓，茔园、墓室的形制基本完整，男墓主随葬石质墓志、铁牛，女墓主随葬青白瓷释迦牟尼佛坐像，此资料对研究两宋之际品官墓葬制度、青白瓷的流布、民间堪舆学及佛教信仰等均具有重要价值。《长兴县水口金山村宋墓发掘简报》公布的南宋知府皇甫鉴墓为砖石混筑墓，墓坑内用石块和条石围砌石椁，石椁内砌筑砖室，其间灌以石灰浆；采用三重墓顶结构；墓壁使用榫卯砖；木棺周围放置松香，该墓在防盗、防潮、防腐方面下足了功夫，极具代表性。《2014～2019年湖州昆山遗址唐宋墓葬发掘简报》公布的北宋墓为简陋的小型砖室墓，随葬4件日用饮食器品质粗拙。南宋墓为长方形合葬墓，墓葬系砖室、石板盖顶、砖券顶混筑结构，两墓室底部中央各设一长方形腰坑，两室四角各放置1个铁牛，随葬日用器品质精美。这2座墓看似平淡无奇，但却是研究浙北地区中小型宋墓葬俗的最直接素材。《金华市婺城区金品区块宋墓发掘简报》公布了3座南宋合葬砖室墓资料，结构各有特点，墓室封门外放置的陶魂瓶和瓷堆塑罐质地粗糙，与墓内随葬品体现出的精致化、世俗化对比鲜明，代表了浙江中部地区宋代丧葬习俗的特色。《兰溪市胡联村宋代壁画墓发掘简报》公布的南宋晚期合葬墓系砖仿木结构，墓室建筑结构严谨，装饰华丽，与《营造法式》所载宋代建筑结构、装饰纹样契合，殊为难得。

　　收录城市、遗址类考古简报、论文4篇。《丽水市处州府城行春门遗址发掘简报》公布了行春门遗址及附属建筑的发掘结果，探明了行春门、城墙、街道、道路、护城河等古迹的布局与沿革，发掘结果大大深化和提升了对处州府城池的认识，也为行春门遗址的保护利用提供了可靠依据。《温州府学孔庙遗址考古调查与勘探》公布了明清温州府孔庙中前部核心大殿先师殿基址、大成门基址、乡贤祠地面以及孔庙内部建筑间的道路、隔墙等遗迹的勘探结果，各类遗迹的位置、类型与同治《温州府志·学宫图》记载基本吻合，出土的4方碑刻是学宫沿革的重要物证。安澜园为明清盐官陈氏的私家园林，因乾隆皇帝的四次驻跸而名噪四海，堪称盐官最重要的文化地标；考古勘探确定了安澜园的四至范围，对遗址不同区域的保存状况有了较清晰的了解；寝宫、太子宫、环碧堂、小楼、河道水网等主要节点的位置、规模的确定，为安澜园遗址平面格局复原、园林规划研究、遗址展示利用提供了坚实的学术基础。《汉六朝时期的鄮县——以"都市圈"与"都市圈社会"为方法的研究》以汉六朝时期会稽郡东部滨海的鄮县为案例，引入"都市圈"与"都市圈社会"的理论方法，考察了鄮县都市圈内墓葬、窑址、地貌环境之间的关系，在剖析人地关系的基础上探讨了滨海县城民间信仰的传播、融汇。

收录瓷窑址考古简报、论文3篇。杭州市余杭区塘山遗址卢村段H1出土有东汉时期窑产品和窑具、窑渣，与卢村北黄泥坞东汉时期窑址废弃堆积内涵相同。有迹象表明，良渚古城周边大遮山南麓分布有东汉时期窑址，其窑产品与余杭—临平一带东汉墓所出陶器面貌一致，值得重视。《武义县溪里元代窑址发掘简报》公布了溪里Y2及相关遗迹的发掘结果，这是浙江目前发现的最为完整的龙窑窑炉，出土了大量青瓷器、窑具标本，其中青瓷产品以碗为主，占比达95%。发掘结果表明，元代晚期，武义的窑业生产呈现出集中化和专门化趋势，产品风格转为龙泉窑系，这一转变和龙泉窑在元代的扩张密切相关。《浙江地区东汉中晚期至清代瓷窑遗址考古概述》系统梳理了成熟青瓷自东汉中晚期创烧以降的分布格局、生产状况，在此基础上总结了宁绍地区、杭嘉湖地区、金衢地区、温州地区、台州地区、丽水地区的窑业面貌、分期、时代特征、窑业技术、地域特色。

收录科技考古、文物研究论文2篇。《湖州凡石桥南宋遗址出土动物遗存鉴定与研究》一文将动物骨骼遗存鉴定与文献研究相结合，达到了相互印证并互为补充的研究效果。《湖州市红里山南宋韩瓶容积的实验考古学探索》将红里山出土的151件韩瓶分为五大类，实验结果表明，每一类韩瓶装酒的容量分别约为南宋时的0.5、1、1.5、2、3斤，该实验揭示出南宋售酒的基本方式是：按照严格的度量标准，用对应容量的韩瓶装酒进行出售。

本书在组稿、编写、出版全过程中得到方向明所长的指导、支持，得到浙江省文物考古研究所同事以及宁波、绍兴、嘉兴、湖州、金华、丽水、温州等市县文物考古单位同仁的鼎力相助，文物出版社编审秦彧为本书的编辑付出了诸多辛劳，在此一并致谢。

限于时间紧迫和编写者水平、行文风格迥异，本书中难免存在个别问题和错误，希望读者能够谅解并指正。

刘建安

2022年9月15日于杭州

1. Ⅰ式高温釉陶敞口壶 M34：8

2. Ⅱ式高温釉陶敞口壶 M39：1

3. Ⅰ式高温釉陶盘口壶 M40：1

4. Ⅲ式高温釉陶盘口壶 M24：6

5. Ⅰ式高温釉陶罐 M33：6

6. 夹砂红陶罐 M35：8

彩版一　绍兴小亭山汉晋墓出土器物

1. Ⅰ式青瓷盘口壶 M16∶1

2. Ⅱ式青瓷盘口壶 M22∶6

3. 高温釉陶瓿 M24∶15

4. 印纹硬陶罍 M33∶7

彩版二　绍兴小亭山汉晋墓出土器物

1. 高温釉陶锺 M32：2

2. 半圆方枚神兽纹铜镜 M2：1

3. 博局禽兽纹铜镜 M31：4

4. 四乳四鸟纹铜镜 M3：1

5. 七乳禽兽纹铜镜 M42：2

6. 内连弧变形四叶纹铜镜 M20：3

彩版三　绍兴小亭山汉晋墓出土器物

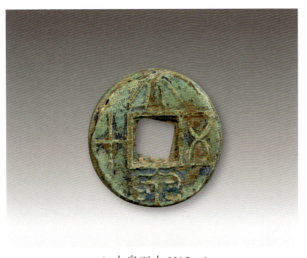

1. 大泉五十 M15：4

2. 琉璃料珠 M31：1

3. 玉管 M21：55

4. 石黛板 M20：2

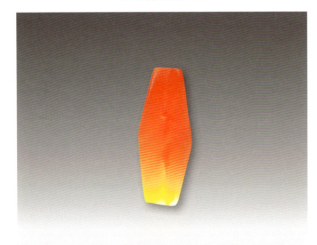

5. 红玛瑙珠 M24：15

6. 玉塞 M20：1

彩版四　绍兴小亭山汉晋墓出土器物

1. 青瓷簋 M2：1　　　　　　　　　　　　　2. 铜镜 M2：2

3. M5

彩版五　奉化龙舌山汉六朝墓及出土器物

1. 青瓷钵 M6 扰土: 3

2. M10

彩版六　奉化龙舌山汉六朝墓及出土器物

1. 上虞积山 M12

2. 青瓷耳杯 M12：1

3. 青瓷香熏 M12：7

4. 青瓷猪圈模型 M12：2

5. 青瓷鸡笼模型 M12：3

彩版七　上虞积山西晋墓 M12 及出土器物

1. 上虞积山 M13

2. 青瓷钵 M13∶7

3. 青瓷盘 M13∶8

彩版八　上虞积山西晋墓 M13 及出土器物

1. 青瓷狮形烛台 M13：1

2. 青瓷羊形烛台 M13：2

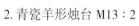

3. 青瓷盘口壶 M13：3

4. 青瓷双系罐 M13：6

彩版九　上虞积山西晋墓 M13 出土器物

1. 上虞积山 M5

2. 青瓷盘 M5：7

3. 青瓷钵 M5：3

彩版一〇　上虞积山西晋墓 M5 及出土器物

1. 青瓷香熏 M5：10

2. 青瓷提耳罐 M5：9

3. 青瓷罐 M5：12

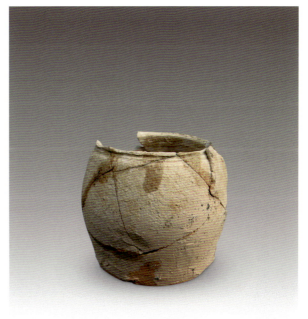

4. 青瓷汲水罐模型 M5：4

彩版一一　上虞积山西晋墓 M15 出土器物

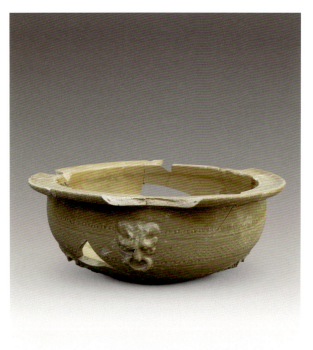

1. 青瓷炉 M5：11

2. 青瓷猪圈模型 M5：1

3. 青瓷狮形烛台 M11：1

彩版一二　上虞积山西晋墓出土器物

1.云和东山头墓地

2.青瓷钵 M1：1

3.铜镜 M1：2

彩版一三　云和东山头东晋墓及出土器物

1. 2021YDM1

2. 2021YDM1 墓壁局部

3. 铜印章 M2：1

4. 铜镜 M3：1

5. 铜镜 M3：2

彩版一四　云和东山头东晋墓及出土器物

1. 青瓷虎子 M4：1

2. 铜镜 M4：4

3. 铜镜 M6：3

4. 铜镜 M7：1

5. 铜镜 M7：2

彩版一五　云和东山头东晋墓出土器物

1. 毛竹山 M9 墓砖纹样

2. 青瓷碗毛竹山 M3：2

3. 青瓷罐毛竹山 M13：2

4. 青瓷钵毛竹山 M12：1

5. 青瓷钵毛竹山 M13：1

彩版一六　富阳太平古墓及出土器物

1.宋墓分布位置图

2.青瓷碗 M1：3

3.黑釉盏 M1：4

4.黑釉盏 M1：5

5.硬陶罐 M1：2

彩版一七　后湾山古墓葬及出土器物

1. M1

2. M1 斜向铺砌墓壁

彩版一八　后湾山古墓葬 M1

1. M2

2. 青白瓷粉盒 M2：3

3. 银耳饰 M3：3

4. M3

彩版一九　后湾山古墓葬及出土器物

1. M9 清理前（东—西）

2. M9 墓室清理后

彩版二〇　昆山遗址唐宋墓 M9

1. M9 北墓室出土韩瓶、铁牛

2. 青白瓷碗 M9 北室: 6

3. 黑釉盏 M9 北室: 3

4. M9 南室出土部分铜钱

彩版二一　昆山遗址唐宋墓 M9 及出土器物

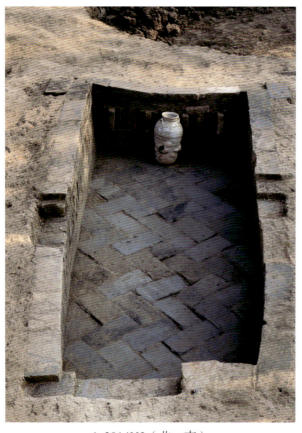

1. 2014M2（北—南）

2. 青瓷四系罐 2014M2：1

3. 2014M3

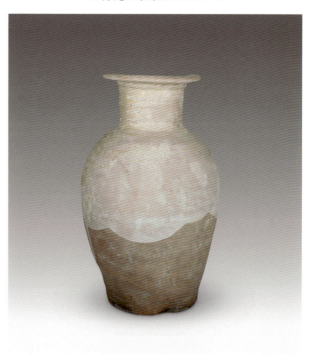

4. 陶壶 2014M3：1

彩版二二　昆山遗址唐宋墓及出土器物

1. M3（南—北）

2. M3 出土器物

3. 青瓷高足杯 M4：4

4. M4

彩版二三　昆山遗址唐宋墓及出土器物

1. M2 周之美墓相对位置

2. 铁牛 M2：3

3. 铁牛 M2：4

彩版二四　长兴宋代周子美墓及出土器物

1. M2 周子美双穴砖室墓

2. M2 墓志铭盖

3. M2 墓志铭碑文

彩版二五　长兴宋代周子美墓及出土墓志

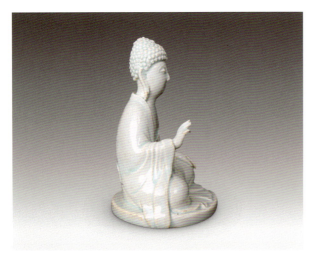

1. M2：1 右侧面

2. M2：1 正面

4. M2：1 左侧面

3. M2：1 背面

5. M2：1 底部

彩版二六　长兴宋代周子美墓出土青白瓷佛像

1. 青白瓷佛像组合 M2：1、2

2. 青白瓷莲花座 M2：2 俯视

3. 青白瓷莲花座 M2：2 底部

彩版二七　长兴宋代周子美墓出土青白瓷佛像组合

1. 2021JJCM6

2. 陶魂瓶 JJCM6 西：96

3. 瓷堆塑罐 JJCM6 西：97

彩版二八　金华婺城区金品区块宋墓 JJCM6 及出土器物

1. 青白瓷粉盒 JJCM6 西：91、93

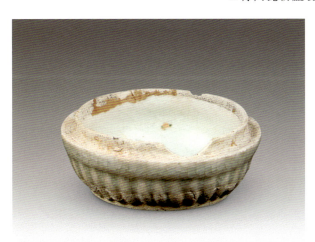

2. 青白瓷粉盒 JJCM6 西：92

3. 青白瓷粉盒 JJCM6 西：94

4. 铜镜 JJCM6 西：95

5. 铁剪 JJCM6 西：38

彩版二九　金华婺城区金品区块宋墓 JJCM6 出土器物

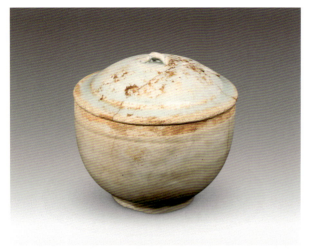

1. 青白瓷钵 JJCM6 东: 1、2

2. 青白瓷钵 JJCM6 东: 3、5

3. 青瓷三足炉 JJCM6 东: 4

4. 银龙箔片 JJCM6 东: 6

5. 铜烛台 JJCM6 东: 7、8

6. 立石 JJCM6 东: 9

彩版三〇　金华婺城区金品区块宋墓 JJCM6 出土器物

1. 2021JJCM17

2. 瓷堆塑罐 JJCM17：4

3. 黑釉盏 JJCM17：2

4. 青白瓷粉盒盖 JJCM17：1

彩版三一　金华婺城区金品区块宋墓 JJCM17 及出土器物

1. 2021JJCM23

2. 陶魂瓶 JJCM23：13

3. 金耳环 JJCM23：1、2

彩版三二　金华婺城区金品区块宋墓 JJCM23 及出土器物

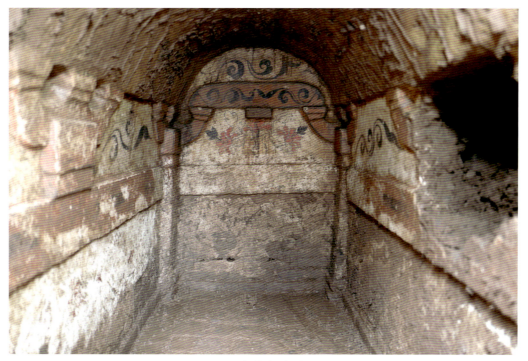

1. 南墓穴壁画

2. 南墓穴后壁装饰

彩版三三　兰溪胡联村宋代壁画墓

1. 南墓穴内室壁画展开图

2. 北墓穴南壁装饰

3. 券顶梯形砖

4. 瓷碗 M1 : 1

彩版三四　兰溪胡联村宋代壁画墓及出土器物

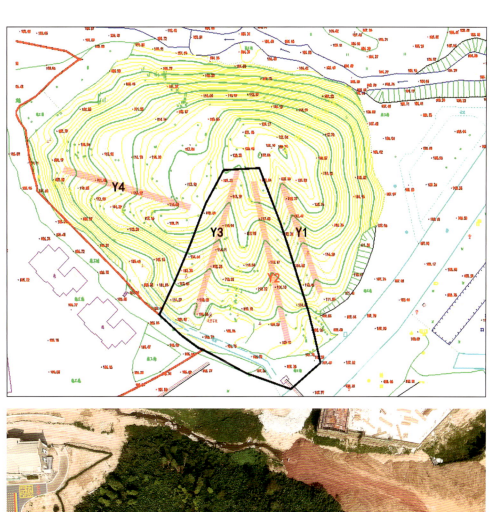

彩版三五　武义溪里龙泉窑址发掘区及 Y2

彩版三六　武义溪里龙泉窑址主要遗迹

1. 龙窑窑炉 Y2

进柴口

送风口

2. 火膛进柴口、送风口

彩版三七　武义溪里龙泉窑址 Y2

送风口

炉栅   炉箅及箅孔

火膛后壁

1. 火膛结构解剖

2. 窑室

彩版三八　武义溪里龙泉窑址 Y2

1. Y2 投柴孔

2. 窑壁

彩版三九　武义溪里龙泉窑址 Y2

1. 梯形窑砖

2. 废弃窑室

彩版四〇　武义溪里龙泉窑址 Y2

1. 11号窑门

2. 窑门及门槛

彩版四一　武义溪里龙泉窑址 Y2

1. 9 号窑门

2. 窑尾排烟室（第一期）

彩版四二　武义溪里龙泉窑址 Y2

1. 窑尾排烟室（第二期）

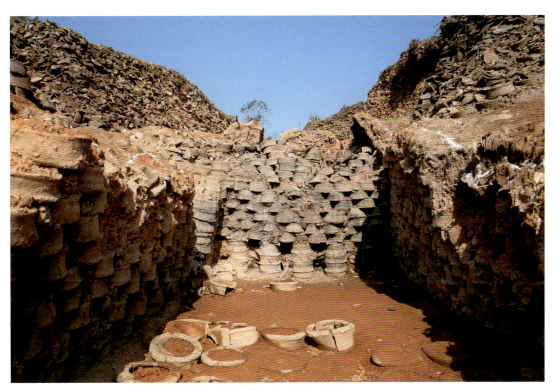

2. 窑尾排烟室（第三期）

彩版四三　武义溪里龙泉窑址 Y2

1. 挡墙 DQ4 ～ DQ7

2. 挡墙 DQ6

彩版四四　武义溪里龙泉窑址挡墙

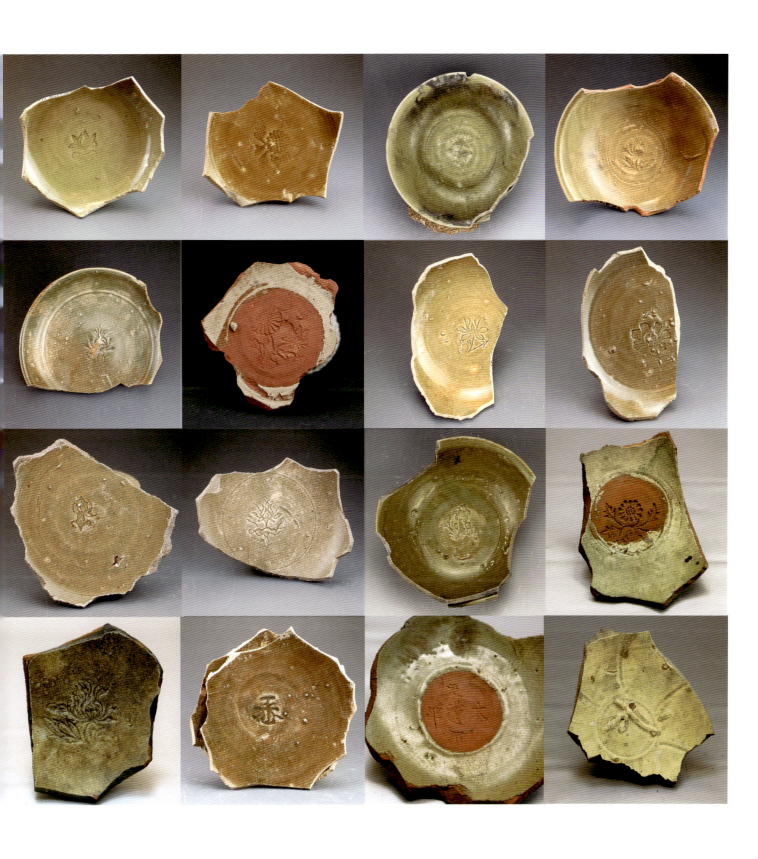

彩版四五　武义溪里龙泉窑址出土标本常见纹样

1. A 型青瓷碗 TS02W02 ⑥：4　　　　2. Ba 型青瓷碗 TS02W02 ⑥：29　　　　3. Bb 型青瓷碗 TS02W02 ⑧：8

4. C 型青瓷碗 TS02W02 ①：8　　　　5. A 型青瓷盘 TS02W02 ③：9　　　　6. A 型青瓷盘 TS02W02 ⑥：14

7. B 型青瓷盘 TS02W02 ⑧：27　　　　8. B 型青瓷盘 TS02W02 ⑥：28　　　　9. 青瓷钵 Y2 ①：3

10. 青瓷高足杯 TS02W02 ⑧：14

彩版四六　武义溪里龙泉窑址出土青瓷器

1. M 型匣钵 TS02W02 ⑧：25

4. 火孔塞 TS01W01 ③：1（中）、Y2 ②：1（左一）

2. A 型垫具 TS02W02 ⑤：35（左一）、
TS02W02 ①：40（右一）

3. B 型垫具
TS02W02 ⑧：29

5. 火照 TS02W02 ①：1

6. 各种装烧标本

彩版四七　武义溪里龙泉窑址出土窑具与装烧标本

1. 行春门遗址远景（东北—西南）

2. 行春门南段城墙（南—北）

彩版四八　丽水处州府城行春门遗址

1.行春门南段城墙外包
边结构（南—北）

2.行春门瓮城内东南部道路

彩版四九　丽水处州府城行春门遗址

1. 行春门门址（西—东）

2. 行春门门槛石、门臼石（南—北）

彩版五〇　丽水处州府城行春门遗址

1.行春门外河桥（北—南）

2.行春门瓮城外城壕（东—西）

彩版五一　丽水处州府城行春门遗址

1. 青瓷碗 X：10

2. 青瓷碗 X：11

3. 青瓷碗 X：12

4. 青瓷碗 X：13

5. 青瓷碗 X：14

6. 青瓷碗 X：15

彩版五二　丽水处州府城行春门遗址出土青瓷碗

1. 青瓷碗 X：16

2. 青瓷碗 X：17

3. 青瓷碗 X：18

4. 青瓷碗 X：19

5. 青瓷碗 X：20

6. 青瓷碗 X：25

彩版五三　丽水处州府城行春门遗址出土青瓷碗

1. 青瓷碗 X∶24

2. 青瓷碗 X∶26

3. 青瓷碗 X∶27

4. 青瓷碗 X∶65

5. 青瓷碗 X∶66

彩版五四　丽水处州府城行春门遗址出土青瓷碗

1. 青瓷碗 X：67

2. 青瓷碗 X：68

3. 青瓷碗 X：69

4. 青瓷盘 X：1

5. 青瓷盘 X：2

彩版五五　丽水处州府城行春门遗址出土青瓷器

1. 青瓷盘 X：3

2. 青瓷盘 X：4

3. 青瓷盘 X：5

4. 青瓷盘 X：6

5. 青瓷盘 X：7

6. 青瓷盘 X：8

彩版五六　丽水处州府城行春门遗址出土青瓷器

1. 青瓷盘 X：9

2. 青瓷盘 X：22

3. . 青瓷盘 X：23

4. 青瓷高足杯 X：29

5. 青瓷高足杯 X：30

6. 青瓷高足杯 X：31

彩版五七　丽水处州府城行春门遗址出土青瓷器

1. 青瓷八角杯 X：32

2. 青瓷器盖 X：33

3. 青瓷器盖 X：34

4. 青瓷器盖 X：35

5. 青瓷器盖 X：36

6. 青瓷器盖 X：37

彩版五八　丽水处州府城行春门遗址出土青瓷器

1. 青瓷器盖 X：38

2. 青瓷炉 X：64

3. 青瓷器盖 X：39

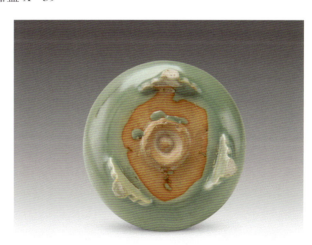

4. 青瓷炉 X：73

彩版五九　丽水处州府城行春门遗址出土青瓷器

1. 青瓷烛台 X：62

2. 韩瓶 X：41

3. 青瓷瓶 X：61

4. 青瓷瓶 X：63

5. 青白瓷扁壶 X：46

6. 酱釉斗笠碗 X：28

彩版六〇　丽水处州府城行春门遗址出土瓷器

1. 酱釉器盖 X：40

2. 青花碗 X：70

3. 青花杯 X：71

4. 陶脊兽 X：72

5. 铜钱 X：42～45

6. 铜镞 X：48

彩版六一　丽水处州府城行春门遗址出土遗物

1. 石砚 X：58 　　　　　　　　2. 石弹 X：59 　　　　　　　　3. 石弹 X：60

4. 门臼石 X：74

5. 石建筑构件 X：75

彩版六二　丽水处州府城行春门遗址出土遗物

1. 青瓷碗 D：1

2. 青花碗 D：8

3. 青花碗 D：2

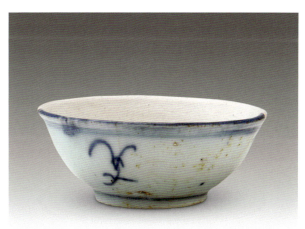

4. 青花碗 D：3

彩版六三　丽水处州府城行春门遗址出土瓷器

1. 青花盘 D：4

2. 青花盘 D：5

3. 青花盘 D：7

彩版六四　丽水处州府城行春门遗址出土瓷器

1. 遗址勘探区域鸟瞰（南—北）

2. F1 侧视（东—西）

彩版六五　温州府学孔庙遗址

1. F2 清代先师殿基址鸟瞰（东—西）

2. F3 室内铺地砖（西南—东北）

彩版六六　　温州府学孔庙遗址

1. F4 及 L2 剖面

2. L1、Q1 全景（东—西）

彩版六七　温州府学孔庙遗址

1. 云龙纹碑额　　　　　　　　　　　　　　　2. 碑座

3. 覆盆式柱础

4. 其他类型柱础

彩版六八　温州府学孔庙遗址出土遗物

1. 方石柱 1

2. 方石柱 2

3. 浮雕荷叶纹石柱

4. 覆莲瓣纹须弥座石构件

5. 瓷片及瓦当标本

彩版六九　温州府学孔庙遗址出土遗物

1. 浮雕狮子戏球纹石板

2. 浮雕狮子戏球纹石板

3. 浮雕缠枝牡丹纹石板

4. 浮雕折枝牡丹纹石板

彩版七〇　温州府学孔庙遗址出土遗物

1. 浮雕卷草纹石板

2. 浮雕卷草纹石板

3. 浮雕卷草纹石板

4. 浮雕卷草纹石板

彩版七一　温州府学孔庙遗址出土遗物

1.安澜园遗址遗迹总平面图

2.安澜园门位置遗迹图

彩版七二　海宁盐官安澜园遗址

1.二门位置遗迹图

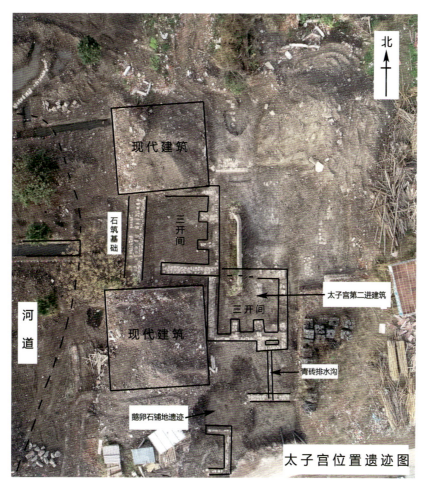

2.太子宫位置遗迹图

彩版七三　海宁盐官安澜园遗址

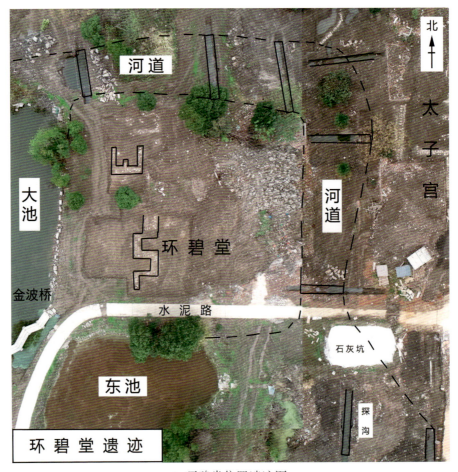

1. 环碧堂位置遗迹图

2. 金波桥位置遗迹图

彩版七四　海宁盐官安澜园遗址

1. 小楼位置遗迹图

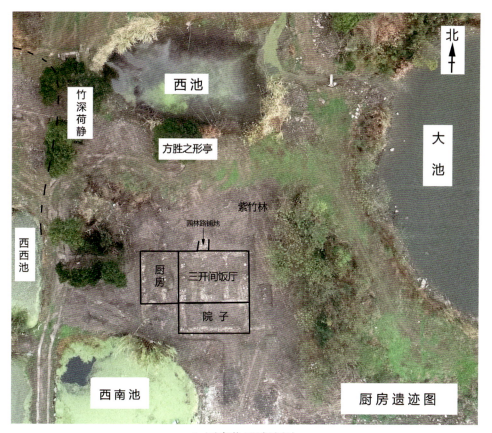

2. 厨房位置遗迹图

彩版七五　海宁盐官安澜园遗址

1. 安澜园南围墙遗迹图

2. 寝宫位置遗迹图

彩版七六　海宁盐官安澜园遗址

1. 大园坪窑址出土虎子

2. 低岭头窑址出土乳浊釉碟

3. 寺龙口窑址南宋地层出土乳浊釉瓶

4. 秘色瓷八棱净瓶

5. 尼姑婆山窑址出土器物

彩版七七　浙江地区古代瓷窑址出土瓷器

1. 唐代德清墅元头窑址出土青釉褐色点彩碗

2. 老虎洞窑址出土器物

3. 韩瓶

4. 大圣堂窑址出土遗物

彩版七八　浙江地区古代瓷窑址出土瓷器

1. 窑山 5 号地点采集器物

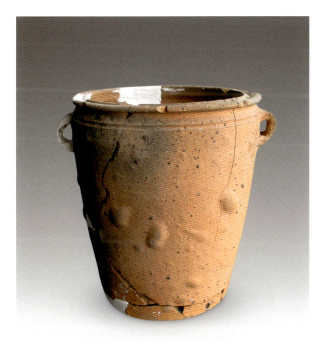

2. 东汉白羊垅窑址出土直腹罐

3. 东汉白羊垅窑址出土盘口壶

彩版七九　浙江地区古代瓷窑址出土瓷器

1.东汉白羊垅窑址出土青釉硬陶盂

2.武义溪里窑址出土器物

彩版八〇　浙江地区古代瓷窑址出土瓷器

1. 龙游方坦窑址采集乳浊釉瓷罐

2. 两弓塘窑址出土绘彩瓷双系执壶

3. 两弓塘窑址出土彩绘瓷盆

4. 青花盘

5. "正德庚午年造"白釉花盆

6. 坦头窑址出土执壶

彩版八一　浙江地区古代瓷窑址出土瓷器

1. 东晋茅草山窑址出土盘口壶

2. 东晋茅草山窑址出土砚台

3. 东晋茅草山窑址出土器盖

4. 青釉婴戏纹盘

5. 酱釉碗

6. 洪武时期刻花大墩碗

彩版八二　浙江地区古代瓷窑址出土瓷器

1. "永乐九年"纪年印模

2. 洪武时期"官"字款火照

3. "绍兴十三年"纪年器

4. 敞口盘

5. 类传世哥窑青瓷器物群

彩版八三　浙江地区古代瓷窑址出土瓷器

a. 牡蛎

2015湖凡T0305②:40

c. 大雁

1. 肱骨2015湖凡G3:1　2. 胫骨2015湖凡T0305②:38

b. 鳖

1. 椎骨板2015湖凡G6③:21　2. 腹甲2015湖凡G6③:27

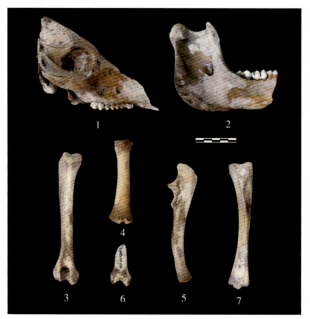

d. 家猪

1. 上颌骨2015湖凡T0303②:1　2. 下颌骨2015湖凡G6③:10　3. 肱骨2015湖凡T0305②:30　4. 桡骨2015湖凡T0304②:22　5. 尺骨2015湖凡T0304②:26　6. 股骨2015湖凡T0305②:17　7. 胫骨2015湖凡T0305②:33

彩版八四　湖州凡石桥南宋遗址出土动物遗存

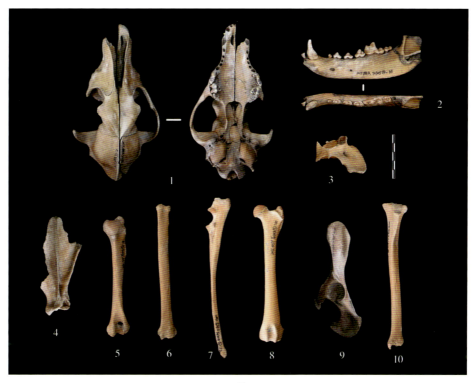

a. 狗

1. 头骨2015湖凡J1：2、3　　2. 下颌骨2015湖凡T0305②：35　　3. 寰椎2015湖凡T0305②：36　　4. 肩胛骨2015
湖凡G6③：1　　5. 肱骨2015湖凡T0203②：11　　6. 桡骨2015湖凡T0304②：9　　7. 尺骨2015湖凡T0304②：12
8. 髋骨2015湖凡T0303②：3　　9. 股骨2015湖凡T0203②：10　　10. 胫骨2015湖凡T0303②：4

b. 水牛

1. 角2015湖凡J1：1　　2. 上颌骨2015湖凡T0203②：1　　3. 寰椎2015湖凡G6③：32　　4. 肱骨2015湖凡采：1　　5.
桡骨2015湖凡G6③：43　　6. 尺骨2015湖凡T0102②：5　　7. 掌骨2015湖凡采：9　　8. 髋骨2015湖凡T0102②：20
9. 髌骨2015湖凡G6③：39　　10. 距骨2015湖凡T0304②：15　　11. 跖骨2015湖凡T0203③：2　　12. 系骨2015湖
凡G6③：40　　13. 蹄骨G6③：6

彩版八五　　湖州凡石桥南宋遗址出土动物遗存

a. 马

1. 头骨2015湖凡T0304②:1　2. 肩胛骨2015湖凡采:2　3. 尺骨2015湖凡T0304②:16　4. 掌骨2015湖凡T0305②:9
5. 髋骨2015湖凡T0304②:28　6. 股骨2015湖凡G6③:9　7. 胫骨2015湖凡T0304②:4

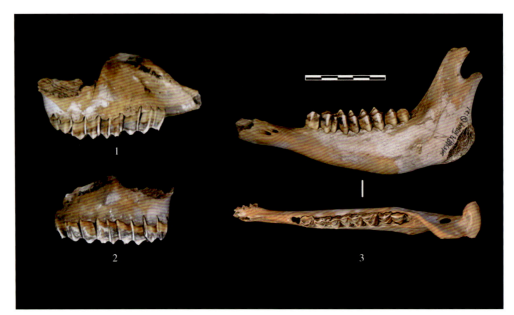

b. 绵羊

1. 上颌骨2015湖凡T0305②:15　2. 上颌骨2015湖凡T0305②:14　3. 下颌骨2015湖凡T0304②:21

彩版八六　湖州凡石桥南宋遗址出土动物遗存

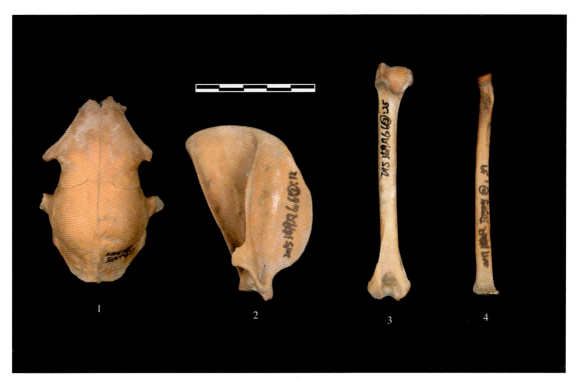

a. 猫

1. 头骨 2015湖凡T0304②:20　2. 肩胛骨 2015湖凡G6③:12　3. 肱骨 2015湖凡G6③:25　4. 桡骨 2015湖凡T0305②:39

b. 小型鹿科肩胛骨

2015湖凡T0304②：8

砸击点

砍痕

c. 砍砸痕

1. 大雁肱骨 2015湖凡G3:1　2. 马掌骨 2015湖凡T0305②:9

彩版八七　湖州凡石桥南宋遗址出土动物遗存

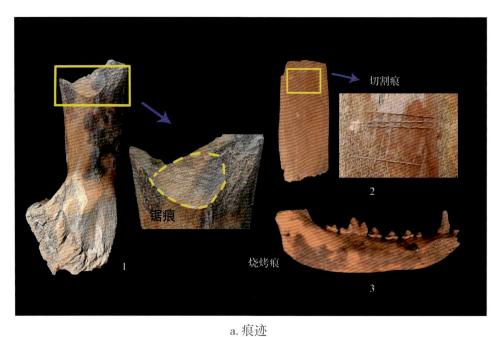

a. 痕迹

1. 锯痕水牛肱骨2015湖凡采:1　2. 切割痕大哺乳肋骨2015湖凡T0305②:3　3. 烧烤痕狗下颌2015湖凡T0305②:35

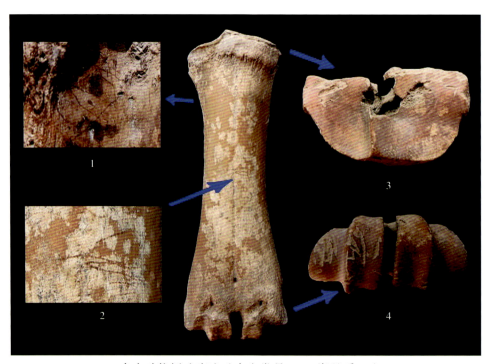

b. 食肉动物抓咬痕迹（水牛掌骨 2015 湖凡采：9）

1. 抓痕（掌侧面）　2. 抓痕（背侧面）　3. 咬痕（近端关节面）　4. 咬痕（远端关节面）

彩版八八　湖州凡石桥南宋遗址出土动物遗存